Mercato, Diritto e Libertà

Collana diretta da
Luigi Marco Bassani, Nicola Iannello,
Carlo Lottieri, Sergio Ricossa

I volumi della collana Mercato, Diritto e Libertà sono pubblicati grazie al generoso contributo dell'Istituto Adam Smith di Verona.

Hunter Lewis

TUTTI GLI ERRORI DI KEYNES

Perché gli Stati continuano a creare inflazione, bolle speculative e crisi finanziarie

Prefazione di Francesco Forte

IBLLibri

Titolo originale
Where Keynes Went Wrong,
And Why World Governments Keep Creating Inflation,
Bubbles and Busts

Traduzione dall'inglese
Diana Mengo

AD
Gerardo Spera

Copertina
Timothy Wilkinson

IBL Libri
Via Bossi, 1
10144 Torino
info@ibl-libri.it
www.ibl-libri.it

Prima edizione: novembre 2010
ISBN 978-88-6440-036-5

Indice

Prefazione

di Francesco Forte

1. La ragione di questo brillante e polemico libro, frutto di una scrupolosa lettura dei testi di John Maynard Keynes,[1] allo scopo di metterne in luce gli errori (molti) e i meriti (pochi), è racchiuso nella seguente frase, che si trova nelle pagine conclusive: «Oggi molte persone – economisti, finanzieri, investitori, titolari d'impresa e dirigenti – dicono che Keynes è il loro eroe intellettuale. Ma hanno letto la *Teoria generale*? Hanno letto qualcosa di più di quei pochi passaggi chiari e brillanti che vengono citati così spesso? L'hanno letta dal principio alla fine? E l'hanno letta in età matura, e non solo a scuola?». Questa rilettura critica, fatta da Hunter Lewis, si avvale di un'altra lettura, quella della *Teoria generale dell'occupazione, dell'interesse e della moneta* di Keynes effettuata da Henry Hazlitt, nel libro *The Failu-*

1. John Maynard Keynes (1883-1946), a differenza della gran parte degli economisti suoi contemporanei, ha scritto pochi articoli teorici. La sua reputazione scientifica, precedente alla *Teoria generale dell'occupazione, dell'interesse e della moneta* del 1936, che lo rese famoso, non si deve al suo primo libro del 1913, *Indian Currency and Finance*, diligente e ponderoso saggio sull'economia monetaria indiana, né al suo *Trattato sulla probabilità*, del 1921, che, nonostante il titolo, non è un'opera di matematica, ma di (non profonda) filosofia, bensì al polemico libro del 1919, *Le conseguenze economiche della pace*, riguardante il peso eccessivo delle riparazioni imposte alla Germania, ai successivi due libri monetari del 1923 e del 1930 – ossia al piccolo, ma succoso, *La riforma monetaria* del 1923 e al massiccio *Trattato della moneta* del 1930, in due volumi riguardanti rispettivamente *La teoria pura della moneta* e *La teoria applicata della moneta*. Ma Keynes era diventato soprattutto celebre come brillante articolista e polemista. Per una esposizione della teoria di *re of the "New Economics"*, pubblicato nel 1959. «Hazlitt – scrive Lewis con ammirazione e devozione – fu un genio e un vero erudito: giornalista, critico letterario, filosofo ed economista autodidatta, scriveva di economia per il *New York Times* e *Newsweek*. Uno dei suoi libri, *Economics in One Lesson*, pubblicato nel 1946, vendette più di un milione di copie e rimane popolare ancora oggi».

Hunter Lewis afferma, con un eccesso di generosità, che «Keynes [...] fu un importante filosofo morale. Il suo saggio *My Early Beliefs* [...] è una perla filosofica. Scrisse anche un *Trattato sulla probabilità* (il suo primo libro) che si è guadagnato un posto nella storia della filosofia morale». Lewis aggiunge che Keynes ammetteva che «l'economia non è una scienza naturale [ma] impiega [...] giudizi di valore»[2] e che disse all'arcivescovo di York che «l'economia, più propriamente chiamata economia politica, è un aspetto dell'etica».[3] Ciò precisato, Lewis chiarisce che non si può comprendere Keynes se non si tiene presente la sua impostazione, che, io ritengo, si può definire anti-vittoriana e tecnocratica.

Nel sistema di Keynes – sottolinea Lewis – il governo affiderebbe le redini dell'economia a degli esperti.

Keynes e dei suoi critici rimando alla mia Prefazione al libro di Dudley Dillard, *Guida all'economia keynesiana*, Milano, Etas Libri, 1980, avvertendo che in essa, data la natura del compito di introduzione a un Manuale, non presentavo, oltre a quelle altrui, le mie critiche personali. Aggiungo che la affermazione che faccio in tale Prefazione, e riprendo qui, per cui Keynes ha dimostrato che non esiste nell'economia un equilibrio spontaneo di pieno impiego è soggetta a tre *caveat*. Il primo è che egli ha omesso di tenere presente che nel mercato esistono fattori di riequilibrio spontaneo, che – come spiega Hunter Lewis e sottolineo nelle pagine che seguono – è pericoloso turbare, mentre Keynes e i neo-keynesiani ignorano ciò. Il secondo è che gli squilibri congiunturali maggiori, come quello del 2008, non derivano dalle tendenze spontanee del mercato, ma da interventi pubblici e regole contrarie ai principi del mercato. Il terzo *caveat* è che la teoria macroeconomica keynesiana non serve ed è fuorviante, come teoria dello sviluppo economico. Anche questi due ultimi punti sono centrali nel libro di Hunter Lewis e nella presente Prefazione.

2. John Maynard Keynes, *Collected Writings*, vol. 14, *The General Theory and After: Defence and Development*, London, Macmillan; New York, St. Martin's Press, 1973, p. 296.

3. Robert Skidelsky, *John Maynard Keynes*, vol. 3, *Fighting for Britain 1937-1946*, London, Macmillan, 2000, p. 264.

Al riguardo cita una frase di Keynes che non lascia alcun dubbio: «[L'economia] è una cosa che va lasciata agli esperti. Devono capire la macchina. Devono essere in grado di ripararla quando si rompe».[4]

Keynes cercava di risolvere i problemi sociali mediante una terza via fra i principi economici liberali e i principi di intervento tecnocratico ed elitario. Tale terza via comportava un legame fra classe lavoratrice e mondo degli affari, per il tramite di una élite intellettuale di esperti. Quest'ultima deve infatti stare al vertice delle grandi istituzioni economiche, necessarie per regolare questo nuovo tipo di economia, e deve svolgere anche compiti nei governi e nei parlamenti nazionali e internazionali. Ciò senza troppo sporcarsi le mani, sulla base delle proprie superiori conoscenze e competenze. Che, ovviamente, per Keynes derivano dalla sua teoria.

Si tratta di una profonda convinzione che ha avuto un largo seguito e che, comunque, portò Keynes a immaginare un sistema monetario guidato da un'unica autorità monetaria mondiale, il Fondo Monetario Internazionale. Esso doveva avere cambi fissi, per unificare le monete di tutto il mondo in un unico sistema, gestito a tavolino dagli esperti del Fondo, che avrebbe dovuto emettere la base monetaria per tutte le valute.

Keynes, come osserva Hunter Lewis, «aveva avuto modo di dire cose sia positive che negative sul concetto dei tassi fluttuanti. In realtà, ciò che favoriva maggiormente, e che aveva cercato senza successo d'istituire all'interno del sistema di Bretton Woods, era un'agenzia sovranazionale autorizzata a creare una propria moneta cartacea» di natura mondiale. «Abbiamo raggiunto uno stadio nell'evoluzione della moneta in cui una valuta "guidata" è inevitabile, ma [... è meglio affidare il compito] a un'unica autorità [...] con il discerni-

4. John Maynard Keynes, CBS Radio Broadcast, 12 aprile 1931, in Keynes, *Collected Writings*, vol. 21, *Activities 1931-39: World Crises and Policies in Britain and America*, London, Macmillan; New York, St. Martin's Press, 1982, p. 515.

mento plenario e la gestione scientifica [... di] un'autorità sovranazionale».[5] I suoi esperti avrebbero dovuto gestire, secondo linee guida scientifiche, non solo salvataggi di Stati in crisi dal punto di vista della solvibilità del governo o della bilancia dei pagamenti o di entrambi, come poi si è di fatto stabilito, ma addirittura il governo mondiale della moneta, con una sorta di sistema solare, in cui il Fondo Monetario sarebbe stato la banca mondiale di ultima istanza e le singole monete vi avrebbero ruotato attorno come pianeti, regolate nei rapporti fra loro e il Fondo dai cambi fissi. Il sistema dei cambi fissi, utile per far ripartire l'economia, nel 1945, dopo il disordine monetario generato dal secondo conflitto mondiale, e per smantellare i connessi controlli dei cambi, si rivelò poi sempre più inadeguato e crollò nel 1971, lasciando il posto a un sistema ibrido, in cui emergevano i cambi fluttuanti, che i governi cercavano, senza grande successo, di manipolare. Ciò perché i cambi delle monete sono prezzi globali che riflettono quelli delle diverse aree di mercato. Gli equilibri fra i prezzi, che riguardano interi mercati, non si possono fissare in modo permanente, se i mercati sono liberi. In una economia libera, i cambi li può fare solo il mercato. Oppure vengono determinati dalle autorità politiche che controllano l'economia e la società, come in Cina.

Keynes non immaginava che ci potesse essere un governo mondiale unico, governato da un parlamento mondiale eletto democraticamente, sulla base di una confederazione mondiale di Stati. Ma immaginava che ci potesse essere una autorità monetaria mondiale unica "sovranazionale", come se il potere monetario fosse un potere puramente tecnico e non anche politico. Come Hunter Lewis osserva, «le banche centrali sono istituzioni politiche. [...]. I banchieri centrali sono politici. Non sono, e non saranno mai, gli scienziati econo-

5. John Maynard Keynes, *Collected Writings*, vol. 4, *Tract on Monetary Reform*, London, Macmillan; New York, St. Martin's Press, 1971, p. 159; John Maynard Keynes, *Collected Writings*, vol. 6, *A Treatise on Money: The Applied Theory of Money*, London, Macmillan; New York, St. Martin's Press, 1971, pp. 268, 303.

mici virtuosi e onniscienti dei sogni utopistici di Keynes. E anche quando non sono veri e propri politici si affidano a strumenti e modelli i cui *input* sono talmente soggettivi da sembrare quasi impietosamente non scientifici. [...] Concentrare tutta l'autorità in un'unica banca centrale mondiale non farebbe altro che peggiorare le cose». Dunque si debbono dare alle autorità monetarie delle regole, che esse debbono rispettare. Ma questo rispetto non può essere affidato puramente alla loro reputazione. Occorre che vi sia un guardiano della correttezza della loro condotta, che, in democrazia, non può che essere il potere politico democratico, vincolato a sua volta da una costituzione.

Keynes è alla radice della teoria presuntuosa e pretestuosa per cui le autorità indipendenti, dotate di potere discrezionale, in quanto fatte di esperti, sono capaci di fare le scelte oggettivamente giuste, perché il sapere e il bene, come nella filosofia politica di Platone, si identificano. La possibilità che le autorità indipendenti discrezionali possano essere oggetto di cattura dagli interessi costituiti sembra sfuggirgli. Eppure è ciò che è accaduto nella grande crisi dal 2008 in poi, nell'intreccio fra poteri bancari, in particolare (ma non solo) nell'economia americana.

Manca interamente a Keynes una teoria costituzionale del potere fiscale e monetario, con il compito di legare il Leviatano e di costringere sia quello fiscale che quello monetario a comportarsi in modo conforme ai principi del mercato. La sua è la teoria per cui il Leviatano fiscale e monetario svolge una politica discrezionale di regolazione dell'intera economia. Insomma, quella keynesiana è una dottrina di politica (macro)economica neo-mercantilista, non una dottrina neo-liberale, come generalmente si sente dire.

La *Teoria generale* di Keynes, come mostra Lewis, è errata non solo come teoria generale, ma anche come teoria particolare, per le situazioni di crisi economica. Ciò perché è costruita su basi puramente macroeconomiche al di fuori delle scelte microeconomiche del mercato e dell'economia pubblica e del loro contesto istituzionale. Sicché la rivoluzione keynesiana ha dato luogo a risultati spesso disastrosamente negativi, come si può constatare con i consigli dati agli esperti, che se ne sono avvalsi prima e durante la grande crisi iniziata alla fine del 2008. E purtroppo questa macroeconomia, priva di istituzioni e di microeconomia, continua a dilagare: nelle accademie e negli uffici studi dei governi e delle istituzioni pubbliche e private, nazionali e internazionali, in quanto il retaggio keynesiano ha messo ampie e profonde radici e fa comodo.

2. Tuttavia sarebbe riduttivo ignorare che il retaggio di Keynes non consiste solo in una discutibile politica macroeconomica. Dopo la *Teoria generale* di Keynes, la scienza economica positiva è profondamente cambiata, ha subito una vera rivoluzione metodologica, di natura macroeconomica quantitativa, che vale indipendentemente dalla teoria di politica economica keynesiana. Da allora la macroeconomia è diventata misurabile: nel suo totale, nel suo tasso di crescita, nei suoi grandi aggregati dei risparmi, degli investimenti lordi e netti di ammortamenti, dei consumi, nel suo valore aggiunto generale e settoriale, con i tre grandi operatori costituiti dalle famiglie, dalle imprese e dal governo ed è possibile rappresentare ciò con modelli econometrici globali. Ci sono nozioni come la propensione al consumo, la propensione al risparmio, il moltiplicatore, l'acceleratore. Si tratta di un progresso enorme, rispetto ai *tableaux* dei fisiocrati, alle analisi per grandi categorie di Ricardo e degli economisti classici, alle equazioni dell'equilibrio economico generale dei neoclassici da Walras a Pareto e allo stesso edificio post-marshalliano di Pigou, consistente nel passaggio dalla microeconomia alle grandi componenti del dividendo nazionale.

La fortuna della macroeconomia keynesiana è per altro in parte immeritata. Infatti non bisogna credere che i grandi aggregati della contabilità nazionale derivino da Keynes, che, come si vede dai suoi scritti, era scarsamente dotato di mentalità contabile. Anche per questo commise molti degli errori e scrisse molte frasi nebulose che i critici e in parte gli stessi seguaci hanno rilevato. La contabilità nazionale non è un derivato della macroeconomia keynesiana. Deriva dagli esperti di questa nuova disciplina quantitativa, di natura statistica e contabile, che si era sviluppata negli Usa e in Gran Bretagna durante la guerra al duplice scopo di calcolare quanto sforzo bellico fosse sostenibile dagli alleati e di quanto fosse superiore la loro potenza economica rispetto a quella dei paesi avversari e in particolare della Germania. Gli economisti che, nel secondo dopoguerra, esposero la nuova macroeconomia keynesiana in termini di contabilità nazionale, in parte provennero da tale scuola a cui non pareva vero di poter trasformare la contabilità del reddito nazionale in macroeconomia e in parte da economisti della vecchia scuola che avevano bisogno di un impianto macrocontabile da trasformare in diagrammi ed equazioni elementari per sviluppare e predicare la macroeconomia keynesiana come dottrina di programmazione economica compatibile con il mercato e foriera di benessere per i lavoratori, che diversamente potevano subire il fascino del marxismo e del collettivismo. La lezione del marxismo, consistente nell'esame critico dei fenomeni strutturali della macroeconomia, non fu recepita dalla nuova macroeconomia keynesiana, che era ed è troppo aggregata. Inoltre, con il passare degli anni i testi di macroeconomia e i modelli econometrici (neo)keynesiani si sono allontanati dalle sottigliezze della contabilità nazionale.

La lezione marshalliana e della raffinata corrente dell'economia teorica del benessere, consistente nell'esame critico dei fenomeni strutturali della microeconomia, non fu recepita dalla nuova macroeconomia keynesiana, che era ed è troppo aggregata. Ha ragione, dunque, Hunter Lewis nel dire che non è del tutto vero che Keynes ha il merito di aver "inventato" la macroeconomia, che guarda ai flussi di un'economia piuttosto che alla microeconomia di specifiche aziende o settori. Ed ha anche ragione nell'osservare che altri economisti avevano adottato un punto di vista economico ampio, anche se spesso facevano le loro deduzioni a partire da un'impresa o da un settore per portarle nell'economia nel suo insieme, procedimento che Keynes, a torto, criticava. Ed è esatto osservare che la stessa legge di Say, che Keynes criticò, è un esempio di macroeconomia. Si può inoltre convenire con Lewis quando arguisce che «da un punto di vista macroeconomico rende più facile – per un esperto sofista – agire in maniera fuorviante e confondere le acque».

Ma la macroeconomia keynesiana, anche in questa versione troppo aggregata, ebbe ed ha un merito che non può essere ignorato, quello di porre l'accento sul ruolo della domanda nell'equilibrio macroeconomico. Lo fece mediante la critica alla legge "degli sbocchi" di Say, per cui l'offerta crea automaticamente la sua domanda. Critica che presentò, fra l'altro, con la seguente espressione icastica, che, come fra poco spiegherò, può dirsi vera e falsa nello stesso tempo: «Un atto di risparmio individuale significa, per così dire, una decisione di saltare il pranzo di oggi; ma non richiede necessariamente una decisione di pranzare o di comperare un paio di scarpe fra una settimana o fra un mese».[6] Da ciò si desume che, nella misura in cui risparmiare e investire sono due attività diverse e separate, il risparmio non crea, necessariamente, l'investimento.

Nella gran parte dei casi i due atti non sono separati. Un rilevante ammontare di risparmio si traduce in reinvestimento diretto nella propria azienda. Inoltre c'è quello delle famiglie che risparmiano per farsi la propria casa e avere altre proprietà immobiliari. In una economia stazionaria non ci sono investimenti netti, ma solo ammortamenti, e la tesi per cui i risparmi e gli investimenti sono atti diversi di soggetti diversi risulta errata, in quanto coloro che decidono se effettuare gli ammortamenti, cioè i risparmi, sono coloro che posseggono i capitali. E, se si considera una economia evoluta,

6. John Maynard Keynes, *The General Theory of Employment, Interest, and Money*, Amherst (NY), Prometheus Books, 1997, p. 210.

si nota che la parte maggiore dell'investimento non è l'investimento netto, ma l'investimento lordo costituito da ammortamenti, cioè risparmio. In Italia, ad esempio, nel 2007 su una quota di investimenti fissi lordi del 21 per cento del Pil, quelli netti sono solo il 5,3 per cento, e il resto sono ammortamenti.

Per altro la tesi di Lewis per cui la critica di Keynes alla legge "degli sbocchi" di Say sarebbe *del tutto* errata non è corretta. Come abbiamo visto, in una economia non stazionaria è un dato di fatto che solo una parte degli atti di risparmio si collega ad atti di investimento. Inoltre le innovazioni e le scoperte consentono investimenti, la cui dimensione è di gran lunga superiore al risparmio che ha consentito di generarle. D'altra parte l'inflazione può generare investimenti da parte di soggetti che non hanno compiuto atti volontari di risparmio, ma hanno perduto parte del potere di acquisto della propria moneta e dei propri crediti e che quindi hanno subito un "risparmio forzato". Infine è vero che molti risparmi si traducono in depositi bancari o addirittura nella tesaurizzazione di moneta. E, come argomenteremo, non è detto che questo risparmio venga tutto utilizzato, se i diritti di proprietà sono precari, se i costi dell'informazione sono alti, se non ci sono efficienti intermediari finanziari, e mercati come la borsa, che collegano l'offerta di risparmio con la sua domanda. Durante la Grande Depressione degli anni Trenta appariva evidente che il denaro giaceva inoperoso nelle banche, perché mancava lo stimolo a investire. Il meccanismo per cui il risparmio genera investimento si era inceppato, per una serie complicata di ragioni. Keynes, nella sua *Teoria generale,* ha teorizzato che una caratteristica della grande depressione è, in generale, la preferenza per la liquidità da parte degli operatori economici, che tengono i loro soldi inoperosi nelle banche. Le misure che Keynes ha proposta per risolvere il problema non erano le migliori. Vi erano altre soluzioni più corrette, dal punto di vista del buon funzionamento dell'economia di mercato, e lo stesso Lewis ne prospetta alcune, sulla base di suggerimenti di critici di Keynes. Ma ciò non toglie che, allora, la legge "degli sbocchi" di Say per cui l'offerta crea la sua domanda e quindi il risparmio fatto con il reddito ricavato dalle attività economiche viene investito, per soddisfare la domanda, si fosse inceppata. Nella crisi di questi anni, viceversa, le banche sono rimaste senza adeguati risparmi e si è generata una crisi di liquidità perché nessuna banca si fidava delle altre e non le prestava denaro e perché le famiglie, indebitate, erano scarse di liquidità. Sicché la *Teoria generale* di Keynes non vale né a spiegare la crisi, né a fornire ad essa i rimedi.

Tuttavia non bisogna confondere i problemi di breve-medio periodo di equilibrio fra domanda e offerta, nelle depressioni economiche, con quelli che riguardano il ruolo della domanda nella crescita economica, come trend di medio-lungo periodo. Qui i neo-keynesiani, se sostengono la tesi che la domanda crea automaticamente l'offerta, sono fuori gioco. Ma è vero che senza l'enfasi della macroeconomia keynesiana sulla domanda non si sarebbero sviluppate le teorie e le analisi della crescita che ne tengono conto. Il punto cruciale è costituito dal fatto che la capacità produttiva di un sistema economico non è un dato fisso, in quanto le varie risorse produttive non si combinano fra loro automaticamente, occorrono imprenditori che siano in grado di farlo e che trovino i soldi per farlo. Il progresso tecnologico e organizzativo è come un elastico, che ha bisogno di essere tirato per emergere. Senza una spinta appropriata, che venga da una domanda non effimera, molte risorse possono rimanere non valorizzate e le innovazioni, che in parecchi modelli macroeconomici sono "esogene", non emergono.

Queste risorse non valorizzate, nella grossolana visione keynesiana e neo-keynesiana, si chiamano "disoccupazione" e sono un risparmio potenziale inoperoso, che non dipende da atti individuali di rinuncia al consumo, per effettuare risparmi di reddito ottenuto in denaro o in natura, ma dal mancato utilizzo di qualcosa che c'è e che attende di emergere. La parola "disoccupazione" e la parola "peno impiego" utilizzate da

Keynes e dai suoi seguaci, e impiegate nei diagrammi keynesiani, sono suggestive ma ambigue. Infatti il lavoro a cui ci si riferisce quando si parla di disoccupazione è solo uno dei fattori produttivi e non è neppure un dato fisso in quanto le competenze dei lavoratori variano. Il termine "pieno impiego" può riferirsi al lavoro, ma anche agli altri fattori produttivi ed è, comunque, una sorta di "araba fenice" perché la sua linea si sposta nel tempo e non è raggiungibile senza frizioni che generano inflazione. Pertanto, a differenza che nei modelli keynesiani, bisogna scegliere fra pieno impiego immediato con notevole inflazione che danneggia quello futuro, creando rialzi di tassi di interesse e altri problemi e impiego minore di quello massimo, con "quasi" stabilità monetaria.

A tavolino gli "esperti" keynesiani tracciano le linee delle soluzioni ottimali. Ma nei mercati reali non esiste la perfetta conoscenza. Conoscere come si possono valorizzare le proprie risorse e quelle di una impresa o quelle di altri, con cui si possono fare atti di scambio, è una scoperta che non è automatica, ma che può essere sollecitata dalle interazioni del mercato, soprattutto in una situazione dinamica, come è quella normale di una economia libera. Spingendosi troppo in là, si ha però l'inflazione. Occorre adottare delle regole e rinunciare agli ottimi keynesiani. La prospettiva di espansione della domanda aggregata, sana e non frutto di azioni senza regole fisse, promuove la crescita economica, stimolando a utilizzare meglio sia il risparmio disponibile e quello potenziale che le capacità a innovare. L'automatismo della legge di Say per cui l'offerta crea la propria domanda perché i vari fattori produttivi spendono ciò che hanno guadagnato, destinandolo in parte a consumi e in parte a investimenti o in risparmi che vengono investiti è, insomma, ingannevole perché riguarda un flusso circolare statico, basato sulla ripetizione del passato, con meccanismi istituzionali perfetti. Si può dunque spiegare perché, come osserva Lewis, «anche i maggiori critici di Keynes, come gli economisti Milton Friedman o Robert Mundell, mantenevano alcuni dei presupposti keynesiani». Non vi è da stupirsene, come fa il nostro autore.

Contrariamente a quello che sostiene l'autore, non ha neppure torto «Gregory Mankiw, economista di Harvard ed ex presidente del Council of Economic Advisors di Bush, oltre che autore di un manuale di economia di successo», secondo cui «se ci si deve rivolgere a un economista per capire i problemi affrontati dall'economia, non c'è dubbio che quell'economista debba essere John Maynard Keynes».

3. Hunter Lewis ha invece ragione nel criticare Mankiw, che sposa il "paradosso del risparmio" keynesiano e afferma che, «benché [Keynes] sia morto più di mezzo secolo fa, la sua diagnosi delle recessioni e delle depressioni resta il fondamento della macroeconomia moderna» in quanto «la causa prima delle crisi economiche è una domanda aggregata insufficiente». In realtà la domanda aggregata insufficiente non è la causa, ma l'effetto delle recessioni, derivanti dallo scoppio di bolle di espansione prive di sostenibilità di lungo periodo, come quella costituita dal boom immobiliare e dalle carte di credito che è sfociata nella depressione di questi anni. Hunter Lewis fa bene a prendersela con la tesi di Mankiw (che è stata sostenuta anche dal Fondo Monetario Internazionale contro le politiche anti-deficit europee) per cui «per l'economia nel suo complesso [...] le fasi di recessione non sono il momento migliore per cercare di risparmiare qualcosa in più». Sulla base di questa ottica errata, gli Stati Uniti, nonostante l'enorme spesa in deficit fatta dal governo, l'enorme sforzo monetario della loro banca centrale e le grandi risorse tecnologiche e naturali disponibili, non sono usciti rapidamente dalla recessione, come gli economisti neo-keynesiani speravano.

Quel che è sbagliato nella macroeconomia keynesiana non è la carenza di automatismo della legge "degli sbocchi" di Say. Questa legge, nonostante la difesa di Lewis, non opera con automatismo, perché il sistema di mercato non è un meccano. Il suo equilibrio ha luogo solo tramite la continua scoperta di errori e deviazioni, da parte delle sue unità, nella loro azione spontanea. E a volte gli errori si sommano. Certo, non si può dare colpa al mercato di depressioni come quella del 2008, dovuta alla violazione delle sue regole più elementari, nel campo monetario, con le banche che hanno creato moneta facendo prestiti privi di contropartita di risparmio e generando un boom artificiale. Le fluttuazioni nell'economia di mercato sono inevitabili, anche quando le istituzioni sono appropriate. Dopo una corsa, un organismo umano si ferma per tirare il fiato. Dopo una giornata febbrile, viene il sonno con cui ci si ristora. Ciò che è errato nella teoria keynesiana e neo-keynesiana è la tesi che il risparmio delle famiglie e delle imprese sia strutturalmente eccessivo, che il tasso di interesse perciò debba essere il più basso possibile per generare gli investimenti e che l'espansione della domanda di consumi creata artificialmente, sulla base di debiti, sia un robusto motore dello sviluppo in quanto la domanda crea l'offerta, in modo automatico. La legge di Say per cui l'offerta crea, automaticamente, la domanda ha dei limiti, ma la tesi per cui basta una domanda sostenuta per creare *automaticamente* l'offerta e quindi l'occupazione è una tesi da apprendisti stregoni, che non solo non opera nel medio termine, perché lo sviluppo economico è un processo di crescita complesso, fondamentalmente endogeno, ma nemmeno nel breve, in una depressione, succeduta a un boom, perché essa è il risultato di squilibri endogeni al boom, che in gran parte solo il mercato può sanare, e perché se ogni squilibrio viene sanato con denaro pubblico, della banca centrale o dello Stato, converrà ripetere queste operazioni azzardate. In tal modo si creano i presupposti per nuovi squilibri e nel mercato prevalgono non i migliori economicamente, ma i più abili e spregiudicati politicamente, e imprese più grosse di quelle che il mercato di concorrenza selezionerebbe, in quanto dotate di maggior capacità di pressione politico-mediatica-finanziaria.

Il nocciolo della genuina concezione di Keynes e dei keynesiani, la loro magica ricetta per fabbricare l'oro dal nulla, è dunque la sostituzione della legge di Say (per cui l'offerta crea automaticamente la domanda) con quella opposta, per la quale è la domanda che crea l'offerta e quindi il consumo crea il risparmio e lo sviluppo.

Quando Lewis afferma, in relazione a ciò, che «in sostanza il keynesismo è l'opposto di un'economia basata sul buon senso» non fa una osservazione banale. Keynes, con la sua impostazione macroeconomica, cercava di dimostrare che ciò che sembra vero per il singolo, nel bilancio domestico, è l'opposto del vero per il tutto, e che quindi l'analogia fra la buona condotta del governo e quella della famiglia è sbagliata. Keynes cita con grande approvazione l'economista mercantilista Bernard De Mandeville del Sei-Settecento, che nella sua *Favola delle api* del 1703-1714 argomentava che il lusso dei ricchi genera ricchezza perché crea la domanda per le industrie di qualità, mentre la parsimonia crea povertà. Nella sua *Teoria generale,* Keynes si bea di questo paradosso per sostenere che la virtù privata del risparmio è un vizio pubblico. E il vizio privato del consumo è virtù pubblica. Non si avvede però del fatto che, con questo riferimento, si dà la zappa sui piedi due volte. Innanzitutto perché se è vero che i ricchi spendono in beni di lusso, non è più vero che nella società, a causa del fatto che essi hanno elevati redditi, c'è necessariamente una endemica tendenza al sotto-consumo. Ciò dipende dalle circostanze, non è una legge generale, come lui pretende. E poi dal racconto di Mandeville si capisce che, per produrre i beni di lusso per i ricchi, i non abbienti debbono prendere il denaro a prestito per procurarsi il capitale fisso e circolante. Dunque usano i risparmi dei ricchi, che si bilanciano con i loro consumi e creano, assieme al lavoro, il reddito dei poveri. Quindi, pagati gli interessi sui prestiti, consumano la differenza. Senza la virtù del risparmio, il circolo virtuoso del processo di sviluppo non si innesca e non si perpetua. La sopravvalutazione da parte di Keynes delle virtù del consumo e la sua tesi, contraria al senso comune, della viziosità del risparmio sono dovute, presumibilmente, ai suoi pregiudizi ideologici contro il valore sociale dell'etica della religione cristiana e della morale vittoriana. Ma derivano anche dalla sua ambizione di inventare una ricetta di politica economica di cosiddetta terza via, che generi la "giustizia sociale" attraverso la redistribuzione mediante lo strumento fiscale. Le citazioni di brani di Keynes fatte da Hunter Lewis sono eloquenti: «Da una parte, le classi lavoratrici [...] potevano definire come propria una parte molto piccola della torta che loro stessi e la Natura avevano cooperato per produrre. Dall'altra parte, alle classi capitaliste era consentito definire come propria la parte migliore della torta ed erano teoricamente libere di consumarla, con la tacita condizione sottostante che ne consumassero poca. Il dovere del "risparmio" divenne i nove decimi della virtù e la crescita della torta l'oggetto della vera religione. [...] E così la torta crebbe; ma a quale fine non era chiaro. [...] I risparmi erano per la vecchiaia o i figli; ma questo solo in linea teorica – la vera virtù della torta era che non doveva mai essere consumata, né da voi, né dai vostri figli dopo di voi».[7] E poi, ancora, contro l'etica dell'epoca vittoriana: «Morale, politica, letteratura e religione dell'epoca convergevano in una "grande congiura" per sollecitare il risparmio. Dio e Mammona si riconciliavano. Pace in terra agli uomini di buone proprietà. Il ricco poteva finalmente entrare nel regno dei cieli, purché risparmiasse».[8]

Da queste considerazioni, Keynes, molto superficialmente, ha desunto che «in tutta la storia umana vi è stata una cronica e tendenziale propensione al risparmio ben più forte dell'incentivo a investire».[9] Parrebbe che le concezioni etiche dominanti in tutte le civiltà e nelle religioni che si sono succedute, dai tempi antichi a quelli attuali, siano state contrarie allo sviluppo economico, anziché essere state fattori della loro fioritura. E, sempre Keynes, ha concluso che: «I difetti più evidenti

7. John Maynard Keynes, *The Economic Consequences of the Peace*, New York, Harcourt, Brace & Howe, 1920, pp. 19-20.
8. John Maynard Keynes, *Essays in Persuasion*, New York, W.W. Norton, 1963, pp. 84-85.
9. Keynes, *General Theory*, p. 347.

della società economica nella quale viviamo sono l'incapacità a provvedere la piena occupazione e la distribuzione arbitraria delle ricchezze e dei redditi».[10] Da ciò discende la sua ricetta di redistribuzione dei redditi, attuata con imposte progressive sul reddito e di successione, che riducono i risparmi in eccesso dei ricchi e accrescono i redditi delle masse popolari, che li dedicano ai consumi, e la sua ricetta di generare occupazione mediante i bilanci pubblici in deficit.

Ma probabilmente Keynes si ricredette e non fu, negli ultimi anni, keynesiano, nel senso in cui lo sono i neo-kyenesiani attuali. Scrive infatti Lewis che:

> Durante la seconda guerra mondiale la maggior parte dei keynesiani dava per scontato, sulla base delle idee del loro maestro, che a guerra finita sarebbe ripresa la disoccupazione su larga scala. E si concentrarono sul modo per evitarla. Ma un economista americano, David McCord Wright, scrisse a Keynes per esprimere la sua preoccupazione in merito alla possibilità di un'inflazione postbellica, piuttosto che di una forte disoccupazione; Keynes gli rispose di essere d'accordo con lui.
>
> Un altro economista americano, John H. Williams, scrisse un articolo per l'*American Economic Review* nel quale raccontò di una conversazione avuta con Keynes "pochi mesi prima della sua morte" nel 1946: «Si lamentò del fatto che la politica del denaro facile fosse stata spinta troppo lontano, sia in Inghilterra che negli Stati Uniti, ed enfatizzò l'interesse come elemento di reddito e la sua importanza fondamentale nella struttura e nel funzionamento del capitalismo privato. Fu divertito dalla mia osservazione, che fosse ora di scrivere un altro libro, perché la politica del credito facile era stata predicata nel suo nome e mi rispose che pensava di doversi mantenere un passo avanti». Questa conversazione sembra ripudiare la dottrina dell'abbassamento dei tassi d'interesse o, per lo meno, del loro abbassamento a zero e, quindi, dell'eliminazione di un elemento sgradevole della dottrina del capitalismo.

10. Keynes, *General Theory*, p. 372.

> Poco dopo, l'economista austriaco Friedrich von Hayek ebbe una conversazione simile con Keynes: «[Disse di] essere seriamente allarmato dall'agitazione per l'espansione del credito [e del denaro] da parte di alcuni dei suoi più stretti associati. Si spinse fino ad assicurarmi che se le sue teorie, che [disse] erano state terribilmente necessarie nella deflazione degli anni Trenta, avessero mai prodotto degli effetti dannosi, egli avrebbe rapidamente modificato l'opinione pubblica nella giusta direzione. Poche settimane dopo morì e non poté più farlo».

In effetti, seguaci della metodologia di Keynes come Nicholas Kaldor ne hanno rovesciato l'impostazione e hanno sostenuto che per avere abbastanza risparmi per finanziare gli investimenti per una crescita economica sostenuta occorre tassare i consumi ed esonerare i risparmi. E pertanto non è convincente l'affermazione di Hunter Lewis secondo cui la tesi di stimolare l'economia con tagli alle imposte anziché con la spesa pubblica è generalmente sbagliata, quando ciò sia fatto in deficit: «Questa proposta, sostenuta dai cosiddetti *supply-sider* e dalla maggior parte dei repubblicani, fa sì che i soldi vengano spesi velocemente. Ma, rispondono i keynesiani e la maggioranza dei democratici, cosa succede se i tagli vengono messi tutti in risparmi o utilizzati per ripagare i debiti? Sebbene *supply-sider* e keynesiani, e repubblicani e democratici, differiscano su questo e altri punti importanti, dobbiamo rilevare che entrambi approvano il ricorso alla spesa in disavanzo. [...] A conti fatti, le somiglianze superano le differenze e i *supply-sider* repubblicani possono essere considerati correttamente degli apostati keynesiani». Non è detto che tutti gli indebitamenti pubblici siano sbagliati. Una riduzione delle imposte in deficit, come accadde con quella attuata dal presidente Reagan, può generare dopo un po' una crescita economica che riduce il rapporto fra debito e Pil in precedenza creato, sia perché i contribuenti hanno maggiori incentivi a produrre, sia soprattutto perché c'è maggiore risparmio desideroso di investimento.

4. Nell'ultimo periodo il messaggio keynesiano per cui il deficit crea ricchezza tramite la domanda di consumo, che genera investimento e occupazione e quindi crescita e, *ex post*, il risparmio con cui si ripaga quel deficit, è passato dal governo alle banche, con il credito al consumo, effettuato senza risparmio, tramite il loro potere di creare moneta bancaria e derivati. La grande crisi scoppiata in questi anni è stata generata da tale errata ricetta di chiara origine keynesiana. Va infatti tenuto presente che nel menù keynesiano il piatto forte non è il deficit di bilancio, ma il denaro facile: la creazione di moneta non solo come aggiunta, ma anche come sostituto del risparmio *ex ante*, in base al principio che anche in banca la domanda crea l'offerta, perché ciò che non è vero per il singolo sportello bancario è vero per le banche nel loro complesso. E quando c'è una elevata concentrazione bancaria, alle banche conviene sostituirsi al governo, sostituendo il *deficit spending* con il *deficit lending*. Nel ricettario keynesiano originario, come vedremo, il tasso di interesse deve essere tenuto basso, sostituendo la moneta al risparmio, per suscitare l'investimento, che crea occupazione e crescita e, *ex post*, dà luogo al risparmio. Nel ricettario neo-keynesiano, poiché i prestiti sono fatti ai consumatori, il tasso di interesse potrà essere alto, in quanto essi presentano, *ex ante*, un rischio individuale elevato. Ma ciò non ostacola il prestito, in quanto le famiglie, quando prendono denaro a prestito non fanno un calcolo basato su costi e ricavi, come le imprese. E le banche, oltreché essere convinte che non c'è un vero rischio, possono contare su un ribasso del tasso da parte della banca centrale, per soccorrerle, qualora abbiano delle sofferenze. Che la crisi possa scoppiare, perché le insolvenze possono alimentarsi reciprocamente, non sembra previsto dai modelli econometrici keynesiani basati sulla domanda, che genera crescita.

Ma andiamo con ordine. Anche con riguardo alla politica monetaria si presenta l'ambivalenza della macroeconomia keynesiana, che da un lato apporta innovazioni di natura generale, dall'altro effettua inappropriate generalizzazioni da situazioni particolari a tendenze generali, e introduce nella politica economica elementi di discrezionalità basati sulla illusoria tesi tecnocratica del decisore pubblico, che in quanto esperto illuminato fa le scelte giuste per correggere il mercato e guidarlo.

Il lato positivo delle innovazioni keynesiane sta nell'avere posto al centro del governo della moneta il tasso di interesse, in luogo della quantità di moneta emessa e del tasso di inflazione, ossia il livello dei prezzi, insieme al tasso di occupazione. Il lato negativo consiste innanzitutto nell'avere supposto che l'autorità autonoma della banca centrale li possa maneggiare discrezionalmente, in modo flessibile, senza regole che limitino sia la sua condotta che quella del governo e del parlamento. C'è un altro aspetto negativo, che consiste nella tesi per cui è bene che il tasso di interesse sia basso, al limite quasi nullo o nullo, per favorire gli investimenti, e si connette alla sua tesi generale che il risparmio, in condizioni di sottoccupazione, non è rilevante per generare l'investimento, che, *ex post*, lo crea automaticamente. Ma c'è un terzo aspetto negativo per cui la teoria monetaria keynesiana è largamente inaccettabile, e questo è rappresentato dal suo dilettantismo istituzionale. Keynes non si rende conto che le banche sono organizzazioni complesse, e che le operazioni finanziarie sono contratti diversi fra di loro, soggetti a continue innovazioni e che, anche per questo, non c'è un solo tasso di interesse, ma molti tassi di interesse. E sopravvaluta la capacità della banca centrale di governare la moneta. La macroeconomia monetaria keynesiana così è un pericoloso giocattolo in mano a un apprendista stregone.

Senza l'intervento espansionista della banca centrale, per Keynes i tassi d'interesse sarebbero quasi sempre troppo alti perché «il saggio d'interesse non si adegua automaticamente al livello più vantaggioso per la società, ma tende costantemente a salire troppo in alto».[11] «I saggi [d'interesse] sono stati [troppo alti] per la mag-

11. Keynes, *General Theory*, p. 351.

gior parte della storia documentata».[12] E ancora: «Che il mondo sia così povero di capitali accumulati dopo parecchi millenni di costante risparmio individuale è una circostanza la cui spiegazione [è] il saggio d'interesse [...] tenuto elevato».[13]

Per Keynes i tassi d'interesse tendono a essere più alti di quello che dovrebbero in parte perché le persone «accumulano» denaro per paura, il che genera una penuria di fondi prestabili, e quindi fa alzare i tassi d'interesse,[14] e in parte perché è costoso «portare in contatto il debitore e il creditore».[15] Inoltre può esserci «un ampio divario tra le idee di chi presta e quelle di chi prende a prestito»,[16] con il risultato che i «possessori di ricchezza» semplicemente «non accettano» tassi inferiori.[17]

Keynes non fornisce però alcuna prova statistica dell'eccessivo livello dei tassi di interesse per il finanziamento alle imprese nei vari secoli e nei vari paesi del mondo. Trascura il fatto che, nel passato, una parte rilevante del credito è stata fornita agli Stati, sicché una parte importante dell'offerta di risparmio non è andata alle imprese per lo sviluppo produttivo. Inoltre trascura il fatto che i tassi di interesse, nel passato, potevano essere resi alti dal pericolo di inflazione, connesso alla tosatura delle monete e alle guerre, alle carestie, alle pestilenze, ai disastri naturali. Inoltre, egli sembra trascurare l'entità del cuneo fra tassi passivi e tassi attivi, che si determina quando i contratti privati non sono certi, perché gli Stati non assicurano "legge ed ordine" e l'economia di mercato funziona imperfettamente, sicché il rischio di insolvenza è elevato. In aggiunta, il risparmio bancario si forma e si amplia quando i tassi

12. John Maynard Keynes, memorandum, *Macmillan Committee Report*, in John Maynard Keynes, *Collected Writings*, vol. 20, *Activities 1929-31: Rethinking Employment and Unemployment Policies*, London, Macmillan; New York, St. Martin's Press, 1981, p. 273.
13. Keynes, *General Theory*, p. 242.
14. Keynes, *General Theory*, pp. 174, 351.
15. Keynes, *General Theory*, pp. 208, 309.
16. Keynes, *Collected Writings*, vol. 6, p. 339.
17. Keynes, *General Theory*, p. 309.

passivi sono sufficienti a indurre i risparmiatori a portare i loro denari alle banche e a impiegarli in mutui e quando si sviluppa un sistema bancario efficiente. La sua proposizione per cui «i saggi d'interesse elevati [sono] il principale impedimento all'aumento della ricchezza [perché scoraggiano il ricorso al prestito e, in tal modo, scoraggiano l'investimento]»[18] è fondata, con riguardo alle difficoltà allo sviluppo delle economie in ritardo o arretrate . Ma ciò dipende da fattori microeconomici a cui non si rimedia stampando moneta, perché se tali fattori persistono l'effetto è puramente di generare inflazione e quindi alti tassi di interesse.

Una qualche maggiore ragione Keynes può averla per le situazioni di recessione da cui sono colpite le economie sviluppate, dato che in esse ci sono imprese con difficoltà e disoccupati. Ma anche qui il rischio di inflazione esiste e inoltre se si scoraggiano i risparmi con tassi troppo bassi e rischio di inflazione o si accresce il rischio di insolvenza di chi chiede i prestiti, perché ha insufficienti garanzie patrimoniali, si può avere carenza di credito. Invece per Keynes, in ogni caso, se i "possessori di ricchezza" privati ritirano i loro fondi dal mercato del prestito o rifiutano di accettare tassi d'interesse ragionevoli, il governo può far sì che i tassi d'interesse scendano, aumentando la quantità di fondi disponibili al prestito.[19] Ciò è possibile stampando nuovo denaro e rendendolo disponibile al prestito bancario.[20] «Una variazione della quantità di moneta può già essere praticata dalla maggioranza dei governi. [...] La quantità di moneta [...] unitamente alla [disponibilità del prestatore a prestare] determina il saggio d'interesse effettivo».[21]

Per Keynes non vi è distinzione fra politica monetaria nelle depressioni e nel resto delle situazioni. La sua

18. Keynes, *General Theory*, p. 351.

19. Keynes, *General Theory*, pp. 167-168, 197-199, 268, 298.

20. John Maynard Keynes, *Collected Writings*, vol. 5, *A Treatise on Money: The Pure Theory of Money*, London, Macmillan; New York, St. Martin's Press, 1971, cap. 2.

21. Keynes, *General Theory*, pp. 167-168, 267-268.

è una tesi di lungo periodo. Il livello a cui Keynes vorrebbe che arrivassero i tassi di interesse dell'autorità monetaria centrale, tendenzialmente, è quello dello zero, anche se questo non deve avvenire in maniera repentina. Ciò si desume da questa sua affermazione, citata da Lewis: «Contesterei l'idea che una collettività governata con un certo giudizio, [...] debba essere in grado di abbassare fin quasi a zero, nel corso di una sola generazione, l'efficienza marginale del capitale [e il saggio d'interesse]».[22] Così i risparmiatori non dovrebbero più essere "premiati" con il tasso di interesse e, pertanto, Keynes scrive: «Potremmo dunque mirare in pratica (poiché non vi è nulla di tutto questo che sia irraggiungibile) a un aumento del volume di capitale finché questo non sia più scarso, cosicché [il possessore di risparmi] non riceva più un premio gratuito».[23] Per lui «il possessore del capitale [è] senza funzioni. [...] Può ottenere l'interesse perché il capitale è scarso [...]. Ma [...] non vi sono ragioni intrinseche della scarsità del capitale [dal momento che il governo può stampare e distribuire denaro]».[24] «[Rendere il capitale liberamente disponibile] può essere il modo più sensato di liberarsi progressivamente di molte tra le caratteristiche più discutibili del capitalismo. [...] Il redditiero [prestatore o investitore ricco] scomparirebbe [così come] il potere oppressivo e cumulativo del capitalista di sfruttare il valore di scarsità del capitale».[25]

Nel mondo di Keynes la domanda di credito crea l'offerta di risparmio perché c'è tanta capacità produttiva inutilizzata, sicché il risparmio fatto rinunciando a consumare è in gran parte inutile. D'altra parte, molti risparmiatori rinunciano al consumo presente in cambio di quello futuro puramente perché spinti dall'avarizia, dalla paura di rimanere poveri e dalla impossibilità di consumare e, quindi, non hanno bisogno di un compenso per questa loro condotta.

22. Keynes, *General Theory*, p. 220.
23. Keynes, *General Theory*, p. 376.
24. Keynes, *General Theory*, p. 376.
25. Keynes, *General Theory*, pp. 221, 376.

Come si può sostenere che se il compenso del risparmio è zero, le famiglie comunque risparmiano lo stesso ammontare? Ciò è, se non altro, smentito dalle assicurazioni sulla vita basate sulla capitalizzazione dei premi. E come si può sostenere che nella società c'è capacità produttiva inutilizzata, solo perché ci sono persone e altre risorse non utilizzate? Non conta forse l'insieme di conoscenze delle persone, che comporta l'investimento nella formazione del capitale umano, non conta il fatto che senza adeguati strumenti tecnici e *know-how* non si possono utilizzare le risorse umane e materiali disoccupate? Keynes guarda solo i grandi aggregati, non si rende conto di questi elementari problemi strutturali. Ed essi nei modelli econometrici neokeynesiani non esistono.

Queste sono affermazioni illogiche. Per combattere i tassi di interesse troppo alti, Keynes invece che favorire l'offerta di risparmio che dovrebbe generare una tendenza a ridurli vuole la politica opposta, come se le risorse inutilizzate fossero capaci di combinarsi da sé, sospinte da un flauto magico. In realtà ciò che scarseggia, a parte periodi e paesi particolari, non è la domanda di risparmio, ma la sua offerta.

Si arriva così all'altro paradosso, messo in risalto da Hunter Lewis: il rimedio all'espansione eccessiva non è un aumento, ma una diminuzione del saggio d'interesse! Giacché questa diminuzione può permettere alla cosiddetta espansione di durare. Il rimedio giusto per il ciclo economico non deve trovarsi nell'abolire le espansioni, mantenendoci così permanentemente in una semi-depressione; ma nell'abolire le depressioni e mantenerci così permanentemente in una quasi-espansione.[26] Questa tesi dipende dalla concezione per cui alle depressioni economiche non si giunga per una distorsione fra investimenti per cui una parte sono eccessivi, ma da una indebita diminuzione della domanda globale di consumi e di investimenti dovuta, spesso, a errori di politica monetaria, consistenti nell'avere effettuato

26. Keynes, *General Theory*, p. 322.

rialzi di tassi di interesse per moderare rialzi nei prezzi. Così Keynes scrive: «Attribuisco la depressione del 1930 primariamente agli [...] effetti del caro denaro, che precedette il crollo del mercato azionario [del 1929], e solo secondariamente al crollo stesso».[27] La crisi del 2008, con questo ragionamento, è dovuta al rialzo del tasso di interesse attuato dalla Federal Reserve di fronte all'enorme rialzo del prezzo del petrolio e al raddoppio del prezzo delle derrate alimentari sui mercati internazionali, che stava generando un ciclo di aumento del livello dei prezzi interni, ossia una spirale di inflazione, creata dall'eccesso di domanda, che, a sua volta, era stato causato dalla eccessiva espansione del credito al consumo e di quello immobiliare a soggetti privi di adeguati criteri patrimoniali. E questi erano stati effettuati da banche dotate di scarsi risparmi propri, garantite da compagnie di assicurazione prive di adeguate riserve, ossia con una eccessiva creazione di moneta bancaria. Per Keynes l'espansione monetaria non sembra creare inflazione e questa non sembra essere la causa del rialzo dei tassi di interesse che egli vuole combattere con l'espansione senza sosta della moneta.

Keynes ammette però che ci può essere una domanda in eccesso, con pericolo di inflazione come quando all'inizio della seconda guerra mondiale l'economia dovette essere spinta ad altissima velocità. Ma, in tale caso, invece di aumentare i tassi d'interesse il governo dovrebbe incrementare le imposte, sino a ottenere un surplus di bilancio, e mantenere inoperoso il denaro extra.[28] E Keynes suggerisce di aumentare le tasse in modo rilevante in anticipo sull'inflazione, in modo da controllarla.[29] Ma non sembra rendersi conto dell'impossibilità di aumentare le imposte progressive sul reddito oltre un certo limite e di tassare i patrimoni senza ridurre il risparmio, che in tali casi scarseggia, e della

27. Keynes, *Collected Writings*, vol. 6, p. 176.
28. Keynes, *Times*, in *Collected Writings*, vol. 21, p. 390.
29. Byrd Jones, "The Role of Keynesians in Wartime Policy and Postwar Planning", *American Economic Review*, pp. 127-128, citato in Skidelsky, *Fighting for Britain 1937-1946*, p. 121.

impossibilità di aumentare le imposte sui consumi senza che ciò generi rialzi di prezzi, che creano inflazione. Per lui, il governo è un demiurgo che può manovrare a piacere le politiche fiscali e monetarie senza trovare limiti a ciò nel comportamento del mercato, che, comunque, può essere manipolato per ottenere i risultati desiderati.

Tuttavia, sostiene Keynes, l'espansione monetaria in periodo di depressione, da sola, non basta a generare occupazione, neanche con tasso di interesse pari a zero, perché se non c'è abbastanza domanda le imprese contraggono la produzione e non hanno convenienza a farsi prestare denaro per aumentarla, in quanto gli investimenti non rendono e non conviene farli neanche a tasso zero. L'espansione monetaria, allora, risulta sterile, in quanto *durante una depressione economica desideriamo risparmiare di più, perché temiamo di perdere il nostro lavoro.* Ciò non fa altro che peggiorare le cose, perché i risparmi aggiuntivi hanno poca probabilità di trovare uno sbocco nel settore degli investimenti. Questo denaro rimane inutilizzato, il flusso monetario dell'economia rallenta ulteriormente e la depressione economica si aggrava. Dobbiamo allora capire che, in tali circostanze, «quanto più virtuosi siamo, quanto più risolutamente economi, quanto più ostinatamente ortodossi [...] tanto maggiormente dovranno calare i nostri redditi [...]; con l'ostinazione non può ottenersi che una sanzione, ma nessuna ricompensa, giacché il risultato è inevitabile».[30]

5. Ecco così che entra in gioco la politica fiscale con il bilancio in deficit per fare spese pubbliche, che costituiscono un modo per consumare i risparmi in eccesso. I governi possono ottenere prestiti dai ricchi. Questo assorbirebbe il loro eccesso di risparmio. E, avendo preso a prestito il denaro, il governo potrebbe spenderlo, rimettendolo in circolazione e stimolando l'economia. Così, il governo diventerebbe quello che può essere definito uno "spenditore di ultima istanza". «Voglio costrui-

30. Keynes, *General Theory*, p. 111.

re una società dalla quale vengano estirpate il più possibile le attuali disparità e le cause che le determinano».[31] Ed ancora: «I difetti più evidenti della società economica nella quale viviamo sono l'incapacità a provvedere la piena occupazione e la distribuzione arbitraria delle ricchezze e dei redditi».[32] In questa visuale da strumento anticiclico la politica fiscale diventa strumento di intervento strutturale, con ambizioni di ricetta alternativa a quelle collettiviste, in particolare riguardo alla lotta contro la disoccupazione come lotta contro la povertà, che dovrebbe conservare, comunque, i divari sociali. In effetti del comunismo sovietico Keynes disse: «Come posso adottare un credo che, preferendo il gambo alla foglia, esalta il rozzo proletariato al di sopra della borghesia e dell'intellighenzia, le quali, per quanti siano i loro difetti, sono l'essenza della vita e portano sicuramente in sé il seme del progresso umano?».[33]

La tesi di Keynes per cui c'è un ruolo della politica fiscale non solo nel breve termine, ma anche nel lungo termine, appare in conflitto con la sua, tante volte citata, affermazione per cui nel lungo termine saremo tutti morti.[34] Ma è riduttivo considerare la *fiscal policy* keynesiana come una mera strumentazione congiunturale. Abbiamo visto che Keynes ritiene che vi sia un eccesso strutturale di risparmi, un eccesso strutturale di risorse produttive inutilizzate e un eccesso strutturale di alti tassi di interesse. Questi tre eccessi, come si è osservato, sono in contrasto fra di loro perché, se il risparmio è abbondante, il tasso di interesse tende a scendere e non a salire, e se c'è un eccesso di risorse inutilizzate ciò dipende anche dal fatto che non ci sono adeguato investimenti per utilizzare e specializzare il lavoro, per valorizzare le risorse naturali, per accrescere il progresso tecnologico. Ma a questo ultimo proposito Keynes introduce fattori di irrazionalità riguardanti gli operatori eco-

31. Robert Skidelsky, *John Maynard Keynes*, vol. 2, *The Economist as Savior 1920-1937*, London, Macmillan, 2000, p. 233.
32. Keynes, *General Theory*, p. 372.
33. Keynes, *Essays in Persuasion*, p. 300.
34. Skidelsky, *The Economist as Savior 1920-1937*, p. 62.

nomici nell'economia di mercato, che comportano, inevitabilmente, di dare un giudizio negativo sulla sua capacità di generare crescita economica. Egli, infatti, sostiene che è probabile che un operatore resti deluso,[35] in media, dai ritorni economici, soprattutto in rapporto alle speranze che li precedevano.[36] Perché, allora, continuano a voler giocare a questo gioco? Si suppone non per freddo calcolo, ma piuttosto per spiriti animali.[37]

Purtroppo, gli spiriti animali dipendono dai «nervi e [...] dagli isterismi, e perfino [d]alle digestioni [dei giocatori]».[38] Ciò anche perché ci sono troppi speculatori e gli speculatori possono non causare alcun male, come bolle d'aria in un flusso continuo d'intraprendenza; ma la situazione è seria quando l'intraprendenza diviene la bolla d'aria in un vortice di speculazione.[39] «L'intero sistema degli investimenti privati non è intelligente [...] non è virtuoso [...] e non mantiene gli impegni».[40] Come nota Lewis, da ciò viene da concluderne che «il compito di determinare il volume corrente degli investimenti non può, senza pericolo, lasciarsi in mano private».[41] Ciò, per Keynes, non implica le imprese pubbliche ma l'intervento dello Stato come un fattore equilibrante.[42] Con questo, egli intendeva soprattutto che lo Stato avrebbe dovuto "incentivare" l'investimento qualora fosse stato troppo basso. In questo senso nel 1936, nella *Teoria generale*, disse di essere favorevole a «una socializzazione di una certa ampiezza degli investimenti».[43] Ma, «anche così, rimarrà ancora largo campo all'esercizio dell'iniziativa e della responsabilità individuale».[44] Il che è importante per capire le simpatie –

35. Keynes, *General Theory*, p. 150.
36. Keynes, *General Theory*, p. 150.
37. Keynes, *General Theory*, pp. 161-162.
38. Keynes, *General Theory*, p. 162.
39. Keynes, *General Theory*, p. 159.
40. Keynes, *New Statesman and Nation* (1933), in *Collected Writings*, vol. 21, p. 239.
41. Keynes, *General Theory*, p. 320.
42. Keynes, *General Theory*, p. 220.
43. Keynes, *General Theory*, p. 378.
44. Keynes, *General Theory*, p. 379.

spesso ricambiate – di Keynes e dei keynesiani per il mondo dei capitalisti. Come ebbe a riferire Michael Straight, studente di economia di Cambridge, una volta Keynes dichiarò che «il marxismo [...] come concetto economico era inferiore persino alla sua reputazione sociale. Era un complicato pasticcio».[45]

Il *deus ex machina* per conciliare i due fenomeni dell'azione pubblica e del mercato e, quindi, per fare sì che una condotta che può rendere povero un uomo possa rendere «ricca una nazione»[46] è il moltiplicatore della spesa pubblica in deficit, che genera domanda per le imprese del mercato. Esso può variare, ma, secondo Keynes, dovrebbe essere per lo meno tre o quattro volte.[47] Ciò serve per giustificare le spese pubbliche di dubbia utilità, dato che non conta la qualità della spesa, ma il suo effetto tonificante sul mercato. In questa dottrina c'è semplicismo macroeconomico e dilettantismo contabile. Una parte del moltiplicatore della spesa pubblica, man mano che esso investe tutta l'economia, va a comparti in cui l'offerta è, soprattutto nel breve termine, inadeguata. E da ciò nasce inflazione. Un'altra parte va a rimborso di debiti e a risparmi. Un'altra ad acquisti all'estero e i numeri del moltiplicatore così calano di parecchio e ridiventa importante capire se, in sè, quella spesa pubblica è davvero utile.

Lewis critica l'economista neo-keynesiano Paul Krugman, premio Nobel per l'economia, che in un articolo del 2008 scrisse che la spesa per opere pubbliche in Giappone, negli anni Novanta, probabilmente evitò che un'economia debole sprofondasse in una depressione vera e propria e aggiunse: «Vi sono, inoltre, motivi di ritenere che lo stimolo attraverso la spesa pubblica funzionerebbe meglio negli Stati Uniti».[48] Lewis ha ragione di osservare che al contrario di quanto dice Krugman, vi sono anche importanti ragioni per aspettarsi che una

45. Skidelsky, *The Economist as Savior 1920-1937*, p. 523.
46. Keynes, *Collected Writings*, vol. 21, p. 334.
47. Keynes, *Collected Writings*, vol. 21, p. 326.
48. Paul Krugman, "What to Do", *New York Review of Books*, 18 dicembre 2008, p. 8.

spesa volta a stimolare l'economia funzioni peggio negli Stati Uniti, in quanto i giapponesi s'indebitarono con se stessi, e non in maniera pesante con i cinesi.

Lewis, inoltre, ha ragione quando critica il costoso programma del 2008 del presidente Obama di spesa pubblica in deficit per la ricerca e la produzione di energie alternative volte a ridurre la dipendenza americana dal petrolio straniero, in gran parte controllato da governi ostili, argomentando che è un'idea molto popolare, che però si riferisce a tipi di progetti che hanno bisogno di molti anni per essere attuati correttamente. Egli osserva che «come regola generale, più l'investimento pubblico è affrettato, più è probabile che si dimostri uno spreco di denaro stanziato per soddisfare le esigenze di determinati politici o riversato per favorire gli interessi di gruppi di pressione o collegi elettorali». Anche questa osservazione è condivisibile.

Non mi sembra però condivisibile la tesi estrema di Lewis per cui le spese per opere pubbliche e le infrastrutture oggettivamente utili, di cui c'è una richiesta diffusa, per risolvere problemi di inefficienza, non possano essere accelerate, in una depressione, come misure per attenuarne le conseguenze negative. Uno degli argomenti che egli utilizza è che nel caso dei progetti governativi degli Stati Uniti, in generale, solo un quarto del denaro viene speso, in media, nello stesso anno in cui il Congresso lo stanzia. Ma, come egli stresso rileva, una depressione economica, che deriva da errori di sopra espansione e da una grave crisi bancaria, come quella del Giappone, può durare parecchi anni. Inoltre, le imprese possono resistere per un periodo di tempo notevole, in una situazione di sottoccupazione della propria capacità produttiva, se hanno una prospettiva futura positiva, come, appunto, commesse pubbliche importanti da loro acquisite. La finanza di progetto, in cui i privati assumono lavori in opere e infrastrutture pubbliche, contando su quote di sovvenzione e su ricavi che esse potranno dare, può superare le lungaggini degli appalti, mentre riduce la quota di spesa pubblica in tali opere pubbliche e infrastrutture. Ciò che, per altro, si deve tenere presente è che, in una recessione, è più facile effettuare spese in deficit per opere pubbliche e infrastrutture per una nazione con un basso rapporto fra debito e Pil che per una con un rapporto elevato, perché la prima ha molti meno vincoli a un aumento di indebitamento. Questo comporta che il *deficit spending* pubblico è sostenibile nei periodi di bassa congiuntura, ma non come politica strutturale. Esso, dunque, ha una funzione positiva, ma limitata nel tempo e nel *quantum*. Si può, dunque, convenire con Wilhelm Röpke che – come scrive con approvazione lo stesso Lewis – vuole «più stabilizzazione, meno stabilità».[49] Le sue politiche rivolte a ridurre le asperità della depressione, a contenere la disoccupazione e a sorreggere la ripresa non vanno confuse con il ricettario keynesiano che, con la promessa della stabilità, genera comportamenti di azzardo morale (cioè la tendenza a correre rischi sconsiderati) e che con gli interventi *ad hoc* per evitare di dissesti mantiene in funzione imprese che dovrebbero essere eliminate o completamente riorganizzate. Friedrich von Hayek ha sintetizzato questi due concetti con la frase: «Tanto più cerchiamo di fornire piena sicurezza interferendo con il sistema di mercato, quanto maggiore diviene l'insicurezza».[50] Röpke riassume tale concetto osservando che «il nostro sistema economico (in ultima analisi) è disciplinato dalla bancarotta»:[51] chi commette errori gravi e corre rischi eccessivi deve fallire e questa prospettiva induce a essere prudenti.

L'economista keynesiano Paul Krugman, al contrario, critica l'idea che la recessione sia «una punizione necessaria per sanare gli errori del boom economico».[52] Un altro premio Nobel keynesiano Robert Solow si spinge anche oltre Krugman e afferma: «[Dire] che una recessione estirpa imprese e pratiche inefficienti [...] è

49. Wilhelm Röpke, *Economics of the Free Society*, Chicago, Henry Regnery, 1963, p. 219.
50. Friedrich Hayek, citato in Sanford Ikeda, *Dynamics of the Mixed Economy: Toward a Theory of Interventionism*, London, Routledge, 1997, p. 183.
51. Röpke, *Economics of the Free Society*, p. 248.
52. *Economist*, 6 dicembre 2008, p. 94.

un po' come dire che una peste [...] ripulisce il patrimonio genetico».[53] Il paragone è errato in quanto travisa ciò che accade in una recessione, quando il governo evita di effettuare il salvataggio degli operatori che dovrebbero fallire, avendo tenuto comportamenti sconsiderati.

6. La terza tesi di Keynes, che Lewis analizza criticamente, oltre a quella sul livello del tasso di interesse e a quella sul *deficit spending*, riguarda i salari. La tesi di Keynes si può compendiare in questa frase: «Considerata la natura umana e le nostre istituzioni, soltanto uno sciocco preferirebbe una politica salariale flessibile ad una politica monetaria flessibile [...]».[54] Anche qui Keynes commette l'errore di ragionare solo in termini macroeconomici globali per grandi aggregati, in modo meccanicistico, e non in termini microeconomici, considerando le imprese operanti sul mercato nel loro reale funzionamento. A ciò si aggiunge il fatto che egli sembra considerare un'economia chiusa o un sistema economico internazionale in cui tutte le economie si trovano, simultaneamente, in recessione.

I salari flessibili verso il basso, argomenta Keynes, minacciano anche i profitti delle attività economiche e una riduzione dei salari non può risolvere la questione della disoccupazione. Ciò perché dobbiamo tenere bene in mente che «la spesa di un uomo è il reddito di un altro uomo».[55] Il singolo imprenditore vedrà gli ovvi grandi vantaggi di una riduzione dei salari che deve pagare.[56] Ma non vedrà «altrettanto chiaramente gli svantaggi di cui soffrirà se le entrate monetarie dei suoi clienti vengono ridotte».[57] Insomma, se la spesa dei consumatori cala con i salari, ci si troverà in una situazione

53. Robert Solow, *New York Review of Books*, 14 maggio 2009, p. 6.
54. Keynes, *General Theory*, p. 269.
55. Keynes, BBC Broadcast, 11 gennaio 1933, in *Collected Writings*, vol. 21, p. 145.
56. Keynes, BBC Broadcast, 11 gennaio 1933, in *Collected Writings*, vol. 21, p. 145.
57. Keynes, aggiunta al *Macmillan Committee Report*, in *Collected Writings*, vol. 20, p. 289.

in cui crollano sia la spesa che i salari, in una spirale viziosa verso il basso. E, secondo Keynes, se inizia questa spirale non c'è nessuna ragione teorica per la quale i salari non possano continuare a precipitare «illimitatamente».[58] La tesi che Lewis contrappone a Keynes è quella di Henry Hazlitt,[59] secondo cui Keynes confonde i saggi salariali nominali con i salari guadagnati in termini reali. Se i prezzi scendono senza che i salariali vengano ridotti, argomenta Hazlitt, le imprese dovranno licenziare dal momento che i loro costi del lavoro sono aumentati, rispetto ai prezzi, in quanto i salari reali sono maggiori. Dati questi licenziamenti i redditi aggregati dei lavoratori precipiteranno. Invece – continuano Hazlitt e Lewis sulle orme di Arthur C. Pigou e di Don Patinkin – se si lascia che i salari scendano con i prezzi, i profitti saranno invariati perché lo saranno i costi unitari del lavoro e i lavoratori non saranno licenziati. Lo schema, analiticamente e in astratto, regge. Ma trascura il fatto che le imprese, in genere, sono indebitate con le banche o con gli obbligazionisti e che, pertanto, i loro oneri finanziari, con la discesa dei prezzi, aumentano. Lo stesso vale per le banche, che sono indebitate con i depositanti e con altri operatori. È vero che le imprese hanno un proprio capitale reale e che esso prima della discesa dei prezzi è necessariamente superiore ai debiti, in quanto diversamente non ci sarebbe un attivo patrimoniale. Ma questo capitale reale non è liquidabile in frazioni e, come conseguenza, le imprese con una rilevante discesa dei prezzi si troveranno in crisi di liquidità. Le banche dovrebbero, allora, soccorrerle fidando nell'attivo patrimoniale dei clienti. Ma esse, a differenza delle imprese, hanno, generalmente, un patrimonio molto inferiore ai loro debiti con i risparmiatori e non saranno, perciò, in grado di effettuare questi maggiori finanziamenti. La banca centrale dovrà dare liquidità alle banche per finanziare le imprese, rile-

58. Keynes, *General Theory*, p. 253.

59. Henry Hazlitt, *The Critics of Keynesian Economics*, New York, D. Van Nostrand, 1960, p. 5; Henry Hazlitt, *The Failure of The "New Economics"*, New Rochelle (NY), Arlington House, 1978, p. 267.

vandone i prestiti fatti a queste e così, accrescendo la quantità di moneta, impedirà che i prezzi scendano. Se la banca centrale non lo facesse, le imprese e le banche fallirebbero per crisi di liquidità, sebbene in astratto solvibili. Un tale comportamento, da parte della banca centrale, è illogico. Lo stesso Lewis lo ammette quando si dilunga ad osservare che non bisogna considerare il valore di mercato del momento dei titoli, dovuto a una domanda inaridita dalla crisi di liquidità, ma il loro valore reale.

La via per la riduzione dei salari, allo scopo di combattere la disoccupazione, non è questa. Lo stesso Lewis se ne rende conto e adotta una diversa linea, assai più convincente, per dimostrare che Keynes ha torto, quella dei rapporti sbagliati fra i vari prezzi e quella dei monopoli. Egli scrive:

> Se un'economia arranca e la disoccupazione è elevata, questo significa che alcuni prezzi sono molto sbilanciati rispetto ad altri. Ad esempio, i salari potrebbero essere troppo alti in relazione ai prezzi, perché i prezzi sono caduti sotto i primi colpi di una depressione economica. Ma in tal caso il problema non sta in tutti i salari, né in tutti i prezzi.
>
> Alcune società e alcuni settori potrebbero andar bene, mentre altri potrebbero trovarsi in condizioni disperate. Ciò di cui c'è bisogno è un aggiustamento di specifici salari e specifici prezzi all'interno delle singole società e, fra di esse, all'interno dei singoli settori, oltre che fra i diversi settori. Questi aggiustamenti non sono un evento unico. Devono essere un qualcosa di continuo, poiché ogni cambiamento ne porta un altro in un ampio susseguirsi di *feedback*.
>
> In alcuni casi i salari e i prezzi dovrebbero aumentare. In altri sarebbe meglio che calassero. Un unico aggiustamento uguale per tutti non funzionerà mai e anzi peggiorerà solamente le cose. È come se Keynes considerasse l'economia alla stregua di un serbatoio d'acqua da riempire o svuotare fino al raggiungimento del livello ottimale. Ma un'idraulica rozza di questo tipo non sistemerà, né coordinerà, proprio un bel nulla. Farà solo un gran pasticcio.

Proseguendo su questa linea si può osservare che se c'è un'alta disoccupazione ciò dipende anche dalla rigidità dei salari, dovuta a fattori di monopolio nel mercato del lavoro. In un regime di contrattazione salariale flessibile, i salari nominali delle attività marginali scendono, favorendo così l'entrata nell'armata del lavoro di persone che, diversamente, sarebbero rimaste disoccupate, in quanto le imprese e le famiglie e gli stessi governi non avrebbero avuto convenienza a impiegarle. D'altra parte i salari sono un costo non in astratto, ma in rapporto al lavoro con essi svolto e da ciò consegue che spesso i conti delle imprese, che hanno costi del lavoro eccessivi, si raddrizzano impiegando meglio i lavoratori, in modo da accrescere la loro produttività.

A queste due osservazioni si può obbiettare, con Keynes, che se la domanda è data, perché il reddito è dato, non si può accrescere la produzione con un incremento di occupazione a parità di produttività o con un incremento di produttività a parità di occupazione o con tutte e due le modalità.

Ma ciò non è vero, con riguardo a molti servizi. Se il salario del personale di sevizio viene abbassato, molte famiglie si avvarranno di servizi domestici. E il salario che esse daranno alle baby sitter, alle badanti, alle collaboratrici domestiche consentirà loro di comprare quei prodotti a cui quelle famiglie rinunciano. L'occupazione e il reddito saranno aumentati. D'altra parte se i ristoranti e gli alberghi possono impiegare un personale meno costoso, aumenteranno le persone che se ne servono e la spesa dei salari che verranno pagati ai nuovi occupati rimpiazzerà i consumi a cui hanno rinunciato coloro che hanno accresciuto le loro spese in alberghi e ristoranti. Inoltre le riduzioni di costi unitari delle imprese, dovute a incrementi di produttività nell'impiego del fattore lavoro, accrescendo i loro profitti le indurranno a fare maggiori investimenti, a parità di domanda e, quindi, a chiedere maggiore credito alle banche e ciò genererà maggiore occupazione.

In regime di economia internazionale aperta, se una parte delle economie del mondo non è in depressione, la riduzione dei prezzi dovuta a riduzione dei costi del lavoro accresce la convenienza ad esportare. E, nei paesi importatori, la riduzione dei prezzi delle importazioni può rendere convenienti investimenti che diversamente non lo erano. E così via. Questo ragionamento funziona in una depressione, ma, ancora di più, per le economie in condizioni normali ai fini della crescita economica e del pieno impiego. Ciò soprattutto se lo Stato, con le sue spese per la legge, l'ordine, l'istruzione, le infrastrutture e gli altri compiti che gli sono propri, consente che si sviluppi l'efficienza del mercato. Insomma, non la *fiscal policy* keynesiana, ma la finanza pubblica con le imposte, che ne sono il prezzo per servizi pubblici che rendono più di quel che costano.

7. Forse la parte di maggiore interesse di questo libro sta nella descrizione degli effetti perversi della dottrina keynesiana di politica monetaria facile e di politica fiscale in deficit, nell'intreccio fra poteri economici e politici, che, dopo avere prodotto la crisi, producono anche gli interventi di salvataggio, avvallati in nome della causa dell'occupazione.

Lewis fa notare che «durante l'autunno del 2008, grandi banche d'investimento come Goldman Sachs e Morgan Stanley divennero giuridicamente delle banche vere e proprie. Questo significò che tali società, essenzialmente giganteschi *hedge funds*, poterono godere dell'accesso permanente al denaro appena stampato dal governo e offerto loro ai tassi più bassi possibili, tassi che poco dopo scesero appena al di sopra dello zero. Tutto questo è assolutamente ironico. Nel momento in cui molte società solide sulla "Main Street" stavano lottando per ottenere dei prestiti a tassi elevati, i maggiori speculatori di Wall Street potevano attingere denaro direttamente dal governo e a prezzo stracciato».

Inoltre, prosegue Lewis, Hank Paulson, che era stato il capo di Goldman Sachs, divenne segretario al Tesoro e mise insieme un grosso fondo federale, denominato TARP, che erogò alla società di Paulson 10 miliardi di dollari.

> La somma più cospicua di denaro proveniente dal TARP, 173 miliardi di dollari, è andato all'American International Group (AIG), un gigante del settore assicurativo. Quando la società ebbe i primi problemi, per gestire la situazione Paulson scelse Edward Liddy, in precedenza direttore di Goldman Sachs. Poiché l'AIG doveva denaro ad altri soggetti, gran parte del salvataggio andò ad altre società i cui nomi il governo si rifiutò di rivelare [...]. Tuttavia qualche nome trapelò e si scoprì che quasi 13 miliardi di dollari del salvataggio di AIG erano andati proprio alla Goldman Sachs.
>
> L'AIG, tra l'altro, era stata una delle principali finanziatrici delle campagne elettorali. Il secondo maggior beneficiario di questi fondi per gli anni 2003-2008 era stato il senatore Dodd; il primo, l'allora senatore Obama.
>
> Nell'autunno 2008, il segretario Paulson dispose anche che la Bank of America, beneficiaria di fondi TARP, salvasse la Merrill Lynch, gigante dell'investimento. [...]
>
> L'allora capo della Merrill Lynch era stato in precedenza capo della Goldman Sachs e quindi era un ex collega di Paulson.

Sin qui l'intreccio fra discrezionalità dei politici e degli esperti repubblicani con il mondo degli affari. Poi Lewis passa a quelli del governo democratico. «Quando si insediò l'amministrazione Obama, Timothy Geithner, presidente della New York Federal Reserve, braccio operativo della Federal Reserve, assunse l'incarico precedentemente ricoperto da Paulson. William Dudley, ex economista capo della Goldman Sachs, a sua volta sostituì Geithner alla New York Fed». E all'intreccio fra grandi banche, Tesoro e banca centrale si aggiunge quello delle agenzie di *rating*:

> L'accogliente club "Wall Street-Washington" di cui sopra ha molte diramazioni. Una di esse è il settore riguardante le società di *rating*: Standard and Poor's, Moody's e Fitch. Queste società hanno svolto un ruolo importante nel far scoppiare la bolla immobiliare, giu-

> dicando affidabili *securities* ipotecarie che poi si sono rivelate tutt'altro che sicure.
> Come hanno fatto queste società a ottenere così tanto potere nel mercato delle *securities*? Ecco la risposta: norme e regolamenti governativi proibivano l'acquisto (da parte di compagnie di assicurazione, banche, fondi operanti nel mercato monetario, eccetera) di *securities* non valutate da queste aziende selezionate. In altre parole, il governo ha creato un cartello di società di *rating*. Dal momento che il cartello era immune dalla concorrenza, era più facile per Wall Street ottenere l'approvazione per prodotti finanziari di dubbio valore, soprattutto considerando il fatto che la marea di titoli di questo tipo generava proventi per le stesse società.

Il commento di Lewis in chiusura di questo vivido ritratto è che «il paradosso centrale del keynesismo è quello di voler "aggiustare" il sistema dei prezzi e dei profitti sovvertendolo». Un commento appropriato a cui vorrei aggiungere che il principale errore della dottrina keynesiana forse non sta nelle sue ricette, ma nei medici che suggerisce, cioè gli "esperti" che operano in modo discrezionale, per correggere gli errori che fa il mercato con la sua mano invisibile, utilizzando tali ricette. La mano visibile di questi esperti, che operano al di sopra delle regole in nome della causa dell'occupazione sulla base del credo neo-keynesiano spacciato come scienza, si intreccia inevitabilmente con quella dei politici e con quella degli uomini d'affari. E ciò genera monopoli, crisi, interventi sbagliati per combatterle che ingigantiscono l'area di governo e generano deficit, debiti e instabilità.

Tutti gli errori di Keynes

Perché gli Stati continuano a creare inflazione,
bolle speculative e crisi finanziarie

Questo libro è dedicato a Henry Hazlitt, una persona degna di emulazione per vita, carattere e idee economiche.
Si raccomanda caldamente la lettura di tutti i suoi libri, ma in particolare di *The Failure of the "New Economics"* e di *Economics in One Lesson.*

Parte prima
Introduzione

Capitolo 1

Un'economia basata sul buon senso*

Come dovrebbe essere un'economia basata sul buon senso? Cosa avrebbe da dire sul crollo del 2008, sulla crisi economica che ne è derivata, o su quale potrebbe essere la migliore risposta dinanzi a una crisi di questo genere? Potremmo cominciare rivolgendo queste domande a Timothy J. Kehoe, professore emerito di economia presso la University of Minnesota. Kehoe si è definito un «democratico da sempre e un elettore di Obama». Egli ci dice che, «se nel breve termine non si è disposti a compiere sacrifici, sul lungo termine ci si ritroverà davanti a grandi sofferenze».

Ciò a cui si riferisce Kehoe, in particolare, è il piano di salvataggio di alcune banche, di una gigantesca compagnia di assicurazione e di due società automobilistiche, promosso dall'amministrazione Bush: «Il denaro è scomparso, è stato scandaloso. [...] Le imprese improduttive devono morire».[1]

È un consiglio drastico, ma di buon senso. Non è forse meglio che le imprese solide acquistino *asset* a prezzi modici da società fallite, così da poterli rendere nuovamente produttivi?

Poi, potremmo rivolgerci a Kenneth Rogoff, profes-

* Tutte le citazioni sono state tradotte dalle edizioni in lingua inglese utilizzate da Hunter Lewis. Per un elenco dei testi disponibili in edizione italiana si rimanda alla bibliografia posta al termine del presente libro. [*NdT*]

1. Caroline Baum, intervista, Bloomberg News, 2 marzo 2009.

sore di politiche pubbliche ad Harvard ed ex capo economista del Fondo Monetario Internazionale. In merito alla crisi economica del 2008 e alle sue conseguenze, egli sostiene che «siamo ricorsi troppo allo strumento del prestito, è saltato tutto, e abbiamo risolto il problema con un altri prestiti».[2] Ovviamente Rogoff è ironico. Eppure, il suo potrebbe essere considerato un tentativo d'immettere una nota di buon senso nel dibattito sulle politiche economiche da adottare.

Esaminiamo la situazione. Durante gli anni Ottanta, Novanta e nei primi anni del ventunesimo secolo l'economia statunitense è cresciuta, ma l'ammontare di nuovo debito è cresciuto in modo molto più rapido, specialmente durante la bolla immobiliare. L'economista Marc Faber trae questa conclusione di buon senso: «Quando la crescita del debito supera di gran lunga la crescita del Pil [Prodotto interno lordo] nominale, prima o poi qualcosa deve cedere».[3]

In una simile situazione, non è forse contrario al buon senso ciò che ha fatto il governo degli Stati Uniti – vale a dire l'aver dato il via a un altro circolo vizioso fatto di emissione di denaro, finanziamenti e indebitamento? Si è preteso di curare i postumi di una sbornia con altro alcool.

E allora, fermiamoci un attimo. Abbiamo bisogno di affrontare una questione importante. Il buon senso ha davvero qualche rilevanza per la politica economica nazionale e globale?[4] Se un individuo, una famiglia o un'azienda vivono giorno per giorno, senza preoccuparsi del domani, spendendo più di quello che guadagnano, comprando cose di cui non hanno bisogno, non risparmiando nulla, facendo investimenti folli e sconsiderati e indebitandosi più di quanto possano restituire, di certo non gli si può prescrivere come rimedio lo stesso male. Gli si consiglia l'astinenza. E le società e i governi sono forse diversi? È stata l'economia a insegnarci che le rego-

2. *Harvard Magazine*, novembre-dicembre 2008, p. 60.
3. Marc Faber, *Gloom, Boom, and Doom Report*, marzo 2009, p. 4.
4. Si veda la nota di chiusura A.

le che si applicano a un individuo devono essere applicate anche alla società nel suo complesso.

Questo principio generale viene etichettato dai logici come la "fallacia di composizione". In questa particolare applicazione economica è comunemente denominato "paradosso del risparmio" di Keynes. Il ragionamento è più o meno il seguente. Se uno spendaccione si ravvede e inizia a risparmiare, va bene. Ma se tutti noi blocchiamo le spese nello stesso momento, va male, perché l'economia ha bisogno del nostro denaro. Se i consumi si bloccano, l'economia non si limita a crollare. Essa infatti continua a precipitare, perché l'economia di mercato non si auto-corregge. Tutto peggiora fino a quando il governo non comincia a spendere al posto nostro. Una volta che questo accade, la caduta libera si ferma, noi ci scuotiamo di dosso tutte le nostre paure e iniziamo a spendere di nuovo.

Ci vuole però un po' di tempo per abituarsi a questo modo di ragionare. Davvero l'atto del risparmio, virtuoso per l'individuo, può essere così distruttivo per la società in generale? L'esperto economista keynesiano Peter L. Bernstein dice di sì. Nel luglio del 2008, pochi mesi prima del crollo dell'economia, ammoniva che, «se i consumatori americani si sforzassero in massa di risparmiare il 3,9 per cento [almeno] del loro reddito esentasse, sarebbe un disastro per l'economia mondiale».[5]

Il presidente Bush sembrava d'accordo. Nel dicembre 2006, quando ormai dalla bolla immobiliare cominciava a fuoriuscire aria, consigliò alla gente di varcare la porta di casa e andare a «spendere di più».[6] Sapeva anche che l'aumento della spesa doveva provenire dai consumatori, in quanto la nuova maggioranza democratica al Congresso era molto critica nei riguardi del *deficit* nel bilancio del suo governo. In quel momento, non gli avrebbero consentito d'incrementare ulteriormente il disavanzo di bilancio per stimolare l'economia.

5. Peter L. Bernstein, *Economics and Portfolio Strategy*, 15 luglio 2008.
6. Faber, *Gloom, Boom, and Doom Report*, p. 20. Le citazioni sulla bolla immobiliare sono state raccolte da Fred Sheehan.

Scoppiata la crisi, a fine 2008, una maggioranza composta tanto da democratici che da repubblicani concordò sulla necessità di aumentare l'indebitamento e la spesa pubblica, per procedere ai vari salvataggi e stimolare l'economia. Dinanzi ai critici conservatori, il presidente Bush spiegò le sue azioni nel seguente modo:

> Ho abbandonato i principi del libero mercato per salvare il sistema di libero mercato. [...] Potete rimanere seduti lì a dire a voi stessi, «rimarrò attaccato ai miei principi e spererò per il meglio», oppure intraprendere le azioni necessarie a evitare il peggio.[7]

C'è da meravigliarsi. Come faceva Bush a sapere che le sue azioni erano necessarie, o che avrebbero evitato il peggio? Come poteva essere certo che non avrebbero peggiorato le cose, subito o nel corso del tempo?

Bush disse che si affidava ai consigli di Henry Paulson, segretario al Tesoro, e Ben Bernanke, presidente della Fed (Federal Reserve). A loro volta, Paulson e Bernanke si basavano sulle idee di John Maynard Keynes. Gregory Mankiw, economista di Harvard ed ex presidente del Council of Economic Advisors di Bush, oltre che autore di un manuale di economia di successo, era d'accordo su questa scelta:

> Se ci si deve rivolgere a un economista per capire i problemi di natura economica, non c'è dubbio che quello studioso debba essere John Maynard Keynes. Benché sia morto più di mezzo secolo fa, la sua analisi delle recessioni e delle depressioni resta il fondamento della macroeconomia moderna.

Mankiw, poi, riassumeva la visione keynesiana delle recessioni e delle depressioni: «Secondo Keynes, la causa prima delle crisi economiche è una domanda aggregata insufficiente». E accennava al "paradosso del

7. Intervista alla CNN, citata in *Weekly Standard*, 2 febbraio 2009, p. 15; intervista con Cal Thomas, *Washington Times*, 12 gennaio 2009.

risparmio" keynesiano: «Per l'economia nel suo complesso [...] le fasi di recessione non sono il momento migliore per cercare di risparmiare qualcosa in più». Concludeva osservando che «i responsabili politici alla Fed e al Tesoro [sia quelli nominati da Bush che quelli scelti da Obama] esamineranno [le risposte politiche] attraverso lenti keynesiane».[8]

Storicamente l'influenza di Keynes ha avuto alti e bassi. Durante la seconda guerra mondiale e il periodo immediatamente successivo, Keynes fu enormemente influente. Nel 1947, un anno dopo la sua morte, l'eminente economista francese Jacques Rueff disse che «la filosofia di Keynes è senza alcun dubbio la base delle politiche mondiali di oggi»,[9] e la cosa rimarrà vera per un altro quarto di secolo.

Negli anni Settanta ci fu una forte inflazione che generò una sorta di reazione contraria. Alcuni ritennero che le idee keynesiane fossero responsabili della situazione. Tuttavia, anche i maggiori critici di Keynes, come gli economisti Milton Friedman o Robert Mundell, mantenevano alcuni dei presupposti keynesiani. Keynes era rimasto comunque nell'aria che tutti respiravano e con la crisi del 2008 le sue politiche hanno ritrovato vigore e successo, e riconquistato il centro della scena.

In sostanza, il keynesismo è l'opposto di un'economia basata sul buon senso. Non solo ci offre il "paradosso del risparmio" ma, come vedremo, moltissimi altri paradossi. È complicato e tecnico. Per alcuni argomenti si presenta in termini matematici. Dunque, la gran parte delle persone non cerca di comprendere davvero Keynes. Si affida agli altri. Come ha fatto il presidente Bush, e forse lo stesso presidente Obama, essi si sono basati sulla fiducia.

A seguito della crisi economica del 2008, però, que-

8. Gregory Mankiw, "Sunday Money", *New York Times*, 30 novembre 2008, p. 4.

9. Jacques Rueff, in Henry Hazlitt (a cura di), *The Critics of Keynesian Economics*, New York, D. Van Nostrand, 1960, p. 239.

sto non è più accettabile, se mai lo è stato. Se l'intera economia globale deve seguire le prescrizioni di Keynes, il che richiede l'emissione di più denaro, l'aumento della spesa, un maggior indebitamento, i salvataggi, tutte cose che vanno ad aggiungersi all'emissione di denaro, alle spese e all'indebitamento che precedevano la crisi, beh, allora abbiamo il dovere di provare a capire qualcosa di più sul ragionamento che sta alla base di queste prescrizioni. Dobbiamo guardarle con un occhio nuovo e critico.

Il punto da cui iniziare sono le parole stesse di Keynes. Dal momento che poche persone lo leggono, è facile confondersi in merito a ciò che effettivamente disse. E poiché il suo nome ha acquisito un'autorità immensa, si ha la tentazione di attribuire a lui le nostre idee e le nostre interpretazioni. Un esempio di ciò è il tentativo da parte di alcuni repubblicani di descrivere i tagli alle tasse come tagli keynesiani.[10] In realtà, come sarà chiaro dall'analisi, Keynes voleva creare dei *deficit* di bilancio tramite un aumento della spesa, e non con il taglio delle tasse.[11]

Nella lettura di Keynes ci si imbatte in molti aspetti che lasciano perplessi. Nella sua *Teoria generale*, egli afferma che, di norma, le persone risparmiano troppo. E propone di affrontare questo presunto problema facendo sì che il governo stampi nuova moneta, che secondo lui dovremmo considerare come «risparmio genuino».[12] L'emissione di moneta, però, non ha molto a che spartire con il risparmio. Comunque, anche se accettassimo questa premessa, perché una maggiore quantità di questo nuovo "risparmio" dovrebbe contribuire ad alleviare il presunto problema costituito proprio dal troppo risparmio delle famiglie?

Non cercheremo di risolvere questo paradosso, almeno non ora, ma accenneremo solo a quella parte di

10. Matthew Continetti, "The Stimulus Trap", *Weekly Standard*, 19 gennaio 2009, p. 21.

11. Si veda la nota di chiusura B.

12. John Maynard Keynes, *The General Theory of Employment, Interest, and* Money, Amherst (NY), Prometheus Books, 1997, p. 83.

soluzione che ha a che vedere con tassi d'interesse sempre più bassi, fino allo zero. Pensateci per un momento. I tassi d'interesse pari a zero. Di certo, non è un'idea di buon senso.[13]

Quello che forse colpisce di più nel leggere per davvero Keynes è la totale mancanza di sostegno che dà alle sue idee. Certo, Keynes dà prova di essere una mente brillante e fertile, piena zeppa d'intuizioni, ma dobbiamo riconoscere che è solo questo ciò che ci offre, una serie di intuizioni e non una logica ragionata e concatenata, né prove empiriche.

Quando il mondo ha risposto al crollo economico del 2008 ponendo in essere un grande esperimento basato sulle linee guida della teoria keynesiana, la maggioranza delle persone si è limitata a dare per scontato che la logica stesse negli scritti dello stesso Keynes. Ebbene, non è così. Le politiche keynesiane sono ancora in gran parte basate su intuizioni e niente più, nonostante che alcune di queste intuizioni siano state "vestite" con l'abito della matematica. È sconvolgente scoprire quanto queste intuizioni, contrarie al buon senso, siano in realtà anche prive di un qualsiasi fondamento.

Negli anni Settanta a Harvard venne istituito un corso intitolato "Il fallimento della fattualità". Trattava di Marx e Freud, ma avrebbe potuto includere anche Keynes. Infatti, questi importanti pensatori ci presentano una "scienza" che è l'esatto opposto della scienza. In effetti, l'accettare le loro filosofie come fossero teorie scientifiche implicherebbe la completa sospensione di tutte le nostre facoltà di razionale scetticismo.

Con questo, non voglio in nessun modo denigrare l'intuizione. Keynes disse del grande scienziato Isaac Newton: «Immagino che la sua preminenza sia dovuta al fatto che i suoi muscoli dell'intuizione erano i più forti e resistenti che un uomo abbia mai avuto».[14] E su questo ha ragione. L'intuizione sarà sempre la caratteri-

13. Si veda la nota di chiusura C.

14. John Maynard Keynes, *Newton, the Man*, in *Collected Writings*, vol. 10, *Essays in Biography*, London, Macmillan; New York, St. Martin's Press, 1972, p. 365.

stica principale di un pensatore veramente creativo. Ma non è sufficiente. Alla fine, le conclusioni vanno presentate nel linguaggio della logica e della prova scientifica, proprio come le presentò lo stesso Newton, altrimenti rimangono nel campo delle mere speculazioni.

A volte si dice che le prescrizioni di Keynes in merito a crisi economiche e depressioni possono anche non essere pienamente spiegate dai suoi libri, ma che sono state comunque testate durante la Grande Depressione degli anni Trenta, e lì hanno trovato una dimostrazione empirica. Dopo tutto, il presidente Roosevelt non si è forse affidato a Keynes? E non ci ha tirati fuori dalla Grande Depressione? Discuteremo della Grande Depressione anche altrove, in questo libro, ma la prima secca risposta a entrambe le domande è "no". No, il presidente Roosevelt non ha fatto molto affidamento su Keynes, benché le sue politiche siano state in larga parte keynesiane.[15] E poi ancora no, le politiche di Roosevelt non ci hanno liberato dalla Grande Depressione, che è continuata ancora un decennio, fino alla seconda guerra mondiale.

Si trovano molti libri che presentano le idee di Keynes sotto una luce positiva. Alcuni sono davvero buoni libri e hanno il vantaggio iniziale di essere molto meglio organizzati di quelli dello stesso Keynes. Invece, dalla parte opposta, fra i critici, mancano buoni libri.

Friedrich von Hayek, il principale critico di Keynes in Inghilterra e a lui contemporaneo, avrebbe dovuto scrivere una confutazione su vasta scala della *Teoria generale*. Disse che rimpiangeva di non averlo fatto, ma che pensava che Keynes avrebbe presto cambiato opinione, e che quindi sarebbe stato uno spreco di tempo. Dal momento che Keynes cambiava spesso opinione, l'errore è comprensibile. Hayek scrisse comunque una breve critica e come lui fecero molti altri economisti.

Il miglior volume con un orientamento critico verso la *Teoria generale* di Keynes è di gran lunga quello di Henry Hazlitt, *The Failure of the "New Economics"*, pubblicato nel 1959. Hazlitt fu un genio e un vero erudito:

15. Si veda la nota di chiusura D.

giornalista, critico letterario, filosofo ed economista autodidatta, scriveva di economia per il *New York Times* e *Newsweek*. Uno dei suoi libri, *Economics in One Lesson*, pubblicato nel 1946, vendette più di un milione di copie e rimane popolare ancora oggi.

Il libro di Hazlitt su Keynes è stato l'ispiratore di questo mio volume. E allora perché, potreste chiedervi, c'è bisogno di un altro libro? Perché non rifarsi direttamente a Hazlitt?

La risposta è che Hazlitt, come un cane da caccia all'inseguimento della preda, segue Keynes in ogni cespuglio della sua *Teoria generale*. Keynes era davvero molto bravo a creare questi cespugli e rovi, e Hazlitt lo seguiva ovunque, sbrogliando e confutando nel frattempo centinaia di errori e imprecisioni logiche, grandi e piccole.

Si tratta davvero di un *tour de force* ed è difficile immaginare che qualcun altro oltre a Hazlitt potesse avere la conoscenza, l'abilità e, soprattutto, la pazienza per portare a termine un simile compito. Tuttavia, è necessario portare i lettori anche su terreni tecnici, ripetitivi e spesso aridi. Anche il lettore deve avere molta pazienza.

Nella sua introduzione, Hazlitt scrisse:

> La mia prima idea era quella di fare un lavoro breve, analizzare le principali dottrine di Keynes così che il lettore che avesse desiderato un'analisi critica avrebbe potuto trovarne una in forma breve e leggibile. Ma quando mi sono accinto a un'analisi riga per riga, [...] della *Teoria generale* [...] ho [...] scoperto [...] un numero talmente incredibile di errori, incoerenze, imprecisioni, definizioni e termini mutevoli, ed evidenti errori di fatto [che il libro è cresciuto].[16]

Questo mio libro, dunque, potrebbe essere inteso come l'opera che Hazlitt voleva inizialmente scrivere, o per lo meno un qualcosa che si muove su una linea

16. Henry Hazlitt, *The Failure of The "New Economics"*, New Rochelle (NY), Arlington House, 1978, pp. 6-7.

simile. Non segue Keynes pagina per pagina, ma piuttosto si concentra su alcuni argomenti chiave. Vuole essere comprensibile per tutti i lettori, studenti di economia e non.

La *Teoria generale* non inizia con prescrizioni economiche. Comincia con la teoria economica e poi lentamente si insinua e si contorce, divagando e serpeggiando, verso le prescrizioni economiche, la maggioranza delle quali sono in fondo al libro. Qui seguiremo un'altra via, concentrandoci sulle prescrizioni di condotta. Viene discussa anche la *Teoria*, ma all'interno di un contesto incentrato sulla pratica.

È un modo di procedere che risulta più chiaro per il lettore di oggi. Ed è anche il modo in cui ragionava lo stesso Keynes. L'economista John H. Williams, che lo conosceva, disse che «fu la pratica, nel [suo] caso, che portò alla *Teoria*»,[17] e la gran parte dei loro contemporanei era d'accordo. Anche il più autorevole biografo di Keynes, Robert Skidelsky, concorda: «Sapeva inventare una teoria per giustificare ciò che voleva fare».[18]

Keynes è solo il primo di una razza che abbiamo finito col conoscere molto bene: l'imprenditore di politiche pubbliche. Viveva di queste cose, erano il suo ossigeno; amava essere consultato, cercato e addirittura trattato come una celebrità dall'élite politica ed economica. In tutta la sua vita di adulto, lavorò fino all'esaurimento per soddisfare le richieste della stampa e dei politici, assieme a quelle dei colleghi universitari e degli studenti.

Anche prima di Keynes gli economisti svolgevano un certo ruolo nella vita pubblica, ma rimanevano lontani dall'azione. Erano come i profeti biblici degli antichi, apparivano di quando in quando a trasmettere la verità ai leader politici, ma a differenza degli antichi profeti parlavano in modo tranquillo, attraverso articoli e libri. Il lavoro dell'economista consisteva nel con-

17. John H. Williams, in Hazlitt, *The Critics of Keynesian Economics*, p. 285.
18. Robert Skidelsky, *John Maynard Keynes*, vol. 2, *The Economist as Savior 1920-1937*, London, Macmillan, 2000, p. 344.

centrarsi su quello che era il bene generale, non un interesse particolare, il bene dell'intera nazione o anche dell'umanità nel suo complesso; e non solamente sul breve termine, ma fino a dove riuscivano a vedere, anche nelle generazioni future. Questi economisti erano, più di ogni altra cosa, custodi del futuro.

Lo sguardo del politico, invece, è sempre fisso sulla successiva elezione, non sul lungo periodo. I politici non accettavano di essere rimproverati da questo tipo di economisti a guardia del benessere pubblico, e quindi erano cauti. Con Keynes tutto cambiò. Le linee di demarcazione iniziarono a divenire indistinte, gli economisti iniziarono a lavorare direttamente per i politici e i profetici custodi del futuro scomparvero del tutto.

Questo volume è stato scritto in cinque parti, delle quali la prima è costituita dalla presente introduzione. La seconda parte tenta di sintetizzare ciò che Keynes disse effettivamente, affidandosi spesso a citazioni esatte. Non vuole essere "un gesto di riconciliazione", ma ha il solo scopo di presentare Keynes in modo onesto, facendo parlare lui stesso laddove possibile.

Il nostro obiettivo è quello di essere giusti, ma anche chiari. Lo stesso Keynes è spesso oscuro e contraddittorio, anche solo a una prima lettura. In alcuni casi, un'analisi molto dettagliata rivela che in realtà non si tratta di contraddizioni. Spesso, infatti, era semplicemente sciatto, benché a volte sembri intenzionalmente poco chiaro, un po' come l'ex presidente della Federal Reserve, Alan Greenspan, quando testimoniò davanti al Congresso. La poca chiarezza viene spesso utilizzata in politica, soprattutto laddove c'è una difficoltà logica da nascondere o eludere.

Le argomentazioni di Keynes vengono presentate senza interruzione in questa seconda sezione del volume, perché è il modo più giusto per presentarle, oltre che il modo migliore per capirle. Le stesse argomentazioni vengono poi riprese nella terza parte, a volte alla lettera, ma solitamente in forma condensata, così da poter essere suddivise, valutate, discusse e confutate: un lettore che non desideri leggere le idee di Keynes in modo completo e senza interruzioni può saltare la seconda parte e passare direttamente dalla prima alla terza parte. Viceversa, un lettore interessato solamente alle parole di Keynes può ignorare la terza sezione.

La quarta parte offre una visione un po' più approfondita di Keynes, soprattutto dei suoi metodi di persuasione. La quinta esplora la natura paradossale dell'economia di Keynes e spiega anche il motivo per cui possiede un grande potenziale per generare danni.

Si potrebbe obiettare che questo libro tratta solo di Keynes, e non degli studiosi keynesiani che sono venuti in seguito. Ci sono molte giustificazioni per questo. In primo luogo, Keynes è di per sé sufficiente per un libro. In secondo luogo, è lui che viene citato come la massima autorità per quanto riguarda le politiche pubbliche incentrate sull'emissione di nuovo denaro, sull'indebitamento, sulla spesa e sui salvataggi avvenuti dopo il crollo dell'economia del 2008. Dunque, per lo meno in questo libro, i riflettori saranno puntati solamente su di lui.

Passando ora alla seconda parte del libro, inizieremo presentando ciò che Keynes aveva da dire sul concedere prestiti e sull'indebitarsi. Nelle mani di qualcun altro potrebbe risultare un argomento arido, ma quello che ci dice Keynes, al contrario, è piuttosto sorprendente.

Parte seconda
Cosa disse davvero Keynes

Capitolo 2

Abbassare i tassi d'interesse

KEYNES SUL CONCEDERE PRESTITI E SULL'INDEBITARSI

1. Senza interventi pubblici, i tassi d'interesse sono quasi sempre troppo alti

Come dice Keynes,

> il saggio d'interesse non si adegua automaticamente al livello più vantaggioso per la società, ma tende costantemente a salire troppo in alto.[1] I saggi [d'interesse] sono stati [troppo alti] per la maggior parte della storia documentata.[2]

2. Questa è la ragione principale per cui l'umanità non si è ancora liberata dalla povertà

> Che il mondo sia così povero di capitali accumulati dopo parecchi millenni di costante risparmio individuale è una circostanza la cui spiegazione [sta nel] saggio d'interesse [...] tenuto elevato.[3]

> Saggi d'interesse elevati [sono] il principale impedi-

1. John Maynard Keynes, *The General Theory of Employment, Interest, and* Money, Amherst (NY), Prometheus Books, 1997, p. 351.
2. John Maynard Keynes, memorandum, *Macmillan Committee Report*, in John Maynard Keynes, *Collected Writings*, vol. 20, *Activities 1929-31: Rethinking Employment and Unemployment Policies*, London, Macmillan; New York, St. Martin's Press, 1981, p. 273. Si veda la nota di chiusura E.
3. Keynes, *General Theory*, p. 242.

mento all'aumento della ricchezza [perché scoraggiano il ricorso al prestito e, in tal modo, scoraggiano l'investimento].[4]

3. Non c'è nessun buon motivo per cui i tassi d'interesse siano stati finora così elevati, con l'eccezione di qualche periodo, nella storia dell'umanità, né perché continuino a essere tali

Perché i tassi d'interesse tendono a essere più alti di quello che dovrebbero? In parte perché le persone «accumulano» denaro per paura, il che genera una penuria di denaro disponibile per i prestiti, e quindi un innalzamento dei tassi d'interesse.[5] In parte perché è costoso «portare in contatto il debitore e il creditore», e anche questo fa incrementare i tassi.[6] Infine perché potrebbe esserci «un ampio divario tra le idee di chi presta e quelle di chi prende a prestito»,[7] con il risultato che i «possessori di ricchezza» semplicemente non «accettano» tassi inferiori.[8]

4. Il governo può e deve abbassare i tassi d'interesse a un livello più ragionevole

Se i «possessori di ricchezza» privati ritirano i loro fondi dal mercato dei prestiti o rifiutano di accettare tassi d'interesse ragionevoli, il governo può far sì che i tassi d'interesse scendano, aumentando la «quantità» di fondi disponibili al prestito.[9] Ciò è possibile stampando nuovo denaro e rendendolo disponibile al prestito bancario.[10] Più denaro è messo a disposizione, meno dovrebbe costare:

4. Keynes, *General Theory*, p. 351.
5. Keynes, *General Theory*, pp. 174, 351.
6. Keynes, *General Theory*, pp. 208, 309.
7. John Maynard Keynes, *Collected Writings*, vol. 6, *A Treatise on Money: The Applied Theory of Money*, London, Macmillan; New York, St. Martin's Press, 1971, p. 339.
8. Keynes, *General Theory*, p. 309.
9. Keynes, *General Theory*, pp. 167-168, 197-199, 268, 298.
10. John Maynard Keynes, *Collected Writings*, vol. 5, *A Treatise on Money: The Pure Theory of Money*, London, Macmillan; New York, St. Martin's Press, 1971, cap. 2. Il governo non stampa denaro in senso letterale. Si veda la nota di chiusura F.

> Una variazione della quantità di moneta può già essere praticata dalla maggioranza dei governi. [...] La quantità di moneta [...] unitamente alla [disponibilità del prestatore a prestare] determina il saggio d'interesse effettivo.[11]

5. I timori verso l'intervento pubblico nell'economia e per un aumento nell'ammontare di denaro circolante sono mal fondati

Il nuovo denaro stampato e immesso nel sistema bancario è

> genuino precisamente quanto qualunque altro risparmio.[12] [Dal momento che] il saggio d'interesse preesistente non possiede alcuna speciale virtù, [non vi è alcun] malanno [nell'abbassarlo tramite l'intervento governativo].[13]

6. Se il governo riduce i tassi d'interesse, l'obiettivo ultimo dovrebbe essere il livello "zero"

Ciò è sia fattibile che auspicabile. Tuttavia, è un'azione che non dovrebbe essere intrapresa in modo repentino:

> Contesterei l'idea che una collettività governata con un certo giudizio [...] debba essere in grado di abbassare fin quasi a zero, nel corso di una sola generazione, l'efficienza marginale del capitale [e il saggio d'interesse].[14]

Alla fine, sempre che il governo fornisca una quantità inesauribile di capitale, coloro che prendono a prestito tale denaro non dovrebbero pagare un interesse né le imprese dovrebbero versare un dividendo:

> Potremmo dunque mirare in pratica (poiché non vi è nulla di tutto questo che sia irraggiungibile) a un

11. Keynes, *General Theory*, pp. 167-168, 267-268.
12. Keynes, *General Theory*, pp. 82-83.
13. Keynes, *General Theory*, p. 328. Si veda la nota di chiusura G.
14. Keynes, *General Theory*, p. 220.

> aumento del volume di capitale finché questo non sia più scarso, cosicché [il possessore di risparmi] non riceva più un premio gratuito.[15]
> Il possessore del capitale [è] senza finzioni. [...] Può ottenere l'interesse perché il capitale è scarso [...]. Ma [...] non vi sono ragioni intrinseche della scarsità del capitale [dal momento che il governo può stampare e distribuire denaro].[16] [Rendere il capitale liberamente disponibile] può essere il modo più sensato di liberarsi progressivamente di molte tra le caratteristiche più discutibili del capitalismo. [...] Il redditiero [prestatore o investitore ricco] scomparirebbe [così come] il potere oppressivo e cumulativo del capitalista di sfruttare il valore di scarsità del capitale.[17]

In quest'ottica, è un abominio il fatto che dei lavoratori restino disoccupati, quando c'è moltissimo lavoro utile da fare, solo perché il capitale è reso artificialmente scarso, i tassi d'interesse troppo alti e di conseguenza gli investimenti troppo rischiosi. È solo

> una disperata confusione.[18]

7. Il governo potrebbe far marcia indietro, e rialzare deliberatamente i tassi d'interesse? No

Su questo argomento, come sulla gran parte degli argomenti, Keynes disse cose diverse a persone diverse e in momenti diversi.[19] Comunque, per lo meno nella *Teoria generale*, Keynes si dichiarava nettamente contrario all'innalzamento dei tassi d'interesse. Era consapevole del fatto che un boom economico fuori controllo può portare all'inflazione, e che tassi d'interesse più elevati possono essere utilizzati per smorzare il boom e

15. Keynes, *General Theory*, p. 376.
16. Keynes, *General Theory*, p. 376.
17. Keynes, *General Theory*, pp. 221, 376.
18. Keynes, programma della BBC, in *Collected Writings*, vol. 20, p. 325.
19. John Maynard Keynes, *Collected Writings*, vol. 28, *Social, Political, and Literary Writings*, London, Macmillan; New York, St. Martin's Press, 1982, pp. 391-393, 398. In questo caso, Keynes per lo meno tiene conto della possibilità di un deliberato rialzo dei tassi d'interesse per contribuire a mantenere calma l'inflazione.

quindi prevenire l'inflazione. Ma ritiene

straordinario

che una simile linea di pensiero

esista,

o, per lo meno, che qualcuno possa considerare l'innalzamento dei tassi d'interesse lo strumento migliore con il quale combattere l'inflazione:[20]

> Il rimedio all'espansione eccessiva non è un aumento, ma una diminuzione del saggio d'interesse! Giacché questa diminuzione può permettere alla cosiddetta espansione di durare. Il rimedio giusto per il ciclo economico non deve trovarsi nell'abolire le espansioni, mantenendoci così permanentemente in una semidepressione; ma nell'abolire le depressioni e mantenerci così permanentemente in una quasi-espansione.[21]

8. Fu il timore di un boom economico a spingere la Federal Reserve ad alzare i tassi d'interesse a livelli troppo alti già alla fine degli anni Venti. E ciò portò direttamente alla Grande Depressione

> Considero la depressione del 1930 primariamente come [...] un effetto del caro denaro, che precedette il crollo del mercato azionario [del 1929], e solo secondariamente fu generata dal crollo stesso.[22]

9. Le fasi di espansione economica dovrebbero essere accolte con favore, non temute. Pensarla diversamente è un «serio errore»[23]

Di fronte alla maggior parte delle fasi espansive il problema è che gli uomini d'affari si fanno trasportare da un «eccessivo ottimismo» e fanno investimenti che

20. Keynes, *General Theory*, pp. 322n, 326.
21. Keynes, *General Theory*, p. 322. Si veda la nota di chiusura H.
22. Keynes, *Collected Writings*, vol. 6, p. 176.
23. Keynes, *General Theory*, p. 320.

non si ripagheranno, visto «il saggio d'interesse troppo alto».[24] Se abbassiamo i tassi d'interesse, quegli stessi investimenti produrranno un ritorno soddisfacente. Dal momento che la razza umana è ancora povera, dovremmo incoraggiare, e non scoraggiare, gli investimenti. Ci sarà sempre qualche «investimento mal diretto», perché le persone fanno errori, ma questo «si verifica [...] anche quando non vi è alcuna espansione».[25]

La giusta conclusione è semplicissima:

> Dovremmo evitarli [i tassi d'interesse elevati] come il fuoco dell'inferno.[26]

10. L'inflazione è un «male»,[27] ma è improbabile che un boom porti a una «vera inflazione»[28]

I boom economici possono creare

> strozzature

nelle quali il prezzo di alcuni prodotti aumenta.[29] Ma non possiamo

> dichiarare che si sono stabilite condizioni d'inflazione

fino a quando la disoccupazione non è scomparsa del tutto.[30]

Joan Robinson, collega di Keynes all'Università di Cambridge, sua collaboratrice, allieva e interprete, nel

24. Keynes, *General Theory*, p. 322.
25. Keynes, *General Theory* , p. 321.
26. John Maynard Keynes, *Times*, 12-14 gennaio 1937, in John Maynard Keynes, *Collected Writings*, vol. 21, *Activities 1931-39: World Crises and Policies in Britain and America*, London, Macmillan; New York, St. Martin's Press, 1982, p. 38; citato anche in Robert Skidelsky, *John Maynard Keynes*, vol. 3, *Fighting for Britain 1937-1946*, London, Macmillan, 2000, p. 22.
27. John Maynard Keynes, *Collected Writings*, vol. 22, *Activities 1939-1945: Internal War Finance*, London, Macmillan; New York, St. Martin's Press, 1978, p. 281.
28. Keynes, *General Theory*, p. 303.
29. Keynes, *General Theory*, p. 300.
30. Keynes, *General Theory*, p. 303.

1937 scrisse, con l'approvazione dello stesso Keynes, un libro nel quale esponeva la *Teoria generale* del proprio mentore in termini semplici. E spiegò che

> guerre e rivoluzioni hanno spesso determinato violente inflazioni, ma in tempo di pace e con [... una politica] competente c'è poco da temere.[31]

Il vero problema è la disoccupazione, non l'inflazione, poiché, come dice Keynes,

> l'occupazione piena, o anche approssimativamente piena, [è] un'eventualità rara e di breve durata.[32]

11. Nel raro caso in cui ci sia piena occupazione, esistono rimedi migliori dell'«imporre un saggio d'interesse alto»[33]

Invece di aumentare i tassi d'interesse, il governo dovrebbe alzare le tasse, produrre un surplus di bilancio e non investire tale denaro "extra".[34] In casi estremi, come quando all'inizio della seconda guerra mondiale l'economia dovette essere spinta ad altissima velocità, è inevitabile un po' d'inflazione, ma Keynes suggerisce di aumentare le tasse in modo rilevante prima che l'inflazione cresca, in modo da controllarla.[35]

12. Anche imposte progressive sul reddito, mediante le quali i ricchi pagano una quota più elevata, aiutano a ridurre l'ineguaglianza economica:

> I difetti più evidenti della società economica nella quale viviamo sono l'incapacità a provvedere la piena

31. Joan Robinson, *An Introduction to The Theory of Employment*, London, Macmillan, 1937, p. 96; citato anche in Robert Skidelsky, *John Maynard Keynes*, vol. 2, *The Economist as Savior 1920-1937*, London, Macmillan, 2000, p. 603.
32. Keynes, *General Theory*, pp. 249-250.
33. Keynes, *General Theory*, p. 321.
34. Keynes, *Times*, in *Collected Writings*, vol. 21, p. 390. Si veda la nota di chiusura I.
35. Byrd Jones, "The Role of Keynesians in Wartime Policy and Postwar Planning", *American Economic Review*, pp. 127-128, citato in Skidelsky, *Fighting for Britain 1937-1946*, p. 121; si vedano anche pp. 43, 88-90, 503.

> occupazione e la distribuzione arbitraria delle ricchezze e dei redditi.[36]

Keynes riteneva che elevate imposte sul reddito e sulla successione avrebbero fatto molto per creare una società economicamente più giusta. Ma i governi avevano esitato a procedere in questo senso perché i ricchi sono i più bravi a risparmiare, e il loro risparmio serve a finanziare i necessari investimenti.[37] Il programma di Keynes di finanziamento degli investimenti con nuove emissioni di denaro da introdurre nel sistema bancario contribuisce a risolvere questo problema. Grazie a questa innovazione, la società non ha più bisogno di dipendere in modo così forte dai risparmi dei ricchi. Se ci dovesse essere inflazione, l'economia può essere controllata tramite la tassazione, senza mettere a repentaglio gli investimenti. In realtà, se il governo aumentasse le tasse e ottenesse un surplus di bilancio, diventerebbe esso stesso il principale risparmiatore.[38]

13. Se il governo stampasse una grande quantità di denaro e la immettesse nel sistema bancario, i tassi d'interesse dovrebbero crollare. Ma se non dovessero scendere abbastanza, sarebbero necessarie altre misure per stimolare gli investimenti

È possibile che il nuovo denaro a basso costo stampato dalle autorità di governo non riesca a far scendere i tassi d'interesse fino al

> [livello] ottimale.[39]

Questo può accadere perché i «possessori di ricchezza» che non sono stati ancora del tutto allontanati dalla funzione di prestatori potrebbero trovare «inaccettabile» la diminuzione dei tassi d'interesse e quindi potrebbero riuscire a impedirne la riduzione. In tal caso,

36. Keynes, *General Theory*, p. 372.
37. Keynes, *General Theory*, p. 372.
38. Si veda la nota di chiusura J.
39. Keynes, *General Theory*, pp. 164, 243, 308-309.

> lo Stato, che è in condizioni di calcolare [...] in base a considerazioni a lunga portata e in vista del vantaggio sociale generale, [dovrà] organizzare direttamente l'investimento.[40]

14. Al momento, i governi nazionali devono intraprendere tutte le azioni necessarie per abbassare i tassi d'interesse e mantenerli bassi. Anche le istituzioni di portata globale possono assisterli in questo compito

Keynes sperava che quello che divenne noto come Fondo Monetario Internazionale in realtà potesse essere definito "banca". E sperava anche che potesse agire come una banca centrale globale, con il potere di emettere nuovo denaro e introdurlo nel sistema economico mondiale, allo scopo di ridurre i tassi d'interesse.[41]

15. Dovremmo portare rispetto all'«esercito di eretici e pazzi»[42] che in epoche precedenti ha sostenuto l'idea di tassi d'interesse più bassi

Nella *Teoria generale* Keynes riconosce di avere rinnovato e aggiornato

> i primi pionieri del pensiero economico nel sedicesimo e diciassettesimo secolo [generalmente noti come] mercantilisti.[43]

Il che è ironico, perché i maestri di Keynes in Gran Bretagna, e lui stesso a inizio carriera, consideravano il mercantilismo come un «errore» noto ormai da molto tempo.[44] Ora Keynes ravvisa un

> elemento di verità scientifica nella dottrina mercantilista [soprattutto per quanto riguarda l'idea che] un saggio d'interesse indebitamente alto fosse il massimo ostacolo all'aumento della ricchezza [e per la] profon-

40. Keynes, *General Theory*, p. 164.
41. Skidelsky, *Fighting for Britain 1937-1946*, pp. 227, 247, 255, 302-303.
42. Keynes, *Collected Writings*, vol. 6, p. 193.
43. Keynes, *General Theory*, p. 340.
44. Keynes, *General Theory*, p. 334.

> da preoccupazione di tener basso il saggio d'interesse [...] conservando la scorta interna di moneta.[45]

Oltre che nei confronti dei mercantilisti, Keynes riconosce il proprio debito anche verso l'economista Thomas Malthus (1766-1834), alcuni altri economisti, e addirittura figure del ventesimo secolo, come Sylvio Gesell e il maggiore C.H. Douglas, che in precedenza aveva liquidato come

> fanatici.[46]

Nella *Teoria generale* descrisse Gesell, noto per aver suggerito di stampare denaro il cui valore si sarebbe annullato se non speso entro una specifica data, come un

> immeritatamente trascurato profeta, [la cui] opera contiene sprazzi di profonda penetrazione.[47]

E un po' ambiguamente lodò Douglas, un altro sostenitore del cosiddetto denaro facile, dicendo che non era stato

> cieco del tutto di fronte al problema preminente del nostro sistema economico.[48]

Keynes chiama tutte queste persone il suo

> coraggioso esercito degli eretici,[49]

definizione nella quale include, felicemente, anche se stesso.

45. Keynes, *General Theory*, pp. 335, 341.
46. Keynes, *General Theory*, p. 353.
47. Keynes, *General Theory*, p. 353.
48. Keynes, *General Theory*, p. 371.
49. Keynes, *General Theory*, p. 371.

Capitolo 3

Spendere di più, risparmiare meno e diventare più ricchi

KEYNES SULLA SPESA E IL RISPARMIO

1. Per ripetere cose ovvie, il consumo è l'unico scopo e fine di tutta l'attività economica[1]

Con questo Keynes non intende il consumo in un generico futuro. Intende il consumo immediato. È piuttosto facile perdere di vista questa verità fondamentale:

> L'uomo "impegnato" tenta sempre di assicurare alle sue azioni un'immortalità spuria e illusoria [...]. Non ama il suo gatto, ma ne ama i gattini e tutta la loro generazione fino a che esisterà la stirpe dei gatti. Per costui la marmellata non è marmellata a meno che non si tratti della marmellata di domani, mai di oggi.[2]

2. I capitalisti del diciannovesimo secolo trasformarono l'abnegazione personale e la frugalità in una sorta di religione. Ma era una religione basata su un «inganno o illusione»[3]

Da una parte, le classi lavoratrici [...] potevano defini-

1. John Maynard Keynes, *The General Theory of Employment, Interest, and Money*, Amherst (NY), Prometheus Books, 1997, p. 104.
2. John Maynard Keynes, "Economic Possibilities for Our Grandchildren", in *Essays in Persuasion*, New York, W.W. Norton, 1963, p. 370.
3. John Maynard Keynes, *The Economic Consequences of the Peace*, New York, Harcourt, Brace & Howe, 1920, p. 19.

> re come propria una parte molto piccola della torta che loro stessi e la Natura avevano cooperato per produrre. Dall'altra parte, alle classi capitaliste era consentito definire come propria la parte migliore della torta ed erano teoricamente libere di consumarla, con la tacita condizione sottostante che ne consumassero poca. Il dovere del "risparmio" divenne i nove decimi della virtù e la crescita della torta l'oggetto della vera religione. [...] E così la torta crebbe; ma a quale fine non era chiaro. [...] I risparmi erano per la vecchiaia o i figli; ma questo solo in linea teorica – la vera virtù della torta era che non doveva mai essere consumata, né da voi, né dai vostri figli dopo di voi.[4]

3. Il cristianesimo ha preso per mano la religione secolare del risparmio

Leader religiosi come John Wesley, fondatore del metodismo, predicavano: «Risparmiate più che potete».[5] Così, ci spiega Keynes,

> morale, politica, letteratura e religione dell'epoca convergevano in una "grande congiura" per sollecitare il risparmio. Dio e Mammona si riconciliavano. Pace in terra agli uomini di buone proprietà. Il ricco poteva finalmente entrare nel regno dei cieli, purché risparmiasse.[6]

Gli economisti "classici" (del diciottesimo, del diciannovesimo e in qualche caso anche del ventesimo secolo) svolsero un ruolo cruciale nella veste di sacerdoti secolari con le loro spiegazioni e la loro difesa del dogma del risparmio.

Sì, dicevano, spendere è necessario per far funzionare l'economia. Quando il fornaio compra la verdura dal fruttivendolo, il fruttivendolo riceve il denaro con cui comprare il pane dal fornaio. Ma il risparmio era una

4. Keynes, *The Economic Consequences of the Peace*, pp. 19-20.
5. Amy Kass, *Giving Well, Doing Good: Readings for Thoughtful Philanthropists*, South Bend (IN), Indiana University Press, 2008, citato in *Weekly Standard*, 26 maggio 2008, p. 47.
6. Keynes, *Essays in Persuasion*, pp. 84-85.

forma di spesa diversa, e molto speciale. Quando risparmiamo, il denaro non scompare. Viene speso nell'ampliare la propria attività, rendendola più efficiente. Se lavoriamo sodo, produciamo e risparmiamo, potremo godere di un'abbondanza di prodotti migliori, in maggiore quantità e a minor prezzo.

Con il passare del tempo, questa combinazione sprigionerà la sua magia. Se il risparmio e l'investimento permettono alla produzione di crescere anche solo del 3 per cento annuo, la produzione raddoppierà in 25 anni. Nell'arco di una vita potrebbe triplicarsi. Ogni volta che raddoppia, si elimina un po' di povertà. Nell'arco della vita dei nostri figli potremmo sperare di eliminare del tutto la povertà. Inoltre, se seguiamo i semplici principi del lavoro, della produzione e del risparmio, possiamo ottenere la piena occupazione e possiamo farlo senza crolli e recessioni economiche.

È un racconto molto attraente e ci si deve sorprendere del fatto che, come disse Keynes, il culto del risparmio

> abbia conquistato completamente l'Inghilterra come l'Inquisizione conquistò la Spagna.[7]

Sfortunatamente, ci dice Keynes, la storia raccontata dagli economisti "classici" è solamente una favola. Non rispecchia ciò che accade nella realtà. Nella vita reale, la povertà non viene eliminata. Siamo assediati dalla disoccupazione. Siamo assillati dalle recessioni economiche. Dunque, è chiaro che c'è qualcosa di fortemente sbagliato in quello che gli economisti classici ci hanno raccontato.[8]

4. L'errore principale della visione "classica" è che il risparmio potrebbe non essere incanalato in pieno e agevolmente verso un ampliamento del flusso d'investimento

7. Keynes, *General Theory*, p. 32.
8. Keynes, *General Theory*, p. 26.

Se i risparmi vengono investiti agevolmente e nella loro interezza, la società prospererà. Ma è proprio questo il punto: non esiste la certezza che i risparmi vengano investiti.

Forse i risparmiatori vorranno tassi d'interesse troppo alti, superiori a quelli che i proprietari delle aziende possono pagare.[9] Forse i titolari o i manager non hanno quella fiducia o quella convinzione necessarie per ricorrere al prestito e investire. Forse il risparmiatore deciderà semplicemente di non rendere disponibile al prestito il proprio denaro e si limiterà ad accumularlo. Come osservò Keynes,

> un atto di risparmio individuale significa, per così dire, una decisione di saltare il pranzo di oggi; ma non richiede necessariamente una decisione di pranzare o di comperare un paio di scarpe fra una settimana o fra un mese [o d'investire ciò che non è stato speso].[10]

È

assurdo

pensare che l'investimento venga incrementato di una sterlina, o di un dollaro, per ogni sterlina, o per ogni dollaro, non spesi in consumi.[11]

5. Non dobbiamo ingannare noi stessi pensando che un divario fra risparmio e investimento (troppo risparmio, troppo poco investimento) sia un evento raro, o improbabile

Al contrario:

> In tutta la storia umana vi è stata una cronica e tendenziale propensione al risparmio ben più forte dell'incentivo a investire.[12]

9. Keynes, *General Theory*, p. 309.
10. Keynes, *General Theory*, p. 210.
11. Si veda la nota di chiusura K.
12. Keynes, *General Theory*, p. 347.

E la cosa è divenuta sempre più un problema, man mano che le società sono progredite.

Sappiamo tutti che il diventare ricchi rende più facile il risparmio. Allo stesso modo, una società ricca tende a risparmiare di più di una società povera. Quando crescono i risparmi, cresce anche il divario fra essi e l'investimento.

6. Durante una depressione economica desideriamo risparmiare di più, perché temiamo di perdere il nostro lavoro

Ciò non fa altro che peggiorare le cose, perché i risparmi aggiuntivi hanno poca probabilità di trovare uno sbocco nel settore degli investimenti. Questo denaro rimane inutilizzato, il flusso monetario rallenta ulteriormente e la depressione economica si aggrava.[13] Dobbiamo allora capire che, in tali circostanze,

> quanto più virtuosi siamo, quanto più risolutamente economi, quanto più ostinatamente ortodossi [...] tanto maggiormente dovranno calare i nostri redditi [...]; con l'ostinazione non può ottenersi che una sanzione, ma nessuna ricompensa, giacché il risultato è inevitabile.[14]

7. Ci sono modi migliori e modi peggiori per affrontare il problema dell'eccesso di risparmio (Inizieremo con alcuni dei peggiori)

Possiamo sperare che vi sia

> una disoccupazione sufficiente a mantenerci tanto poveri [...] e che il tenore di vita sia abbastanza miserevole per ridurre a zero il risparmio.[15]

Diversamente, potremmo sperare che i

> milionari [smettano di risparmiare e] trovino soddi-

13. Si veda la nota di chiusura L.
14. Keynes, *General Theory*, p. 111.
15. Keynes, *General Theory*, pp. 105, 217-218.

> sfazione [nell'usufruire dei propri risparmi] costruendo magnifici palazzi per ospitare i loro corpi finché sono in vita e piramidi per accoglierli in seguito, oppure che, pentendosi dei loro peccati, erigano cattedrali o elargiscano somme a monasteri [...].[16]

E possiamo fare affidamento sull'imprevisto:

> [Nella storia, i disastri naturali come] i terremoti, perfino le guerre possono servire ad accrescere la ricchezza [grazie al ricorso ai risparmi].[17]

Possiamo presentare istanza ai governi, anche a quelli completamente votati ai principi del libero mercato (*laissez-faire*), affinché riempiano

> di biglietti di banca vecchie bottiglie, le sotter[rino] a una profondità adatta in miniere di carbone abbandonate, e queste [vengano] riempite poi fino alla superficie con i rifiuti delle città, e si [lasci] all'iniziativa privata, [...], di scavar fuori di nuovo i biglietti [...].[18]

Come dice Keynes, sarebbe

> più sensato costruire case e simili [... Ma] l'analogia fra questo espediente [quello dello scavare alla ricerca delle banconote] e l'estrazione dell'oro è completa [ed entrambi costituiscono un modo per consumare i risparmi in eccesso].[19]

8. Ovviamente ci sono metodi migliori per ridurre l'ammontare dei risparmi inutilizzati

Uno di questi è che i tassi d'interesse si riducano spontaneamente fino al punto che le attività economiche possano permettersi di prendere a prestito tutto il denaro disponibile. Come abbiamo visto in precedenza, i risparmiatori possono cercare di bloccare questa stra-

16. Keynes, *General Theory*, p. 220.
17. Keynes, *General Theory*, p. 129.
18. Keynes, *General Theory*, p. 129.
19. Keynes, *General Theory*, p. 129.

tegia rifiutando di ridurre il tasso d'interesse al di sotto del livello che essi considerano accettabile. In tal caso, il governo può scavalcare il problema stampando nuovo denaro e immettendolo nel mercato del credito. Questo denaro andrebbe ad aggiungersi al totale dei "risparmi" disponibili, ma se i tassi d'interesse vengono abbassati in modo sufficiente, il denaro in più non danneggerà il sistema. A un tasso d'interesse sufficientemente basso, il denaro disponibile verrà usato completamente dagli investitori.

Un'alternativa alla riduzione dei tassi d'interesse (ma che permette comunque d'incrementare gli investimenti) per ridurre i risparmi inutilizzati è quella di

> consumare [...] di più [vale a dire, spendere di più come consumatori, così da risparmiare meno] oppure lavorare [...] meno [vale a dire, ridurre il nostro reddito e dunque la nostra capacità di risparmio].

Keynes sostiene che questa strategia funziona

> altrettanto bene dell'aumento dell'investimento.[20]

Un modo pratico per far sì che la società consumi di più è quello di tassare i ricchi con aliquote maggiori e ridistribuire la ricchezza a coloro che ne hanno bisogno, così da poter garantire che il denaro venga speso.[21] Se teniamo ben presente che

> lo sviluppo della ricchezza, lungi dal dipendere dall'astinenza dei ricchi, come in generale si suppone, né è probabilmente ostacolato,[22]

capiremo che le «imposte di successione», così come delle aliquote progressive, aiuteranno la società a prosperare.

20. Keynes, lettera al poeta T. S. Eliot, in Robert Skidelsky, *John Maynard Keynes*, vol. 3, *Fighting for Britain 1937-1946*, London, Macmillan, 2000, p. 279.
21. Keynes, *General Theory*, pp. 372-373.
22. Keynes, *General Theory*, p. 373.

E se i ricchi riuscissero a bloccare politicamente le imposte di successione e una elevata tassazione del reddito? In tal caso, i governi possono ottenere prestiti dai ricchi. Questo assorbirebbe il loro eccesso di risparmio. E, avendo preso a prestito il denaro, il governo potrebbe spenderlo, rimettendolo in circolazione e stimolando l'economia. Così, il governo diventerebbe quello che può essere definito un "consumatore di ultima istanza".

Ma questo riferimento alla spesa pubblica ci porta un po' troppo in là. Prima di prendere in considerazione il suo ruolo, ci concederemo una momentanea digressione per discutere dei valori personali di Keynes, e di come essi influenzino e rispecchino la sua economia.

Capitolo 4

L'immoralista (una digressione per discutere dei valori personali di Keynes)

Una persona che fece visita a Keynes nella sua dimora di Londra raccontò di aver trovato lui e la moglie, la ballerina Lydia Lopokhova, in un momento di grande ilarità. Keynes cercava d'istruirla sulla logica della trinità cristiana, e lei fingeva di essere una sua studentessa incapace di capire.[1]

La satira e la parodia intellettuale piacevano molto a Keynes. La religione organizzata, con le sue «superstizioni» e le sue «formule magiche», era uno dei suoi obiettivi preferiti.[2] Keynes era stato

> allevato all'aria libera, sottratto dagli oscurantismi religiosi.[3]

Sul comunismo sovietico disse:

> Dire che il leninismo è la fede di una minoranza di fanatici che perseguitano e fanno proseliti, guidati da ipocriti, significa dire, né più né meno, che è una religione.[4]

1. L'autore si scusa per la mancanza di riferimenti bibliografici per questa citazione. L'episodio è stato riportato in un libro letto molto tempo fa e la ricerca di una citazione diretta si è dimostrata infruttuosa.
2. John Maynard Keynes, *My Early Beliefs*, in John Maynard Keynes, *Collected Writings*, vol. 10, *Essays in Biography*, London, Macmillan; New York, St. Martin's Press, 1972, p. 446.
3. John Maynard Keynes, *Essays in Persuasion*, New York, W.W. Norton, 1963, p. 298.
4. Keynes, *Essays in Persuasion*, p. 298.

Ci si chiede allora cosa avrebbe pensato Keynes (nominato Lord) del servizio commemorativo tenuto in suo onore nel 1946, una cerimonia molto tradizionale con antiche preghiere e inni anglicani, svoltasi nell'Abbazia di Westminster, alla quale parteciparono i grandi della terra, fra cui molti primi ministri.

La satira di Keynes a volte degenerava in qualcosa che assomigliava alla derisione e allo scherno, ma non aveva lo scopo di ferire. Voleva essere divertente. Keynes deprecava la seriosità e apprezzava la leggerezza; per esempio, disse di alcuni autori inglesi minori del sedicesimo o diciassettesimo secolo che erano

> sciocchi e nevrotici proprio come immagino.[5]

Un economista di Cambridge, Dennis Robertson, si riferì al collega come a un «diavoletto».[6] Un altro economista lo definì «*enfant terrible*».[7] Ma erano solo delle prospettive parziali. Il «diavoletto» o «*enfant terrible*» poteva anche diventare solidale, autoritario, dominante o combattivo. Il Keynes combattivo una volta osservò che

> di fronte a noi, a ostruire il cammino, vi sono soltanto alcuni vecchi signori, rigidamente stringati nelle loro finanziere, che hanno bisogno di nient'altro che di essere trattati con un po' di amichevole irriverenza e mandati all'aria come birilli. Molto probabilmente la cosa piacerà pure a loro, quando avranno superato il trauma.[8]

I ricchi inglesi del ventesimo secolo erano molto appassionati di circoli, e anche Keynes apparteneva a molte di queste associazioni, di carattere sia formale che informale. Nel 1903, divenne membro degli Apost-

5. Robert Skidelsky, *John Maynard Keynes*, vol. 3, *Fighting for Britain 1937-1946*, London, Macmillan, 2000, p. 169.
6. Robert Skidelsky, *John Maynard Keynes*, vol. 2, *The Economist as Savior 1920-1937*, London, Macmillan, 2000, p. 475.
7. Skidelsky, *The Economist as Savior 1920-1937*, p. 423.
8. Keynes, *Essays in Persuasion*, p. 125.

les, un'organizzazione segreta di studenti di Cambridge. Assieme al suo compagno di club Lytton Strachey contribuì a creare quello che divenne noto come il Bloomsbury Group, un assortimento d'intellettuali *bohémien* e non conformisti che condividevano una mentalità simile, fra i quali vi erano anche i pittori Vanessa Bell e Duncan Grant, così come la scrittrice Virginia Woolf e, anche se un po' più distaccato, Morgan Forster.

Per molti anni Keynes fece parte anche del Memoir Club, che vedeva fra i suoi membri numerose personalità controverse del Bloomsbury. Un saggio intitolato *My Early Beliefs*, preparato per il gruppo e letto ad alta voce in una sera del 1938, racconta di come i giovani "Apostoli" avessero rifiutato completamente i valori tradizionali, soprattutto quelli dei genitori e dei nonni vittoriani:

> Ripudiammo completamente la morale, le convenzioni ordinarie e il sapere tradizionale. Eravamo, nel senso stretto della parola, degli immoralisti, per così dire. Le conseguenze dell'essere scoperti, ovviamente, dovettero essere tenute in considerazione. [...] Ma non riconoscemmo alcun obbligo morale su di noi, nessuna sanzione interiore alla quale conformarsi e obbedire. [Altri possono nutrire nei confronti di ciò] un giustificabile sospetto. Tuttavia, per quanto mi concerne, è troppo tardi per cambiare. Io rimango, e rimarrò sempre, un immoralista.[9]

All'epoca in cui aveva scritto queste parole, Keynes soffriva già di problemi al cuore. La presentazione del saggio richiese uno sforzo da parte sua, soprattutto perché il testo era molto sentito, e alla fine dovette essere riaccompagnato nella sua stanza a riposarsi, mentre la moglie serviva sandwich al prosciutto e dolci caldi agli ospiti.[10]

Keynes era un uomo immorale? Il fratello Geoffrey,

9. Keynes, *My Early Beliefs*, pp. 446-447, seconda nota.
10. Skidelsky, *Fighting for Britain 1937-1946*, p. 18.

dopo la sua morte, cercò di bruciare talune lettere «incriminate»,[11] ma la corrispondenza con Lytton Strachey e altri si è conservata. In essa vi si ritrova un'ossessione giovanile per il sesso e un linguaggio sessualmente esplicito, entrambi segni di un allontanamento netto dai *mores* vittoriani, oltre che moltissime discussioni sulla «sodomia più elevata e più bassa», che culminano nella rivalità fra Keynes e Strachey per le attenzioni di Duncan Grant.[12]

Anche prima che queste lettere venissero alla luce, il Bloomsbury in generale divenne famoso per gli scambi di partner, omosessuali, eterosessuali o bisessuali. Inizialmente, la finalità non era il mero piacere.[13] Poi questo prese piede, ma non eliminò mai il nobile zelo originario volto a ridisegnare il mondo, prima nella direzione della libertà sessuale e poi al di là di essa. Per la maggior parte della gente del Bloomsbury, questo "al di là" significava il mondo dell'arte, della letteratura e della cultura; per Keynes significava anche il mondo degli affari e della vita pubblica.

Questa sua diversità portò a un conflitto non solo fra Keynes e i suoi amici, ma anche nel mondo interiore dello stesso Keynes. Durante la prima guerra mondiale, egli ebbe un incarico al Tesoro che lo mantenne al riparo dalla strage che consumò gran parte della sua generazione, ma scrisse a Duncan Grant,

> lavoro per un governo che disprezzo e per scopi che ritengo criminali.[14]

In un'occasione, si rivolse al gruppo di studenti degli "Apostoli", a Cambridge, chiedendo:

11. Skidelsky, *Fighting for Britain 1937-1946*, p. 493.
12. Michael Holroyd, *Lytton Strachey: The New Biography*, New York, W.W. Norton, 2005, p. 105.
13. Keynes, *My Early Beliefs*, p. 441.
14. Paul Levy, "Bloomsbury Group", in Milo Keynes (a cura di), *Essays on John Maynard Keynes*, New York, Cambridge, 1975, p. 69; anche in Paul Johnson, *Modern Times: The World from the Twenties to the Eighties*, New York, Harper & Row, 1983, p. 30.

> Vi è un confratello [Apostolo] che non preferirebbe essere uno scienziato piuttosto che un uomo d'affari, un artista piuttosto che uno scienziato?[15]

Nel tempo, Keynes divenne ricco grazie ai suoi investimenti. La cosa non fu affatto accidentale. Desiderava davvero diventare ricco, si diede moltissimo da fare per riuscirvi, perse tutto una prima volta e quasi tutto una seconda, all'inizio della Grande Depressione, ma si riprese in entrambe le occasioni e morì multimilionario, stando ai valori monetari di oggi. Questo stesso successo finanziario, però, poneva un problema. Gli "Apostoli", prima, e i membri del Bloomsbury, poi, provavano disprezzo nei confronti del denaro. Come disse Keynes:

> Il movente e il criterio economico erano in una posizione [...] meno centrale nella nostra filosofia che in quella di san Francesco d'Assisi, che almeno faceva collette per gli uccelli.[16]

La ricerca del denaro, in generale, era considerata

> Il verme che consuma dall'interno la civiltà moderna.[17]

Nel 1926, Keynes scrisse che

> il carattere essenziale del capitalismo [è] il suo fare appello al profondo istinto degli individui di fare quattrini e amare i quattrini.[18]

Keynes pensava che avesse un'innegabile utilità. Motivava le persone,

> era «efficiente».[19]

15. Robert Skidelsky, *John Maynard Keynes*, vol. 1, *Hopes Betrayed 1883-1920*, London Macmillan, 2000, pp. 158-159.
16. Keynes, *My Early Beliefs*, p. 445.
17. Keynes, *My Early Beliefs*, p. 445.
18. Keynes, *Essays in Persuasion*, p. 319.
19. Keynes, *Essays in Persuasion*, p. 321.

Nessun altro sistema aveva funzionato altrettanto bene.[20]

Ma era anche

estremamente criticabile.[21]

In *Possibilità economiche per i nostri nipoti*, un saggio scritto nel 1930, all'inizio della Grande Depressione, Keynes esprimeva la speranza che un giorno, forse entro un centinaio di anni,

il problema economico [potesse] essere risolto.[22]

Giunti a quel punto, ci sarà sufficiente

abbondanza economica

per rispondere ai bisogni legittimi di tutti. Così, potremo

tornare ad alcuni dei principi tradizionali più solidi e autentici [...]: che l'avarizia è un vizio, che la riscossione dell'usura è una colpa, che l'amore per il denaro è spregevole e chi meno s'affanna per il domani cammina veramente sul sentiero della virtù e della profonda saggezza.[23]

In questo contesto, citava con approvazione l'ammonizione di Gesù:

Osservate come crescono i gigli del campo: non lavorano e non filano.[24]

E probabilmente sarebbe stato d'accordo anche con

20. Keynes, *Essays in Persuasion*, p. 321.
21. Keynes, *Essays in Persuasion*, p. 321.
22. Keynes, *Essays in Persuasion*, p. 366.
23. Keynes, *Essays in Persuasion*, p. 372.
24. Matteo 6,28; e Keynes, *Essays in Persuasion*, p. 372.

l'avvertimento di Gesù per il quale «è più facile che un cammello passi per la cruna di un ago che un ricco entri nel regno dei cieli»,[25] non perché i ricchi avessero troppo denaro, ma perché vi si aggrappavano con avarizia e, anche quando aprivano i loro portafogli, in genere sceglievano di spendere denaro per gli oggetti sbagliati.

Keynes si lamentava del fatto che il comportamento

> delle classi ricche di oggi [...] è davvero deprimente. [...] Sono certo che, con un po' più di esperienza, noi ci serviremo del nuovo generoso dono della natura in modo completamente diverso da quello dei ricchi di oggi.[26]

Esprimeva anche la speranza che l'umanità impiegasse la propria ricchezza

> per vivere bene, piacevolmente e con saggezza.[27]

Intendendo con questo che sempre più fondi potessero essere destinati sia per le arti che per l'arte della vita, come definita da lui stesso e dai suoi amici del Bloomsbury.

È piuttosto evidente che Keynes non voleva che le masse, una volta salvate dalla povertà, emulassero i ricchi nella loro frenesia consumistica. Il consiglio di carattere economico fornito alla società – spendere di più, smettere di risparmiare e ridurre i tassi d'interesse per rendere il debito più accessibile – non era inteso come una forma di diffusione del consumismo di massa.

E Keynes non diceva nemmeno che i governi dovessero darsi a spese frenetiche. Già nel 1909 l'allora presidente della Harvard University, Charles W. Eliot, aveva detto in un discorso inaugurale che

> la Religione del Futuro dovrebbe preoccuparsi dei... bisogni [pubblici]... con bagni pubblici, giardini e

25. Matteo 19,24.
26. Keynes, *Essays in Persuasion*, p. 368.
27. Keynes, *Essays in Persuasion*, p. 367.

campi da gioco, strade più ampie e più pulite, e abitazioni migliori.[28]

L'economista di Harvard (e keynesiano), John Kenneth Galbraith, appoggiò questa linea di pensiero in libri come *Economia e benessere* e *Il nuovo stato industriale*. Nella sua versione del keynesismo la società doveva smettere di risparmiare e aveva necessità di spendere di più, ma acquistando beni pubblici e non merci di cattivo gusto, prodotte in serie, pensate per le masse e volte a creare una società consumista. Keynes avrebbe appoggiato questa posizione? Forse in parte. Avrebbe potuto essere d'accordo sul fatto che la società avesse più bisogno di beni pubblici che di merci di largo consumo. Ma porre tutta l'enfasi sui beni, pubblici o privati, gli sarebbe sembrato indebitamente materialistico, una parte di quello che chiamava il

calcolo benthamita,

dal filosofo materialista del diciottesimo e diciannovesimo secolo Jeremy Bentham.[29]

Un osservatore prevenuto potrebbe trovare più di un elemento d'elitarismo in tutto ciò. E Keynes non l'avrebbe negato. Proprio come al contempo cercava la ricchezza e deprecava l'amore per il denaro, così allo stesso tempo sosteneva

la giustizia sociale

assieme a un imperturbabile privilegio.

Abbiamo già visto come raccomandasse l'imposizione di tasse elevate e imposte di successione per i ricchi. Si descriveva come un «livellatore»:

Voglio costruire una società dalla quale vengano estirpate il più possibile le attuali disparità e le cause

28. Wilhelm Röpke, *A Humane Economy: The Social Framework of the Free Market*, South Bend (IN), Gateway, 1960, p. 109.
29. Si veda la nota di chiusura M.

che le determinano.[30]

Ma disse anche del comunismo sovietico:

Come posso adottare un credo che, preferendo il gambo alla foglia, esalta il rozzo proletariato al di sopra della borghesia e dell'intellighenzia, le quali, per quanti siano i loro difetti, sono l'essenza della vita e portano sicuramente in sé il seme del progresso umano?[31]

E, con un spirito simile, affermò di non potersi unire al Partito laburista britannico perché

È un partito di classe, e di una classe che non è la mia. [...] La lotta di classe mi trova dalla parte della borghesia colta.[32]

Questo senso dell'elitarismo portò Keynes in acque ancora più infide:

Potrà venire per tutta la comunità il momento di rivolgere l'attenzione alla qualità intrinseca non meno che alla pura entità numerica dei suoi membri.[33]

I valori di Keynes avevano sempre molte sfaccettature. Il tema centrale, il rifiuto del «discorso morale»[34] vittoriano in quanto

medievale [e] barbaro[35]

era chiaro. Ma anch'esso era condizionato da riserve.

Per esempio, i vittoriani esaltavano il lavoro duro e Keynes lavorava duramente tanto quanto un qualsiasi vittoriano. A volte, però, dissimulava. Come gli altri

30. Skidelsky, *The Economist as Savior 1920-1937,* p. 233.
31. Keynes, *Essays in Persuasion,* p. 300.
32. Keynes, *Essays in Persuasion,* p. 324.
33. Keynes, *Essays in Persuasion,* p. 319.
34. Keynes, *Essays in Persuasion,* p. 338.
35. Skidelsky, *The Economist as Savior 1920-1937,* p. XX.

inglesi della *upper class* della sua epoca, cercava consapevolmente di far tutto con il minor sforzo possibile, poiché la fatica deliberata aveva una sfumatura proletaria. Molte mattine le passò a letto fino a mezzogiorno (anche prima che iniziassero i problemi al cuore). Ma dopo la colazione, portatagli a letto da un servitore, c'era la lettura, la scrittura, la dettatura e poi, verso la fine della mattinata, poteva essere svolto il lavoro di tutta una giornata.

Nonostante queste abitudini lavorative zelanti, benché eccentriche, Keynes valutò secondo nuovi principi i valori vittoriani e trovò un immediato successo. Nel romanzo del diciannovesimo secolo di Charles Dickens, *David Copperfield,* il signor Micawber dà questo aspro avvertimento:

> Rendita annua venti sterline, spesa annua diciannove sterline, diciannove scellini e sei pence: risultato, felicità. Rendita annua, venti sterline, spesa annua venti sterline, zero e sei: risultato, miseria.[36]

Prima della rivoluzione keynesiana, il britannico o l'americano medio si trovavano in sintonia con il signor Micawber. Dopo cambiò tutto e, soprattutto in America, la spesa al di sopra delle proprie possibilità, un risparmio esiguo, il debito e la noncuranza nei confronti del futuro divennero uno stile di vita. Come disse l'economista tedesco Wilhelm Röpke, Keynes «sedusse» generazioni su generazioni, con il messaggio persuasivo di «*pecca fortiter*, vale a dire, fa' a cuor leggero ciò che finora avevi considerato un peccato».[37]

Keynes aveva giustificato la sua attenzione al solo presente dicendo,

> nel lungo termine saremo tutti morti.[38]

36. Cherles Dickens, *David Copperfield*, London.
37. Wilhelm Röpke, *Economics of the Free Society*, Chicago, Henry Regnery, 1963, p. 223.
38. Skidelsky, *The Economist as Savior 1920-1937*, p. 62.

Certo, questa battuta è fin troppo vera, ma non rappresenta un abbandono del concetto di prudenza e del ragionamento adulto (in opposizione a quello infantile)?

L'antico filosofo greco Epicuro avvertiva che:

> [...] Il massimo bene è la prudenza. Per questo la prudenza è più preziosa della filosofia stessa, [...] da essa vengono tutte le altre virtù, in quanto insegna come non possa esserci una vita felice che non sia saggia [...]. Le virtù sono infatti connaturate alla vita felice e la vita felice è inseparabile da queste.[39]

Quando gli ambientalisti contemporanei predicano la sostenibilità, non portano avanti un punto di vista simile, vale a dire che il lungo termine ha la sua importanza? O che ne ha anche il lunghissimo termine? E se noi riusciamo a sfuggire alle peggiori conseguenze delle nostre azioni, possiamo fare sonni tranquilli in merito a ciò che tramandiamo ai posteri?

Economisti austriaci come Ludwig von Mises e Friedrich von Hayek erano molto critici nei confronti dell'enfasi posta da Keynes sul presente, a scapito del futuro. Hayek considerava la posizione di Keynes come «un tradimento del dovere principale dell'economista e una grave minaccia alla nostra civiltà».[40]

Prima di lasciare l'argomento dei valori personali di Keynes dobbiamo chiederci se sono importanti ai fini del nostro compito più generale, cioè per la comprensione e la valutazione delle prescrizioni economiche di Keynes. L'economia è una scienza, no? E, se è così, perché dovrebbero interessarci i valori personali dell'economista?

La questione se l'economia sia davvero una scienza viene brevemente discussa nel mio testo, *Are the Rich Necessary?*. La conclusione alla quale sono giunto è che l'economia non è, e non sarà mai, una scienza. In primo luogo, perché quando osserviamo una mela cadere da

39. Epicuro, *Lettera a Meneceo*, in John Gaskin (a cura di), *The Epicurean Philosophers*, London, Everyman, 1945, p. 45. Si veda la nota di chiusura N.
40. Friedrich Hayek, in Henry Hazlitt (a cura di), *The Critics of Keynesian Economics*, New York, D. Van Nostrand, 1960.

un albero o quando deduciamo la forza di gravità, il nostro ragionamento non condiziona ciò che fa la mela. Ma l'azione umana, l'argomento dell'economia, è una questione totalmente differente. È assai mutevole; viene modificata addirittura da ciò che gli economisti dicono di se stessi.

Se gli economisti ci dicessero che le azioni sono l'investimento a lungo termine più affidabile, noi tutti ne compreremmo e il loro prezzo salirebbe velocemente. Alla fine, non ci sarebbero più venditori, il prezzo crollerebbe, e noi scopriremmo di aver fatto un pessimo investimento. L'abbiamo visto chiaramente negli anni Venti e negli anni Novanta. Così, nel complesso, è meglio accettare l'idea che l'economia cerchi di vagliare delle probabilità, non delle verità, e che sia strettamente allineata alla filosofia morale, vale a dire ai valori.

Keynes, bisogna dirlo, fu un importante filosofo morale. Il suo saggio *My Early Beliefs*, che abbiamo già citato, è una perla filosofica. Scrisse anche un *Trattato sulla probabilità* (il suo primo libro) che si è guadagnato un posto nella storia della filosofia morale.

In merito al fatto se l'economia sia da considerare una scienza oppure no, Keynes era ambiguo o forse solo reticente. Dopo tutto, era utile sostenere che fosse una scienza, poiché ciò faceva sì che le prescrizioni dell'economista avessero maggiori probabilità di essere seguite. Per questo motivo, o per convinzione, Keynes scrisse frasi come le seguenti:

- L'economia è materia tecnica e difficile. Sta perfino diventando una scienza.[41]

- Modelli di gestione [economica] redatti scientificamente.[42]

41. Keynes, *Essays in Persuasion*, p. 136.
42. John Maynard Keynes, *Collected Writings*, vol. 5, *A Treatise on Money: The Pure Theory of Money*, London, Macmillan; New York, St. Martin's Press, 1971, p. XXII.

- Gli ultimi progressi scientifici scoperti nei laboratori economici di Harvard.[43]

Nello stesso spirito, scrisse:

> Credo che la soluzione giusta [della questione economica] richiederà elementi intellettuali e scientifici fuori della portata della grande massa di elettori più o meno analfabeti.[44]

D'altra parte, ammetteva che

> L'economia non è una scienza naturale [ma] impiega [...] giudizi di valore.[45]

Keynes disse all'arcivescovo di York che

> l'economia, più propriamente chiamata economia politica, è un aspetto dell'etica.[46]

Così è giusto concludere che Keynes non riteneva che i propri valori e la propria economia appartenessero a due sfere distinte. Al contrario, pensava che fosse

> increscioso e paralizzante [...] che le nostre simpatie e i nostri giudizi siano reciprocamente agli antipodi.[47]

E lottava perennemente per integrare valori personali ed economia in un tutt'uno coeso.

43. John Maynard Keynes, *Collected Writings*, vol. 4, *Tract on Monetary Reform*, London, Macmillan; New York, St. Martin's Press, 1971, p. 155.
44. Skidelsky, *The Economist as Savior 1920-1937*, p. 224.
45. John Maynard Keynes, *The Collected Writings*, vol. 14, *The General Theory and After: Defence and Development*, London, Macmillan; New York, St. Martin's Press, 1973, p. 296.
46. Skidelsky, *Fighting for Britain 1937-1946*, p. 264.
47. Keynes, *Essays in Persuasion*, p. 321.

Capitolo 5

Cosa fare con Wall Street?

Una ricapitolazione

Riesaminiamo ciò di cui abbiamo parlato prima della digressione sui valori personali di Keynes:

- L'umanità si è concentrata troppo sul futuro e di conseguenza ha speso troppo poco, mentre ha risparmiato quote eccessive di denaro.
- Si può dire che una società risparmia troppo quando l'ammontare delle risorse risparmiate supera il totale di quelle che possono essere investite. Per la gran parte della storia dell'uomo è stato così.
- I risparmi non utilizzati interrompono il flusso di denaro che attraversa l'economia e portano alla disoccupazione. La disoccupazione, poi, riduce il reddito di una società. Alla fine, un reddito inferiore riduce l'ammontare dei risparmi, ma con enormi costi in termini di sofferenze umane e perdite di opportunità.
- Il problema può essere risolto tramite un aumento dei consumi o degli investimenti. Una spesa maggiore ridurrebbe i livelli di risparmio. Investimenti maggiori assorbirebbero tutti i risparmi. Keynes raccomanda una combinazione di questi due approcci: sembra preferire l'aumento degli

investimenti, ma dice anche, come abbiamo visto, che la sola spesa va bene.[1]

- La ragione fondamentale per la quale gli investimenti si dimostrano troppo bassi è che i tassi d'interesse tendono a essere eccessivamente alti. Questa è la causa principale della povertà umana.[2]
- Il governo può contribuire a far abbassare i tassi d'interesse stampando nuovo denaro e immettendolo nell'economia attraverso le banche, nella forma di risorse disponibili per il prestito.

Keynes sul mercato azionario

1. Sfortunatamente, tassi d'interesse più bassi non possono garantire da soli un maggior investimento in un sistema di mercato

Quando i titolari d'azienda o i manager prendono in considerazione un nuovo investimento, magari in un nuovo stabilimento, sono molto influenzati dai tassi d'interesse. Se possono prendere a prestito del denaro al 2 per cento e si aspettano che l'investimento frutti il 6 per cento, allora l'operazione va bene. Se i tassi d'interesse salgono al 5 per cento non è così conveniente, e al 6 per cento non ha senso. Ma non conta solamente il tasso d'interesse. Sono importanti anche le aspettative degli investitori. A loro volta queste dipendono molto da un fattore puramente psicologico: e cioè l'indice congiunturale e la fiducia degli investitori sul futuro.

2. Sfortunatamente, in genere la fiducia degli investitori è debole

Le persone comuni credono che un titolare d'azienda o un manager sappiano ciò che fanno e, in particola-

1. Keynes, lettera al poeta T. S. Eliot, in Robert Skidelsky, *John Maynard Keynes*, vol. 3, *Fighting for Britain 1937-1946*, London, Macmillan, 2000, p. 279.
2. John Maynard Keynes, *The General Theory of Employment, Interest, and Money*, Amherst (NY), Prometheus Books, 1997, p. 242.

re, conoscano molte cose sui ritorni futuri di un'azienda, una miniera, un prodotto o un servizio. Ma non è così. Tutti gli esseri umani, anche i cosiddetti esperti, brancolano nel buio per quanto riguarda il futuro. La loro conoscenza del futuro

> è scarsa e talvolta evanescente[3]

e la loro capacità di fare previsioni accurate, o particolarmente precise, di solito è nulla.

La gente, in generale, e gli investitori economici, in particolare, fanno fronte alla propria ignoranza del futuro (e all'ansia a riguardo) ricorrendo a una semplice convenzione. Presuppongono che ciò che è successo nel recente passato continuerà ad accadere.[4] Sfortunatamente, questa convenzione è

> tanto arbitraria [... con] i suoi punti deboli [...] e con la sua precarietà.[5]

Spesso si dimostra sbagliata e l'errore porta con sé uno shock psicologico.

3. Anche se alcuni titolari o manager hanno giuste intuizioni sul futuro, molti altri non le hanno

È «probabile» che un operatore resti «deluso»,[6] in media, dai ritorni economici, soprattutto in rapporto alle «speranze» iniziali.[7] Perché, allora, continuano a voler giocare a questo gioco? Si suppone non per «freddo calcolo», ma piuttosto per

> spiriti animali.[8]

Purtroppo, gli spiriti animali dipendono dai

3. Keynes, *General Theory*, p. 150.
4. Keynes, *General Theory*, p. 152.
5. Keynes, *General Theory*, p. 153.
6. Keynes, *General Theory*, p. 150.
7. Keynes, *General Theory*, p. 150.
8. Keynes, *General Theory*, pp. 50, 161-162.

nervi e [...] dagli isterismi, e perfino [d]alle digestioni [dei giocatori].[9]

4. Già di per sé, queste sono fondamenta deboli sulle quali erigere un'economia moderna. Tuttavia, sono rese ancora più deboli dalla perniciosa influenza del mercato azionario

Il mercato azionario non è del tutto un male. È un modo per finanziare le imprese. Offrendo «liquidità», la capacità di comprare e vendere titoli a fini di investimento, questi mercati possono riuscire anche a convincere l'investitore più timido a tirar fuori il denaro da sotto il materasso e a fare davvero un investimento. Ovviamente, la liquidità è in gran parte illusoria. Le persone non possono entrare tutte, o uscire tutte, dal mercato, nello stesso momento, cosa che invece di solito vogliono fare.

Inoltre, se il denaro è investito in azioni esistenti, non sarà investito in nuovi impianti, attrezzature, dipendenti, prodotti e servizi, tutte cose che rappresentano investimenti reali. Gran parte dell'investimento nel mercato azionario è sterile e per quanto riguarda l'impresa non è affatto meglio che tenere il denaro sotto il materasso.[10]

I prezzi dei titoli nel mercato spesso sono stabiliti in modo «assurdo».[11] Per esempio, Keynes ritiene di aver sentito che le azioni delle società produttrici di ghiaccio in estate venivano liquidate a un prezzo più elevato (quando i profitti erano più alti) che in inverno. Un mercato razionale dovrebbe sapere che le stagioni si alternano e che contano i profitti nell'arco dell'intero anno.

Se il mercato azionario sale, si ha un effetto benefico sull'accrescimento della fiducia. Ma una discesa del mercato corrisponderebbe a un calo di fiducia. E in un paese votato al mercato azionario come gli Stati Uniti, un crollo del mercato non si limiterebbe a deprimere gli

9. Keynes, *General Theory*, p. 162.
10. Robert Skidelsky, *John Maynard Keynes*, vol. 2, *The Economist as Savior 1920-1937*, London, Macmillan, 2000, p. 316.
11. Keynes, *General Theory*, p. 154.

investimenti economici. Colpirebbe anche la domanda di consumi, perché i consumatori che hanno investito si sentirebbero meno ricchi, e anche quelli che non hanno investito temerebbero per il proprio lavoro.[12]

5. L'aspetto peggiore del mercato azionario è la sua atmosfera da «casinò»[13]

Il presunto scopo di un mercato azionario è quello d'incanalare i risparmi privati verso gli investimenti socialmente più utili (e quindi remunerativi).[14] Ciò richiede una visione «a lungo termine».[15] I «migliori cervelli di Wall Street», però, sono del tutto disinteressati al lungo termine. A loro non interessa nemmeno sapere troppe cose sulle società che comprano.[16] Il loro «gioco», al quale si dedicano con il più grande «gusto e diletto», è quello d'individuare le azioni che diventeranno popolari e comprarle per primi.[17] Dal momento che tutti fanno lo stesso, il gioco diventa quello di

> indovinare come l'opinione media immagina che sia fatta l'opinione media medesima

e poi trarre profitto da una giusta intuizione.[18]

In queste condizioni, l'investimento genuino a lungo termine diventa «così difficile da essere scarsamente praticabile», e chiunque lo tenti, paradossalmente, apparirà come «eccentrico, anticonvenzionale e avventato».[19] Anche i comitati d'investimento più conservatori non si troveranno a proprio agio con un approccio a lungo termine, perché

> La saggezza del mondo insegna che è cosa migliore per la reputazione fallire in modo convenzionale,

12. Keynes, *General Theory*, p. 319.
13. Keynes, *General Theory*, p. 159.
14. Keynes, *General Theory*, p. 159.
15. Keynes, *General Theory*, p. 157.
16. Keynes, *General Theory*, p. 316.
17. Keynes, *General Theory*, pp. 155, 157.
18. Keynes, *General Theory*, p. 156.
19. Keynes, *General Theory*, p. 157.

anziché riuscire in modo anticonvenzionale.[20]

Wall Street può sembrare solamente uno «spettacolo», ma le sue disfunzionalità hanno conseguenze serie.

> Gli speculatori possono non causare alcun male, come bolle d'aria in un flusso continuo d'intraprendenza; ma la situazione è seria quando l'intraprendenza diviene la bolla d'aria in un vortice di speculazione.[21]

In tali condizioni, il capitale non sarà semplicemente allocato malamente. I cittadini comuni perderanno anche la loro fiducia nel sistema.

Una cosa è guardare alcune persone diventare incredibilmente ricche, se si ritiene che gli estremi della ricchezza riflettano un duro lavoro, una capacità di giudizio astuta e la produzione di beni essenziali per la società nel suo complesso. E anche in questo caso, i vincitori ottengono troppo, sia dal punto di vista della giustizia, sia da quello dell'offerta d'incentivi utili.[22] È tutta un'altra cosa, però, se queste enormi ricompense non vanno a chi le merita ed è disciplinato, ma solo a giocatori d'azzardo fortunati. Nel tempo, il sistema sociale si sfalderà, nessuno vorrà più lavorare e tutti vorranno giocare e speculare.[23]

6. L'unico vero rimedio per il fallimento del mercato azionario è l'intervento diretto del governo nella gestione dell'investimento

Come abbiamo visto, il problema del convertire i risparmi in investimenti ha due componenti. Il primo ostacolo è il fatto che i tassi d'interesse tendono a essere cronicamente troppo alti, il che scoraggia l'investimento e lascia inutilizzate grandi quantità di risparmi. Il governo può alleviare questa difficoltà stampando

20. Keynes, *General Theory*, p. 158.
21. Keynes, *General Theory*, p. 159.
22. Keynes, *General Theory*, p. 374.
23. John Maynard Keynes, *Essays in Persuasion*, New York, W.W. Norton, 1963, pp. 94-95.

nuovo denaro e immettendolo nel sistema bancario per far abbassare i tassi d'interesse.

Ma questo intervento risolve solo metà del problema. L'altra questione è che

> la psicologia [degli investitori privati, sia nell'economia che a Wall Street o in altri mercati azionari è] disobbediente [...] e [...] incontrollabile.[24]

Operando all'interno di una nube d'ignoranza, gli investitori privati tendono ad alti esaltanti e a bassi cupi. Quando si trovano in quest'ultima condizione, non possono essere esortati a trarre vantaggio nemmeno dai tassi d'interesse più appetibili.

L'intero sistema degli investimenti privati non è

> intelligente [...] non è virtuoso [...] e non mantiene gli impegni.[25]

Possiamo concluderne solamente che

> Il compito di determinare il volume corrente degli investimenti non può, senza pericolo, lasciarsi in mano private.[26]

24. Keynes, *General Theory*, p. 317.
25. John Maynard Keynes, *New Statesman and Nation* (1933), in John Maynard Keynes, *Collected Writings*, vol. 21, *Activities 1931-39: World Crises and Policies in Britain and America*, London, MacMillan; New York, St. Martin's Press, 1982, p. 239.
26. Keynes, *General Theory*, p. 320.

Capitolo 6

Guardare allo Stato per una leadership economica

Keynes sul ruolo economico dello Stato

1. Lo Stato dovrebbe decidere in merito al «volume degli investimenti»

Ciò significa che se gli investimenti sono troppo bassi per assorbire tutti i risparmi, e se tassi d'interesse minori non li incrementano a sufficienza, lo Stato dovrebbe intervenire e investire.

Come farà lo Stato a sapere che i tassi d'interesse non sono sufficientemente bassi e che c'è bisogno di un suo investimento diretto? L'indicatore chiave è l'occupazione. Se il denaro a basso costo produce «piena» occupazione, non c'è bisogno d'investimenti diretti. Se la disoccupazione persiste, allora lo Stato deve investire.

In genere, lo Stato non stamperà il denaro da investire. Otterrà i fondi necessari tramite la tassazione degli individui più abbienti oppure farà ricorso al prestito. In questo secondo caso, non ci sarà necessariamente un deficit di bilancio; l'investimento pubblico potrebbe essere mantenuto extra-bilancio o in un bilancio separato degli investimenti in conto capitale.[1]

1. Robert Skidelsky, *John Maynard Keynes*, vol. 3, *Fighting for Britain 1937-1946*, London, Macmillan, 2000, p. 273.

2. Il livello d'investimento del governo dovrebbe essere attentamente calibrato per favorire una «quasi-espansione» perpetua

È convinzione diffusa che Keynes ritenesse che lo Stato dovesse «bilanciare» le azioni degli investitori privati. Walter Lippmann descrisse nel modo seguente quest'idea di uno Stato che fornisce una forma di «bilanciamento»:

> Un individualismo non coordinato, non pianificato e disordinato [...] produce inevitabilmente un'alternanza di espansioni e recessioni economiche. [...] Lo Stato [dovrebbe] agire [...] in modo da contrastare tutti gli errori della massa di individui, facendo l'opposto di quello che fa questa folla: risparmiare quando la folla spende troppo; indebitarsi quando la folla risparmia troppo; economizzare quando la folla è prodiga di spese, e spendere quando questa è riluttante a farlo. [...] Questo metodo compensatorio è, credo, un'invenzione epocale.[2]

Lasciando da parte, per un momento, la questione se tale «metodo compensatorio» sia davvero fattibile, la domanda più immediata è: Keynes approvava questo «metodo compensatorio»? La maggioranza delle persone ritiene di sì.[3] Tuttavia, la risposta sembrerebbe piuttosto negativa, Keynes non lo approvava, o per lo meno non all'epoca della *Teoria generale*. In effetti, qui dice che lo Stato entra come un

> fattore equilibrante,[4]

ma con questo intendeva soprattutto che lo Stato avrebbe dovuto "incentivare" l'investimento qualora fosse stato troppo basso.

2. Walter Lippmann, *Interpretations: 1931-1932*, New York, Macmillan, 1932, p. 38; Walter Lippmann, *The Method of Freedom*, New York, Macmillan, 1934, pp. 58-59.
3. Si veda la nota di chiusura O.
4. John Maynard Keynes, *The General Theory of Employment, Interest, and Money*, Amherst (NY), Prometheus Books, 1997, p. 220.

Come abbiamo visto nel capitolo 2, Keynes non concordava con l'idea che sia i boom che le crisi economiche fossero negativi, che il boom portasse alle crisi e che avremmo dovuto cercare di evitare entrambi e lottare per mantenere un felice giusto mezzo. Al contrario, Keynes credeva che

> Il rimedio giusto per il ciclo economico non deve trovarsi nell'abolire le espansioni, mantenendoci così permanentemente in una semi-depressione; ma nell'abolire le depressioni e mantenerci così permanentemente in una quasi-espansione.[5]

Tutto questo deriva dall'idea di Keynes per cui, nella maggioranza dei casi, l'investimento viene rallentato dal risparmio, così che il denaro resta inutilizzato e l'economia vacilla. Quindi, le fasi di espansione economica vanno alimentate e mantenute per il maggior tempo possibile.

Ci si deve chiedere, allora, se non sia possibile ipotizzare che, per lo meno in qualche occasione, possa essere vero anche il contrario. La combinazione di domanda di consumo e investimento potrebbe procedere in modo così forte da far perdere il controllo del boom economico? Se tutte le risorse disponibili vengono usate al massimo, se ogni persona in età lavorativa ha un'occupazione, se la domanda e gli investimenti continuano a crescere, la situazione non surriscalda la macchina economica causando inflazione?

Come abbiamo visto, Keynes ammette che ciò possa risultare plausibile. Ma anche in questo caso non vuole aumentare i tassi d'interesse. Con le sue parole:

> Dovremo trovare un modo [per raffreddare l'economia] che non sia l'aumento del tasso d'interesse.[6]

5. Keynes, *General Theory*, p. 322.

6. John Maynard Keynes, "Boom Control", *Times*, in John Maynard Keynes, *Collected Writings*, vol. 21, *Activities 1931-39: World Crises and Policies in Britain and America*, London, Macmillan; New York, St. Martin's Press, 1982, pp. 384-394; Robert Skidelsky, *John Maynard Keynes*, vol. 2, *The Economist as Savior 1920-1937*, London, Macmillan, 2000, p. 629.

In particolare, Keynes temeva che gli investitori, pensando che il tasso d'interesse si alzasse di volta in volta, potessero incanalare i propri fondi nella speranza di catturare questo incremento.

3. Il normale compito dello Stato è riempire il serbatoio degli investimenti, non di prosciugarlo. Mantenerlo pieno è ciò che importa maggiormente. Ma ci sono anche altre ragioni per accogliere con favore un ruolo più ampio dello Stato nel settore degli investimenti

Nel complesso sembra che Keynes simpatizzi con l'idea che il governo sia meglio del mercato privato a proposito di investimenti. Come abbiamo già visto, egli fa un ritratto desolante dell'investimento privato, che è menomato (egli sostiene) da profonda ignoranza, emozioni incontrollabili e tendenze speculative. Al contrario, e abbiamo visto anche questo, riteneva che lo Stato fosse in grado di decidere in base a

> considerazioni a lunga portata e in vista del vantaggio sociale generale.[7]

Nel 1932, criticò Harold Macmillan, in seguito primo ministro britannico, per il fatto di non essere

> sufficientemente coraggioso in merito alla proposta di sviluppare le funzioni d'investimento [diretto] dello Stato.[8]

Nel 1936, nella *Teoria generale*, disse di essere favorevole a

> una socializzazione di una certa ampiezza degli investimenti.[9]

7. Keynes, *General Theory*, p. 164; si veda anche, John Maynard Keynes, *Collected Writings*, vol. 6, *A Treatise on Money: The Applied Theory of Money*, London, Macmillan; New York, St. Martin's Press, 1971, p. 145.
8. John Maynard Keynes, lettera, 6 giugno 1932, in *Collected Writings*, vol. 21, p. 109.
9. Keynes, *General Theory*, p. 378.

Nel 1937, sostenne sul *Times* che il governo inglese dovesse istituire un Public Office of Investment.[10] E nel 1939 incoraggiava entusiasticamente

> Un'amalgama di capitalismo privato e socialismo di Stato.[11]

Queste e altre dichiarazioni sembrerebbero dunque sostenere l'idea che Keynes volesse l'investimento dello Stato di per se stesso, e non solo come rinforzo di quello privato. Disse anche:

> Non trovo motivo di ritenere che il sistema esistente impieghi seriamente male i fattori di produzione che sono utilizzati.[12]

Ciò sembrerebbe significare che l'iniziativa privata è ben attrezzata per gestire le cose una volta fatto l'investimento, ma non è migliore dello Stato nello scegliere il tipo d'investimento.

4. Il controllo dell'economia da parte dello Stato non dovrebbe fermarsi ai tassi d'interesse, agli investimenti, alla tassazione e ai tassi di cambio

Nel 1940, Keynes disse che i prezzi liberi erano un fattore indispensabile, ma anche (al contrario) di essere a favore dell'istituzione di comitati pubblici che gestissero il prezzo delle materie prime.[13] Nel 1943, guardando al futuro periodo postbellico, disse che

> Sono [...] irrimediabilmente scettico a proposito di un ritorno al *laissez-faire* del diciannovesimo secolo. Credo che il futuro stia: i) nel commercio di Stato delle materie prime; ii) in cartelli internazionali [vale a dire, monopo-

10. *Times*, 14 gennaio 1937, citato da Étienne Mantoux, in Hazlitt, *The Critics of Keynesian Economics*, p. 121.
11. John Maynard Keynes, intervista, *New Statesman and Nation*, 28 gennaio 1939, in *Collected Writings*, vol. 21, p. 492.
12. Keynes, *General Theory*, p. 379.
13. Skidelsky, *Fighting for Britain 1937-1946*, pp. 235-236, 285.

> li ratificati dai governi] per le manifatture necessarie; e iii) in restrizioni quantitative sulle importazioni per manifatture non necessarie. [... Questi sono gli] organismi della normale vita economica del futuro.[14]

> [In generale] pianificazione di Stato, [...] intelligenza e deliberazioni centralistiche devono sostituire l'ammirato disordine del diciannovesimo secolo.[15]

Nel descrivere tutto ciò, Keynes riconobbe che lo Stato, così facendo, sarebbe rimasto coinvolto in

> molti degli aspetti più complessi e interni dell'impresa privata.[16]

Ma anche così,

> rimarrà ancora largo campo all'esercizio dell'iniziativa e della responsabilità individuale.[17]

Inoltre, nel tempo, la distinzione stessa fra attività economica privata e pubblica sarebbe gradualmente svanita. Le società private sarebbero diventate

> semi-socializzate,

e alla fine la differenza fra «enti pubblici» e «impresa privata» si ridurrebbe in pratica alle modalità con cui vengono nominati i loro consigli d'amministrazione.[18]

5. La pianificazione di Stato non deve essere confusa con il fascismo o con il comunismo

Keynes si preoccupò sempre di differenziare le proprie idee da quelle dei sistemi totalitari:

14. Skidelsky, *Fighting for Britain 1937-1946*, p. 321.
15. John Maynard Keynes, BBC Broadcast, 14 marzo 1932, in Keynes, *Collected Writings*, vol. 21, p. 86.
16. John Maynard Keynes, *Essays in Persuasion*, New York, W.W. Norton, 1963, p. 318.
17. Keynes, *General Theory*, p. 378.
18. Skidelsky, *The Economist as Savior 1920-1937*, p. 266.

> Possiamo riconoscere l'opportunità e anche la necessità di una pianificazione [economica] senza essere comunisti, socialisti o fascisti.[19]

Ma non disprezzava del tutto la gestione economica fascista o comunista:

> Il fascismo italiano [...] sembra aver salvato l'Italia dal caos e pare avere stabilito un modesto livello di prosperità materiale.[20]

E nella sua prefazione all'edizione tedesca della *Teoria generale* (pubblicata nella Germania nazista e non inclusa nella raccolta *The Collected Works*) osservò che le sue idee potevano essere applicate a un'economia completamente controllata, anche se non erano state elaborate su quella base.[21]

Come abbiamo visto nella nostra analisi precedente sui valori di Keynes, egli trovava nell'Unione Sovietica

> troppe cose detestabili.

Al meglio, considerava i comunisti una sorta di «metodisti» esaltati.[22] Ma quello che i pianificatori sovietici avevano ottenuto nel 1936 era

> impressionante.

Erano

> amministratori disinteressati [... che avevano messo] in funzione [...] l'empirismo e lo sperimentalismo più vasti mai tentati.[23]

19. Keynes, BBC Broadcast, 14 marzo 1932, p. 84.
20. Keynes, BBC Broadcast, 14 marzo 1932, p. 85.
21. Skidelsky, *Fighting for Britain 1937-1946*, p. 203; Henry Hazlitt, *The Failure of The "New Economics"*, New Rochelle (NY), Arlington House, 1978, p. 277.
22. Keynes, *Essays in Persuasion*, pp. 299, 310.
23. John Maynard Keynes, *BBC Broadcast*, *Collected Writings*, vol. 28, *Social, Political, and Literary Writings*, London, Macmillan; New York, St. Martin's Press, 1982, pp. 333-334.

E nella sua lode proseguiva dicendo:

> Cerchiamo di non sminuire questi magnifici esperimenti e di non rifiutarci d'imparare da essi. [...] Il piano quinquennale in Russia, lo Stato corporativo in Italia [...] e la pianificazione di Stato democratica in Gran Bretagna. [...] Speriamo che abbiano tutti successo.[24]

È importante ricordare, nel valutare queste parole, che molte persone intelligenti e oltremodo degne negli anni Trenta ammiravano il fascismo e il comunismo. Keynes no.[25] Piuttosto, lui era alla ricerca di quella che chiamava

> una nuova saggezza per una nuova era,

e non si preoccupava minimamente di apparire fra gli

> eterodossi, pericolosi, disobbedienti[26]

agli occhi dei capitalisti dalla mentalità più convenzionale, che non riuscivano a vedere il loro stesso pericolo, né a capire che la loro unica speranza fosse una "terza via" keynesiana.

6. Il capitalismo di Stato deve essere gestito dalle persone giuste

A questo punto, è necessario chiedersi come un pensatore che si definisce eterodosso e disobbediente potesse riporre così tanta fiducia nel governo. Forse il governo non è, come tutte le altre istituzioni sociali, l'incarnazione del sapere convenzionale?

Abbiamo evidenziato in precedenza l'affermazione di Keynes:

> credo che la soluzione giusta [della questione economica] richiederà elementi intellettuali e scientifici

24. Keynes, BBC Broadcast, 14 marzo 1932, pp. 86, 92.
25. Si veda la nota di chiusura P.
26. Keynes, *Essays in Persuasion*, p. 337.

fuori della portata della grande massa degli elettori più o meno analfabeti.[27]

Ma, i leader politici, o anche i capi di governo, sono meno analfabeti (da un punto di vista economico) di coloro che li votano? Non fu lo stesso Keynes, nel suo secondo libro (sul trattato di pace di Versailles) a ridicolizzare i leader di Gran Bretagna, Francia e Stati Uniti, assieme agli altri uomini vecchi e ottusi che avevano tradizionalmente guidato le nazioni?

La risposta a questo enigma è che, nel sistema di Keynes, lo Stato affiderebbe le redini dell'economia a degli esperti:

> [L'economia] è una cosa che va lasciata agli esperti. Devono capire la macchina. Devono essere in grado di ripararla quando si rompe.[28]

Già nel 1914, un giovane Keynes era giunto alla conclusione che gli esperti avevano

> risolto [...] la parte intellettuale e scientifica del problema [di come governare un'economia].[29]

Si trattava di affermazioni premature, ma negli anni Trenta Keynes era convinto di avere le risposte giuste e che il problema della gestione dell'economia potesse semplicemente essere affidato a lui e ai suoi discepoli. Allo stesso tempo, prediligeva le novità intellettuali e quindi amava pensare che ci fosse sempre qualcosa di nuovo da scoprire. In una trasmissione radio durante la seconda guerra mondiale disse:

> Possiamo imparare uno o due trucchi dalla gestione

27. Skidelsky, *The Economist as Savior 1920-1937,* p. 224.
28. John Maynard Keynes, CBS Radio Broadcast, 12 aprile 1931, in Keynes, *Collected Writings*, vol. 21, p. 515.
29. John Maynard Keynes, *Economic Journal*, dicembre 1914, in John Maynard Keynes, *Collected Writings*, vol. 11, *Economic Articles and Correspondence – Academic*, London, Macmillan; New York, St. Martin's Press, 1983, p. 320.

> dell'economia bellica che potrebbero essere applicati anche in tempo di pace.[30]

Il biografo di Keynes, Robert Skidelsky, osservò che la fede nell'opinione degli esperti «si ritrova come motivo ricorrente in tutta la sua opera ed è l'ipotesi centrale della sua filosofia politica».[31]

Dal momento che Keynes era l'esperto di economia più importante della sua epoca, sia in Gran Bretagna che negli Stati Uniti, questa fede nell'opinione degli esperti era, per lo meno in parte, semplicemente fede nella sua persona e una manifestazione della sua inesauribile fiducia in se stesso.

7. Questi esperti, comunque, saranno qualcosa in più che semplici esperti

Keynes non si accontentava di affidare un incarico agli esperti in quanto tali. Voleva anche che queste persone garantissero i giusti valori, alla stregua di "guardiani platonici". In una lettera a Friedrich von Hayek, critico nei confronti del capitalismo di Stato, disse che i guardiani dell'economia nominati dallo Stato dovevano avere la giusta

> moralità,

il che avrebbe implicato una dedizione alla libertà individuale. Ciò era essenziale perché:

> azioni pericolose possono essere compiute in sicurezza in una comunità che pensa e sente in modo giusto, mentre sarebbero la strada per l'inferno se fossero compiute da chi pensa e sente in modo sbagliato.[32]

Sebbene i guardiani dovessero avere una moralità ineccepibile, con questo non si doveva intendere neces-

30. Yergin et al., *The Commanding Heights*, documentario televisivo, PBS.
31. Skidelsky, *The Economist as Savior 1920-1937*, p. 228.
32. Skidelsky, *Fighting for Britain 1937-1946*, p. 285

sariamente la moralità giudeo-cristiana. La gran parte delle questioni economiche per sua natura è al di sopra delle possibilità dell'elettore medio. Dunque, non è affatto inappropriato ricorrere a *escamotage* o anche a piccoli inganni per ottenere il consenso dei propri elettori nei confronti dellae azioni più importanti.

In un passaggio della *Teoria generale,* Keynes osserva che la gente vuole

> la luna,

espressione con cui si riferisce a salari sempre più alti, e dice che per mantenere elevati i salari ci deve essere molto denaro in circolazione. Il «rimedio», dunque, consiste nel

> persuadere il pubblico che il formaggio verde [il denaro stampato dal governo] sia la stessa cosa [del denaro vero] e avere una fabbrica di formaggio (ossia una banca centrale) sotto il controllo pubblico.[33]

33. Keynes, *General Theory*, p. 235. Si veda la nota di chiusura Q.

Capitolo 7

Durante una crisi economica bisogna stampare denaro, prestarlo, indebitarsi e spendere

KEYNES SUL MODO IN CUI AFFRONTARE UNA CRISI ECONOMICA

1. A volte si sostiene che le crisi economiche, le recessioni e le depressioni siano utili. È falso

Keynes sa bene che una crescita porta con sé

investimenti mal diretti,[1]

e che le depressioni possono contribuire a

liberarsi di molti rami secchi.[2]

Comunque, l'investimento indirizzato malamente è sempre meglio della mancanza d'investimenti.[3] È

un grave errore

pensare che le depressioni economiche siano in un certo senso necessarie al progresso dell'economia, in virtù del loro ruolo "purgativo", oppure perché mode-

1. John Maynard Keynes, *The General Theory of Employment, Interest, and Money*, Amherst (NY), Prometheus Books, 1997, p. 321.
2. John Maynard Keynes, BBC Broadcast, 26 febbraio 1930, in John Maynard Keynes, *Collected Writings*, vol. 20, *Activities 1929-31: Rethinking Employment and Unemployment Policies*, London, Macmillan; New York, St. Martin's Press, 1981, p. 319.
3. Keynes, *General Theory*, p. 327.

rano la speculazione e l'avventata assunzione di rischi introducendo un elemento di paura. Al contrario, come abbiamo visto, dovremmo

abolire le depressioni[4]

e cercare piuttosto di mantenere una perpetua

quasi-espansione.[5]

2. Un crollo finanziario incipiente, una depressione economica, o prima l'uno e poi l'altra, richiedono un intervento statale immediato e deciso

I crolli e le forti depressioni ci dicono che abbiamo creato un

enorme pantano,

che abbiamo

commesso un errore nel controllo di una macchina delicata,[6]

e che c'è urgente bisogno di ripararla. Andrebbe intrapresa un'azione correttiva audace al primo segnale di difficoltà. E dovrebbe essere

radicale

quanto serve.[7]

All'inizio del 1932, dopo due anni dallo scoppio di quella che divenne nota come la Grande Depressione, Keynes avvertiva che

4. Keynes, *General Theory*, p. 322.
5. Keynes, *General Theory*, pp. 320-322.
6. John Maynard Keynes, *Essays in Persuasion*, New York, W.W. Norton, 1963, p. 136.
7. Keynes, BBC Broadcast, 26 febbraio 1930, p. 325.

> un tracollo di questo genere nutre se stesso[8]

e si lamentava del fatto che fosse

> molto più difficile risolvere il problema oggi di quanto lo sarebbe stato un anno fa. [...] Le [...] autorità mondiali non hanno avuto il coraggio o la convinzione di applicare i rimedi che avevano a disposizione in dosi sufficientemente drastiche a ogni stadio del declino.[9]

Keynes continuava affermando che si poteva giungere a un punto di non ritorno, un punto in cui il sistema avrebbe perso la sua

> capacità di risalire.[10]

3. Il copione per evitare le crisi finanziarie è stato scritto tempo fa. Dobbiamo solo seguirlo

Nel 1873, Walter Bagehot, direttore della rivista *Economist*, pubblicò un libro intitolato *Lombard Street*. In questo libro si sosteneva che la Bank of England, allora un ente privato, anche se con uno status semiufficiale, avrebbe dovuto tenersi pronta ad agire come "prestatore di ultima istanza". Se la gente si fosse allarmata e avesse iniziato a ritirare i fondi da una data banca, quest'ultima sarebbe stata in grado di fornire tali risorse ottenendo dei prestiti dalla Bank of England.

Naturalmente c'erano delle regole. La banca che chiedeva il prestito doveva essere solvente, doveva dare alla Bank of England titoli "sicuri" a garanzia del prestito e doveva pagare un tasso d'interesse elevato. La richiesta di solide garanzie significava che, qualsiasi cosa fosse accaduta, la Bank of England non avrebbe perso il suo denaro.

8. Si veda la nota di chiusura R.

9. John Maynard Keynes, discorso tenuto a Monaco, Germania, 8 gennaio 1932, in John Maynard Keynes, *Collected Writings*, vol. 21, *Activities 1931-39: World Crises and Policies in Britain and America*, London, Macmillan; New York, St. Martin's Press, 1982, pp. 40, 41, 45.

10. Keynes, discorso tenuto a Monaco, Germania, 8 gennaio 1932.

Ed ecco dove Bagehot divenne controverso: disse che la Bank of England doveva essere pronta a elargire tutti i prestiti necessari a rassicurare la gente e a fermare la corsa agli sportelli. E doveva essere pronta a concederli anche qualora avesse già dato in prestito tutte le riserve che il diritto bancario le consentiva. In altre parole, la Bank of England doveva fare qualsiasi cosa fosse stata necessaria a fermare una corsa agli sportelli, anche a costo di dover abbandonare le sicure procedure bancarie o addirittura di violare, tecnicamente, la legge.

Le idee di Bagehot non furono esenti da critiche. Thomas Hankey riteneva che un sistema con un "prestatore di ultima istanza" avrebbe portato le banche a concedere prestiti a più alto rischio o a comportarsi in modo avventato, perché tanto poi potevano essere certe che sarebbero state salvate, anche se attraverso un tasso d'interesse punitivo.[11]

Eppure, le idee di Bagehot trionfarono su quelle dell'amico Hankey. Anche Keynes si schierò con Bagehot, ma si preoccupava del fatto che le sue idee potessero venir applicate troppo tardi o in maniera timida. Per fermare una crisi finanziaria era necessario un intervento deciso da parte del governo. Se fondi illimitati fossero stati messi a disposizione delle istituzioni finanziarie minacciate, si sarebbe potuta fermare la spirale che avrebbe condotto verso un panico di massa. Gli individui, fiduciosi nel sostegno pubblico, non si sarebbero più affrettati a tutelarsi in modi che presto avrebbero fatto crollare il sistema e garantito un risultato negativo per tutti.

4. L'approccio di Bagehot, se applicato con rigore, è generalmente corretto, ma ha bisogno di un ulteriore perfezionamento. In particolare, i tassi d'interesse devono essere più bassi, gli standard di prestito infe-

11. Per una discussione sui punti di contrasto fra Bagehot e Hankey, si veda *Grant's Interest Rate Observer*, 30 maggio 2008, e James Grant, *Mr. Market Miscalculates*, Mt. Jackson (VA), Axios Press, 2008, p. 28.

riori e la portata dell'assistenza governativa nel complesso più elevata

Come abbiamo già osservato, Bagehot voleva che il "prestatore di ultima istanza" concedesse denaro a tassi sufficientemente elevati da costituire un mora. Al contrario, Keynes voleva che i tassi d'interesse rimanessero bassi in tutto il sistema finanziario e in ogni momento, sia nei prestiti normali sia, presumibilmente, nei prestiti d'emergenza. Né il "prestatore di ultima istanza" doveva essere così pignolo da voler decidere chi aiutare.

Keynes riconobbe anche che se i tassi d'interesse sono già bassi quando scoppia la crisi, ci sono taluni limiti a ciò che il credito a basso costo può fare. Inoltre, indipendentemente da quanto sia a basso costo il credito, la gente potrebbe essere troppo spaventata per ricorrere al prestito. In tal caso,

> c'è bisogno di un intervento diretto dello Stato.[12]

Questo intervento può assumere la forma di prestiti sovvenzionati a lungo termine e con tassi d'interesse molto bassi o di altri sussidi.[13] In aggiunta, lo Stato dovrebbe preparare alcuni piani per espandere e accelerare il proprio programma d'investimento diretto e renderli effettivi al primo segnale di bisogno.[14]

5. È possibile per una nazione avviare la ripresa economica per mezzo della spesa pubblica? Sì

Nel 1934, Keynes scrisse un articolo per la popolare rivista americana *Redbook*, intitolato

> "L'America può innescare la ripresa economica a suon di spesa pubblica?"

12. Keynes, *Collected Writings*, vol. 21, pp. 59-60.
13. Keynes, *Collected Writings*, vol. 20, p. 348; Keynes, *Collected Writings*, vol. 21, p. 395.
14. John Maynard Keynes, *Times*, 14 gennaio 1937, in John Maynard Keynes, *Collected Writings*, vol. 21, *Activities 1931-39: World Crises and Policies in Britain and America*, London, Macmillan; New York, St. Martin's Press, 1982; anche in Henry Hazlitt (a cura di), *The Critics of Keynesian Economics*, New York, D. Van Nostrand, 1960, p. 121.

E apriva l'articolo con un

Certo, è ovvio![15]

L'articolo continuava: lo stesso comportamento che renderebbe

povero un uomo

può rendere

ricca una nazione.[16]

E sì, la spesa extra del governo, necessaria durante una depressione, avrebbe superato le entrate provenienti dalla tassazione, indipendentemente da quanto fossero elevate le tasse, perché in un periodo di contrazione economica anche le tasse crollano. Ci sarebbe stato per forza di cose un deficit di bilancio e il governo avrebbe avuto la necessità di indebitarsi. Ma il debito della nazione sarebbe stato in genere dei cittadini.[17]

Inoltre non si dovevano alzare le aliquote per pagare il nuovo debito. Il denaro preso a prestito, e speso, ravviva l'economia. Un'economia rigenerata richiede meno spesa pubblica in termini di sussidi di disoccupazione e genera un flusso di nuove entrate fiscali. Insieme, i risparmi e le nuove tasse superano il debito. Così, in sintesi, la spesa pubblica effettuata con denaro preso a prestito in condizioni di occupazione non piena (come l'hanno chiamata gli economisti successivi a Keynes) equivale al classico pasto gratis.[18]

6. Non mancano i progetti utili sui quali il governo può spendere

Keynes affermava che qualsiasi spesa effettuata in

15. Keynes, *Collected Writings*, vol. 21, p. 334.
16. Keynes, *Collected Writings*, vol. 21, p. 334.
17. Si veda la nota di chiusura S.
18. John Maynard Keynes, *Nation and Athenaeum*, 10 maggio 1930, in Keynes, *Collected Writings*, vol. 20, p. 349.

circostanze economiche disastrose fosse migliore della totale mancanza di spesa. La cosa principale è

fare in modo che il denaro venga speso.[19]

Sarà sempre difficile far sì che

le teste dure[20]

convengano sul fatto che un determinato progetto sia valido e legittimo, ma in verità abbiamo abbondanza di progetti con queste caratteristiche.

Le strade, ad esempio, sono una buona scelta, e a Keynes nello specifico piaceva la proposta di costruire un largo viale lungo la zona meridionale del Tamigi. Gli piacevano anche i progetti abitativi e si chiedeva perché non si abbattesse tutta la zona sud di Londra per sostituirla con

case migliori.[21]

In generale, come abbiamo osservato nel capitolo sui suoi valori personali, a Keynes piacevano sempre i progetti che combinavano arte e commercio per produrre qualcosa che fosse al contempo bello e utile.[22]

7. L'impatto della spesa pubblica durante una depressione viene amplificato dal "moltiplicatore d'investimento od occupazione"

Il moltiplicatore keynesiano nasce dall'osservazione iniziale per cui una persona che da poco tempo ha un impiego inizia a spendere di più. Questa spesa, a sua volta, contribuirà all'assunzione di altro personale. L'occupazione porta a ulteriore occupazione, proprio come la disoccupazione porta a ulteriore disoccupazio-

19. Keynes, *Collected Writings*, vol. 21, p. 337.
20. Keynes, *Collected Writings*, vol. 21, p. 60.
21. Keynes, *Essays in Persuasion*, pp. 153-154.
22. Si veda la nota di chiusura T.

ne. Se un'economia è prossima alla piena occupazione, la spesa di una singola persona da poco impiegata non ha molta importanza. Se la disoccupazione è diffusa, però, ogni singolo incremento di nuova occupazione e nuova spesa avrà un'importanza molto maggiore.

Keynes fornisce un esempio in cui 5.200.000 persone risultano occupate. Tramite un programma governativo di opere pubbliche vengono creati 100.000 nuovi posti di lavoro, i quali, poi, portano ad ancora altri nuovi posti, fino a quando l'occupazione totale tocca i 6.400.000, per un totale di 1.200.000 posti di lavoro in più. In questo caso, il moltiplicatore d'occupazione è 12.[23]

Anche se il moltiplicatore può variare, esso dovrebbe rappresentare

> per lo meno tre o quattro volte[24]

la spesa per le opere pubbliche.

Il concetto di moltiplicatore è controverso perché confuta l'obiezione per cui i programmi che prevedono la costruzione di opere pubbliche non saranno mai ampi abbastanza per fare la differenza in un'economia sviluppata. Come dice Keynes:

> Anche le opere pubbliche di dubbia utilità possono rendere parecchie volte il loro costo in tempi di grave disoccupazione, non foss'altro che per il minor costo della spesa in sussidi.[25]

23. Keynes, *General Theory*, p. 127.
24. Keynes, *Collected Writings*, vol. 21, p. 326.
25. Keynes, *General Theory*, p. 127.

Capitolo 8

I mercati non si auto-correggono

Keynes sui difetti del libero mercato

1. È un errore gravissimo pensare che una macchina economica mal funzionante possa essere lasciata a se stessa

L'economia non possiede, come invece pensano gli economisti "classici", la

> facoltà autoriequilibratrice;[1]

non si ripara da sola.[2] Al contrario, senza l'intervento dello Stato, i mercati presentano una maggiore probabilità di sviluppare cicli orientati verso il basso e di stabilire una nuova

> posizione di equilibrio [...] capace di rimanere per un lungo periodo in una condizione cronica di attività [e occupazione] inferiore al normale.[3]

2. Gli economisti "classici" ritenevano che le economie fossero in grado di autoregolarsi; di conseguenza consigliavano ai governi che affrontavano una

1. John Maynard Keynes, *The General Theory of Employment, Interest, and Money*, Amherst (NY), Prometheus Books, 1997, p. 267.
2. Keynes, *General Theory*, p. 267.
3. Keynes, *General Theory*, p. 249.

depressione di non fare nulla. Ma (secondo la visione di Keynes) questo non far nulla significava in realtà abbassare i salari

Queste due posizioni, non far nulla e abbassare i salari, non necessariamente erano incoerenti. Gli economisti "classici" pensavano che i mercati che soffrivano per una depressione avrebbero portato a un abbassamento dei salari senza interventi esterni. L'azione del governo non era né necessaria né auspicabile.

Quale era il fondamento logico dietro a questo tipo di politica? Forse i lavoratori non soffrivano già abbastanza durante una depressione a causa della perdita del lavoro? Perché bisognerebbe ritenere auspicabile un calo dei salari? La risposta "classica" (quella risposta che venne insegnata a Keynes in gioventù) è la seguente.

Durante una recessione, la gente compra meno. Ciò riduce le entrate economiche. Dal momento che sono le entrate a crollare inizialmente, prima delle spese, crollano i profitti. I titolari allora lasciano a casa i dipendenti, per ridurre i costi e ristabilire la redditività. Se, invece, calano i salari, la redditività può essere ristabilita senza licenziamenti.

Ciò è particolarmente necessario qualora i prezzi inizino a crollare in maniera generalizzata in tutta l'economia. Se le persone riducono così tanto le spese da far sì che quasi tutti i prezzi crollino, molto difficilmente si potranno avere entrate sufficienti. Non solo verranno vendute meno cose, ma ognuna di esse sarà venduta a un prezzo inferiore. In simili circostanze, se i salari non scendono assieme ai prezzi, le attività economiche andranno di sicuro incontro alla bancarotta. D'altra parte, se calano sia i prezzi che i salari, i lavoratori non dovrebbero risentirne troppo. Infatti, anche se i loro salari sono più bassi, possono acquistare prodotti di consumo a prezzi inferiori.

Keynes conveniva sul fatto che l'abbassamento dei salari assieme al calo dei prezzi potesse salvare taluni posti di lavoro durante una depressione. Eppure, nonostante questo, era fortemente contrario a una riduzione dei salari, per una serie di ragioni differenti.

3. Anche se in ultima analisi si tratta di una misura di successo, nel corso di una recessione la politica della riduzione dei salari impiega troppo tempo per guarire la disoccupazione

Nel 1930, Keynes scrisse:

> La risposta corretta [alla grave disoccupazione] secondo linee guida austere è la seguente: una riduzione dei salari del 10 per cento allevierà la disoccupazione in un arco di tempo di cinque anni. Nel frattempo, bisogna stringere i denti e resistere. Se non si riesce a far ciò, però, e se si è pronti a qualche rinuncia in materia di *laissez-faire* [vale a dire, se si è pronti a lasciare che lo Stato si occupi dell'economia in diversi modi], allora si può sperare di farcela prima. Si potrebbe anche essere più ricchi [...] nell'arco di quei cinque anni. Inoltre, si potrebbe scoprire di aver evitato in questo modo una catastrofe sociale.[4]

4. Anche se avessimo la pazienza di aspettare le soluzioni del mercato, ci sono buoni motivi per dubitare che una riduzione dei salari possa risolvere davvero la questione della disoccupazione

Dobbiamo tenere bene in mente che

> la spesa di un uomo è il reddito di un altro uomo.[5]

Un titolare d'azienda vedrà subito

> gli ovvi grandi vantaggi di [...] una riduzione dei salari che deve pagare.[6]

Ma non vedrà

4. John Maynard Keynes, *Collected Writings*, vol. 13, *The General Theory and After: Preparation*, London, Macmillan; New York, St. Martin's Press, 1973, p. 199.

5. John Maynard Keynes, BBC Broadcast, 11 gennaio 1933, in John Maynard Keynes, *Collected Writings*, vol. 21, *Activities 1931-39: World Crises and Policies in Britain and America*, London, Macmillan; New York, St. Martin's Press, 1982, p. 145.

6. Keynes, BBC Broadcast, 11 gennaio 1933, p. 145.

altrettanto chiaramente gli svantaggi di cui soffrirà se le entrate monetarie dei suoi clienti vengono ridotte.[7]

Se la spesa dei consumatori cala con i salari, ci potremmo ritrovare in una situazione in cui crollano sia la spesa che i salari, in una spirale viziosa verso il basso. Secondo Keynes, non c'è nessuna ragione teorica per la quale i salari non possano continuare a precipitare

illimitatamente.[8]

5. Anche se la riduzione dei salari non è una buona medicina per una crisi, non significa che un loro aumento sarebbe di aiuto

Prima della Grande Depressione degli anni Trenta, una teoria molto popolare sosteneva che il capitalismo attraversa cronicamente alcune crisi perché i lavoratori non sono pagati a sufficienza. Dal momento che non sono pagati in maniera adeguata, non possono permettersi di comprare quantità sufficienti delle merci che producono. Il risultato è che la produzione tende a superare il consumo. In gergo economico, vi è un gap di sottoconsumo.

I ricchi proprietari di imprese colmano parzialmente il divario di sottoconsumo spendendo in modo prodigo. Ma sono troppo pochi per colmarlo del tutto. Il risultato è che il sistema economico arranca. Di tanto in tanto si ferma del tutto. Pare che il famoso giornalista Walter Lippmann ritenesse che qualcosa del genere fosse stata la causa della Grande Depressione: «Il nocciolo del problema [... è stata] un'insufficienza nel potere d'acquisto dei consumatori».[9]

Il presidente Herbert Hoover probabilmente non

7. John Maynard Keynes, aggiunta al *Macmillan Committee Report*, in John Maynard Keynes, *Collected Writings*, vol. 20, *Activities 1929-31: Rethinking Employment and Unemployment Policies*, London, Macmillan; New York, St. Martin's Press, 1981, p. 289.

8. Keynes, *General Theory*, p. 253.

9. Walter Lippmann, *Interpretations: 1931-1932*, New York, Macmillan, 1932, pp. 103-105.

accettava la teoria del sottoconsumo, per lo meno non del tutto, ma credeva che un calo dei salari sarebbe stato disastroso per l'economia. Dopo il crollo del 1929, lavorò assiduamente per ottenere la promessa da parte dei più importanti imprenditori di non tagliare i salari.

Anche Franklin Roosevelt si oppose ai tagli salariali e utilizzò il *National Recovery Act* (NRA) per proibirli. Facendo approvare il *Wagner Act* e altre norme sul lavoro, egli contribuì effettivamente a far salire molti salari. Keynes conveniva sul fatto che i tagli salariali fossero da sconsigliare, ma non approvava gli aumenti. A suo avviso, l'aumento dei salari era un elemento positivo nella misura in cui andava a incrementare il potere d'acquisto dei consumatori e negativo perché andava ad aumentare il costo del lavoro. Con le sue parole, l'incremento del costo del lavoro porta a una

> reazione [meno] ottimistica[10]

tra gli uomini d'affari. Keynes concludeva che

> il risultato netto delle due influenze opposte [a partire dall'aumento dei salari] è una neutralizzazione.[11]

La migliore strategia durante una crisi, quindi, non consisteva nel tagliare gli stipendi, né nell'aumentarli, ma piuttosto nel lasciarli così come erano.

6. Le riduzioni salariali potrebbero essere sostenute con più efficacia se potessero essere uguali per tutti i lavoratori

Keynes osservava che:

> Salvo che in una collettività socialista, nella quale la politica dei salari è stabilita per decreto, non vi è alcun mezzo di assicurare riduzioni salariali uniformi per

10. Keynes, *General Theory*, p. 264.
11. John Maynard Keynes, lettera aperta al presidente Roosevelt, *New York Times* e *Times*, in *Collected Writings*, vol. 21, p. 323.

> ogni categoria di lavoratori. [...] Soltanto in una società molto autoritaria, dove potessero venir decretate variazioni improvvise, notevoli e generali, una politica salariale flessibile potrebbe funzionare con successo. La si può immaginare in funzione in Italia [all'epoca fascista], in Germania o in Russia, ma non in Francia, negli Stati Uniti o in Gran Bretagna. [...] Al risultato [riduzioni salariali che non siano uguali per tutti] si può arrivare soltanto mediante una serie di variazioni graduali e irregolari, non giustificabili secondo alcun criterio di giustizia sociale o di convenienza economica.[12]

7. Quali che siano le argomentazioni teoriche in favore della riduzione dei salari, o contro di essa, nei momenti di depressione economica si tratta comunque di una strada impraticabile

Nel diciannovesimo secolo, i lavoratori accettavano la riduzione dei salari per conservare il proprio posto di lavoro durante una crisi. Ora non è più così. Oggi i licenziamenti sono l'unico modo pratico per ridurre il costo del lavoro, in parte a causa del potere dei sindacati, in parte per i sussidi di disoccupazione, in parte per il cambiamento delle aspettative.

8. Le riduzioni di salario, anche se praticabili, non sarebbero giuste

Non ci si può affidare alle forze di mercato per allocare la ricchezza della società in modo giusto. Il

> Moloch economico afferma che i salari dovrebbero essere determinati dalla pressione economica.

Il modo equo per affrontare la cosa è quello di fissare i salari basandosi su

> quanto è "giusto" e "ragionevole" in un rapporto di classi.[13]

12. Keynes, *General Theory*, pp. 267, 269.
13. John Maynard Keynes, *Essays in Persuasion*, New York, W.W. Norton, 1963, pp. 261, 333.

Si può presumere che Keynes volesse che i suoi esperti pianificatori economici decidessero quali salari fossero "ragionevoli", ma non lo dice in modo specifico.

9. Fortunatamente, durante una depressione non è necessario ridurre i salari (al fine di controbilanciare la caduta dei prezzi) per evitare le bancarotte delle aziende. Esiste, infatti, un metodo migliore

Ricordiamoci che all'origine il problema non sono i salari alti, ma, piuttosto, il fatto che i prezzi crollano.[14] La lezione basilare da trarre è, in primo luogo, che non bisognerebbe mai permettere ai prezzi di crollare. La deflazione è il veleno di un'economia. Non minaccia solo i debitori, ma tutti quanti.

Qualora le misure preventive falliscano e i prezzi crollino bisogna arrestare subito la caduta. Bisogna ristabilire il precedente livello dei prezzi. Una volta fatto questo, non si dovranno più tagliare i salari, e tanto i profitti quanto l'occupazione non saranno minacciati dall'instabilità dei prezzi.

Fin qui tutto bene. Ma come si può evitare il crollo dei prezzi, o come si possono riportare al livello precedente una volta crollati? La risposta è semplice: il governo dovrebbe ingenerare un'inflazione sufficiente a contrastare le forze deflazionarie e quindi mantenere o ristabilire il livello dei prezzi. Ci sono diversi modi per ottenere ciò, ma quello più semplice è che il governo stampi nuovo denaro e lo immetta nell'economia.

Per capire come potrebbe funzionare questa strategia, si prenda il semplice caso di due persone che vivano in una remota isola tropicale dopo un naufragio. La loro "economia" consiste in due coltelli e due dollari, tratti in salvo dalla nave affondata. In queste circostanze, possiamo prevedere che ognuno dei coltelli valga un dollaro.

Supponiamo, poi, che dentro una bottiglia, sulla spiaggia, ci siano altri due dollari. Come conseguenza

14. Si veda la nota di chiusura U.

di questa immissione di denaro, ogni coltello varrà due dollari. Allo stesso modo, il governo può alzare i prezzi stampando grandi quantità di nuovo denaro e immettendolo nell'economia attraverso un certo numero di canali (prestandolo attraverso le banche, mettendolo a disposizione sotto forma di sovvenzioni o di spesa pubblica). Keynes riassume questa strategia affermando che:

> Considerata la natura umana e le nostre istituzioni, soltanto uno sciocco preferirebbe una politica salariale flessibile ad una politica monetaria flessibile [...].[15]

Keynes riteneva che lo scopo primario di una «politica monetaria flessibile» fosse quello di combattere la deflazione, ma pensava che potesse avere anche altri utilizzi. In particolare, poteva essere usata per gestire le richieste dei lavoratori. Se, in momenti normali, la produttività lavorativa cresceva a un tasso del 2 per cento, ma i sindacati insistevano per un aumento del salario del 4 per cento, un 2 per cento d'inflazione poteva garantire che l'aumento reale dei salari (corretto per l'inflazione) non fosse di un 4 per cento, ma di un 2 per cento. Secondo Keynes, i lavoratori erano interessati soprattutto al livello nominale dei salari, non a quello reale (e corretto per l'inflazione).[16]

Per tutte queste ragioni, dunque, ma soprattutto per controllare un'iper-deflazione, Keynes chiedeva una politica di

> innalzamento dei prezzi – che per sintesi possiamo chiamare inflazione – in tutto il mondo.[17]

15. Keynes, *General Theory*, p. 269.
16. Keynes, *General Theory*, p. 9.
17. John Maynard Keynes, discorso tenuto a Monaco, Germania, 8 gennaio 1932, in *Collected Writings*, vol. 21, p. 45.

Capitolo 9

Sì, No, e ancora Sì, alla globalizzazione economica (se vi sembra un messaggio ambiguo, beh, lo è. Cercheremo comunque di chiarirlo)

Keynes sull'economia globale e il libero scambio

1. L'oro è una «barbara reliquia»[1]

Nel suo primo libro Keynes descrisse le meraviglie e i lati positivi della prima economia realmente globale, quella che fiorì negli anni della sua gioventù, quando la Grande Guerra non aveva ancora sconvolto il mondo. Era un'età dell'oro, sia metaforicamente che materialmente, dal momento che il suo sistema monetario si basava saldamente su fondamenta auree:

> Quale straordinario episodio del cammino economico dell'uomo è l'età che termina nell'agosto 1914! L'abitante di Londra poteva ordinare per telefono, sorseggiando a letto il tè mattutino, i vari prodotti di tutto il globo terracqueo, nella quantità che riteneva opportuna, e contare ragionevolmente sul loro sollecito recapito a casa sua: poteva nello stesso momento e con lo stesso mezzo avventurare la sua ricchezza sulle risorse naturali e nelle nuove imprese in qualsiasi parte del mondo, e partecipare senza sforzo né fastidio ai loro sperati frutti e vantaggi; o poteva decidere di agganciare la sicurezza delle sue fortune alla buona fede dei cittadini di qualsiasi ragguardevole comunità municipale di qualsiasi continente suggerita dal capriccio o

1. John Maynard Keynes, *Collected Writings*, vol. 4, *Tract on Monetary Reform*, London, Macmillan; New York, St. Martin's Press, 1971, p. 138.

> dall'informazione. Poteva procurarsi immediatamente, se lo desiderava, mezzi di trasporto comodi e poco costosi per qualsiasi Paese o clima, senza passaporto o altre formalità; poteva mandare il suo domestico al più vicino ufficio bancario a fare la provvista dei metalli preziosi che gli parevano più convenienti e recarsi quindi in Paesi stranieri senza conoscerne religione, lingua e costumi, portando su di sé denaro liquido, e avrebbe considerato il minimo impedimento una grave e stupefacente lesione dei suoi diritti. Ma soprattutto egli riteneva questo stato di cose normale, certo e immutabile, se non nel senso di un ulteriore miglioramento, e aberrante, scandalosa ed evitabile qualsiasi deviazione dal medesimo. I progetti e la politica del militarismo e dell'imperialismo, delle rivalità razziali e culturali, dei monopoli, delle restrizioni e delle esclusioni, destinati a giocare la parte del serpente all'interno di questo paradiso, erano poco più che i passatempi del suo giornale quotidiano, e sembravano essere quasi del tutto ininfluenti sul corso ordinario della vita sociale ed economica, la cui internazionalizzazione era in pratica pressoché completa.[2]

Il sistema aureo classico di questa prima economia globale implicava che tutto il mondo condividesse un'unica moneta. Il dollaro poteva rappresentare una frazione di un'oncia d'oro, la sterlina inglese un'altra frazione, il franco francese un'altra ancora, e così via, ma si trattava sempre e soltanto della stessa moneta, l'oro. Alcuni paesi si basavano sull'argento, ma gli Stati Uniti rifiutavano il bi-metallismo (l'uso di entrambi i metalli preziosi), così l'oro divenne la moneta del mondo.

Nonostante i vantaggi derivanti dall'avere un'unica moneta mondiale, Keynes riteneva che il sistema aureo fosse indebitamente restrittivo. Lasciava ai governi nazionali poco o nessun controllo sull'offerta monetaria. Quando i tassi d'interesse erano troppo alti, secondo Keynes una tendenza cronica, non si poteva stampare denaro aggiuntivo per farli abbassare.

2. John Maynard Keynes, *The Economic Consequences of the Peace*, New York, Harcourt, Brace & Howe, 1920, pp. 10-12.

Keynes riteneva, poi, che la fede nell'oro fosse irrazionale. Disse che il suo

> prestigio [dipende dal...] colore [... e addirittura dall'] odore. [...] Freud scrive che esistono particolari motivi, nel nostro inconscio, per cui l'oro in particolare soddisferebbe istinti forti e precisi, e servirebbe da simbolo.[3]

Il nostro primitivo rapporto con l'oro era stato rivestito negli anni da teorie razionali e si era evoluto in un complesso e ormai

> logoro dogma.

La sfida che si presentava alla società contemporanea era quella di squarciare il velo dell'antica superstizione per forgiare

> uno standard di carattere più scientifico.[4]

2. Un "sistema di scambio aureo" è meglio di un "sistema aureo classico", ma non di molto

Il sistema aureo classico fu abbandonato allo scoppio della prima guerra mondiale, nel 1914. A metà degli anni Venti venne seguito da una versione molto attenuata, chiamata "sistema di cambio aureo". Questo sistema conferiva ai governi un maggior controllo sulla moneta, ma Keynes continuava a ritenere che fosse una

> catena,[5]

e salutò la sua abolizione nell'epoca della Grande Depressione come

3. John Maynard Keynes, *Essays in Persuasion*, New York, W.W. Norton, 1963, p. 200; John Maynard Keynes, *Collected Writings*, vol. 6, *A Treatise on Money: The Applied Theory of Money*, London, Macmillan; New York, St. Martin's Press, 1971, p. 258.

4. Keynes, *Essays in Persuasion*, p. 200. Si veda la nota di chiusura V.

5. Paul Johnson, *Modern Times: The World from the Twenties to the Eighties*, New York, Harper & Row, 1983, p. 164.

> la rottura del nostro legame con il *gold standard* [...] e un evento felice.[6]

I tentativi di stabilire un nuovo sistema monetario e di scambio globale che furono condotti durante la Depressione fallirono, principalmente perché il presidente Roosevelt inviò alla Conferenza di Londra del 1933 una lettera in cui bocciava l'idea. Molte persone pensarono che a causa di ciò la Depressione si stesse aggravando e prolungando, ma Keynes rispose che

> il presidente Roosevelt ha magnificamente ragione.[7]

In quel frangente, Keynes agiva più o meno come un nazionalista economico e voleva la maggior libertà d'azione possibile per la Gran Bretagna.

Alla fine della seconda guerra mondiale, Keynes concordava sul fatto che fosse necessario un nuovo sistema monetario e di scambio globale. Il sistema che emerse, chiamato di "Bretton Woods" dalla località del New Hampshire in cui fu adottato formalmente, era però un altro sistema di cambio aureo. Keynes accettò riluttante, perché gli americani volevano un legame con l'oro. Un quarto di secolo dopo, anche gli Stati Uniti ritennero che l'oro fosse una «catena» e lo abbandonarono a favore di un sistema monetario cartaceo senza limitazioni.

3. Ciò di cui c'è davvero bisogno è un'unica autorità monetaria mondiale gestita secondo linee guida scientifiche

Quando nel 1971 gli accordi di Bretton Woods crollarono, vennero sostituiti da un sistema "spurio" di tassi fluttuanti, vale a dire un sistema di tassi di cambio monetario nazionali mobili che i governi manipolarono sempre più.

6. Keynes, *Essays in Persuasion*, p. 215; John Maynard Keynes, *Collected Writings*, vol. 21, *Activities 1931-39: World Crises and Policies in Britain and America*, London, Macmillan; New York, St. Martin's Press, 1982, p. 41.

7. John Maynard Keynes, articolo, *Daily Mail*, in *Collected Writings*, vol. 21, p. 273.

Anche se Keynes morì nel 1946 (a causa di problemi cardiaci cronici), in diverse occasioni aveva avuto modo di dire cose sia positive che negative sul concetto dei tassi fluttuanti.[8] In realtà, ciò che favoriva maggiormente, e che aveva cercato senza successo d'istituire all'interno del sistema di Bretton Woods, era un'agenzia sovranazionale autorizzata a creare una propria moneta cartacea:

> Abbiamo raggiunto uno stadio nell'evoluzione della moneta in cui una valuta "guidata" è inevitabile, ma [... è meglio affidare il compito] a un'unica autorità [...] con il discernimento plenario e la gestione scientifica [... di] un'autorità sovranazionale.[9]

Robert Mundell, l'economista della Columbia University che fondò quella che venne chiamata *supply-side economics*, in seguito convenne con Keynes sul fatto che fosse auspicabile un unico sistema monetario mondiale (diverso dall'oro): «L'ideale sarebbe che l'economia [globale] avesse un'unica moneta, forse con una banca centrale. [Nel frattempo], un sistema di tassi di cambio fissi farebbe le veci della moneta mondiale».[10]

4. La prima economia globale, che ebbe fine con la prima guerra mondiale, dipendeva dal sistema aureo classico, ma era anche fortemente votata agli scambi internazionali. Nel caso della Gran Bretagna ciò significava essere votati al libero scambio

Keynes si occupò molto del libero scambio, che apprezzava. Conveniva sul fatto che il libero scambio incoraggiasse le nazioni a specializzarsi e che un elevato livello di specializzazione ci avrebbe resi tutti più ricchi.

8. Per un commento in generale positivo, si veda *Collected Writings*, vol. 6, p. 298; per un commento negativo, si veda Robert Skidelsky, *John Maynard Keynes*, vol. 3, *Fighting for Britain 1937-1946*, London, Macmillan, 2000, p. 208.

9. Keynes, *Collected Writings*, vol. 4, p. 159; Keynes, *Collected Writings*, vol. 6, pp. 268, 303.

10. Citato in Robert Bartley, *The Seven Fat Years*, New York, Free Press, 1992, p. 206. Si veda la nota di chiusura W.

Da giovane economista, considerava ogni forma di allontanamento dalla dottrina del libero scambio come un'

> idiozia e [...] un oltraggio.[11]

Nel 1923 scrisse:

> Dobbiamo considerare il libero scambio, nella sua interpretazione più estesa, come un dogma inflessibile.[12]

E anche:

> Se vi è una cosa che il protezionismo *non* può fare, è guarire la disoccupazione. [...] La pretesa di guarire la disoccupazione implica la fallacia protezionista nella sua forma più grossolana e patente.[13]

Lo stesso Keynes citò questo suo ultimo passaggio nella *Teoria generale*, per dimostrare quanto ormai fossero cambiate, nel 1936, le sue idee.

Ciò che aveva fatto cambiare opinione a Keynes era stata la Grande Depressione e l'ondata protezionista che ne era seguita. Nel 1930, gli Stati Uniti approvarono lo scellerato *Smoot-Hawley Tariff Act* (che innalzava le barriere allo scambio). Un migliaio di economisti americani biasimarono immediatamente questo provvedimento. Oggi la gran parte degli economisti lo incolpa di avere per lo meno aggravato, e forse fatto anche precipitare, la Depressione. (Potrebbe aver contribuito a farla precipitare dal momento che prima del crollo del 1929 erano ancora in corso le audizioni sul progetto di legge.)

L'America aveva la più grande economia del mondo e le sue azioni avevano un'importanza enorme. Ma

11. John Maynard Keynes, *New Statesman and Nation*, 8 e 15 luglio 1933, in *Collected Writings*, vol. 21, p. 233.

12. Citato in William Beveridge, *Tariffs: The Case Examined, London*, Longmans, Green and Co., 1931, p. 242; anche in Henry Hazlitt (a cura di), *The Critics of Keynesian Economics*, New York, D. Van Nostrand, 1960, p. 338.

13. John Maynard Keynes, *Nation and Athenaeum*, 24 novembre 1923, in John Maynard Keynes, *The General Theory of Employment, Interest, and Money*, Amherst (NY), Prometheus Books, 1997, p. 334.

aveva anche una forte tradizione di protezionismo, per lo meno a partire dalla Guerra Civile. La Gran Bretagna, al contrario, era già da molto tempo una nazione leader nella pratica e nella difesa del libero scambio. Come avrebbe risposto ai dazi dello *Smoot-Hawley Act*?

La risposta giunse a breve. Alcuni commentatori ritengono che furono il dietrofront di Keynes sul libero scambio, e la sua adesione al protezionismo dei primi anni Trenta,[14] a far cambiare il corso degli eventi.[15] Che sia vero o meno, nel 1932 la Gran Bretagna abbandonò il libero scambio a favore della "preferenza imperiale" (un libero scambio all'interno dell'impero). Questo implicò un altro durissimo colpo per il commercio mondiale, e la Depressione si aggravò.

Nel 1936, nella sua *Teoria generale,* Keynes lodava di nuovo la dottrina mercantilistica del sedicesimo e del diciassettesimo secolo, che era stata protezionista, e vi ritrovava un

> elemento di verità scientifica,[16]

ma insisteva anche sul fatto che

> i vantaggi della divisione internazionale del lavoro sono reali e notevoli, per quanto la scuola classica ne abbia molto esagerato l'importanza.[17]

Sulla questione della globalizzazione, pare che Keynes in genere approvasse l'idea di un'economia globale, anche se, di tanto in tanto, abbracciò il nazionalismo economico, il protezionismo, i controlli sul capitale[18] e

14. John Maynard Keynes, *Collected Writings*, vol. 20, *Activities 1929-31: Rethinking Employment and Unemployment Policies*, London, Macmillan; New York, St. Martin's Press, 1981, p. 488.
15. Hazlitt, *The Critics of Keynesian Economics*, p. 124.
16. Keynes, *General Theory*, p. 335.
17. Keynes, *General Theory*, p. 338. Si veda la nota di chiusura X.
18. John Maynard Keynes, *Collected Writings*, vol. 13, *The General Theory and After: Preparation*, London, Macmillan; New York, St. Martin's Press, 1973, p. 199; Robert Skidelsky, *John Maynard Keynes*, vol. 3, *Fighting for Britain 1937-1946*, London, Macmillan, 2000, p. 191.

via dicendo. Di sicuro voleva un'autorità monetaria mondiale unica, presumibilmente in un regime di libero scambio, fintanto, però, che qualcuno come lui vi fosse posto alla guida.

Parte terza
Perché Keynes si sbagliava

Nella terza parte del libro inizieremo il processo di confutazione delle argomentazioni di Keynes. Procederemo riprendendo ogni capitolo e ogni argomento della seconda parte, ripetendo le idee di Keynes, a volte letteralmente, ma di norma riassumendole. Caso per caso, cercheremo di spiegare cosa c'è di sbagliato e il *motivo* per il quale siamo giunti a tali conclusioni.

Capitolo 10

«Abbassare i tassi d'interesse» (e ottenere un vortice d'inflazione, bolle speculative e fallimenti)

1a. Keynes: i tassi d'interesse sono troppo alti

> Il saggio d'interesse non si adegua automaticamente al livello meglio consono al vantaggio sociale ma tende costantemente a salire troppo in alto.[1]

1b. Commento: si tratta di un assalto frontale all'intero sistema dei prezzi

Keynes non fornisce definizioni di questi termini. Non ci dice cos'è il «vantaggio sociale». Non ci dice come possiamo sapere quando i tassi d'interesse sono scesi abbastanza. Ciò nonostante, egli qualcosa d'importante lo dice: che non ci si può fidare del sistema dei prezzi.

È essenziale tenere a mente che i tassi d'interesse sono un prezzo, il prezzo del denaro preso a prestito. Ma non sono solamente un prezzo: sono uno dei prezzi più importanti in un'economia. Tutti i prezzi sono interconnessi, ma questo, in particolare, condiziona tutti gli altri.

Le attività economiche si affidano ai prezzi per ottenere le informazioni con le quali far muovere l'economia. Se viene violato il sistema dei prezzi per i tassi d'interesse, non ci sarà alcuna parte dello stesso sistema che non ne sarà condizionata. Se il sistema dei prezzi è

1. John Maynard Keynes, *The General Theory of Employment, Interest, and Money*, Amherst (NY), Prometheus Books, 1997, p. 351.

zoppicante, la questione diventa molto seria, dal momento che i tentativi di sostituire i prezzi di mercato con prezzi imposti dal governo in genere non hanno successo. Come disse in merito all'Unione Sovietica Oysten Dale, un manager dell'industria del petrolio norvegese, «è crollata perché non ha permesso ai prezzi [di mercato] di raccontare la verità economica».[2]

Come regola, dovremmo diffidare enormemente di qualsiasi argomentazione che inizi con il buttare fuori dalla finestra il sistema dei prezzi di mercato; tuttavia, per il momento, eviteremo ogni ulteriore valutazione e cercheremo di capire dove voleva arrivare Keynes.

2a. Keynes: tassi d'interesse elevati fanno sì che il mondo resti povero

> Che il mondo sia così povero di capitali accumulati dopo parecchi millenni di costante risparmio individuale è una circostanza la cui spiegazione [è] il saggio d'interesse [...] tenuto elevato.[3]

2b. Commento: la paura dei furti, compresi i furti a opera del governo, è una spiegazione più probabile

Perché l'umanità è ancora così povera? Questa è una gran bella domanda. Come rilevato nel mio libro, *Are the Rich Necessary?*, anche le somme più basse, capitalizzate in lunghi periodi, diventano inconcepibilmente grandi. Dieci dollari capitalizzati a un 3 per cento annuo per 1000 anni darebbero una somma più di due volte superiore alla totale ricchezza mondiale di oggi. E allora perché l'umanità non ha fatto di meglio? Cos'è che ci ha fatto rimanere indietro?

Qualsiasi risposta a queste domande deve essere per forza di cose un'ipotesi. Non è colpa di Keynes se non ci offre nessuna prova a sostegno della sua particolare ipotesi. Ma sono davvero i tassi d'interesse elevati il nocciolo del problema?

2. Lester Brown, comunicato stampa, 6 novembre 2001.
3. Keynes, *General Theory*, p. 242.

Perfino Keynes ammette che è sempre esistita una questione di sicurezza e che i tassi erano elevati in parte anche perché prestare del denaro non era una cosa sicura.[4] Non sarebbe ragionevole considerare la mancanza di certezza come la variabile principale e ritenere i tassi d'interesse elevati solamente un sintomo secondario? Storicamente, nella gran parte delle società non era affatto sicuro avere proprietà e tanto meno fare prestiti. Il modo migliore per salvaguardare i propri averi era nasconderli, il che rendeva difficile l'investimento. Perché investire se qualcun altro dopo poco avrebbe rubato i profitti?

Inoltre, storicamente, questo qualcun altro spesso non era né un ladro, né un "prepotente". Spesso era proprio lo Stato. Uno Stato ben funzionante monopolizza l'uso della forza. Può usare la forza, e lo fa, per tassare o addirittura espropriare. Forse non è proprio questa una delle principali ragioni per cui l'umanità è rimasta così povera? – la paralisi dell'investimento privato causata dalla paura di confische da parte dello Stato? Se è così, non dovremmo fermarci un attimo prima di chiedere allo Stato, come fa Keynes, di assumere un ruolo sempre più ampio nell'economia?

3a. Keynes: i tassi d'interesse sono elevati perché le persone si rifiutano di concedere prestiti o di farlo in termini ragionevoli

I tassi d'interesse sono più elevati di quanto dovrebbero essere in parte perché le persone, per paura, «accumulano» il loro denaro, il che genera una scarsità di fondi prestabili e questo fa salire i tassi; e in parte perché i «possessori di ricchezza» semplicemente non «accettano» dei tassi ragionevoli.[5]

3b. Commento: queste sono solo delle sparate (intuizioni, impressioni) di Keynes, prive di qualsiasi evidenza reale

4. Keynes, *General Theory*, p. 351.
5. Keynes, *General Theory*, pp. 174, 309, 351.

L'idea che i prestatori di denaro aspettino ostinatamente tassi esorbitanti è assolutamente bizzarra. Dà l'idea di un mercato unilaterale nel quale i prestatori detengono il massimo potere e coloro che chiedono un prestito ne hanno poco o nessuno. Forse Keynes ragiona in termini marxisti, vale a dire crede che i prestatori siano potenti poiché sono ricchi, mentre chi ricorre al prestito è privo di potere perché povero. Ma non è vero. I prestatori non sono necessariamente ricchi e chi chiede prestiti non è necessariamente povero.

La gran parte delle domande di prestito richiede garanzie, un qualcosa che il prestatore può trattenere nell'eventualità di un'insolvenza. Per prendere a prestito denaro, dunque, solitamente bisogna avere già denaro. La stragrande maggioranza dei prestiti viene richiesta da persone e aziende ricche, che possono offrire le garanzie necessarie. Dal momento che i richiedenti sono generalmente ricchi e potenti, perché i prestatori dovrebbero essere in grado di "manovrare" il mercato a proprio favore?

In molti casi, ovviamente, le persone sono sia creditori, sia debitori di un prestito, a volte in modo consequenziale, altre volte simultaneo. Ad esempio, possono chiedere denaro per comprare una casa, ma anche prestarne dai propri conti pensionistici. Il mercato vaglia domanda e offerta e stabilisce il tasso. Il rifiuto a prestare al tasso di mercato da parte di un singolo prestatore non farà la minima differenza nel sistema. Né il prestatore né il richiedente il prestito possono dettare i termini per il denaro all'interno di un mercato, esattamente come non lo si può fare nel mercato di altri prodotti o proprietà.[6]

4a. Keynes: per abbassare i tassi d'interesse bisogna creare nuovo denaro

Il governo può e dovrebbe far abbassare i tassi d'interesse fino a un livello più ragionevole, aumentando la «quantità» di fondi disponibili al prestito. Lo si può fare

6. Si veda la nota di chiusura Y.

creando nuovo denaro e offrendolo alle banche per stimolare il credito.[7]

4b. Commento: la strategia di Keynes, basata sul creare nuovo denaro per ridurre i tassi d'interesse, alla fine produce l'effetto contrario. Perché? Esploreremo le ragioni passo dopo passo

i. *Il nuovo denaro genera inflazione*

Keynes ha ragione sul fatto che l'immissione di nuovo denaro nel sistema bancario dovrebbe, almeno inizialmente, diminuire i tassi d'interesse. Tuttavia c'è un intoppo. Non appena il nuovo denaro viene preso in prestito, uscirà dal sistema ed entrerà nell'economia. Una volta lì, tenderà a far alzare gli altri prezzi. In altre parole, tenderà a creare inflazione.

Se il mondo è costituito da un coltello e due dollari, si può dire che il coltello "vale" due dollari. Ma se il governo aggiunge altri due dollari, il coltello ne vale quattro. Se il governo potesse immettere nell'economia sia "cose" che denaro, allora i prezzi non avrebbero la necessità di aumentare. Ma l'immissione di solo denaro allo scopo di abbattere un prezzo (i tassi d'interesse) di regola riuscirà solamente ad aumentare gli altri prezzi.

Questo è il motivo principale per cui gli illustri economisti americani Frank Knight e Jacob Viner, nei loro commenti alla *Teoria generale* di Keynes del 1930, dissero che l'autore proponeva «rimedi inflazionistici». L'economista Melchior Palyi fu più diretto: «Spogliata della semantica cripto-scientifica, la medicina keynesiana è l'inflazione».[8]

Il che è abbastanza ironico, dal momento che Keynes aveva iniziato la sua carriera come acerrimo nemico delle politiche inflazionistiche.[9]

7. Keynes, *General Theory*, pp. 167-168, 197-199, 268, 298. Si veda la nota di chiusura E.

8. Henry Hazlitt (a cura di), *The Critics of Keynesian Economics*, New York, D. Van Nostrand, 1960, pp. 49, 94, 412.

9. Si veda la nota di chiusura Z.

ii. *L'inflazione porta a dei tassi d'interesse più elevati, non più bassi*

Vi è poi un ulteriore intoppo. Che cosa accadrà ai tassi d'interesse quando gli altri prezzi inizieranno a salire? I finanziatori dei prestiti, ovviamente, si accorgeranno che il denaro con cui vengono saldati i debiti non avrà lo stesso potere d'acquisto di qualche tempo prima. Ciò farà sì che smetteranno del tutto di mettere a disposizione il proprio denaro o ne presteranno meno, il che tenderà a far salire i tassi d'interesse. I tassi possono aumentare addirittura prima che appaia l'inflazione, se i prestatori hanno un'ottica orientata al futuro e intraprendono misure per proteggersi.

E questo, oltre ad avere un che di ironico, è un esempio di ciò che gli economisti chiamano "conseguenza non intenzionale". La ricerca di tassi d'interesse più bassi tramite l'immissione di nuovo denaro nell'economia tende a portare, prima o poi, a tassi più alti. L'economista svedese Knut Wicksell (1851-1926) fu il primo a sviluppare questo aspetto e nessuno, nemmeno Keynes, lo smentì mai.

iii. *Gli anni Settanta illustrano come l'inflazione porti a tassi d'interesse più elevati*

Negli Stati Uniti, come altrove, la stampa di nuovo denaro degli anni Sessanta e Settanta portò a un'inflazione molto alta, che a sua volta portò ad avere tassi d'interesse elevatissimi sul lungo periodo. Solo l'intervento decisivo del presidente della Federal Reserve, Paul Volcker, alla fine spezzò la spirale inflazionistica. Volcker smise di emettere denaro, cessò di mantenere bassi i tassi d'interesse sul breve periodo, lasciò deliberatamente che l'economia sprofondasse in una grave recessione, subì moltissime critiche dai politici della nazione, ma ottenne la sua rivalsa quando l'inflazione calò e l'economia si riprese. Agli inizi degli anni Ottanta, Keynes appariva come un falso profeta, uno le cui raccomandazioni avevano portato il mondo sull'orlo della rovina economica.

iv. *Gli illusori anni Novanta*

Forse il decennio successivo, quello degli anni Novanta, contraddice la nostra argomentazione e vendica le idee di Keynes? No. In questo caso, il keynesismo portò a bolle speculative e a crisi. Ma gli eventi furono davvero fuorvianti.

Dopo la profonda depressione dei primi anni Ottanta, i governi ricominciarono a stampare denaro. I prezzi al consumo salirono (raddoppiarono nel quarto di secolo successivo alla recessione di Volcker), ma l'incremento sembrò moderato rispetto agli standard degli anni Settanta. I tassi d'interesse non salirono quando il ritmo dell'emissione di nuovo denaro ebbe il suo picco, negli anni Novanta e oltre; al contrario, scesero. In assenza della remora posta da tassi d'interesse elevati o da una recessione, l'economia entrò in una fase espansiva.

Molte persone pensarono che ciò dimostrasse che Keynes aveva ragione. Contrariamente alle evidenze tratte dagli anni Settanta, era possibile immettere nuovo denaro nell'economia e ridurre i tassi d'interesse senza innescare l'inflazione e il successivo aumento dei tassi. Per capire perché questa visione è scorretta, dobbiamo andare un po' più a fondo negli anni Novanta.

a. Un'inflazione nascosta

L'economista Ludwig von Mises (1881-1973) osservò che esistono alcune occasioni nelle quali l'inflazione dei prezzi al consumo è difficile da individuare. Mises pensava agli anni Venti (prima del crollo finanziario), ma le sue osservazioni si possono applicare anche agli anni Novanta e a gran parte del primo decennio del terzo millennio. In queste occasioni, l'economia è altamente produttiva, il che significa che i costi per le aziende scendono. In aggiunta, la globalizzazione del mercato del lavoro consente l'ingresso di merci da paesi con un minore costo del lavoro. Per queste ragioni, i prezzi al consumo dovrebbero scendere costantemente. Il che aiuta in modo particolare la gente più povera, in grado così di comprare di più con redditi limitati. Comunque, tutti traggono benefici dall'essere in grado di comprare di più spendendo meno.

Ma cosa accade quando i prezzi, invece di scendere, diciamo di un 3 per cento annuo, in realtà salgono di un 3 per cento? La spiegazione è che il governo sta creando (e immettendo nell'economia) nuovo denaro in misura sufficiente ad alzare i prezzi di un 6 per cento. Ovviamente, tutto questo non è evidente, ma nascosto. Sembra che i prezzi stiano aumentando solamente di un 3 per cento, quando in realtà l'incremento effettivo è del 6 per cento.

b. Un'inflazione non rendicontata

Anche le statistiche sull'inflazione del governo possono essere errate. Sotto l'amministrazione Reagan, negli anni Ottanta, i sussidi della sicurezza sociale e altri programmi governativi vennero legati al calcolo dell'inflazione dei consumi. Che sia stata una coincidenza o meno, le nuove procedure per il calcolo dell'inflazione sviluppate sotto l'amministrazione Clinton, negli anni Novanta, davano in genere un livello d'inflazione inferiore a quello reale. E il vecchio metodo escludeva dai conteggi i cambiamenti dei prezzi delle abitazioni, per cui nessuna delle bolle immobiliari fu messa in luce dai prezzi al consumo calcolati.[10]

c. Un'inflazione degli *asset*

Gli indici d'inflazione governativi si limitano a misurare solo i prezzi dei beni di consumo. Ma il nuovo denaro immesso dal governo non fluisce solamente in questo settore. Può essere indirizzato anche verso le azioni, come accadde negli anni Novanta, oppure può spostarsi sul mercato immobiliare, come avvenne sia negli anni Novanta che nel primo decennio del ventunesimo secolo. Può fluire verso altri *asset* d'investimento, come accadde in entrambe le occasioni. Ancora, può essere diretto all'arte e alle collezioni. Dal momento che il nuovo denaro del governo entra nell'economia attra-

10. Si veda la nota di chiusura AA.

verso le banche e sotto forma di fondi disponibili per il prestito, tutto dipende da chi ottiene il denaro e dall'uso che ne fa.

d. Bolle speculative

L'inflazione nascosta, l'inflazione non rendicontata e l'inflazione degli *asset* contribuiscono tutte alla creazione di una bolla speculativa. Quella che sembra una moderata inflazione dei prezzi al consumo aiuta a mantenere bassi i tassi d'interesse. A sua volta, ciò rende assai facile ottenere in prestito somme sempre più elevate, da investire in *asset* come azioni o immobili. Quando i prezzi di questi *asset* salgono perché tutto il denaro preso a prestito è stato incanalato in questi mercati, i prestatori sono ancora disposti a concedere prestiti a fronte degli stessi *asset* e la gente è ben disposta a chiederne per comprarli. Prima di quanto si creda, tutto il nuovo denaro incanalato in *asset* d'investimento ha dato vita a una bolla speculativa vera e propria.

e. La bolla del dot-com e la bolla immobiliare

Negli anni Novanta, le società per azioni presero a prestito molto del nuovo denaro che fluiva nell'economia e lo usarono per accaparrare le proprie azioni. I prezzi delle azioni salirono; la gente se ne accorse e iniziò a comprarle. L'ex presidente della Fed Alan Greenspan disse che ci si trovava in una «nuova era», la bolla crebbe fino a che, alla fine, iniziò a far salire l'inflazione dei prezzi al consumo, si alzarono i tassi d'interesse (di poco) e la bolla scoppiò.

La Fed rispose seguendo le linee guida di Keynes e abbassò i tassi d'interesse fino a un 1 per cento. Li mantenne su questi livelli per un anno e al di sotto del tasso d'inflazione al consumo rendicontato per tre anni. Era come buttar via denaro e la cosa portò inesorabilmente alla bolla immobiliare e poi al suo scoppio, iniziato nel 2007. Verso la fine della bolla immobiliare, finalmente, i tassi d'interesse iniziarono a salire.

v. *Morale della favola: gli sforzi del governo per ridurre i tassi d'interesse creano le condizioni che poi portano ai crolli*

Il denaro "stampato" e immesso dal governo nell'economia attraverso il sistema bancario porta sempre all'inflazione, se intendiamo e definiamo in modo appropriato l'inflazione. A sua volta questa inflazione porterà a crolli.

Come concluse Ludwig von Mises, il critico più sistematico di Keynes,

> le fluttuazioni cicliche delle attività economiche non sono un avvenimento che ha la propria origine nella sfera del libero mercato, ma sono un prodotto dell'interferenza del governo nelle condizioni economiche, con lo scopo di abbassare il tasso d'interesse al di sotto del valore al quale il libero mercato l'avrebbe fissato.[11]

Questo significa che tassi d'interesse artificialmente bassi, alla lunga, non portano a un boom economico, ma a una crescita con successivo crollo, benché il percorso che porta alla crisi economica possa essere quello dell'inflazione dei prezzi al consumo o della bolla economica.

Si può obiettare all'affermazione di Mises ciò che segue. Dal momento che i cicli espansivi e recessivi sono una caratteristica della vita economica da secoli (se non da prima ancora), come si può darne la colpa alle politiche keynesiane? La risposta più breve è che Keynes non ha inventato il ricorso all'inflazione. Benché i cicli di crescita e crisi economiche siano precedenti a lui e alle sue specifiche politiche inflazionistiche, i tentativi del governo di opporsi al sistema dei prezzi e ridurre i tassi d'interesse sono antichi come la storia dell'uomo. Infatti, il controllo dei prezzi e dei tassi d'interesse è inscritto (letteralmente sulla pietra) nell'antico codice delle leggi di Babilonia, il codice di Hammurabi.

Ci sono state epoche di minore e maggiore interfe-

11. Ludwig von Mises, *Human Action: A Treatise on Economics*, San Francisco, Fox & Wilkes, 1966, pp. 562, 565, 570, 572, 574, 576. Si veda la nota di chiusura BB.

renza governativa nel sistema dei prezzi e dei tassi d'interesse. Ma anche nella cosiddetta epoca del *laissez-faire*, che ebbe fine con la prima guerra mondiale, leggi e regolamenti bancari aumentarono la fornitura di denaro, ridussero artificialmente i tassi d'interesse e così destabilizzarono l'ambiente economico. Discuteremo ulteriormente questo punto in un capitolo successivo.[12]

5a. Keynes: il denaro immesso nell'economia non è diverso dai risparmi tradizionali

I timori legati all'intervento dello Stato nell'economia e all'aumento dell'ammontare di denaro circolante sono infondati. Il nuovo denaro stampato dal governo e immesso nel sistema bancario è

> genuino precisamente quanto qualunque altro risparmio.[13]

5b. Commento: il denaro creato dal governo non è un risparmio; anzi, distrugge il risparmio

È orwelliano riferirsi al nuovo denaro stampato con il termine risparmio. Qualsiasi siano i meriti o i demeriti del denaro "fresco di stampa", non si tratta di risparmi. Il termine risparmio descrive denaro che è stato guadagnato e che dopo essere stato guadagnato non viene speso, ma piuttosto messo da parte per le emergenze o per essere investito.

E non dobbiamo nemmeno pensare che il nuovo denaro stampato dallo Stato andrà semplicemente ad accrescere i risparmi tradizionali, cioè a "dare il tocco finale". Questo concetto è assolutamente errato. Il nuovo denaro del governo alla fine andrà a distruggere i risparmi tradizionali. E questo è vero perché l'inflazione che ne deriva, manifesta o nascosta, alla fine eroderà il potere di acquisto dei risparmi tradizionali e rovinerà così il risparmiatore, soprattutto se con pochi soldi mesi da parte.

12. Si veda la nota di chiusura CC.
13. Keynes, *General Theory*, pp. 82-83.

Questo è il motivo per cui Malcolm Bryant, presidente della Federal Reserve Bank of Atlanta, nel 1957 disse:

> Se dovesse essere attuata una politica [governativa] d'inflazione attiva, [...] dovremmo avere la decenza di dire al risparmiatore: "Resta fermo, pesciolino! Vogliamo solo sventrarti".[14]

6a. Keynes: non c'è nulla di speciale nei tassi d'interesse esistenti

> [Dal momento che] il saggio d'interesse preesistente non possiede alcuna speciale virtù, [non vi è alcun] malanno [nell'abbassarlo tramite l'intervento pubblico].[15]

6b. Commento: c'è qualcosa di molto speciale nei tassi d'interesse esistenti se si tratta di tassi di mercato

Il sistema dei prezzi è fondamentale. Fornisce in modo affidabile le informazioni sulla domanda e sull'offerta a tutti i partecipanti al mercato e coordina così l'intera economia. Assieme alla carota del profitto e al bastone del fallimento aziendale e della bancarotta, aiuta a ottenere i maggiori livelli qualitativi e quantitativi di produzione al minor costo possibile.[16] Se si accetta questo assunto fondamentale, allora tutti i prezzi liberi sono "speciali", ma il prezzo del denaro preso a prestito è, se non altro, ancora più "speciale", a causa del ruolo centrale che svolge nell'economia.

Se si rifiuta il sistema dei prezzi, logicamente è necessario proporre un'alternativa. L'economista Ludwig von Mises, nel suo libro *Socialismo*, sostiene che non

14. *The Commercial and Financial Chronicle*, 21 novembre 1957, citato in James Grant, *The Trouble with Prosperity: The Loss of Fear, the Rise of Speculation, and the Risk to American Savings*, New York, Random House, 1996, pp. 37-38; anche in Hunter Lewis, *How Much Money Does An Economy Need?*, Mt. Jackson (VA), Axios Press, 2007, p. 19.

15. Keynes, *General Theory*, p. 328.

16. Hunter Lewis, *Are the Rich Necessary? Great Economic Arguments and How They Reflect Our Personal Values*, Mt. Jackson (VA), Axios Press, 2007, capp. 8-10.

esista alcuna alternativa concepibile (e praticabile). Se è così, allora dobbiamo stare molto attenti ad alterare il sistema dei prezzi.

7a. Keynes: i saggi d'interesse (e i dividendi azionari) dovrebbero essere portati a zero

> Opinerei che una collettività, governata con un certo giudizio, [...] dovrebbe essere in grado di abbassare fin quasi a zero, nel corso di una sola generazione, [il generale tasso di profitto e il prevalente tasso d'interesse]. [... Così che il detentore di capitale a quel punto] non riceva più un premio gratuito.[17]

> Il possessore del capitale [è essenzialmente] senza funzioni. [...] Può ottenere l'interesse perché il capitale è scarso [...]. Ma [...] non vi sono ragioni intrinseche della scarsità del capitale [dal momento che il governo può sempre stamparne di nuovo e distribuirlo].[18]

> [Rendere il capitale disponibile in abbondanza] può essere il modo più sensato di liberarsi progressivamente di molte fra le caratteristiche più discutibili del capitalismo [...] Il redditiero [il ricco prestatore o investitore] scomparirebbe [...] e di conseguenza [...] il potere oppressivo e cumulativo del capitalista di sfruttare il valore di scarsità del capitale.[19]

7b. Commento

i. *I tassi d'interesse pari a zero non hanno senso*

Si potrebbe sostenere che la Federal Reserve, fissando i tassi d'interesse al di sotto del tasso d'inflazione durante gli anni della bolla immobiliare, abbia già sperimentato il concetto del prestito gratuito. Ma Keynes sosteneva qualcosa di ancora più estremo: tassi d'interesse pari a zero. È realistico? Si possono portare a zero i tassi d'interesse, per di più nell'arco di una generazione?

Se possiamo prendere in prestito del denaro a titolo

17. Keynes, *General Theory*, pp. 220, 376.
18. Keynes, *General Theory*, p. 376.
19. Keynes, *General Theory*, pp. 221, 376.

gratuito, questo significa che il denaro non ha alcun valore. Se possiamo avere un prestito senza costi aggiuntivi, perché dovremmo preoccuparci di restituirlo? C'è qualcosa di diverso fra il regalare denaro e il prestarlo senza alcun interesse? L'economista Ludwig von Mises spiega quanto tutto ciò sia privo di senso:

> Non ci può essere nessuna questione in merito all'abolire l'interesse a opera d'istituzioni, leggi o strumenti di manipolazione bancaria [come un'immissione da parte del governo di nuovo denaro nel sistema di prestito attraverso le banche]. Chi voglia "abolire" l'interesse, dovrà indurre le persone a valutare una mela disponibile in un centinaio d'anni non meno di una mela disponibile oggi.[20]

ii. *È marxismo, ma con il creditore al posto del titolare d'azienda a ricoprire il ruolo del cattivo*

Il fugace riferimento di Keynes al «potere oppressivo e cumulativo del capitalista di sfruttare» è molto interessante. Cosa significava esattamente? Vuole dire che la richiesta di un interesse è illegittima o immorale?

Henry Hazlitt commenta così tale passaggio di Keynes:

> Questa, ovviamente, è solamente una teoria di classe del ciclo economico, [...] singolarmente simile a quella di Marx. Come nel marxismo, il tacito presupposto è che tali politiche pubbliche siano necessarie per proteggere i poveri e mettere a disagio i ricchi. Ma, proprio come nel marxismo, si finge che la morale non abbia nulla a che fare con la teoria, che il "sistema" esistente non funzioni e debba essere abbattuto.
>
> La differenza fra marxismo e keynesismo è che per il primo il "cattivo" è il datore di lavoro, per il secondo è il creditore.[21]

20. Von Mises, *Human Action*, p. 529; anche in Mark Thornton (a cura di), *The Quotable Mises*, Auburn (AL), Ludwig von Mises Institute, 2005, p. 124.
21. Hazlitt, *The Critics of Keynesian Economics*, p. 318.

iii. *Keynes e Proudhon*

Ovviamente, non fu Marx a inventare il socialismo e Keynes presenta alcune caratteristiche in comune con altri socialisti. Uno di questi, Pierre-Joseph Proudhon (1809-1865), è famoso per aver detto che la «proprietà è un furto», ma fu anche il creatore dell'idea del *crédit gratuit*, credito gratuito, la stessa promossa da Keynes.

iv. *Cosa significa davvero "crédit gratuit"*

Bisogna fare un'altra precisazione in merito alla versione keynesiana del credito gratuito, una precisazione fatta anche da Hazlitt. Se i profitti economici e i tassi d'interesse raggiungono un livello nullo, come sperava Keynes, ogni cosa costerà poco. L'umanità avrà raggiunto un'utopia economica nella quale la scarsità è abolita.

v. *Si può abolire la scarsità attraverso il programma keynesiano di abbassamento dei tassi d'interesse?*

Per cercare di rispondere a questa domanda, prendiamo in considerazione due diverse visioni della povertà umana:

A. Miliardi di esseri umani vivono in povertà perché cibo, vestiario, abitazioni e altri beni utili sono scarsi, caratteristica che li rende costosi. Affinché tutta la razza umana esca dalla povertà, dobbiamo lavorare sodo, risparmiare e investire, in modo da produrre più beni e di migliore qualità a prezzi più bassi.

B. Il problema non è la scarsità dei beni. È la scarsità del denaro. Le autorità pubbliche dovrebbero distribuire più denaro in modo che tutti ne abbiano abbastanza.

La maggior parte delle persone capirà subito che la seconda visione non è corretta. Non funzionerà mai. Anche se dessimo a ogni povero un milione di dollari all'anno, questo denaro non lo aiuterà, perché nel mondo ci sarebbe solo molto più denaro, ma non cibo, vestiario, abitazioni e altri beni utili. L'unico risultato che si ottiene dall'afflusso di nuovo denaro è un innalzamento dei prezzi. Le persone che erano povere con

300 dollari all'anno, sarebbero povere con un milione di dollari all'anno.[22]

Ora, prendiamo in considerazione una terza alternativa:

C. Il problema non è la scarsità dei beni, ma il fatto che il denaro disponibile al prestito è scarso. Se lo Stato fornirà fondi illimitati per il prestito, possiamo investire tali fondi in nuove industrie e attività economiche e, in una generazione, nulla sarà più scarso.

Quest'ultima è la soluzione di Keynes e, sfortunatamente, è errata tanto quanto la seconda. Stampare denaro e renderlo disponibile al prestito avrà lo stesso risultato dello stampare denaro e regalarlo. Addirittura, può far salire i prezzi di beni e servizi, e in quel caso parleremo d'inflazione. O farà sì che gli *asset* costino di più, e allora saremo al cospetto di una bolla. Sia come sia, si tratta di vera e propria inflazione.

vi. *Sono i ricchi, e non i poveri, a trarre beneficio dall'inflazione*

Sappiamo che l'inflazione non pone fine alla povertà. Semplicemente rende le persone povere ancora più povere, come attestano numerosi studi economici.[23] Se c'è qualcuno che trae guadagni dalla inflazione questi sono i ricchi, soprattutto quelli di Wall Street e gli altri esperti analisti finanziari.

I ricchi (e i loro consiglieri) capiscono cosa accade. Capiscono il sistema. E di solito sono anche quelle persone che ricevono per primi il nuovo denaro emesso dal governo, i primi destinatari dei prestiti. Successivamente, concedono prestiti ad altri e traggono profitti esorbitanti da tale processo. Il presidente Andrew Jackson anticipò tutto ciò già nel diciannovesimo secolo. Egli abolì la prima banca centrale degli Stati Uniti, perché rilevò che i ricchi ne avevano preso il controllo e la utilizzavano a fini propri.

22. Si veda la nota di chiusura DD.
23. D. Dollar - A. Karry, "World Bank Study", citato in *Forbes*, 6 agosto 2001, p. 77

vii. *La creazione delle banche centrali moderne ha facilitato la politica inflazionistica di Keynes*

Il principale errore keynesiano che abbiamo rilevato – vale a dire l'idea che lo Stato possa generare prosperità stampando denaro e concedendolo in prestito – venne messo in pratica nella stessa legislazione che nel 1913 creò la seconda banca centrale degli Stati Uniti, la Federal Reserve. L'ex presidente della Fed, Alan Greenspan, spiegò il perché di tale normativa in un saggio giovanile:

> Se le banche continuano a prestare denaro – si sosteneva – non ci sarà mai nessun crollo nell'attività economica. [La normativa era volta a garantire che] le banche non rimanessero mai a corto di denaro [per i prestiti].[24]

Prima della creazione della Federal Reserve statunitense, c'erano sì stati episodi d'inflazione in America (come nella Guerra Civile), ma nel tempo il dollaro aveva mantenuto il suo potere d'acquisto. Diversamente, a partire dalla creazione della Fed, il dollaro ha perso il 95 per cento del proprio potere d'acquisto.

8a. Keynes: abbassando continuamente i tassi d'interesse, possiamo abolire le depressioni e godere di uno stato di quasi-espansione perpetua

> Può sembrare straordinario che esista una scuola di pensiero secondo la quale la soluzione del ciclo economico stia nell'ostacolare l'espansione nei primi stadi mediante l'aumento del saggio d'interesse.[25] Dunque il rimedio all'espansione eccessiva non è un aumento, ma una diminuzione del saggio d'interesse! Giacché questa diminuzione può permettere alla cosiddetta espansione di durare. Il rimedio giusto per il ciclo economico non deve trovarsi nell'abolire le

24. Fred Sheehan, citando Greenspan, in *Gloom, Boom, and Doom Report*, ottobre 2005, p. 16.
25. Keynes, *General Theory*, p. 326.

espansioni, mantenendoci così permanentemente in una semi-depressione; ma nell'abolire le depressioni e mantenerci così permanentemente in una quasi-espansione.[26]

8b. Commenti

i. *Come abbiamo visto, questa è la formula con cui si creano inflazione, bolle speculative e crisi economiche*

È possibile abolire le depressioni e vivere felici per sempre in uno stato di quasi-espansione? L'ex presidente della Federal Reserve, Alan Greenspan, ha messo alla prova dei fatti questa idea negli anni Novanta e nel primo decennio del ventunesimo secolo, generando solamente bolle speculative.

Paul Krugman, premio Nobel per l'economia e keynesiano convinto, concorda sul fatto che sia possibile allontanare le depressioni e, se necessario, curarle, gestendo le zecche di Stato in modo da ridurre i tassi d'interesse, e quindi aumentare la domanda di prestiti. Egli scrive che «a molte persone sembra evidente che le grandi depressioni economiche abbiano radici profonde. A queste persone, [l'idea] che si possano curare semplicemente stampando un po' più di denaro sembra incredibile».[27]

Nel leggere queste parole dovremmo prestare molta attenzione ai termini «un po' più di denaro». Se stampare «un po' più di denaro» può «curare» «le grandi depressioni economiche», allora basterà la più piccola quantità di nuovo denaro a far sì che la crescita prosegua. Beh, ma le cose non stanno così. In realtà, le quantità sempre più grandi di nuovo denaro servono a evitare che una bolla speculativa scoppi. Alla fine, il debito associato al nuovo denaro diventa un peso troppo grande per l'economia, e tutto crolla.

26. Keynes, *General Theory*, p. 322.
27. Paul Krugman, *Pedding Prosperity*, New York, W. W. Norton, 1994, p. 32; citato anche in Lewis, *Are the Rich Necessary?*, p. 77.

ii. *C'è un ritorno economico sempre minore nell'assunzione del debito*

Negli Stati Uniti, abbiamo sempre operato seguendo i principi keynesiani, fin dalla seconda guerra mondiale. Il governo ha stampato denaro. I livelli di indebitamento sono cresciuti. Non solo abbiamo avuto inflazioni e bolle speculative, ma siamo andati incontro anche a una sempre minore crescita economica per ogni incremento di debito.

Durante il decennio 1950-1959 abbiamo aggiunto 338 miliardi di dollari di debito e abbiamo ottenuto 73 centesimi in crescita economica (incremento di prodotto interno lordo) per ogni dollaro di nuovo debito. Nel periodo 1990-1999 abbiamo aggiunto 12.500 miliardi di debito, ma solo 31 centesimi di crescita per dollaro di debito. Nel decennio 2000-2008 (primo trimestre) abbiamo aggiunto 24.300 miliardi di dollari di debito, ma solo 19 centesimi per ogni dollaro di debito sono andati alla crescita.[28] Quindi, per generare ulteriore crescita serve un debito sempre maggiore.

iii. *Alla fine, il ritorno sul debito diviene negativo*

Alla fine del 2007 la macchina del debito ebbe uno scossone e rischiò di rompersi del tutto. Il presidente della Fed, Bernanke, ridusse immediatamente i tassi d'interesse fino a livelli d'emergenza. Wall Street ebbe un'ultima boccata di credito a basso costo. Ma non funzionò. Il crollo ci fu comunque.

Cos'è successo? Ce lo spiega, di nuovo, Henry Hazlitt:

> Se è stata stabilita una verità in merito alle crisi economiche [...] è che di solito vengono innescate da denaro a basso costo – vale a dire, politiche di contenimento dei tassi d'interesse che incoraggiano un eccessivo ricorso al prestito, un'eccessiva espansione del credito, una speculazione imprudente e tutte le distorsioni e le instabilità nell'economia che queste generano. [...] Una politica di denaro perennemente a basso costo

28. Ned Davis Research, *Institutional Hotline*, 10 giugno 2008, p. 1.

> [produce] espansioni e recessioni, [e non la quasi-espansione perpetua promessa da Keynes].[29]

9a. Keynes: i tassi d'interesse elevati hanno causato la Grande Depressione

> Attribuisco la depressione del 1930 primariamente agli [...] effetti del caro denaro, che precedette il crollo del mercato azionario [del 1929], e solo secondariamente al crollo stesso.[30]

9b. Commento: al contrario, i prestiti a basso costo produssero prima una bolla e poi il crollo del 1929

Nella versione degli eventi data da Keynes, fu il timore del boom economico a portare la Federal Reserve ad alzare i già elevati tassi d'interesse alla fine degli anni Venti. Presumibilmente, ciò scoraggiò la crescita e portò alla Grande Depressione.

La miglior sintesi delle cause che portarono alla Grande Depressione si può trovare nel libro di Paul Johnson, *Modern Times*. A sua volta, l'autore si rifà all'economista Murray Rothbard e al suo *La Grande Depressione*, la fonte più autorevole sul tema. E Rothbard si basa in qualche modo sul libro di Lionel Robbins dallo stesso titolo.

A loro volta Rothbard e Robbins furono influenzati dagli economisti austriaci Ludwig von Mises e Friedrich von Hayek, suo protetto, benché Robbins successivamente si sia convertito al keynesismo. Un eccellente resoconto più recente della Grande Depressione è l'opera di Amity Shlae, *The Forgotten Man*.

Ciò che questi libri rivelano è che la Federal Reserve causò davvero la Grande Depressione, ma non nel modo in cui disse Keynes. Il crollo del 1929 fu prodotto dalla sua politica di prestiti a basso costo, condotta durante gli anni Venti. I tassi d'interesse bassi fecero gonfiare una bolla speculativa molto simile a quelle del mercato azionario e immobiliare iniziate negli Stati Uniti negli anni Novanta. Il crollo del 1929 presagiva

29. Hazlitt, *The Critics of Keynesian Economics*, pp. 329, 331.
30. John Maynard Keynes, *Collected Writings*, vol. 6, p. 176.

quello del 2008, settantanove anni prima.

In effetti, ci sono molti parallelismi fra i due crolli. In entrambi i casi, la causa primaria sono state le politiche incaute della banca centrale, le quali hanno fatto gonfiare bolle speculative insostenibili. Tutte e due le volte, le banche centrali hanno seguito quelle che divennero note come politiche keynesiane. Discuteremo della Grande Depressione in modo più approfondito nei capitoli successivi.[31]

10a. Keynes: i boom economici non sono dispendiosi

L'idea che durante una fase di espansione economica i fondi disponibili vengano sprecati in investimenti poco solidi o in speculazione pura e semplice rappresenta un

> serio errore.[32]

È certo possibile che le imprese si facciano prendere la mano e investano in rischi che non renderanno abbastanza da coprire

> [un costo d'interesse] troppo alto.[33]

Ma la soluzione del problema è abbassare i tassi d'interesse. In generale, finché l'umanità rimane povera, qualsiasi investimento è migliore della mancanza d'investimento, che è ciò che accade nelle depressioni.[34] La conclusione è semplice:

> Dovremmo evitarli [i tassi d'interesse elevati] come il fuoco dell'inferno.[35]

31. Si veda la nota di chiusura EE.
32. Keynes, *General Theory*, p. 320.
33. Keynes, *General Theory*, p. 322.
34. Keynes, *General Theory*, p. 321.
35. John Maynard Keynes, *Times*, 12-14 gennaio 1937, in John Maynard Keynes, *Collected Writings*, vol. 21, *Activities 1931-39: World Crises and Policies in Britain and America*, London, Macmillan; New York, St. Martin's Press, 1982, p. 38; citato anche in Robert Skidelsky, *John Maynard Keynes*, vol. 3, *Fighting for Britain 1937-1946*, London, Macmillan, 2000, p. 22.

10b. Commento: contrariamente a quanto sostiene Keynes, le bolle sono estremamente dispendiose

Avere una grande quantità d'investimenti, *ceteris paribus*, è positivo. Gli investimenti alzano il nostro tenore di vita e contribuiscono a eliminare la povertà. Ma è la qualità degli investimenti la cosa che conta di più.

Gli investimenti economici improduttivi, o che non riescono a ripagarsi, sono uno spreco. Purtroppo questo è proprio il tipo d'investimenti che si ottiene durante una bolla. Otteniamo imprese dot-com prive di profitti e senza prospettive di averne in futuro. Oppure otteniamo una massa di abitazioni, che non miglioreranno la produttività e che, ancor peggio, si riveleranno non necessarie o inaccessibili.

Un investimento razionale e utile soddisfa la richiesta di ripagarsi in un normale regime di tassi d'interesse di mercato. Questo è l'obiettivo del sottoporre gli investimenti al test del mercato, vale a dire, l'escludere idee irrazionali e dispendiose.

11a. Keynes: non dobbiamo temere che il creare e mantenere dei boom con tassi d'interesse bassi porti all'inflazione

È improbabile che una espansione porti a una vera inflazione.[36] I boom economici possono creare

> strozzature

nelle quali aumenta il prezzo di alcuni prodotti.[37] Ma non possiamo

> dichiarare che si sono stabilite condizioni d'inflazione fino a quando la disoccupazione non è scomparsa del tutto.[38]

36. Keynes, *General Theory*, p. 303.
37. Keynes, *General Theory*, p. 300.
38. Keynes, *General Theory*, p. 303.

11b. Commento: l'idea che l'inflazione compaia all'improvviso quando l'ultimo disoccupato ottiene un lavoro è assurda. I fatti documentati degli anni Settanta la confutano

Com'è tipico del suo modo di fare, Keynes non definisce cosa intende per piena occupazione. Sir William Beveridge, un keynesiano che con il suo "Beveridge Report" gettò le basi per il *welfare state* britannico dopo la seconda guerra mondiale, definì la piena occupazione come una quantità di occasioni lavorative superiore alla disponibilità di persone. Keynes diede definizioni diverse in occasioni diverse e lasciò l'impressione che la definizione dipendesse dalle circostanze.

I keynesiani degli anni Cinquanta spesso spostarono l'attenzione dall'occupazione, che può essere definita in molti modi, alla produzione industriale. Fino a quando la produzione industriale rimaneva al di sotto di una cifra specifica (come l'80 per cento), essi ritenevano che non vi fosse possibilità d'inflazione, nemmeno qualora il governo immettesse molto nuovo denaro nell'economia. Tutto questo nuovo denaro sarebbe andato solamente ad aumentare la produzione industriale o l'occupazione, non i prezzi.

In seguito, quando il settore industriale andò in declino, l'accento keynesiano si spostò dalla capacità industriale a un "margine di potenziale produttivo" (*output gap*), definito come il divario fra il prodotto interno lordo effettivo e quello potenziale. Usando questo concetto, qualora si fosse mai verificata inflazione, l'avrebbe fatto dopo il completo utilizzo di tale *output gap* (e dei potenziali dipendenti).

Il problema con tutti questi concetti è che, di per sé, né la capacità produttiva inutilizzata, né i dipendenti inoperosi assorbono il denaro di nuovo conio, e questo denaro crea inflazione, evidente o meno. L'inflazione può contribuire a creare un boom artificiale, con una momentanea riduzione della disoccupazione, ma la situazione non può essere sostenibile.

Negli anni Sessanta e Settanta i keynesiani erano sgomenti per il fatto che l'inflazione continuasse a dilagare in un'epoca in cui la capacità produttiva non era pienamente utilizzata. E rimasero assai sbalorditi dall'apparizione della stagflazione, la combinazione di disoccupazione e inflazione.

12a. Keynes: se necessario, l'inflazione può essere controllata con la tassazione

Nel raro caso in cui ci sia piena occupazione, esistono rimedi migliori dell'

> imporre un saggio d'interesse alto.[39]

Invece di aumentare i tassi d'interesse, il governo dovrebbe incrementare le tasse, ottenere un surplus di bilancio e mantenere non investito il denaro extra.[40] Ciò ridurrebbe il potere d'acquisto dei soggetti economici e abbasserebbe nuovamente i prezzi.

12b. Commento: l'idea che il governo crei con successo un surplus di bilancio per combattere l'inflazione è assolutamente fantasiosa

In realtà tasse molto alte rendono più difficile ottenere un surplus di bilancio, perché riducono la produttività economica e quindi le entrate stesse derivanti dalla tassazione. Di nuovo, la grande inflazione degli anni Settanta fornisce alcune dimostrazioni.

Durante la gran parte degli anni Settanta il cosiddetto mix di politiche governative degli Stati Uniti fu assolutamente keynesiano: tassi d'interesse bassi (in rapporto all'inflazione) combinati con aliquote fiscali molto alte (più del 70 per cento nello scaglione più alto). Se Keynes avesse avuto ragione, questa elevatissima tassazione avrebbe dovuto frenare l'inflazione; invece la spirale inflazionistica andò fuori controllo.

Come abbiamo notato in precedenza, l'allora presidente della Federal Reserve, Paul Vocker, abbandonò l'ortodossia keynesiana nei tardi anni Settanta, taglian-

39. Keynes, *General Theory*, p. 321.
40. Keynes, *Times*, in *Collected Writings*, vol. 21, p. 390.

do l'emissione di nuovo denaro. Nel frattempo, il presidente Ronald Reagan convinse il Congresso a ridurre in modo radicale le tasse, cosa che indebolì ulteriormente il modello keynesiano. La maggior parte degli economisti di scuola keynesiana ammonì che tali misure non avrebbero funzionato. In realtà la spirale inflazionistica si calmò, l'economia si riprese e Reagan venne rieletto con una valanga di voti.

Gli anni Ottanta si caratterizzano come il decennio in cui sia gli Stati Uniti che la Gran Bretagna sembravano voler intraprendere una via post-keynesiana. Le politiche cambiarono sotto molti aspetti importanti. Nello stesso tempo, rimanevano i presupposti chiave del pensiero di Keynes. La Federal Reserve, vale a dire, lo Stato, continuava a controllare e gestire i tassi d'interesse. I governi continuavano ancora a creare grandi deficit di bilancio, anche se ora erano conseguenza di una combinazione di tagli alle tasse e spesa pubblica, e non solamente dovuti a quest'ultima.

Alla fine degli anni Ottanta i keynesiani più tradizionali ripresero il controllo dell'economia americana. Uno dei più importanti, Alan Greenspan, venne nominato presidente della Fed dallo stesso Ronald Reagan.

13a. Keynes: le aliquote elevate contribuiscono anche a creare una società più giusta

Anche le imposte progressive sul reddito, attraverso le quali i ricchi pagano una quota più elevata, aiutano a ridurre l'ineguaglianza economica:

> I difetti più evidenti della società economica nella quale viviamo sono l'incapacità a provvedere la piena occupazione e la distribuzione arbitraria delle ricchezze e dei redditi.[41]

Keynes riteneva che elevate imposte sul reddito e sulla successione avrebbero fatto molto per creare una società economicamente più giusta. Ma i governi aveva-

41. Keynes, *General Theory*, p. 372.

no esitato a procedere in questo senso, dato che i ricchi sono i più bravi a risparmiare e il loro risparmio serve a finanziare i necessari investimenti.[42] Il programma di Keynes di finanziamento degli investimenti con nuove emissioni di denaro da introdurre nel sistema bancario contribuisce a risolvere questo problema. Grazie a questa innovazione, la società non ha più bisogno di dipendere in modo così forte dai risparmi dei ricchi.

13b. Commento: aliquote elevate sono economicamente controproducenti

Non tenteremo qui di venire a capo della questione "equità contro iniquità" nella distribuzione della ricchezza (si veda il mio *Are the Rich Necessary?*).

Per quanto riguarda le tasse elevate, come al solito Keynes non specifica cosa significhi questo "elevate". E, ancora una volta, sembra aver detto cose diverse in momenti diversi.

Il nocciolo dell'argomentazione di Keynes è che il nuovo denaro può prendere il posto dei risparmi tradizionali. Abbiamo già visto come questo concetto sia errato. Stampare quantità sempre maggiori di denaro produce inflazione o bolle speculative seguite da crolli e depressioni, e non da una perenne "quasi-espansione". Abbiamo bisogno dei risparmi tradizionali. Senza di essi, non ci sarebbero veri fondi da investire. I risparmi dei ricchi, poi, sono particolarmente importanti perché è la loro categoria quella che risparmia di più. Dunque, aliquote elevate non sono consigliabili già solo per questa ragione.

Certo una nazione può anche ricorrere al prestito internazionale. Gli Stati Uniti l'hanno fatto per decenni. Se i fondi così ottenuti vengono collocati in investimenti che migliorano la produttività e hanno ritorni elevati (e non è il caso degli Stati Uniti), la cosa può funzionare bene, per lo meno per un certo periodo. Tuttavia, sul lungo periodo, nessun paese può sfuggire alla necessità di avere risparmi tradizionali, se desidera crescere e prosperare.

42. Keynes, *General Theory*, p. 372.

Ci sono molte altre argomentazioni contrarie all'imposizione di tasse elevate: si dice che annulleranno gli incentivi economici, che saranno evase, che saranno sprecate, che porteranno alla corruzione del governo, dal momento che gli sgravi fiscali possono essere usati come oggetto di scambio per i contributi dati alle campagne elettorali dei politici.[43] Ma, soprattutto, c'è bisogno di risparmiare. Dal momento che nessun governo lo fa, se vogliamo avere dei risparmi faremmo meglio a tenere sotto controllo le tasse.

14a. Keynes: per quanto siano importanti i tassi d'interesse bassi, potrebbero non essere sufficienti

Se il governo stampasse una grande quantità di denaro e la immettesse nel sistema bancario, i tassi d'interesse dovrebbero crollare.[44] Ma se non dovessero scendere abbastanza, sarebbero necessarie altre misure per stimolare gli investimenti.

Keynes riteneva possibile che il nuovo denaro a basso costo emesso dal governo non riuscisse a far abbassare i tassi d'interesse fino al livello «ottimale».[45] Questo poteva accadere perché i «possessori di ricchezza» che non sono stati ancora del tutto spodestati dalla funzione di prestatori potrebbero trovare «inaccettabile» la diminuzione dei tassi d'interesse e quindi potrebbero riuscire a impedire tale riduzione. In tal caso,

> lo Stato – che è in condizione di calcolare [...] in base a considerazioni a lunga portata e in vista del vantaggio sociale generale – [dovrà] organizzare direttamente l'investimento.[46]

L'applicazione di tassi di prestito bassi, assieme a un investimento diretto dello Stato, è anche la prescrizione essenziale per gestire un crollo economico, un'idea che verrà ulteriormente sviluppata nei capitoli successivi.

43. Si vedano la nota di chiusura FF e il capitolo 14.
44. Si veda la nota di chiusura GG.
45. Keynes, *General Theory*, pp. 164, 243, 308-309.
46. Keynes, *General Theory*, p. 164.

14b. Commento

Si rimanda la discussione ai capitoli 12, 13 e 15.

15a. Keynes: se si potessero orchestrare a livello globale tassi d'interesse bassi, sarebbe ancora meglio

Al momento, i governi nazionali devono intraprendere le azioni necessarie a far abbassare i tassi d'interesse e a mantenerli bassi. In futuro, le istituzioni mondiali potrebbero assisterli in questo compito.

Keynes sperava che quello che è divenuto noto come Fondo Monetario Internazionale potesse svolgere le funzioni di una banca. Si augurava che potesse agire come una banca centrale mondiale, con il potere di stampare nuovo denaro e immetterlo nel sistema economico mondiale per ridurre i tassi d'interesse.[47]

15b. Commento

Si rimanda la discussione al capitolo 17.

16a. Keynes: la necessità di tassi d'interesse più bassi non è un'idea del tutto nuova

> Dovremmo portare rispetto all'«esercito di eretici e pazzi»[48]

che in epoche precedenti ha sostenuto l'idea di tassi d'interesse più bassi.

Fra questi, in particolare, ci sono i mercantilisti del sedicesimo e del diciassettesimo secolo, le cui dottrine contengono un

> elemento di verità scientifica.[49]

16b. Commento: tutto ciò è molto divertente

Si suppone che Keynes abbia inventato una "nuova economia". È proprio lui che ci induce a pensare ciò nei

47. Skidelsky, *Fighting for Britain 1937-1946*, pp. 227, 247, 255, 302-303.
48. Keynes, *Collected Writings*, vol. 6, p. 193.
49. Keynes, *General Theory*, pp. 39, 41.

primi capitoli della *Teoria generale*. Poi, afferma in modo confuso, sempre nella *Teoria generale*, che in realtà sta ripresentando e rinnovando le idee del mercantilismo elaborato nel sedicesimo e nel diciassettesimo secolo, idee che nell'arco del tempo gli economisti avevano scartato come giganteschi errori. La verità, allora, è che le idee di Keynes non sono né nuove, né corrette.

È anche divertente che Keynes, il quale amava collocarsi fra gli eretici e gli eccentrici, faccia ormai parte del bagaglio intellettuale condiviso dai governi di tutto il mondo. C'è qualcuno che pensa che se tornasse in vita oggi, Keynes non sarebbe diventato un eretico di stampo "keynesiano", non foss'altro che per un bisogno di novità. Ad ogni modo, avremo molte più cose da dire a questo proposito nel capitolo 18. Per il momento, sono i critici di Keynes quelli che devono affrontare la scarsa considerazione e il disprezzo; sono loro gli «eretici e pazzi».

È sempre pericoloso dire che "il re è nudo". Se si ha il coraggio di guardare, Keynes è una figura particolarmente nuda, nel senso che la sua opera manca in modo rilevante del sostegno delle prove empiriche e della logica. Ciò che egli offre, in realtà, (quando le argomentazioni nel suo gergo opaco vengono analizzate), è una sorta di enunciazione sciamanica alla quale ci viene sostanzialmente chiesto di credere per fede.

Capitolo 11

Spendere di più, risparmiare meno e diventare più poveri

1a. Keynes: abbiamo bisogno di consumare di più

> Per ripetere cose ovvie, il consumo è l'unico scopo e fine di tutta l'attività economica.[1]

> L'uomo "impegnato" tenta sempre di assicurare alle sue azioni un'immortalità spuria e illusoria [...]. Non ama il suo gatto, ma ne ama i gattini e tutta la loro generazione fino a che esisterà la stirpe dei gatti. Per costui la marmellata non è marmellata a meno che non si tratti della marmellata di domani, mai di oggi.[2]

1b. Commenti

i. *Keynes non metteva in pratica quello che predicava*

Forse Keynes predicava a se stesso. Di certo lui era un «uomo impegnato». Ed era anche (lo possiamo dire?) un risparmiatore. Il suo capitale d'investimento non aveva di certo avuto un'immacolata concezione – e il blocco iniziale era stato risparmiato in gran parte prima del 1919.[3] Suo padre, a un certo punto, dovette

1. John Maynard Keynes, *The General Theory of Employment, Interest, and Money*, Amherst (NY), Prometheus Books, 1997, p. 104.
2. John Maynard Keynes, "Economic Possibilities for Our Grandchildren", in *Essays in Persuasion*, New York, W.W. Norton, 1963, p. 370.
3. John Maynard Keynes, *Collected Writings*, vol. 12, *Economic Articles and Correspondence – Investment and Editorial*, London, Macmillan; New York, St. Martin's Press, 1983, p. 1.

salvarlo dai debiti seguiti alle perdite in un investimento catastrofico, ma normalmente non lo sosteneva economicamente.

Dopo che ebbe accumulato il proprio capitale d'investimento, Keynes non lo spese, ma lo alimentò e conservò attentamente, fino a quando, dopo diversi contrattempi legati agli investimenti, divenne finalmente ricco. A quel punto, visse di rendita e fece tutto il necessario per diventare ancora più ricco. Per di più, Keynes non aveva figli. Una volta provveduto alla moglie, non aveva nessun motivo particolare per lasciare dietro di sé grandi proprietà.

ii. *Keynes non era un volgare keynesiano*

Keynes era una persona dai gusti raffinati. Se vivesse oggi, cosa penserebbe del volgare keynesismo generatosi dalle sue idee, della cultura dello spendere e dell'indebitarsi che non solo aborre il risparmio, ma in realtà approva il sempre maggior ricorso al credito, anno dopo anno? Sarebbe contento delle società finanziarie che di routine mandano carte di credito agli studenti del college, quegli stessi studenti che in molti casi sono già vincolati a grandi prestiti di studio erogati direttamente o indirettamente dal governo?[4]

Nel 2005, metà degli americani al di sotto dei 35 anni aveva un saldo negativo di carte di credito non pagate mediamente di 3741 dollari, in aggiunta ai debiti per l'istruzione, l'auto, la casa o altro ancora.[5] Un commentatore ha definito questa situazione come «una nuova forma di feudalesimo»,[6] con giovani incatenati ai loro debiti come i servi della gleba di un tempo alle proprietà del loro signore. Purtroppo, i giovani non hanno alcun motivo per considerare anomala la propria condizione. In molti casi sono cresciuti in famiglie che possedevano più automobili che patenti (in media, 1,9 veicoli per 1,75 automobilisti americani

4. Si veda la nota di chiusura HH.
5. *Money Magazine*, aprile 2005, p. 172.
6. *Weekly Standard*, 27 marzo 2006, p. 20.

abilitati nel 2008).[7] Altrettanto spesso, i loro genitori non hanno alcun risparmio (alla stessa data, è stato riscontrato un tasso di risparmio medio pari a zero).

Ci ricorderemo che Keynes progettava di sostituire i risparmi privati con nuovo denaro immesso nell'economia attraverso il sistema bancario. Certo, ma egli sembrava presupporre che tale denaro sarebbe stato usato o per investimenti economici o per progetti di opere pubbliche, come le strade. Persino lui sarebbe impallidito davanti alla prospettiva di consumatori che ricorrono a questo surrogato di denaro per finanziare il proprio stile di vita durante le bolle del dot-com e del mercato immobiliare.

iii. *Il consumo non è l'aspetto principale dell'economia*

Il consumo è davvero l'unico scopo dell'attività economica? No. È una delle numerose attività, ognuna delle quali deve essere equilibrata, sia per gli individui che per la società nel suo complesso. Persino le statistiche economiche degli Stati Uniti, che sono state costruite su principi keynesiani, tendono a essere fuorvianti a tale proposito. Ci viene detto che la spesa per i consumi corrisponde al 70 per cento dell'economia. Ma questo è vero solamente perché tutte le transazioni economiche – le vendite fra un'attività e un'altra nell'assemblaggio del prodotto finito – sono state bilanciate le une con le altre. Se il calcolo fosse diverso, la produzione sarebbe un aspetto economico più importante del consumo.

2a. La parabola paradossale della torta che viene preparata per non essere mai mangiata

> I capitalisti del diciannovesimo secolo trasformarono l'abnegazione personale e la frugalità in una sorta di religione. Ma era una religione basata su un «inganno o illusione».[8]

7. *Weekly Standard*, 1° dicembre 2008, p. 24.
8. John Maynard Keynes, *The Economic Consequences of the Peace*, New York, Harcourt, Brace & Howe, 1920, p. 19.

> Da una parte, le classi lavoratrici [...] potevano definire come propria una parte molto piccola della torta che loro stessi e la Natura avevano cooperato per produrre. Dall'altra parte, alle classi capitaliste era consentito definire come propria la parte migliore della torta ed erano teoricamente libere di consumarla, con la tacita condizione sottostante che ne consumassero poca. Il dovere del "risparmio" divenne i nove decimi della virtù e la crescita della torta l'oggetto della vera religione. [...] E così la torta crebbe; ma a quale fine non era chiaro. [...] I risparmi erano per la vecchiaia o i figli; ma questo solo in linea teorica – la vera virtù della torta era che non doveva mai essere consumata, né da voi, né dai vostri figli dopo di voi.[9]

2b. Commenti

i. *Un applauso (per la satira)*

ii. *Ora, passiamo ai fatti*

Le condizioni di vita dei lavoratori migliorarono sensibilmente nel diciottesimo e nel diciannovesimo secolo. Inoltre, la popolazione raddoppiò e poi raddoppiò di nuovo. Solo una torta sempre più grande, resa possibile dal risparmio e dall'investimento, poté dare da mangiare a tutte quelle bocche in più. Come ha sottolineato Henry Hazlitt, molti di noi devono la loro stessa vita a questa torta in continua lievitazione, perché la popolazione non sarebbe potuta crescere così rapidamente senza di essa.

Una torta che cresce consente sia ai titolari che ai dipendenti di aumentare i propri consumi personali, oltre che i risparmi. Supponiamo che i nostri redditi aumentino di un 3 per cento all'anno, grazie agli investimenti che abbiamo fatto a partire dai nostri risparmi. Se continuiamo a spendere l'80 per cento e a risparmiare il 20 per cento anno dopo anno, dopo 25 anni saranno raddoppiati sia l'ammontare speso che quello risparmiato.

Anche qualora la nostra unica ambizione fosse spen-

9. Keynes, *The Economic Consequences of the Peace*, pp. 19-20.

dere di più, il risparmio e l'investimento avrebbero senso, perché ci darebbero sempre più denaro da spendere e non dovremmo aspettare 25 anni per vederne l'effetto. Supponiamo che io e un mio amico abbiamo un reddito di partenza identico. Lui spende il 100 per cento, io risparmio il 20 per cento, e come risultato il mio reddito aumenta di un 3 per cento. In soli 8 anni, avrò più denaro da spendere rispetto a lui, e in seguito il divario crescerà continuamente.

3a. Keynes: il culto del risparmio

> Morale, politica, letteratura e religione dell'epoca convergevano in una "grande congiura" per sollecitare il risparmio. Dio e Mammona si riconciliavano. Pace in terra agli uomini di buone proprietà. Il ricco poteva finalmente entrare nel regno dei cieli, purché risparmiasse.[10]

Gli economisti "classici" (del diciassettesimo, del diciannovesimo e alcuni anche del ventesimo secolo) svolsero un ruolo cruciale nella veste di sacerdoti secolari con le loro spiegazioni e la loro difesa del dogma del risparmio.

Sì, dicevano, la spesa è necessaria per far funzionare l'economia. Quando il fornaio compra la verdura dal fruttivendolo, il fruttivendolo riceve il denaro con cui comprare il pane dal fornaio. Ma il risparmio era una forma di spesa diversa e molto speciale. Quando risparmiamo, il denaro non scompare. Viene speso nell'ampliare la propria attività, rendendola più efficiente. Se lavoriamo sodo, produciamo e risparmiamo, potremo godere di un'abbondanza di prodotti migliori, in maggiore quantità e a minor prezzo. E così vinceremo la disoccupazione, le depressioni e, sul lungo periodo, la povertà.

Il Culto del Risparmio, dunque,

10. Keynes, *Essays in Persuasion*, p. 318.

conquistò completamente l'Inghilterra come l'Inquisizione conquistò la Spagna.[11]

3b. Commenti

i. *Un applauso*

Queste piccole parodie satiriche sono una specialità di Keynes. Per prima cosa, abbiamo gli avidi capitalisti (si pensi a uno Scrooge di Dickens che viene paradossalmente redento non dallo spirito del Natale, ma dalla sua stessa avarizia). Poi, gli economisti "classici" che opprimono l'Inghilterra come i sacerdoti incappucciati dell'Inquisizione. Gran bel pezzo di teatro. Tuttavia, c'è bisogno di fare un po' di chiarezza.

ii. *Gli economisti "classici" non sono mai esistiti*

L'economista "classico" è solo un fantoccio, una caricatura creata apposta per essere distrutta. Gli economisti del diciottesimo, del diciannovesimo e addirittura del ventesimo secolo non possono essere ammassati tutti insieme come se parlassero con una voce unica.

iii. *Keynes travisa gli economisti che cita*

Le parti in causa – David Ricardo, J.S. Mill, J.B. Say e gli altri – credevano nel lavoro, nella produzione e nel risparmio come strada affidabile verso la prosperità. Ma non sostenevano che questi tre principi da soli ci avrebbero condotto a un'utopia economica libera dalla disoccupazione e dalle depressioni. Per portare ai minimi termini queste due cose, dicevano, bisogna avere, oltre al lavoro, alla produzione e al risparmio, per lo meno un sistema di prezzi e profitti che sia libero.

Spesso si dice che Keynes confutò economisti come Ricardo, Mill e Say. Sarebbe più accurato dire che li travisò in modo deliberato e che, nonostante questo, non riuscì a confutarli.

iv. *Era Say ad aver ragione, non Keynes*

Si consideri, per esempio, la presunta confutazione a

11. Keynes, *General Theory*, p. 32.

opera di Keynes della legge di Say. La legge di Say dice che se la società lavora e produce, avrà i mezzi per comprare ciò che produce. Significa prendere l'idea fondamentale per cui il fruttivendolo, vendendo frutta e verdura, avrà il denaro per comprare il pane dal fornaio, e viceversa, ed estenderla alla società nel suo complesso. Producendo, la società guadagnerà del denaro e questo denaro servirà ad acquistare quanto prodotto.[12]

Quella che potrebbe essere chiamata la legge di Keynes, sulla falsariga della legge di Say, può essere formulata come segue: se la società spende, verranno prodotti i beni. Anche questo è vero, perché la produzione e la spesa sono due elementi inseparabili, come le due facce di una stessa medaglia. Ciò nonostante, la teoria di Keynes è estremamente fuorviante.

Nel flusso circolare di produzione e spesa, è la produzione ad avere il posto d'onore. Se siamo naufragati su un'isola deserta, non serve a nulla avere con noi del denaro da spendere. Se non produciamo, moriamo di fame.

Tornando al mondo civilizzato, sono i produttori coloro che hanno la possibilità di divenire ricchi. Chi spende, invece, finisce più spesso con l'essere povero. È la produzione che determina quanto possiamo permetterci di spendere, e non il contrario.

È vero che possiamo spendere di più di quanto produciamo ricorrendo al prestito, ma questo è possibile solo per un certo periodo, non all'infinito. Possiamo anche essere in grado di aumentare la nostra spesa stampando denaro nei nostri interrati. Se siamo una autorità pubblica, non ci arresteranno nemmeno per contraffazione. Eppure, alla lunga, ciò non ci renderà più ricchi, perché alla società nel suo complesso questo denaro extra porterà solamente l'inflazione, di un tipo o dell'altro.

Mill e Say avevano ragione, Keynes no. Non esiste alcun possibile sostituto per la combinazione di lavoro, produzione e risparmio operanti in un sistema di prez-

12. Si veda la nota di chiusura II.

zi e profitti liberi. Sostenere qualcosa di diverso significa ricorrere a sofismi. Per di più, si tratta di sofismi pericolosi, che impoveriscono non solo gli individui, ma anche intere società.

4a. Keynes: il problema con il risparmio è che spesso non viene investito. Rimanendo inutilizzato, riduce la domanda. Diminuendo la domanda, l'economia peggiora

Se le società producono e risparmiano, e questi risparmi vengono investiti appieno e agevolmente, allora le cose vanno bene. Ma è proprio questo il punto: non esiste la certezza che i risparmi vengano investiti.

Forse i risparmiatori vorranno tassi d'interesse troppo alti, più alti di quelli che i titolari d'azienda possono pagare.[13] Forse i titolari o i manager non hanno quella fiducia o quella convinzione necessarie a ricorrere al prestito e a investire. Forse il risparmiatore deciderà semplicemente di non rendere disponibile al prestito il proprio denaro e di limitarsi ad accumularlo.

Dovremmo tenere a mente che

> un atto di risparmio individuale significa, per così dire, la decisione di saltare il pranzo di oggi; ma non richiede necessariamente una decisione di pranzare o di comperare un paio di scarpe fra una settimana o fra un mese [o d'investire ciò che non è stato speso].[14]

È

assurdo

pensare che l'investimento venga incrementato di una sterlina, o di un dollaro, per ogni sterlina, o dollaro, non spesi in consumi.[15]

13. Keynes, *General Theory*, p. 309.
14. Keynes, *General Theory*, p. 217.
15. Si veda la nota di chiusura JJ.

4b. Commenti

i. *Normalmente i risparmi non restano inutilizzati*

L'immagine di risparmiatori che saltano zelanti la cena, per non sprecare nemmeno un etto di carne e non spendere i relativi soldi, è un altro quadro parodistico. Di solito, i risparmiatori non saltano affatto la cena.

E che dire delle altre affermazioni? Davvero i risparmi giacciono inutilizzati, bloccando il sistema economico e riducendo la domanda che si presume generi la crescita economica? Non c'è alcun motivo per pensare che accada una cosa simile. In genere, le persone risparmiano per guadagnare denaro dai propri risparmi. E lo fanno investendo. Se i risparmi si trasformano in investimenti, il denaro verrà speso nell'espansione delle attività economiche – in nuovi dipendenti, nuove attrezzature o nuove strutture – e quindi tornerà a fluire nell'economia. Rimanendo all'economia, i risparmi possono essere usati per comprare i prodotti che l'investimento ci offre. Il che, a sua volta, porterà occupazione, profitti e altri risparmi. Non c'è alcuna ragione per ritenere che questo fluire circolare di denaro non possa continuare all'infinito.

ii. *I risparmiatori non controllano i tassi d'interesse*

Keynes sostiene che i risparmiatori spesso vogliono un tasso d'interesse troppo alto, più elevato di quello che i titolari d'azienda possono pagare. Come abbiamo già discusso nel capitolo precedente, dire questo significa supporre l'esistenza di un mercato di fantasia, a senso unico. Un mercato monetario libero, invece, è bilaterale, ed è "risolutivo" in merito al tasso d'interesse che assicurerà l'investimento di tutti i fondi disponibili.

iii. *Se i risparmiatori non hanno la sicurezza necessaria a investire, dobbiamo chiederci il perché*

Keynes dice anche che i titolari d'impresa o gli investitori possono non avere la fiducia necessaria per ricorrere al prestito e investire. Questo accade sicuramente durante una crisi economica, e con buone ragioni. Significa che un certo elemento del sistema dei prezzi e dei profitti è temporaneamente guasto, e i risparmiatori devono prestare molta attenzione nel cercare di non perdere i propri risparmi. Per esempio, i prezzi al consumo possono essere in aumento (inflazione) o scendere troppo velocemente (grave deflazione), oppure potrebbero essere i prezzi degli *asset* a crollare.[16]

Ironicamente, la fonte più probabile di una inflazione destabilizzante è quello stesso denaro che Keynes chiede al governo di stampare. Mentre la causa più probabile di una grave deflazione è l'inflazione, visibile o nascosta, che di solito la precede. In ciascun caso, il problema non sono i risparmi non investiti; essi sono solo il sintomo di una malattia più vasta. In tali circostanze, le politiche inflazionistiche di Keynes non faranno altro che peggiorare il problema.

Infine, Keynes dice che i risparmiatori possono semplicemente decidere di non investire, e di accumulare denaro. Va bene, tutti hanno bisogno di un po' di denaro non impiegato. Ci teniamo sempre del denaro nel portafogli per le emergenze. Se non c'è un'emergenza, è possibile che questo denaro non venga affatto speso.

Tuttavia, solitamente non teniamo il denaro sotto il proverbiale materasso, né in cassaforte. Lo investiamo. E se non lo investiamo, non è a causa di qualche atavico bisogno di accumulare ricchezza. Quasi sempre è perché nutriamo timori e non vogliamo sprecare il nostro capitale prezioso.[17]

iv. *John Stuart Mill confuta Keynes*

Si può dire che nel diciannovesimo secolo l'economia inglese fu dominata da John Stuart Mill (1806-1873), uno degli economisti "classici" criticati da Keynes. Il suo testo *Principi di economia politica* fu pubblicato nel 1848 e dominò la scena economica in Inghilterra e America per mezzo secolo.

Hazlitt trovò un saggio di Mill nel quale l'economista affronta specificamente la teoria keynesiana dell'accumu-

16. Si veda la nota di chiusura KK.
17. Si veda la nota di chiusura LL.

lazione dei risparmi inutilizzati che blocca il sistema economico. In questo scritto, Mill conclude che si tratta di una

> evidente assurdità.[18]

Perché? Perché, come abbiamo già osservato, la possibilità di un profitto, di un ritorno economico, assicura che i risparmi vengano investiti e pertanto spesi. A differenza della spesa destinata ai consumi, la spesa per investimenti contribuisce a far crescere l'economia e quindi arreca maggior reddito, più spesa al consumo e ancora più risparmio. C'è solo un ammonimento: per far sì che ciò accada, i prezzi (inclusi i salari) devono essere liberi. Il meccanismo del profitto deve essere rispettato.

Ciò non significa, secondo Mill, che nessun risparmio, o nessun capitale, possa restare "inutilizzato". Possiamo anche avere «un'ampia frazione di capitale non utilizzato».[19] E questo accade perché l'economia è in continuo cambiamento. La domanda cresce da una parte e diminuisce da un'altra. Alcune attività saranno in contrazione, altre in espansione. Inevitabilmente ci sarà del capitale non impiegato e una disoccupazione come risultato di questi cambiamenti. Ma non è una situazione di cui rammaricarsi. È il prezzo che dobbiamo pagare per il progresso economico. Senza questi cambiamenti, dislocazioni e riallocazioni di capitali, staremo ancora vivendo nelle caverne.

Quando vediamo che tutto il capitale è impiegato, che quasi tutte le attività prosperano e si espandono, dovremmo prendere tutto questo come un avvertimento. Non stiamo assistendo a un avanzamento economico, ma a una bolla. Significa, come disse Mill, che

> c'è in circolazione una grande illusione.[20]

18. John Stuart Mill, *Of the Influence of Consumption on Production*, in *Essays on Some Unsettled Questions of Political Economy*, London, 1844 (scritto fra il 1829 e il 1830), citato in Henry Hazlitt, *The Failure of The "New Economics"*, New Rochelle (NY), Arlington House, 1978, p. 366.
19. Hazlitt, *The Failure of The "New Economics"*, p. 367.
20. Hazlitt, *The Failure of The "New Economics"*, p. 367.

E non è che Mill sia all'antica, né che sia felice di un'elevata disoccupazione. Se si lascia che gli stipendi fluttuino assieme agli altri prezzi, praticamente tutti coloro che vogliono un lavoro dovrebbero essere in grado di trovarlo senza aspettare tanto. Ma ci deve sempre essere una disoccupazione "fisiologica", vale a dire delle persone che stanno cercando lavoro, perché è solo così che l'economia cambia. Auspicare un'occupazione piena e l'assenza di risorse inutilizzate, come fa Keynes, significa auspicare una bolla, e le bolle alla fine scoppiano sempre, portandosi dietro una scia di depressione e grave disoccupazione. Come conclude Mill,

> quando l'illusione svanisce, coloro i cui beni sono in relativo eccesso devono diminuire la propria produzione o andare incontro alla rovina: e se durante il periodo dei prezzi alti hanno costruito stabilimenti ed acquistato macchinari, probabilmente si pentiranno di non aver oziato.[21]

5a. Keynes: più diventiamo ricchi, più siamo minacciati dai risparmi inutilizzati

Non dobbiamo ingannare noi stessi pensando che un divario fra risparmio e investimento (troppo risparmio, troppo poco investimento) sia un evento raro o improbabile. Al contrario:

> In tutta la storia umana vi è stata una tendenza cronica della propensione a risparmiare a essere più forte dell'incentivo a investire.[22]

E la cosa è divenuta sempre più un problema, e non meno, man mano che le società sono progredite.

Sappiamo tutti che il diventare ricchi rende più facile il risparmio. Allo stesso modo, una società ricca tende a risparmiare di più di una società povera. Quando cre-

21. Hazlitt, *The Failure of The "New Economics"*, p. 367.
22. Keynes, *General Theory*, p. 347.

scono i risparmi, cresce anche il divario fra essi e l'investimento.

5b. Commento: se abbiamo troppi risparmi inutilizzati, perché continuare a stampare denaro?

Keynes non presenta l'ombra di una prova a proposito della sua convinzione che il risparmio abbia superato l'investimento nell'arco della storia dell'umanità. Si tratta solamente di un'altra delle sue impressioni personali.

Ha ragione quando dice che le società ricche, come gli individui ricchi, risparmiano di più. Ma da questo non consegue che producano un maggior volume di risparmi "in eccesso", o "inutilizzati".

È interessante che, dopo così tanti anni dalla sua morte, l'affermazione per cui stiamo ancora soffrendo per un eccesso di risparmio continui a essere ripetuta con poche giustificazioni, o nessuna. Per esempio, Ben Bernanke, presidente della Federal Reserve, Alan Greenspan, presidente della Federal Reserve prima di Bernanke, e Paul Krugman, premio Nobel per l'economia, hanno tutti sostenuto che dal 2002 l'economia mondiale è stata afflitta dall'"eccessivo" risparmio, la maggior parte del quale di provenienza asiatica.[23]

Come fanno questi tre a saperlo è difficile dirlo, soprattutto dal momento che il mondo è inondato anche dal denaro aggiuntivo stampato dalla banca centrale, parte del quale fornito proprio da Greenspan e Bernanke. È quella stessa cosa che Keynes definiva «genuina» come i veri risparmi.[24] Se l'alto tasso di risparmio in Asia ha davvero generato un eccesso, allora perché le banche centrali del mondo, comprese quelle asiatiche, stampano denaro a ritmo così serrato? Perché non si fermano, così che sia possibile attingere ai veri risparmi?

23. *Forbes*, 16 febbraio 2009, p. 15; si veda anche Alan Greenspan, *Wall Street Journal*, 11 marzo 2009, e Paul Krugman, *New York Times*, 2 marzo 2009, p. A-23.
24. Keynes, *General Theory*, p. 83.

6a. Keynes: il paradosso della frugalità

Durante una depressione economica desideriamo risparmiare di più, perché temiamo di perdere il nostro lavoro. Ciò non fa altro che peggiorare le cose, perché i risparmi aggiuntivi hanno poca probabilità di trovare uno sbocco nel settore degli investimenti. Questo denaro rimane inutilizzato, il flusso monetario dell'economia rallenta ulteriormente e la depressione economica si aggrava. Dobbiamo allora capire che, in tali circostanze,

> quanto più virtuosi siamo, quanto più risolutamente economi, quanto più ostinatamente ortodossi [...] tanto maggiormente dovranno discendere i nostri redditi [...]; con l'ostinazione non può ottenersi che una sanzione, ma nessuna ricompensa, giacché il risultato è inevitabile.[25]

6b. Commenti

i. *Non esiste nessun paradosso della frugalità*

Abbiamo toccato questo punto nel primo capitolo. Il "paradosso della frugalità" keynesiano (assieme alla correlata "fallacia di composizione", vale a dire l'idea per cui il comportamento opportuno per una persona può non essere tale per una comunità) è stato un ritornello intonato da praticamente tutti i commentatori durante la crisi del 2008. Sì, hanno detto, il popolo americano ha speso troppo, si è indebitato troppo, e ha risparmiato troppo poco per molti anni. Che Dio ci riporti sulla strada della virtù, ma non ancora, per parafrasare sant'Agostino. Dobbiamo capire che un ritorno troppo veloce alla virtù, un allontanamento troppo drastico dal debito e dalla spesa, non farebbe altro che farci sprofondare ulteriormente nella miseria.

Non c'è nessun paradosso qui: Keynes si sbaglia. Cercare di mettere da parte qualcosa è solo una misura prudente per quelle famiglie che si trovano a perdere il lavoro. Iniziare a risparmiare è prudente anche per una

25. Keynes, *General Theory*, p. 111.

società che ha speso troppo e si è indebitata troppo. E questo è vero con o senza depressione economica.

Come abbiamo già visto, la depressione è giunta perché il governo (o i governi) hanno stimolato artificialmente l'economia stampando nuovo denaro e immettendolo nell'economia attraverso il sistema finanziario. Ciò ha fatto abbassare i tassi d'interesse e incoraggiato un'ondata di dispendioso indebitamento e di spesa, sia da parte delle attività economiche che da parte dei consumatori. In particolare, molto del denaro preso a prestito non poteva essere ripagato, o perché semplicemente consumato, o perché investito in progetti mal scelti.

In queste circostanze, assumere altro alcol non fa passare il mal di testa causato da una sbornia. I cattivi investimenti del recente passato devono essere liquidati o, per lo meno, svalutati nel prezzo. Fino a quando questo non accadrà, i risparmiatori dovrebbero costruirsi le proprie posizioni di cassa e rifiutarsi d'intaccarle. Investire al precedente prezzo irrealistico degli *asset* significherebbe semplicemente continuare il vecchio schema e buttare via denaro.

Una volta liquidati i precedenti investimenti e una volta che gli *asset* abbiano raggiunto un prezzo inferiore, più saranno i risparmi, meglio sarà. Essi faranno abbassare in modo naturale i tassi d'interesse e forniranno i fondi necessari per ricostruire l'economia sulle rovine del passato.

ii. *I profitti sono la chiave della ripresa*

L'analisi keynesiana ci dice che ciò che viene a mancare durante una depressione è la domanda. Dal momento che i risparmi privati (in quest'ottica) rimangono inutilizzati e non saranno investiti, l'unica domanda effettiva deriverà dalla spesa dei consumatori o da quella pubblica. Però quello che davvero spinge l'economia non è la domanda, ma la produzione. E ciò che stimola la produzione sono i profitti. Se vogliamo creare una ripresa economica dobbiamo tornare a realizzare profitti: quelli genuini, non quelli artificiali tipici delle bolle speculative.

Un crollo dei profitti indica che il sistema dei prezzi e dei profitti di mercato è stato danneggiato, di solito dagli interventi statali volti a ridurre i tassi d'interesse, alzare i salari, aumentare i consumi, finanziare alcuni settori e rinforzare i cartelli in altri. Non sono i risparmiatori che fanno naufragare l'economia, ma gli interventi dello Stato che penalizzano proprio questi risparmiatori e, in definitiva, distruggono i profitti.

Persino Keynes deve aver compreso quanto sono importanti i profitti. Nel suo *Trattato della moneta,* riconobbe che:

> il motore che muove l'impresa è [...] il profitto.[26]

All'epoca in cui scrisse la *Teoria generale,* Keynes usava spesso alcune perifrasi in gergo per schivare la parola "profitto": espressioni come «efficienza marginale del capitale». Ma la verità ineluttabile è che il profitto è la chiave della prosperità. E il modo per creare i profitti è consentire che i prezzi, compresi i tassi d'interesse e le valute, dicano la verità in merito all'economia. In un contesto di prezzi liberi, il lavoro, la produzione e il risparmio faranno tutto ciò che è necessario, proprio come disse John Stuart Mill quasi due secoli fa.

7a. Keynes: ci sono modi migliori e modi peggiori per affrontare il problema dell'eccesso di risparmio

Iniziando da alcuni dei modi peggiori, possiamo sperare che vi sia

> una disoccupazione sufficiente a mantenerci tanto poveri [...] e che il tenore di vita sia abbastanza miserevole per ridurre a zero il risparmio.[27]

26. John Maynard Keynes, *Collected Writings*, vol. 6, *A Treatise on Money: The Applied Theory of Money*, London, Macmillan; New York, St. Martin's Press, 1971, p. 132.
27. Keynes, *General Theory*, pp. 105, 217-218.

Diversamente, potremmo sperare che i

> milionari [smettano di risparmiare e] trovino soddisfazione [nell'usufruire dei propri risparmi] nel costruire magnifici palazzi per contenere i loro corpi finché sono in vita e piramidi per accoglierli dopo morti, oppure che, pentendosi dei loro peccati, erigano cattedrali o elargiscano somme a monasteri [...].[28]

E possiamo fare affidamento sull'imprevisto:

> [Nella storia, i disastri naturali come] i terremoti, perfino le guerre possono servire ad accrescere la ricchezza [grazie al ricorso ai risparmi].[29]

Possiamo presentare istanza ai governi, anche a quelli completamente votati ai principi del libero mercato (*laissez-faire*) affinché riempiano

> di biglietti di banca vecchie bottiglie, le sotter[rino] a una profondità adatta in miniere di carbone abbandonate, e queste [vengano] riempite poi fino alla superficie con i rifiuti delle città, e si [lasci] all'iniziativa privata, [...], di scavar fuori di nuovo i biglietti [...].[30]

Come dice Keynes, sarebbe

> più sensato costruire case e altre cose simili [... Ma] l'analogia fra questo espediente [quello dello scavare alla ricerca delle banconote] e l'estrazione dell'oro è completa [ed entrambi costituiscono un modo per consumare i risparmi in eccesso].[31]

7b. Commenti

i. *Un applauso*

Queste proposte sono tutte perle di satira.

28. Keynes, *General Theory*, p. 220.
29. Keynes, *General Theory*, p. 129.
30. Keynes, *General Theory*, p. 129.
31. Keynes, *General Theory*, p. 129.

ii. *Le guerre, i disastri naturali e "trovare qualcosa da fare" non creano ricchezza*

Le guerre e i disastri naturali possono solo esaurire le ricchezze, non aumentarle. Gli investimenti successivi alla seconda guerra mondiale possono aver generato una crescita economica per rispondere alla domanda di consumo "repressa", ma non ci hanno reso più ricchi di quanto saremmo stati senza la guerra.

Il paragone fra il denaro sepolto e l'oro è niente di meno che una barzelletta. Il consiglio di Keynes di stampare sempre più denaro ha avuto come risultato, negli anni, un rapido deprezzamento delle valute. Bisogna ricordare che il dollaro, dall'istituzione della Federal Reserve (1913) in poi, ha perso più del 95 per cento del suo potere d'acquisto. Al contrario, l'oro ha mantenuto il proprio potere d'acquisto ed è divenuto un investimento di "rifugio" per coloro che si chiedono cosa faranno in futuro i governi ispirati dalle teorie di Keynes.

Si potrebbe anche sostenere che i governi hanno ripetutamente seguito il consiglio ironico di Keynes di seppellire il denaro in una buca nel terreno, e che l'ammontare di denaro sprecato in questo modo, se fosse stato investito in modo adeguato, avrebbe potuto far uscire il mondo dalla povertà.

8a. Keynes: ovviamente, ci sono metodi migliori per ridurre l'ammontare di risparmi inutilizzati

Ridurre i tassi d'interesse per creare un maggiore indebitamento, e quindi ridurre l'eccesso di risparmio, è il modo migliore. Ma ci sono delle alternative. Si può

> consumare di più,

vale a dire, spendere di più come consumatori, così da risparmiare meno, oppure

> lavorare meno,

vale a dire, ridurre il nostro reddito e dunque la nostra capacità di risparmio.

Keynes disse che questi ultimi due metodi funzionano

altrettanto bene dell'aumento dell'investimento.[32]

Un modo pratico con cui far sì che la società consumi di più è quello di tassare i ricchi con aliquote maggiori e ridistribuire la ricchezza a coloro che ne hanno bisogno, così da poter garantire che il denaro venga speso.[33] Se teniamo ben presente che

> lo sviluppo della ricchezza, lungi dal dipendere dall'astinenza dei ricchi, come in generale si suppone, né è probabilmente ostacolato,[34]

capiremo che le «imposte di successione», così come le aliquote progressive sul reddito, aiuteranno la società a prosperare.

E se i ricchi riuscissero a bloccare politicamente le imposte di successione e le imposte elevate sul reddito? In tal caso, i governi possono pur sempre ottenere prestiti dai ricchi. Questo assorbirebbe il loro eccesso di risparmio. E, avendo preso a prestito il denaro, il governo potrebbe spenderlo, rimettendolo in circolazione e stimolando l'economia. Così, il governo diventerebbe quello che può essere definito un "consumatore di ultima istanza".

8b. Commenti

i. *Più si spende, più si ha*

Nel passaggio sopracitato, Keynes rende esplicito ciò che in precedenza era solamente implicito. Egli desidera un aumento della spesa e non gli importa se questo avviene sotto forma di consumi o d'investimenti. Il consumo funziona «altrettanto bene». Se spendere è la strada verso la ricchezza, il risparmio conduce alla povertà.

32. Keynes, lettera al poeta T.S. Eliot, in Robert Skidelsky, *John Maynard Keynes*, vol. 3, *Fighting for Britain 1937-1946*, London, Macmillan, 2000, p. 279.
33. Keynes, *General Theory*, pp. 372-373.
34. Keynes, *General Theory*, p. 373.

In merito a quest'idea, Henry Hazlitt disse: «Com'è meraviglioso il mondo di Keynes! Più si spende, più si ha. Più torta mangi, più torta avrai da mangiare».[35]

ii. *Le imposte di successione non possono renderci più ricchi*

Secondo Keynes, la visione convenzionale sulle imposte di successione (vale a dire, che riducono la ricchezza investita di un paese) è solamente

confusione.[36]

Egli è d'accordo sul fatto che utilizzare le imposte di successione per ridurre le altre tasse porterebbe più consumo. Tuttavia, dal momento che il consumo accresce il reddito nazionale, e che un aumento di reddito nazionale porta sia a maggiori investimenti che a maggior consumo, le imposte di successione non riducono l'investimento, ma l'accrescono.

Questo ragionamento è talmente ridicolo da non meritare quasi di essere discusso. Si consideri: le proprietà sono quasi sempre completamente investite. Keynes ci dice che vendendo e spendendo tutto il ricavato, magicamente otterremo ancora più investimento. Se fosse così, perché allora non liquidiamo tutti i nostri investimenti, spendiamo tutto il denaro sul quale riusciamo a mettere le mani e poi aspettiamo fiduciosi la cornucopia di ricchezza che ne conseguirebbe?

iii. *Abbiamo bisogno di lavoratori e di risparmiatori, compresi quelli ricchi*

Quello di Keynes è davvero un mondo immaginario, un mondo in cui purtroppo dobbiamo vivere tutti, a causa del predominio delle sue idee tra quanti nel mondo fanno parte dei governi nazionali. La verità è che l'economia può prosperare solamente grazie ai risparmi privati. Al momento, i ricchi, proprio perché possiedono molto, sono la fonte più affidabile per tali

35. Hazlitt, *The Failure of The "New Economics"*, p. 375.
36. Keynes, *General Theory*, p. 373.

risparmi. Quindi, abbiamo bisogno dei ricchi sia per fornire i fondi necessari agli investimenti, sia per guidare tali investimenti.

Esistono strategie che ci possano rendere meno dipendenti dai ricchi? Sì. Alcune le ho esplorate nell'ultimo capitolo del mio libro *Are the Rich Necessary?*. Tuttavia, nel frattempo, il trasferimento di denaro dai ricchi, i risparmiatori più affidabili, allo Stato, l'inveterato spendaccione, impoverirà tutti.

Come autore, avvocato, economista e attore, Ben Stein ha scritto, sotto il titolo *How to Ruin American Enterprise*:

> Schernire il duro lavoro e la frugalità. [...] Abbandonare i lavoratori e i risparmiatori meticolosi nella polvere. [...] Instaurare un sistema fiscale che incoraggi l'antagonismo di classe e punisca il risparmio, premiando l'indebitamento, l'avventatezza e il consumo. Tassare i frutti del lavoro molte volte: [...] come reddito, come [...] proprietà immobiliari, come [...] guadagni di capitale, [...] e ancora, a livelli incredibilmente elevati, fino alla morte. [...] Ciò ci priverà di capitale assai necessario per i nuovi investimenti, per l'innovazione e per le nostre aspirazioni personali.[37]

iv. *Una sintesi*

Keynes ci ha detto che soffriamo di eccessivo risparmio. Egli avrebbe risolto il problema introducendo paradossalmente un nuovo tipo di risparmio (il denaro creato dal governo) che sarebbe stato assolutamente «genuino» quanto i risparmi privati. Questo nuovo denaro non avrebbe causato inflazione.

Tutto ciò, però, si è dimostrato sbagliato dal momento che:

- c'è troppo poco risparmio, per lo meno negli Stati Uniti;
- il denaro stampato dal governo, nonostante qual-

37. *Forbes*, 23 febbraio 2002, p. 226.

siasi sforzo immaginativo, non è un risparmio «genuino»;

- il nuovo denaro, introdotto attraverso il sistema bancario come credito a bassissimo costo, crea inflazione;
- se il nuovo denaro fluisce principalmente verso i beni di consumo, produce un'inflazione di tipo tradizionale; se fluisce soprattutto verso *asset* d'investimento, produce una bolla speculativa come quella degli anni Venti, o quelle recenti dei mercati dot-com e immobiliari;
- in ogni caso, le politiche di Keynes basate sulla creazione di nuovo denaro, sul prestito, sulla spesa e sulla tassazione consumano e distruggono i risparmi privati dai quali dipendiamo per avere un'economia prospera.

Capitolo 12

Cosa (non) fare con Wall Street

1a. Keynes: i partecipanti al mercato mancano di fiducia perché non sanno cosa accadrà nel futuro

Fino a questo punto, la medicina prescritta dal dottor Keynes è l'abbassamento dei tassi d'interesse. Ma questa prescrizione di per sé non garantirà un aumento degli investimenti nel mercato. Quando i titolari d'azienda e i manager prendono in considerazione un nuovo investimento, magari una nuova struttura, il costo del denaro da prendere in prestito è importante, ma non tanto quanto le aspettative.

Le aspettative degli investitori dipendono fortemente da un fattore meramente psicologico, lo stato della fiducia nell'economia. Sfortunatamente, la fiducia in genere è bassa.

Le persone comuni credono che un titolare d'azienda o un manager sappiano ciò che fanno e, in particolare, sappiano molte cose sui ritorni futuri di un'azienda, una miniera, un prodotto o un servizio. Ma non è così. Tutti gli esseri umani, anche i cosiddetti esperti, brancolano nel buio per quanto riguarda il futuro. La loro conoscenza del futuro

> è scarsa e talvolta evanescente[1]

1. John Maynard Keynes, *The General Theory of Employment, Interest, and Money*, Amherst (NY), Prometheus Books, 1997, p. 150.

e la loro capacità di fare previsioni accurate e particolarmente precise è di solito nulla.

Le persone in generale, e gli investitori in particolare, fanno fronte alla propria ignoranza sul futuro ricorrendo a una semplice convenzione.[2] Presumono che ciò che è accaduto nel recente passato continuerà ad accadere.

Sfortunatamente, questa convenzione è

> tanto arbitraria [... con] i suoi punti deboli [...] e le sue precarietà.[3]

Spesso si dimostra sbagliata e l'errore porta con sé uno shock psicologico.

1b. Commento: i titolari di aziende e i manager non ragionano nel modo in cui pensa Keynes

Le attività economiche hanno a che vedere con le persone, non con le previsioni. Il primo requisito è quello di conoscere estremamente bene i propri clienti e i loro bisogni. Il passo successivo è cercare di rispondere a tali bisogni in maniera efficace (anche per quanto riguarda i costi). Raramente si tratta di fare previsioni precise sul futuro tasso di ritorno di un impianto, o anche di un prodotto, e poi di confrontare questo tasso di ritorno con i tassi d'interesse.

Keynes è nel giusto quando dice che la gente molto spesso cerca di guidare guardando nello specchietto retrovisore. Alcuni studi psicologici sostengono che si tratta di una caratteristica radicata nell'uomo. Ma i bravi operatori economici prendono in considerazione una varietà di possibili situazioni o risultati futuri. Cercano di posizionare se stessi in modo che, anche qualora arrivasse il peggior risultato possibile, vi sia la possibilità di evitare la bancarotta.

2a. Keynes: il ruolo degli «spiriti animali»

Anche se alcuni titolari o manager hanno giuste

2. Keynes, *General Theory*, p. 152.
3. Keynes, *General Theory*, p. 153.

intuizioni sul futuro, molti altri non le hanno. È «probabile» che un operatore resti «deluso»,[4] in media, dai ritorni economici, soprattutto in rapporto alle «speranze» iniziali.[5] Perché, allora, continuare a voler giocare a questo gioco? Si suppone non per «freddo calcolo», ma piuttosto a causa degli

> spiriti animali.[6]

Purtroppo, gli spiriti animali dipendono da

> nervi e [...] isterismi, e perfino [d]alle digestioni [dei giocatori].[7]

2b. Commento: questa è un'altra parodia keynesiana

Non è affatto «probabile» che i ritorni siano in media deludenti. Come si farebbe a sapere una cosa del genere? Non è mai stato nemmeno ipotizzato uno standard di misurazione del successo rappresentato dalle «speranze», e non esiste nessuna evidenza a sostegno dell'affermazione di Keynes.

E poi, l'attività economica è un gioco? Beh, in parte sì. Ma il desiderio di guadagnarsi da vivere, mantenere se stessi e la propria famiglia, costruire un'impresa produttiva, e così via, sembrerebbero motivazioni più grandi della semplice manifestazione di «spiriti animali». Se l'attività economica, in definitiva, è solamente una questione di «digestione», forse non si può dire lo stesso delle politiche economiche emesse da un docente di Cambridge?

3a. Keynes: cosa c'è di sbagliato nel mercato azionario, parte prima

Il mercato azionario non è del tutto un male. È un modo per finanziare le società. Offrendo «liquidità», la capacità di comprare e vendere titoli a fini di investi-

4. Keynes, *General Theory*, p. 150.
5. Keynes, *General Theory*, p. 150.
6. Keynes, *General Theory*, pp. 50, 161-162.
7. Keynes, *General Theory*, p. 162.

mento, questi mercati possono riuscire anche a convincere l'investitore più timido a tirar fuori il denaro da sotto il materasso e a fare davvero un investimento. Ovviamente, la liquidità è in gran parte illusoria. Le persone non possono entrare tutte, o uscire tutte dal mercato, nello stesso momento, cosa che invece di solito vogliono fare.

Inoltre, se il denaro è investito in azioni esistenti, non sarà investito in nuovi impianti, attrezzature, dipendenti, prodotti e servizi, tutte cose che rappresentano veri investimenti. Gran parte dell'investimento nel mercato azionario è sterile, e per quanto riguarda la società non è affatto meglio che tenere il denaro sotto il materasso.[8]

I prezzi dei titoli nel mercato spesso sono stabiliti in modo «assurdo».[9] Per esempio, Keynes afferma di aver sentito che le azioni delle società produttrici di ghiaccio venivano liquidate a un prezzo più elevato in estate (quando i profitti erano più elevati stagionalmente) che in inverno. Un mercato razionale saprebbe come comportarsi.

Se il mercato azionario sale, si ha un effetto benefico sull'accrescimento della fiducia. Ma un suo crollo deprime questa fiducia. Inoltre, colpisce anche la domanda di consumi, perché i consumatori che hanno investito si sentirebbero meno ricchi, e anche quelli che non hanno investito temerebbero per il proprio lavoro.[10]

3b. Commento: un errore concettuale e due affermazioni inesatte

Come si può notare dalla nota di chiusura EE, non è corretto considerare sterile l'acquisto di un'azione (perché non fluisce direttamente alla società e quindi non sarà utilizzato per l'espansione delle attività). Dal momento che esistono sempre un compratore e un ven-

8. Robert Skidelsky, *John Maynard Keynes*, vol. 2, *The Economist as Savior 1920-1937*, London, Macmillan, 2000, p. 316.
9. Keynes, *General Theory*, p. 154.
10. Keynes, *General Theory*, p. 319.

ditore per ogni transazione di mercato, il mio acquisto di un'azione trasferisce del denaro al venditore. A sua volta, il venditore può spenderlo o investirlo, ma, in un modo o nell'altro, il denaro troverà una collocazione nel flusso circolare dell'economia. Inoltre, se più persone comprano le azioni già esistenti di una società, il loro prezzo aumenterà. Questo significa che quando la società emetterà nuove azioni, il suo costo del capitale sarà inferiore e quindi troverà più conveniente espandersi.

L'approccio troppo disinvolto di Keynes è ben illustrato dal suo riferimento alle azioni delle società produttrici di ghiaccio. Infatti, egli riferisce che «si dice» che le azioni di queste società in estate vengano vendute a prezzi maggiori rispetto all'inverno. Ovviamente questo tipo di attività non esiste più, ma Henry Hazlitt si è preso la briga di controllare i dati storici a riguardo e ha scoperto che l'affermazione di Keynes è falsa.[11]

Incidentalmente, avete notato la strana definizione di liquidità che Keynes fornisce in tale frangente? Secondo lui, un mercato deve essere in grado di assorbire l'acquisto simultaneo, o (viceversa) la vendita simultanea, di tutte le azioni per essere considerato davvero liquido.

4a. Keynes: cosa c'è di sbagliato nel mercato azionario, parte seconda

L'aspetto peggiore del mercato azionario è la sua

> atmosfera da casinò da gioco.[12]

Il presunto scopo di un mercato azionario è quello d'incanalare i risparmi privati verso gli investimenti socialmente più utili (e quindi remunerativi).[13] Ciò richiede una visione «a lungo termine».[14] I «migliori cervelli di Wall Street», però, sono del tutto disinteres-

11. Henry Hazlitt, *The Failure of The "New Economics"*, New Rochelle (NY), Arlington House, 1978, p. 175.
12. Keynes, *General Theory*, p. 159.
13. Keynes, *General Theory*, p. 159.
14. Keynes, *General Theory*, p. 157.

sati al lungo termine. A loro non interessa nemmeno sapere troppe cose sulle società che comprano.[15] Il loro «gioco», al quale si dedicano con il più grande «gusto e diletto», è quello d'individuare le azioni che diventeranno popolari e comprarle per primi.[16] Dal momento che tutti si comportano allo stesso modo, il gioco diventa quello di

> indovinare come l'opinione media immagina che sia fatta l'opinione media medesima

e poi trarre profitto da una giusta intuizione.[17]

In tali condizioni, l'investimento genuino a lungo termine diventa «così difficile da essere scarsamente praticabile» e chiunque lo tenti, paradossalmente, apparirà come «eccentrico, anticonvenzionale e avventato».[18] Anche i comitati d'investimento più tradizionalisti non si troveranno a proprio agio con un approccio a lungo termine, perché

> La saggezza del mondo insegna che è cosa migliore per la reputazione fallire in modo convenzionale, anziché riuscire in modo anticonvenzionale.[19]

Wall Street può sembrare solamente uno «spettacolo», ma le sue disfunzionalità hanno conseguenze serie.

> Gli speculatori possono non causare alcun male, come bolle d'aria in un flusso continuo d'intraprendenza; ma la situazione è seria quando l'intraprendenza diviene la bolla d'aria in un vortice di speculazione.[20]

In tali condizioni, il capitale non sarà semplicemente male allocato. I cittadini medi perderanno anche la

15. Keynes, *General Theory*, p. 316.
16. Keynes, *General Theory*, pp. 155, 157.
17. Keynes, *General Theory*, p. 156.
18. Keynes, *General Theory*, p. 157.
19. Keynes, *General Theory*, p. 158.
20. Keynes, *General Theory*, p. 159.

propria fiducia nel sistema.

Una cosa è guardare alcune persone diventare incredibilmente ricche, se si ritiene che le differenze nella distribuzione delle ricchezze riflettano meriti legati al duro lavoro, a una astuta capacità di giudizio e alla produzione di beni essenziali per la società nel suo complesso. Ma, anche in questo caso, i vincitori ottengono troppo, sia dal punto di vista della giustizia, sia da quello degli incentivi che essi offrono.[21] È tutta un'altra cosa, però, se queste enormi ricompense non vanno a chi le merita ed è disciplinato, ma solo a giocatori d'azzardo fortunati. Nel tempo, il sistema sociale si sfalderà, nessuno vorrà più lavorare e tutti vorranno giocare e speculare.[22]

4b. Commenti

i. *Keynes descrive un mercato di "bolle"*

Keynes dipinge a tinte forti il mercato azionario, raffigurandolo come una bisca, un covo di giocatori d'azzardo. Esprime quello che forse in molti hanno sempre vagamente pensato. Ma è davvero una descrizione accurata?

Beh, è un ritratto ragionevolmente accurato dei mercati azionari durante una bolla speculativa, in periodi come gli anni Venti o Novanta, o in questo primo decennio del ventunesimo secolo. È durante le bolle che i compratori hanno la maggior probabilità di concentrarsi sull'«indovinare [...] l'opinione media» piuttosto che sui fondamentali delle società. Quello che fa Keynes, ovvero descrivere taluni mercati minati da bolle speculative fuori controllo come un qualcosa di normale, e condannarli, è di certo molto più che ironico, perché sono proprio le politiche da lui auspicate di emissione di denaro, di credito e di spesa facile che gonfiano queste bolle.

Per l'occhio non allenato, le bolle speculative hanno

21. Keynes, *General Theory*, p. 374.

22. John Maynard Keynes, *Essays in Persuasion*, New York, W.W. Norton, 1963, pp. 94-95.

a che vedere con l'avidità individuale, non con le cattive politiche messe in atto dai governo. La rivista *Economist* ci dice che:

> Quando le persone guardano a una bolla speculativa, tendono a biasimare il caos di disonestà, cupidigia e follia collettiva altrui. Cos'altro oltre la pazzia può spiegare tutti questi tulipani olandesi giunti a un prezzo eccessivo?[23]

Ma le bolle non sono semplici manifestazioni di avidità o follia. Come spiega Peter R. Fisher, ex sottosegretario del Tesoro americano e funzionario della Federal Reserve Bank di New York:

> Il capitalismo ha come premessa l'idea che il capitale sia una merce scarsa, così che la si razionalizza con un meccanismo di prezzi. Quando si danno fondi a breve termine, essenzialmente liberi da tassi reali negativi [tassi inferiori all'inflazione, come è successo, per esempio, fra il 2001 e il 2004] iniziano ad accadere cose folli.[24]

ii. *Altri problemi di logica*

Ci sono molte cose bizzarre nella descrizione fatta nella *Teoria generale* di Wall Street e dei suoi eccessi. Per esempio, Keynes denigra gli investitori in quanto speculatori, ma chiama speculatori anche le persone che trattengono il proprio denaro (preferendo non investirlo in azioni). Queste persone, dice, operano in base a un

> movente speculativo

perché ritengono di

> conoscere meglio del mercato ciò che il futuro arrecherà.[25]

23. "Special Report on Finance", *Economist*, 24 gennaio 2009, p. 6.
24. *Barrons*, 22 settembre 2008 Si veda la nota di chiusura MM.
25. Keynes, *General Theory*, p. 170.

Ma, allora, sia l'assumersi dei rischi, sia l'evitarli corrisponde a speculazione?[26] Un'altra stranezza: Keynes, che notoriamente disse che

> nel lungo termine saremo tutti morti,

e che raccomandava di spendere di più, risparmiare meno, preoccuparsi maggiormente del presente e meno del futuro, ora ci dice che l'investimento a breve termine è una cosa sbagliatissima. È davvero poco chiaro. Ma noi a quale Keynes dovremmo dare ascolto?

Incidentalmente, non dovremmo credergli quando dice che il dilagante investimento rampante sul breve termine rende quello sul lungo termine

> così difficile da essere scarsamente praticabile.[27]

È una cosa assolutamente illogica. Nel mondo dell'investimento, se la maggior parte delle persone cerca solo opportunità sul breve termine, diventa più facile, e non più difficile, investire sul lungo termine. Perché? Perché c'è meno concorrenza per le buone idee d'investimento a lungo termine.

iii. *Ancora incoerenze*

La cosa forse più strana di tutto questo disprezzo di Keynes per la speculazione è che lui stesso era uno speculatore particolarmente attivo. Si orientò su investimenti in azioni, materie prime e valute estere, fu estremamente attivo (modificando i propri investimenti al 100 per cento ogni anno) e speculò su di essi con denaro a prestito (spesso più di una sterlina per ogni sterlina di sua proprietà).[28]

Nel 1920 questo atteggiamento aggressivo lo mandò

26. Si veda la nota di chiusura NN.
27. Keynes, *General Theory*, p. 127.
28. John Maynard Keynes, *Collected Writings*, vol. 11, *Economic Articles and Correspondence – Academic*, London, Macmillan; New York, St. Martin's Press, 1983, pp. 9-15.

temporaneamente in bancarotta, ma si riprese grazie ad alcuni prestiti da parte della famiglia e degli amici. Fra il 1922 e il 1929 pare ebbe solo un successo moderato, seguendo l'indice azionario del "Banker's Magazine" cinque anni su sette. Non riuscì a prevedere i problemi alla fine degli anni Venti e, soprattutto, a causa delle azioni di *leverage* perse l'86 per cento del suo capitale. Si trovò di nuovo in difficoltà nel 1937, perse metà del capitale, ma alla fine della sua vita era riuscito a recuperare la maggior parte delle perdite.[29]

Nel 1938, parlando al comitato d'investimento del King's College, a Cambridge, disse di non credere che non fosse più il caso di acquistare e vendere continuamente *asset* e di aver adottato una strategia consistente nell'acquistare e conservare un numero relativamente piccolo di posizioni concentrate. Lodò la diversificazione degli investimenti fra varie classi di *asset*. E, cosa più ironica di tutte, dopo aver fatto i suoi sermoni contro l'uso dell'oro come denaro, raccomandò specificamente l'inclusione di azioni di miniere d'oro in qualsiasi portafoglio, a scopi diversificativi, in virtù della loro mancanza di correlazione con i titoli comuni.[30]

5a. Keynes: il miglior rimedio per il fallimento del mercato azionario è l'intervento diretto dello Stato nella gestione degli investimenti

Come abbiamo visto, il problema del convertire i risparmi in investimenti ha due componenti. Il primo ostacolo è il fatto che i tassi d'interesse tendono a essere cronicamente troppo alti, il che scoraggia l'investimento e lascia inutilizzate grandi quantità di risparmio. Lo Stato può alleviare questa difficoltà stampando nuovo denaro e immettendolo nel sistema bancario per far abbassare i tassi d'interesse.

Ma questo intervento risolve solo metà del problema. L'altra questione è che

29. Keynes, *Collected Writings*, vol. 11, pp. 9-15.
30. Keynes, *Collected Writings*, vol. 11, p. 107.

> la psicologia [degli investitori privati, sia nell'economia che in Wall Street o altri mercati azionari è] disobbediente [...] e [...] incontrollabile.[31]

Operando all'interno di una nube d'ignoranza, gli investitori privati tendono ad alti esaltanti e bassi cupi. Quando si trovano in quest'ultima condizione, non possono essere esortati a trarre vantaggio nemmeno dai tassi d'interesse più appetibili.

L'intero sistema dell'investimento privato non è

> intelligente [...] non è virtuoso [...] e non mantiene gli impegni.[32]

Possiamo concluderne solamente che

> Il compito di determinare il volume corrente d'investimento non può, senza pericolo, lasciarsi in mano private.[33]

5b. Commento: discuteremo quest'ultima idea soprattutto nel prossimo capitolo

Per ora, è importante sottolineare che Keynes voleva che lo Stato si assumesse la responsabilità della quantità, e non della qualità, degli investimenti. Nel sistema keynesiano è sempre la quantità ciò che conta.

In modo interessante, egli non suggerisce una regolamentazione come panacea per ciò che affligge il sistema finanziario, come invece hanno fatto successivamente molti keynesiani. In generale, egli approva le «riforme» regolatorie di Roosevelt per quanto riguarda Wall Street, ma non dice molto a tale proposito, né propone un proprio programma. Non era chiaramente a favore della nazionalizzazione delle banche o di qual-

31. Keynes, *General Theory*, p. 317.
32. John Maynard Keynes, *New Statesman and Nation* (1933), in John Maynard Keynes, *Collected Writings*, vol. 21, *Activities 1931-39: World Crises and Policies in Britain and America*, London, MacMillan; New York, St. Martin's Press, 1982, p. 239.
33. Keynes, *General Theory*, p. 320.

siasi altra società privata.[34]

Benché non volesse che il governo gestisse quotidianamente Wall Street, Keynes auspicava che prendesse le decisioni più importanti. Di sicuro non poteva essere d'accordo con la battuta dell'umorista P.J. O'Rourke:

> Permettere che il governo gestisca Wall Street è come dire, "Papà ha bruciato la cena! Facciamo cucinare il cane".[35]

34. Keynes, *General Theory*, p. 378.
35. *Weekly Standard*, 19 gennaio 2009, p. 20.

Capitolo 13

(Non) guardare allo Stato per una leadership economica

1a. Keynes: lo Stato dovrebbe concentrarsi principalmente sul volume degli investimenti

Ciò significa che se l'investimento è troppo basso per assorbire tutti i risparmi, e se dei tassi d'interesse minori non lo incrementano a sufficienza, lo Stato dovrebbe intervenire e investire.

Come farà lo Stato a sapere che i tassi d'interesse non sono bassi abbastanza e che c'è bisogno di un suo investimento diretto? L'indicatore chiave è l'occupazione. Se il denaro a basso costo produce «piena» occupazione, non c'è bisogno d'investimento diretto. Se la disoccupazione persiste, allora lo Stato deve investire.

In genere, lo Stato non stamperà il denaro da investire. Otterrà i fondi necessari tramite la tassazione degli individui più abbienti, oppure ricorrerà al prestito. In questo secondo caso, non ci sarà necessariamente un deficit di bilancio; l'investimento governativo potrebbe essere mantenuto extra-bilancio o in un bilancio di capitale separato.[1]

1b. Commenti

i. *Non ci viene detto esattamente come affrontare la cosa*

Nel *Capitale* e in altre opere, Karl Marx è così impe-

1. Robert Skidelsky, *John Maynard Keynes*, vol. 3, *Fighting for Britain 1937-1946*, London, Macmillan, 2000, p. 273.

gnato ad analizzare quello che definiva "capitalismo" da non spiegare come avrebbe effettivamente operato il socialismo. Le istruzioni sul da farsi dovettero essere scritte da Lenin, Stalin, Mao e altri. In modo simile, Keynes è notevolmente elusivo in merito a quelli che potrebbero essere definiti i dettagli operativi del keynesismo.

Non ci viene detto il motivo per cui il governo dovrebbe prendere a prestito il denaro per gli investimenti e non stamparlo. Come discusso altrove (nella nota di chiusura T), William Beveridge, che divenne un keynesiano molto importante, disse che la cosa non aveva un grande rilievo.[2] Con ogni probabilità, Keynes pensava che stampare quantità così grandi di denaro sarebbe stato controverso.

Non ci viene detto nemmeno come fare a stabilire la «piena» occupazione o tassi d'interesse «bassi» (anche se sappiamo che l'obiettivo ultimo per i tassi d'interesse è lo zero). In aggiunta, siamo costretti a ipotizzare il modo in cui l'«investimento» governativo differisce da qualsiasi altra voce di spesa. Keynes fa esplicito riferimento alla costruzione di strade e abitazioni, ma non sembra importargli davvero: l'importante è che il denaro venga speso.

ii. *L'investimento keynesiano ha lasciato debiti e passività incredibili*

Negli anni successivi alla morte di Keynes, i governi hanno speso sempre di più, spesso citando lo stesso Keynes a giustificazione. Nel 2007, l'anno prima del crollo finanziario del 2008, il governo statunitense ha accumulato un debito ufficiale di poco meno di 9 mila miliardi di dollari, con delle passività totali di 67 mila miliardi. Questa cifra era quasi 5 volte il prodotto interno lordo, 14 mila miliardi di dollari, ed era superiore alla stima del Pil mondiale, 50 mila miliardi di dollari, ed era quasi pari al valore stimato dei beni immobili

2. William Beveridge, citato in Henry Hazlitt (a cura di), *The Critics of Keynesian Economics*, New York, D. Van Nostrand, 1960, p. 226.

mondiali (75 mila miliardi) o dei mercati azionari e obbligazionari mondiali (100 mila miliardi) in quella data.[3] La maggior parte dei 67 mila miliardi di dollari era fuori bilancio, proprio come raccomanda Keynes.[4] Il crollo del 2008, poi, aggiunse altre migliaia di miliardi di dollari (ancora non sappiamo quanti) alle passività totali e ridusse i valori degli *asset*.

2a. Keynes: il compito del governo non è "bilanciare", ma "incentivare" gli investimenti e la spesa dei privati (che di solito non riescono a ottenere ciò che serve per raggiungere la piena occupazione)

È convinzione diffusa che Keynes ritenesse che lo Stato dovesse "bilanciare" le azioni degli investitori privati. Walter Lippmann descrisse nel modo seguente quest'idea di uno Stato che fornisce una forma di "bilanciamento":

> Un individualismo non coordinato, non pianificato e disordinato [...] produce inevitabilmente un'alternanza di espansioni e recessioni economiche. [...] Lo Stato [dovrebbe] agire [...] in modo da contrastare tutti gli errori della massa di individui, facendo l'opposto di quello che fa questa folla: risparmiare quando la folla spende troppo; indebitarsi quando la folla risparmia troppo; economizzare quando la folla è prodiga di spese, e spendere quando questa è riluttante a farlo. [...] Questo metodo compensatorio è, credo, un'invenzione epocale.[5]

Keynes approvava questo «metodo compensatorio»? La maggioranza delle persone ritiene di sì. Tuttavia, la risposta sembrerebbe piuttosto negativa, Keynes non lo approvava, o per lo meno non del tutto. Infatti è certo che disse che lo Stato doveva intervenire come

3. T. Blankey, *Washington Times*, 16 marzo 2009, p. 32.
4. Si veda la nota di chiusura OO.
5. Walter Lippmann, *Interpretations: 1931-1932*, New York, Macmillan, 1932, p. 38; Walter Lippmann, *The Method of Freedom*, New York, Macmillan, 1934, pp. 58-59.

> fattore equilibrante,[6]

ma con questo intendeva soprattutto che lo Stato avrebbe dovuto "incentivare" l'investimento qualora fosse stato troppo basso.

Come sappiamo, Keynes crede che

> il rimedio giusto per il ciclo economico non debba trovarsi nell'abolire le espansioni.[7]

Una crescita economica deve essere alimentata e mantenuta. La maggior parte delle volte, ci sarà bisogno di un investimento pubblico cospicuo; altre volte potrà essere più ridotto. Ma qualsiasi sia il livello d'investimento pubblico richiesto, i tassi d'interesse non dovrebbero mai essere alzati. Nel rarissimo caso in cui si raggiunga definitivamente la piena occupazione,

> dovremo trovare un modo [per raffreddare l'economia] che non sia l'aumento del tasso d'interesse.[8]

2b. Commento: nulla di tutto ciò è realistico

Qualsiasi cosa pensasse Keynes del metodo compensatorio di Lippmann, esso si è dimostrato un'assoluta illusione. I politici e i funzionari pubblici non hanno maggiori probabilità rispetto a tutti gli altri di riconoscere un'economia "surriscaldata" o, se ci riescono, di volerla portare sui giusti binari. Il metodo di Keynes di mantenere sempre una «quasi-espansione» tenendo bassi i tassi d'interesse (e aggiungendo all'occorrenza generosi contributi pubblici) è altrettanto illusorio. In entrambi i casi, l'unico dubbio che sorge è se tali criteri porteranno inflazione o una bolla speculati-

6. John Maynard Keynes, *The General Theory of Employment, Interest, and Money*, Amherst (NY), Prometheus Books, 1997, p. 220.
7. Keynes, *General Theory*, p. 322.
8. John Maynard Keynes, "Boom Control", *Times*, in John Maynard Keynes, *Collected Writings*, vol. 21, *Activities 1931-39: World Crises and Policies in Britain and America*, London, Macmillan; New York, St. Martin's Press, 1982, pp. 384-394; si veda anche Robert Skidelsky, *John Maynard Keynes*, vol. 2, *The Economist as Savior 1920-1937*, London, Macmillan, 2000, p. 629.

va. In tutti e due i casi, il conto finale si presenta sotto forma di una crisi dell'economia.

3a. Keynes: il governo prenderà delle decisioni migliori in termini d'investimento rispetto al settore privato

È importante che lo Stato riempia il serbatoio degli investimenti. Mantenerlo pieno è ciò che importa maggiormente. Ma ci sono anche altre ragioni per accogliere con favore un ruolo più ampio dello Stato nel settore degli investimenti.

Nel complesso sembra che Keynes simpatizzi con l'idea che il governo sia migliore del mercato privato per ciò che riguarda gli investimenti. Come abbiamo già visto, egli fa un ritratto desolante dell'investimento privato, menomato (disse) da profonda ignoranza, emozioni incontrollabili e tendenze speculative. Al contrario, e abbiamo visto anche questo, riteneva che lo Stato fosse in grado di decidere sulla base di

> considerazioni a lunga portata e in vista del vantaggio sociale generale.[9]

Nel 1932, criticò Harold Macmillan, in seguito primo ministro britannico, per il fatto di non essere

> sufficientemente coraggioso in merito alla proposta di sviluppare le funzioni d'investimento [diretto] dello Stato.[10]

Nel 1936, nella *Teoria generale*, disse di essere favorevole a

> una socializzazione di una certa ampiezza dell'investimento.[11]

9. Keynes, *General Theory*, p. 164; si veda anche, John Maynard Keynes, *Collected Writings*, vol. 6, *A Treatise on Money: The Applied Theory of Money*, London, Macmillan; New York, St. Martin's Press, 1971, p. 145.
10. John Maynard Keynes, lettera, 6 giugno 1932, in *Collected Writings*, vol. 21, p. 109.
11. Keynes, *General Theory*, p. 378.

Nel 1937 sostenne nel *Times* di Londra che il governo inglese dovesse istituire un Public Office of Investment.[12] E nel 1939 incoraggiava entusiasticamente

> un amalgama di capitalismo privato e socialismo di Stato.[13]

Queste e altre dichiarazioni sembrerebbero dunque sostenere l'idea che Keynes volesse l'investimento dello Stato a prescindere da tutte le altre considerazioni, e non solo quindi come aiuto a quello privato. Disse anche:

> Non trovo motivo di ritenere che il sistema esistente impieghi seriamente male i fattori di produzione che sono utilizzati.[14]

Ciò sembrerebbe significare che l'iniziativa privata è ben attrezzata per gestire le fasi successive all'investimento, e non che sia migliore dello Stato nello scegliere il tipo d'investimento.

3b. Commento: il governo non fa «considerazioni a lunga portata» né esprime un «buon senso collettivo»

Come sappiamo, Keynes si divertiva moltissimo a deridere quelle che riteneva fossero delle "vacche sacre". Dopo la sua morte, lui stesso divenne una di queste vacche sacre, circondato da fedelissimi devoti, e Henry Hazlitt non riusciva a trattenersi dal deridere il maestro nel suo stesso stile:

> [Keynes ci ha detto che] le persone che hanno guadagnato del denaro sono troppo miopi, isteriche, avide e idiote per lasciare che investano da sole. Il denaro deve essere requisito loro dai politici, che lo investiranno con una capacità di previsione pressoché perfetta e in modo assolutamente disinteressato (come illustrato,

12. *Times*, 14 gennaio 1937, citato da Étienne Mantoux, in Hazlitt, *The Critics of Keynesian Economics*, p. 121.
13. John Maynard Keynes, intervista, *New Statesman and Nation*, 28 gennaio 1939, in *Collected Writings*, vol. 21, p. 492.
14. Keynes, *General Theory*, p. 379.

> per esempio, dai pianificatori economici dell'Unione Sovietica). Infatti, le persone che rischiano il loro stesso denaro, lo fanno ovviamente in maniera sciocca e incauta, mentre i politici e i burocrati che rischiano il denaro *altrui* lo faranno con la massima attenzione e dopo uno studio lungo e approfondito. Naturalmente, gli uomini d'affari che hanno guadagnato denaro hanno dimostrato di non avere lungimiranza; ma i politici che non si sono guadagnati il denaro daranno prova di una lungimiranza perfetta. Gli uomini d'affari che cercano di far meglio e a miglior prezzo dei loro concorrenti quei beni che i consumatori desiderano, e il cui successo dipende dal grado di soddisfazione dei consumatori, ovviamente non si cureranno del «vantaggio sociale generale»; ma i politici che si mantengono al potere conciliando i vari gruppi di pressione di sicuro avranno come unica preoccupazione il «vantaggio sociale generale». Non sprecheranno il denaro. [...] Non ci sarà mai nemmeno l'ombra della corruzione.

Hazlitt ha assolutamente ragione. I politici non fanno «considerazioni a lunga portata». I loro occhi sono fermamente puntati sulla successiva tornata elettorale. Devono rendere conto a specifici gruppi d'interesse che finanziano e sostengono le loro campagne elettorali. Il «buon senso collettivo», se esiste, è più facile da trovare nel mercato, piuttosto che fra politici e burocrati. Adam Smith ci avverte che:

> L'uomo di Stato, che dovesse cercare d'indirizzare i privati relativamente al modo in cui dovrebbero impiegare i loro capitali, non soltanto si addosserebbe una cura non necessaria, ma assumerebbe un'autorità che non si potrebbe affidare tranquillamente non solo a una singola persona, ma a nessun consiglio o senato, e che in nessun luogo potrebbe essere più pericolosa che nelle mani di un uomo tanto folle e presuntuoso da ritenersi capace di esercitarla.[15]

15. Adam Smith, *The Wealth of Nations*, vol. 2, London, 1776, 1784, bk. IV, chap. 2; anche in R.E. Baxter - Ray Rees - Graham Bannock, *The Penguin Dictionary of Economics*, London, Penguin Books, 1972, p. 247.

4a. Keynes: il controllo dell'economia da parte dello Stato non dovrebbe fermarsi ai tassi d'interesse, all'investimento, alla tassazione e ai tassi di cambio

Nel 1940, Keynes disse che i prezzi liberi erano un fattore indispensabile, ma anche (al contrario) di essere a favore dell'istituzione di comitati pubblici che avessero il compito di controllare il prezzo delle materie prime.[16] Nel 1943, guardando al futuro periodo postbellico, disse che

> Sono [...] irrimediabilmente scettico su un ritorno al *laissez-faire* del diciannovesimo secolo. Credo che il futuro stia: i. nel commercio di Stato delle materie prime; ii. in cartelli internazionali [vale a dire, monopoli ratificati dai governi] per le manifatture necessarie; e iii. restrizioni quantitative sulle importazioni per manifatture non necessarie. [... Questi sono gli] organismi della normale vita economica del futuro.[17]

> [In generale] la pianificazione di Stato, [...] intelligenza e deliberazione centralistiche devono sostituire l'ammirato disordine del diciannovesimo secolo.[18]

Nel descrivere tutto ciò, Keynes riconobbe che lo Stato, così facendo, sarebbe rimasto coinvolto in

> molti degli aspetti più complessi e interni dell'impresa privata.[19]

Ma anche così,

> rimarrà ancora largo campo all'esercizio dell'iniziativa e della responsabilità individuale.[20]

16. Skidelsky, *Fighting for Britain 1937-1946*, London, Macmillan, 2000, pp. 235-236, 285.
17. Skidelsky, *Fighting for Britain 1937-1946*, p. 321.
18. John Maynard Keynes, BBC Broadcast, 14 marzo 1932, in Keynes, *Collected Writings*, vol. 21, p. 86.
19. John Maynard Keynes, *Essays in Persuasion*, New York, W.W. Norton, 1963, p. 318
20. Keynes, *General Theory*, p. 378.

4b. Commento: non è affatto vero che Keynes lasciava «largo campo all'esercizio dell'iniziativa [...] individuale»

Tassi d'interesse controllati (che, fra i prezzi, sono i più importanti) non sono compatibili con un sistema di mercato; e non lo sono nemmeno il controllo pubblico degli investimenti, dei tassi di cambio e dei prezzi delle materie prime; una tassazione elevata, i monopoli gestiti dallo Stato o il protezionismo negli scambi commerciali. Con tutte queste forme di controllo, ogni settore dell'attività economica privata verrebbe limitato.

5a. Keynes: la pianificazione di Stato non deve essere confusa con il fascismo o con il comunismo

Keynes si preoccupò sempre di differenziare le proprie idee da quelle dei sistemi totalitari:

> Possiamo riconoscere l'opportunità e anche la necessità di una pianificazione [economica] senza essere comunisti, socialisti o fascisti.[21]

Ma non disprezzava del tutto la gestione economica fascista o comunista:

> Il fascismo italiano [...] sembra aver salvato l'Italia dal caos e pare avere stabilito un modesto livello di prosperità materiale.[22]

E nella sua prefazione all'edizione tedesca della *Teoria generale* (pubblicata nella Germania nazista e non inclusa nella raccolta *The Collected Works*), osservò che le sue idee

> potevano essere applicate molto più facilmente sotto le condizioni di uno Stato totalitario piuttosto che in quelle della libera concorrenza e di un grado considerevole di *laissez-faire*,

21. Keynes, BBC Broadcast, 14 marzo 1932, p. 84.
22. Keynes, BBC Broadcast, 14 marzo 1932, p. 85.

anche se non erano state elaborate su quella base.[23] Come abbiamo visto nella nostra precedente analisi sui valori di Keynes, egli trovava nell'Unione Sovietica

troppe cose detestabili.

Al meglio, considerava i comunisti una sorta di «metodisti» esaltati.[24] Ma quello che i pianificatori sovietici avevano ottenuto nel 1936 era

impressionante.

Erano

amministratori disinteressati [... che avevano messo] in funzione [...] l'empirismo e lo sperimentalismo più vasti mai tentati.[25]

E nella sua lode proseguiva dicendo:

Cerchiamo di non sminuire questi magnifici esperimenti e di non rifiutarci d'imparare da essi. [...] Il piano quinquennale in Russia, lo Stato corporativo in Italia; [...] e la pianificazione di Stato democratica in Gran Bretagna. [...] Speriamo che abbiano tutti successo.[26]

È importante ricordare, nel valutare queste parole, che molte persone intelligenti e oltremodo degne negli anni Trenta ammiravano il fascismo e il comunismo. Keynes no. Piuttosto, egli era alla ricerca di quella che chiamava

una nuova saggezza per una nuova era

23. Skidelsky, *Fighting for Britain 1937-1946*, p. 203; Henry Hazlitt, *The Failure of The "New Economics"*, New Rochelle (NY), Arlington House, 1978, p. 277.
24. Keynes, *Essays in Persuasion*, pp. 299, 310.
25. John Maynard Keynes, *BBC Broadcast, Collected Writings*, vol. 28, *Social, Political, and Literary Writings*, London, Macmillan; New York, St. Martin's Press, 1982, pp. 333-334.
26. Keynes, BBC Broadcast, 14 marzo 1932, pp. 86, 92.

e non si preoccupava minimamente di apparire fra gli

eterodossi, i pericolosi, i disobbedienti[27]

agli occhi dei capitalisti dalla mentalità più conservatrice, che non riuscivano a vedere il loro stesso pericolo, né a capire che la loro unica speranza risiedeva nella "terza via" keynesiana.

5b. Commento: Keynes non ha trovato una "terza via" fra il capitalismo del *laissez-faire* e il fascismo/comunismo

Tentò davvero di farlo, ma non vi riuscì. Per di più, la sua linea di condotta era illogica. Non si può pretendere di "salvare" il sistema dei prezzi e dei profitti proponendo misure distorive dei meccanismi che generano prezzi e profitti. Questo tipo d'intervento statale rudimentale porta solamente al fallimento. Davanti all'insuccesso, lo Stato tende a dare la colpa al mercato piuttosto che a se stesso e interviene ancora di più. Un interventismo sempre maggiore porta a un insuccesso sempre più grande. Se il processo non viene interrotto, il sistema di prezzi e profitti può crollare completamente e lasciar posto al controllo pubblico. Non si tratta di una terza via, ma della ricetta per l'estinzione del libero mercato.

6a. Keynes: il capitalismo di Stato deve essere gestito dalle persone giuste

A questo punto, è necessario chiedersi come un pensatore che si definisce eterodosso e disobbediente potesse riporre così tanta fiducia nello Stato. Forse il governo non è, come tutte le altre istituzioni sociali, l'incarnazione del buon senso comune?

Abbiamo evidenziato in precedenza l'affermazione di Keynes per cui

> credo che la soluzione giusta [della questione economica] richiederà elementi intellettuali e scientifici

27. Keynes, *Essays in Persuasion*, p. 337.

fuori della portata della grande massa di elettori più o meno analfabeti.[28]

Ma, i leader politici, o anche i capi di governo, sono meno analfabeti (da un punto di vista economico) di coloro che li votano? Non fu lo stesso Keynes, nel suo secondo libro (sul trattato di pace di Versailles) a ridicolizzare i leader di Gran Bretagna, Francia e Stati Uniti, assieme agli altri uomini vecchi e ottusi che avevano tradizionalmente guidato le nazioni?

La risposta a questo enigma è che, nel sistema di Keynes, il governo affiderebbe le redini dell'economia a degli esperti. Il biografo di Keynes, Robert Skidelsky, osservò che la fede nell'opinione degli esperti «si ritrova come motivo ricorrente in tutta la sua opera ed è l'ipotesi centrale della sua filosofia politica».[29]

Dal momento che Keynes era l'esperto di economia più importante della sua epoca, sia in Gran Bretagna che negli Stati Uniti, questa fede nell'opinione degli esperti era, per lo meno in parte, semplicemente fede nella sua persona e una manifestazione della sua inesauribile fiducia in se stesso.

6b. Commenti

i. *Keynes contraddice se stesso*

Anche se ci sono molti passaggi nei quali Keynes magnifica il governo degli «esperti», ce n'è uno nel quale riconosce candidamente che

> alcuni di coloro che si presentano come tali mi sembrano dire molte più sciocchezze di quante ne sarebbe mai capace di dire un uomo comune.[30]

E con questo riferimento la questione potrebbe anche essere chiusa, ma ci sono altre cose da dire a proposito.

28. Skidelsky, *The Economist as Savior 1920-1937,* p. 224.
29. Skidelsky, *The Economist as Savior 1920-1937,* p. 228.
30. John Maynard Keynes, *Collected Writings*, vol. 20, *Activities 1929-31: Rethinking Employment and Unemployment Policies*, London, Macmillan; New York, St. Martin's Press, 1981, p. 515.

ii. *I dati economici del periodo postbellico ci dovrebbero far dubitare del ruolo degli esperti keynesiani*

Dovremmo guardare anche agli studiosi di economia che hanno portato le insegne di Keynes dopo la sua morte. Una buona fonte è il libro di Robert J. Samuelson, *The Great Inflation and Its Aftermath*, testo sull'inflazione degli anni Settanta. Qui si racconta come gli economisti keynesiani sotto John F. Kennedy, Lyndon Johnson e Richard Nixon avessero cercato di "mettere a punto" l'economia per giungere alla piena occupazione. (Nixon era un repubblicano, ma com'è noto proclamò: «Siamo tutti keynesiani ora».)

Il risultato fu una spirale crescente di prezzi e salari che Samuelson definì «il più grande errore di politica interna dalla seconda guerra mondiale». E aggiunge che

> queste politiche fallimentari ([l'emissione di denaro], nuove tasse, programmi di spesa e regolamentazioni) non vennero prese per ignorante capriccio. Incarnavano piuttosto il pensiero dei più importanti economisti della nazione e rispecchiavano l'ampio consenso fra i loro pari. Fu la rispettabilità accademica di queste idee [...] a raccomandarle ai leader politici e a renderle più facili da vendere alla gente.[31]

Come abbiamo visto, lo status di alcune idee keynesiane ebbe un declino alla fine degli anni Settanta. Ma il keynesismo rimase intatto. La nomina di un keynesiano, Alan Greenspan, a presidente della Federal Reserve, da parte di Ronald Reagan, e poi di un altro, Ben Bernanke, da parte di George W. Bush, portò direttamente alle bolle speculative del dot-com e dei mercati immobiliari, altri due disastri delle stesse dimensioni della Grande Inflazione degli anni Settanta.

31. *Reviews of Samuelson*, 7 novembre 2008, *http://www. bloomberg.com*; *Weekly Standard*, 5-12 gennaio 2009, p. 35.

iii. *Dopo ogni fallimento gli esperti della Federal Reserve diventano più potenti*

Il Federal Reserve Board è un *case study* del potere fuori da qualisiasi controllo affidato a un gruppo di esperti. L'agenzia ha un enorme potere sull'economia, ma non rende conto a nessuno. Stampa il denaro che le serve per le proprie operazioni, così il Congresso non ha nessuna autorità su di essa. Non ci sono limiti al debito che può generare. Non è soggetta a verifiche e revisioni da parte del governo. Il *TARP Act* del presidente Bush, nel 2008, le conferì nuovi grandi poteri ed è probabile che in futuro le verrà affidato un potere di controllo sulla regolamentazione finanziaria ancora maggiore. Dopo ogni grande errore di politica economica ottiene più autorità, e né il Congresso, né il presidente, né certamente gli elettori hanno la minima idea di cosa faccia davvero.

iv. *Un ulteriore commento sugli esperti presenti all'interno dello Stato*

Gli esperti di finanza occupano anche altre posizioni negli organismi governativi di Washington. Alcuni di loro lavorano all'Office of Federal Housing Enterprise Oversight (OFHEO) e hanno elaborato la formula che segue per determinare i requisiti di capitale dei due mostri immobiliari sovvenzionati dal governo, Fannie Mae e Freddie Mac:

Come la Fannie e la Freddie calcolavano il *risk-based capital* (capitale correlato al rischio)

$$LS_m^{SF} = \frac{1}{\left(1+\frac{DR_m}{2}\right)^{\frac{MQ}{6}}} + \frac{\left(\frac{MQ}{12} \times PTR_m\right) + F - MI_m}{\left(1+\frac{DR_m}{2}\right)^{\frac{MF}{6}}} + \frac{R - RP_m - ALCE_m}{\left(1+\frac{DR_m}{2}\right)^{\frac{MF+MR}{6}}}$$

Dove:

LSm SF = gravità della perdita netta per prestiti convenzionali e FHA unifamiliari nel mese m

MIm = proventi di assicurazione ipotecaria nel mese m

ALCEm = rialzo del limite aggregato di credito nel mese m
MR = mesi per il recupero
F = costi di preclusione
MQ = mesi d'inadempienza
PTRm = tasso per un portafoglio di titoli per i pagamenti nel mese m
R = spese REO
RPm = (0,61/LTVq) = proventi di recupero nel mese m. 0,61 è il tasso di recupero dei prestiti non rimborsati secondo i parametri di riferimento dell'esperienza di perdita come percentuale del prezzo immobiliare previsto utilizzando l'HPI.
LTVq = rapporto prestito-valore nel mese q (LTV corrente)
DRm = tasso di sconto nel mese m

(Fonte: *Federal Register* e *Grant's Interest Rate Observer*, 27 giugno 2008, p. 11)

Il *Grant's Interest Rate Observer* rilevò che l'OFHEO

apportò un cambiamento nella formula che fece salire il minimo di *risk-based capital* richiesto alla Fannie a 33,1 miliardi di dollari, da 24,6 miliardi. Ma venne deciso anche che fosse concesso a Fannie e a Freddie di non registrare un profitto della vendita di una proprietà preclusa. Con questo, il regolatore ha fatto un pasticcio della formula che vedete. O possiamo dire il contrario?[32]

v. *Un'ultima osservazione sugli esperti di Wall Street*

Nel frattempo, durante gli anni della bolla speculativa, Wall Street è stata gestita sempre più da esperti di finanza, che hanno fatto i milioni e addirittura i miliardi inventando prodotti nuovi e complessi, molti dei quali "saltarono" prima dell'inizio del crollo del 2008. Ironicamente, i prodotti erano così complessi che addirittura i vertici delle società di Wall Street, anche quelli molto esperti, come Robert Rubin, ex capo di Goldman Sachs ed

32. *Federal Register* e *Grant's Interest Rate Observer*, 27 giugno 2008, p. 11.

ex segretario del Tesoro, sembravano incapaci di seguire quello che stava succedendo, figurarsi di gestirlo.

7a. Keynes: gli esperti ai quali viene affidata la responsabilità di governare l'economia saranno qualcosa in più che semplici esperti

Keynes non si accontentava di affidare un incarico agli esperti in quanto tali. Voleva anche che queste persone garantissero i giusti valori, alla stregua di "guardiani platonici". In una lettera a Friedrich von Hayek, critico nei confronti del capitalismo di Stato, disse che i guardiani dell'economia nominati dallo Stato dovevano avere la giusta

> moralità,

il che avrebbe implicato una dedizione alla libertà individuale. Ciò era essenziale perché:

> azioni pericolose possono essere compiute in sicurezza in una comunità che pensa e sente in modo giusto, mentre sarebbero la strada per l'inferno se fossero compiute da chi pensa e sente in modo sbagliato.[33]

Pur ritenendo che i guardiani dovessero avere una moralità ineccepibile, con questo non si doveva intendere necessariamente la moralità giudeo-cristiana. Per sua natura la gran parte delle questioni economiche è al di sopra delle possibilità dell'elettore medio. Dunque non è affatto inappropriato ricorrere a *escamotage* o anche a piccoli inganni per ottenere il consenso dei propri elettori nei confronti di azioni di grande importanza.

In un passaggio della *Teoria generale*, Keynes osserva che la gente vuole

> la luna,

espressione con cui si riferisce a salari sempre più

33. Skidelsky, *Fighting for Britain 1937-1946*, p. 285.

alti. Inoltre afferma che per mantenere elevati i salari ci deve essere molto denaro in circolazione. Il "rimedio", dunque, consiste nel

> persuadere il pubblico che il formaggio verde [il denaro stampato dal governo] sia la stessa cosa [del denaro vero] e avere una fabbrica di formaggio (ossia una banca centrale) sotto il controllo pubblico.[34]

7b. Commento: chi saranno questi guardiani morali (ma morali in senso anticonformista)?

Nella sua filosofia morale, come in economia, Keynes era un "intuizionista". Riteneva che la gran parte delle persone potesse intuire in modo diretto principi morali solidi; alcune potevano farlo meglio di altre e dovevano per questo detenere la leadership. Questo approccio poteva andar bene in Gran Bretagna, dove gli standard di una condotta decente erano ben stabiliti, ma era un'idea da considerare irrimediabilmente ingenua e addirittura pericolosa nel mondo in generale. Certamente anche Hitler riteneva che le sue intuizioni fossero le migliori e che per questo avesse il diritto di dominare sul mondo.

Dire, come fa Keynes, che taluni "guardiani" sono soggetti alla propria moralità, e quindi possono fare a meno di gran parte della moralità convenzionale, appare ancora più pericoloso. Una cosa è avere una vita da *bohémien* o farsi beffe della moralità accettata, come faceva Keynes. Ma tutt'altra cosa è ritenere che questo si possa mescolare all'ideale platonico dei guardiani.

Nel riflettere su questo dobbiamo anche tener presente che Keynes non voleva solamente che gli esperti governassero una nazione. Egli voleva che governassero il mondo, per lo meno sul versante delle politiche monetarie, attraverso lo strumento di una banca centrale globale: un'idea che discuteremo ulteriormente nel capitolo 19.

34. Keynes, *General Theory*, p. 235. Si veda la nota di chiusura Q.

Capitolo 14

Uno Stato in vendita. Una digressione per discutere della "lieve" corruzione della politica statunitense durante la bolla immobiliare e delle industrie farmaceutica e automobilistica

Nel capitolo precedente abbiamo preso in considerazione l'affermazione di Keynes per cui lo Stato sarebbe un investitore migliore dei privati. L'abbiamo soppesata nei termini della potenziale minaccia che essa costituisce per l'economia. Non abbiamo ancora esaminato la cosa forse più importante: la minaccia alle nostre istituzioni democratiche insita nel consentire allo Stato di intromettersi completamente nel mondo dell'economia e degli affari.

La storica Doris Kearns Goodwin ha osservato che nello Stato americano un certo grado di corruzione finanziaria è sempre esistito, ma è cresciuto in modo esponenziale dopo la Guerra Civile.[1] Perché? Perché soggetti pubblici e privati divennero strettamente legati gli uni con gli altri. A volte si trattava di corruzione vera e propria. Più spesso, era la corruzione "lieve" del concedere leggi, esenzioni fiscali, regolamenti e decisioni in cambio di contributi elettorali, sostegno propagandistico, oppure altri lavori o favori.

Il compito dello Stato è tutelarci e proteggerci. Ma chi ci proteggerà dai nostri stessi protettori, una volta che saranno divenuti corrotti? Non esiste un'azione prestabilita contro un governo corrotto.

Nella Russia di oggi, una holding, la Basic Element,

1. Goodwin, intervista NPR, n.d.

gestita dall'oligarca Oleg Deripaska, deve 650 milioni di dollari alla Alfa Bank, guidata da un altro oligarca, Mikhail Fridman. Fridman ha fatto pressioni su Deripaska per essere rimborsato. Deripaska ha parlato con il presidente russo, Dimitry Medvedev. Il presidente ha convocato Fridman e la restituzione del prestito è stata magicamente posticipata.[2]

Dopo aver abbandonato il comunismo, la Russia ha abbracciato i secolari principi del mercantilismo. Lo Stato non ha più la proprietà del settore privato come invece aveva un tempo. Ma oggi non esistono veri confini fra pubblico e privato. Quando gli uomini d'affari hanno bisogno di favori politici, sanno con chi parlare. Quando i politici hanno bisogno di denaro, sanno anche loro con chi parlare. I capitalisti e i politici sono intelligenti: tengono questo loro legame in gran parte nascosto.

I paesi più sviluppati del mondo non hanno raggiunto questi livelli, per lo meno non ancora. Ma giorno dopo giorno si avvicinano sempre di più al modello russo. Gli Stati Uniti sono un esempio evidente.

Nel 2008, prima della rapida ed estesa espansione del governo federale a opera delle amministrazioni Bush e Obama, il settore pubblico (sia federale che statale) rappresentava circa un terzo dell'economia. Il settore *non profit* rappresentava circa un altro 10 per cento. Questo significava che la maggioranza (assoluta) dell'economia era composta da soggetti privati che ricercavano un profitto (settore privato). Tuttavia, se teniamo conto delle società che sono direttamente o indirettamente controllate dallo Stato, possiamo dire che in realtà i due terzi dell'economia rientrino nella sfera pubblica.

Il termine Government Sponsored Enterprise (GSE) è generalmente utilizzato per descrivere le imprese private che sono state avviate dal governo e che continuano a beneficiare del suo sostegno. Gli esempi preminenti nel corso degli anni sono stati i due giganti dei mutui, Fannie Mae e Freddie Mac. Sembra opportuno, tuttavia,

2. *Economist*, 21 marzo 2009, pp. 57-58.

applicare il termine GSE in senso più ampio, per descrivere un gran numero d'imprese private, tutte aziende che vendono beni o servizi allo Stato (per la difesa) o che subiscono fortemente l'intervento delle autorità sotto forma di regolamentazione, sussidi, sostegno dei prezzi o istituzione di cartelli (sono le imprese attive nei settori dell'assistenza sanitaria, della farmaceutica, delle abitazioni, delle banche e della finanza), oppure sono dominate dallo Stato attraverso una vasta gamma di modalità (studi legali, istruzione, agricoltura, automobili, comunicazioni radiotelevisive, *utilities*, ecc.).

Il tema comune che caratterizza tutte queste GSE in senso lato, al di là della loro dipendenza dallo Stato, è l'enorme ammontare di denaro che danno ai politici di entrambe le parti e l'enorme quantità di denaro che spendono in attività di *lobbying*. Nel 2008, per esempio, singoli individui e comitati di azione politica (PAC) collegati ai settori della finanza, delle assicurazioni e degli immobili hanno dato ai politici 463 milioni di dollari, il 51 per cento ai democratici e il 49 per cento ai repubblicani.[3] Quello stesso anno, l'allora candidato Obama ricevette da questa fonte più denaro che da qualsiasi altra, con l'eccezione degli avvocati. Ciò che Obama ottenne da donatori del settore finanziario (37,6 milioni di dollari) superò di gran lunga quello che ebbe il candidato repubblicano, John McCain.[4] Questo flusso di denaro è estremamente importante per i politici.

Il flusso di denaro di solito non è legato a un particolare favore, ma a volte il collegamento è indubbio. Ad esempio, nel 2007, il Congresso minacciò di porre fine alla scappatoia fiscale che permette ai manager di società di investimento non quotate di sfuggire alla tassazione sui redditi guadagnati. Il senatore Charles Schumer (D-NY) prese immediatamente alcuni provvedimenti per proteggere tale scappatoia. Il suo comitato elettorale raccolse successivamente quasi 5 milioni di dollari da tale settore per l'elezione del 2008, due volte di più

3. Center for Responsive Politics, *http://www.opensecrets.org*.
4. *http://www.townhall.com*, 25 marzo 2009.

rispetto a quanto ricevette il comitato a sostegno del candidato repubblicano.[5]

I contributi elettorali sono la cosa principale che i politici vogliono dalle società di Wall Street e dalle altre GSE. Ma ci sono altri legami finanziari, ivi compresi i fondi delle fondazioni collegate e i posti di lavoro per gli amici o per gli stessi politici. Ad esempio, Emanuel Rahm, nello spazio temporale lasciato libero dai vari incarichi ottenuti alla Casa Bianca con Clinton, al Congresso e poi alla Casa Bianca con Obama come capo di gabinetto, è andato a Wall Street. Avvalendosi dei suoi contatti di governo, ha guadagnato 18 milioni di dollari in soli due anni e mezzo, stando ai suoi moduli di divulgazione finanziaria.[6]

È veramente ironico che Wall Street venga considerato dalla maggior parte delle persone l'epicentro del capitalismo di mercato. Si tratta, in realtà, dell'epicentro delle imprese sponsorizzate dal governo. È impossibile dire dove finisce Wall Street e dove inizia Washington. E la simbiosi attuale non è stata causata, come molti immaginano, dal crollo del 2008. Piuttosto il crollo del 2008 è stato causato dalla simbiosi di lunga data fra Wall Street e Washington.

In ciò che resta di questo capitolo prenderemo in esame tre *case study* di GSE, ciascuno dei quali illustra diversi aspetti del problema. Il primo *case study* si concentrerà sulla bolla immobiliare, che coinvolge la Federal Reserve, il Congresso, l'amministrazione Bush, il settore immobiliare e quello finanziario. Il secondo si concentrerà sull'industria farmaceutica e sui suoi modi d'interagire con Washington. Il terzo esaminerà molto brevemente il settore dell'industria automobilistica.

Sebbene questo capitolo si soffermi principalmente sui legami fra Stato e industria, non dobbiamo dimenticare le enormi somme di denaro che fluiscono a Washington da sindacati, avvocati o altri interessi particolari, così come dalle industrie GSE in senso più ampio.

5. *New York Review of Books*, 9 aprile 2009, p. 20.
6. *Fortune*, 25 settembre 2006, *http://www.cnnmoney.com*.

Case study numero uno: la bolla immobiliare statunitense

L'opinione pubblica attribuisce la responsabilità della bolla immobiliare all'avidità di Wall Street. Ma questa è solo una mezza verità. Quando lo Stato offre da bere stampando denaro, abbassando i tassi d'interesse e spendendo troppo, Wall Street tende a ubriacarsi. La cosa è molto conveniente per lo Stato, perché quando la sbornia si manifesta, la persona media darà la colpa all'ubriaco, non al barista. Questo accade ogni volta che scoppia una bolla: alla fine degli anni Venti, alla fine degli anni Novanta e alla fine della recente bolla immobiliare.

Durante tutto quest'ultimo periodo, il governo ha cercato di concedere mutui ipotecari a buon mercato abbassando i tassi d'interesse, in genere con l'aiuto di altre banche centrali. Mantenere il Fed Funds Rate al di sotto del tasso d'inflazione per tre anni significò praticamente fornire denaro a coloro che avevano il "peso" politico e le garanzie per ottenerlo. Tali mutuatari iniziali, poi, hanno reso disponibili questi fondi per altri mutuatari, soprattutto cittadini che hanno chiesto prestiti per l'acquisto di abitazioni.

Il governo americano aveva già reso deducibili i tassi d'interesse ipotecari e aveva eliminato la gran parte delle imposte sui redditi da capitale delle case. Aveva anche fornito garanzie sui prestiti attraverso la Federal Housing Administration (FHA) e mutui a buon mercato attraverso la Federal Home Loan Banks e i soggetti ibridi (pubblico-privati) come Fannie Mae e Freddie Mac. Il Department of Housing and Urban Development aveva fatto la sua parte dando a Fannie e Freddie l'incarico d'investire il 50 per cento degli *asset* in mutui di fascia bassa, compresi, se necessario, i mutui che non offrivano le necessarie garanzie, ossia quelli che poi sono saltati.[7]

Alla fine del 2007, i mutui sovvenzionati dal governo rappresentavano l'81 per cento di tutti i mutui ipo-

7. Dick Morris - Eileen McGann, 11 marzo 2009, *http://www.townhall.com*.

tecari effettuati negli Stati Uniti.[8] Nel corso del 2008, poi, la Fannie Mae sviluppò il programma Home Saver. Ciò permise ai proprietari inadempienti di prendere in prestito denaro supplementare a copertura degli arretrati nel pagamento del mutuo. Anche se progettati con l'intento di aiutare i proprietari di case in difficoltà, i nuovi prestiti fecero sì che nessuno dei mutuatari iniziali venisse considerato inadempiente. Cosa ancora più importante, nessun prestito doveva essere ammortizzato. Molti dei nuovi prestiti Home Saver furono ammortizzati quasi subito, per un valore di quasi mezzo miliardo di dollari, ma questa somma era ridotta rispetto ai prestiti originali, che poterono essere mantenuti nei libri contabili per un po' più di tempo. In questo e in altri modi creativi, i dirigenti di Fannie spinsero a calci la lattina (delle inadempienze ipotecarie) lungo la loro strada molto più a lungo.[9]

La propaganda governativa ufficiale continuava a reclamizzare la casa di proprietà come il sogno americano. Nessuno prestò attenzione agli studi che dimostravano come gli stati e le regioni con il più alto tasso di case di proprietà fossero anche quelli con il più elevato tasso di disoccupazione. Perché? Perché la casa di proprietà rende difficile per i lavoratori il trasferimento in luoghi in cui c'è più lavoro e specialmente dove ci sono lavori migliori per le loro specifiche competenze.[10] Di ciò ci si accorse tardi, dopo il crollo del mercato degli alloggi.

Fannie e Freddie piacevano in modo particolare ai politici democratici. Vennero esentate sia dalle tasse statali che da quelle locali, oltre che da alcuni requisiti della Securities and Exchange Commission (SEC). Fu offerto loro un implicito appoggio del governo per le proprie obbligazioni. Combatterono contro gli sforzi dell'amministrazione Bush di regolamentarle un po' di più, anche dopo che emerse che entrambe le imprese

8. *Grant's Interest Rate Observer*, 30 maggio 2008, p. 3.
9. David Reilly, Bloomberg News, 25 aprile 2009.
10. "Re: The Work of Economist Andrew Oswald", *Atlantic*, marzo 2009, p. 55.

avevano emesso false dichiarazioni contabili. Inoltre, i politici democratici non ci vedevano nulla di male nel fatto che le due società avessero un indebitamento di 60 dollari per ogni dollaro di capitale, un *leverage* molto maggiore persino di quello utilizzato dalle società di Wall Street.

Barney Frank, presidente alla Camera del US House Financial Services Committee, disse che i timori di una crisi incombente erano «esagerati». La sua controparte al Senato, Christopher Dodd, presidente del Banking Committee, era d'accordo con lui.[11] Ancora nel luglio 2008, Dodd disse che: «[Fannie e Freddie] sono fondamentalmente solide e forti. Non vi sono ragioni per le reazioni che si stanno avendo».[12] Prima della fine dello stesso anno entrambe le società erano in dissesto ed erano state rifinanziate dal governo. In precedenza, Frank si preoccupava del fatto che qualsiasi tentativo di far mancare il sostegno governativo alle due società avrebbe reso le abitazioni meno «accessibili», presumibilmente per le persone con mezzi modesti. Non spiegava, però, cosa avevano a che spartire con l'accessibilità delle abitazioni i prestiti che Fannie e Freddie, sostenute dal governo, concedevano fino a un ammontare di 625.000 dollari, né come l'alzare il valore delle case potesse renderle più accessibili.

Giunti al 2006, in meno di dieci anni il credito a buon mercato aveva raddoppiato il prezzo di una casa media.[13] A quel punto, la bolla immobiliare si era diffusa in tutto il mondo ed era divenuta la bolla più grande ed estesa della storia economica. Negli Stati Uniti, la bolla speculativa degli anni Venti portò a un rapporto fra debito totale e prodotto interno lordo del 185 per cento, nel 1928; la bolla immobiliare a un rapporto fra debito complessivo degli Stati Uniti e Pil del 357 per cento, nel 2008.[14]

11. *Washington Times*, 6 ottobre 2008, p. 34.12.
12. Senate Banking Committee, 11 luglio 2008.
13. *Grant's Interest Rate Observer*, 6 aprile 2007, p. 10.
14. *Grant's Interest Rate Observer*, 28 novembre 2008, p. 2.

Ciò di cui nessuno ha parlato in tutto il dibattito su Fannie Mae e Freddie Mac è quanto fosse conveniente per i politici questo loro status, apparentemente privato, ma in realtà pubblico. Come imprese private, le due società hanno dato grandi contributi alle campagne elettorali attraverso i propri dipendenti e i PAC (Political Action Committee). Le "fondazioni" che controllavano poterono fornire anche finanziamenti "leggeri" per un mucchio di scopi politici.

Come l'editore Steve Forbes osservò nell'agosto del 2008:

> I due mammut del potere politico in America oggi sono Fannie Mae e Freddie Mac. I muscoli mostrati a proposito della loro attività di lobby fanno sembrare Arnold Schwarzenegger un gracilino di 40 chili. Direttamente e indirettamente, impiegano legioni di ex politici per aiutare loro e i loro amici. Hanno offerto la loro generosità a qualsiasi politico fosse interessato e volesse riceverne. Le operazioni "benefiche" di Fannie Mae prevedono l'impiego di persone sul campo praticamente in ogni distretto elettorale.
> Questi mostri sono estremamente resistenti a qualsiasi cambiamento volto a modificare la loro capacità di sfruttare a volontà il "bancomat" dello zio Sam, privatizzando profitti e socializzando le perdite.[15]

Il denaro di Fannie Mae giunse anche ad Acorn, il gruppo accusato nel 2008 di frode elettorale.[16] Nel complesso, escludendo i contributi dati per "beneficienza", Fannie ha speso 170 milioni di dollari in attività di lobby dal 1998 al 2007 e 19,3 milioni di dollari in contributi elettorali dal 1990. La più grande somma della tornata elettorale 2006-2008 è andata al presidente del Senate Bank Committee, Dodd, e la seconda per grandezza all'allora senatore Obama.[17]

Il senatore Dodd fu anche il secondo maggiore bene-

15. *Forbes*, 11 agosto 2008, p. 19.
16. *http://www.archierichards.com*, 1° ottobre 2008.
17. *Washington Times*, 29 settembre 2008, p. 34.

ficiario dei fondi di un comitato di azione politica (PAC) organizzato dalla Countrywide Financial, società leader nei mutui *subprime*, nonché il beneficiario di due ipoteche del programma VIP della Countrywide che gli garantiva un tasso d'interesse più basso e minori altre spese. In seguito, Dodd dichiarò di non essersi reso conto di avere ricevuto un trattamento speciale e rifinanziò i mutui con un'altra società. Il maggiore beneficiario dei fondi provenienti dal Countrywide PAC è stato invece l'allora senatore Obama.[18]

Quando cominciò la crisi nel 2008, il governo non si limitò a un salvataggio delle due società Fannie Mae e Freddie Mac. Salvò anche banche commerciali e d'investimento. Ai primi di ottobre 2008 il governo disse a nove grandi banche che dovevano vendergli una quota della loro proprietà, anche se non avevano bisogno di denaro, in modo da dimostrare che il governo era intervenuto a loro sostegno.[19]

In un colpo solo, banche come Citigroup, JP Morgan Chase, Bank of America, Wells Fargo, Bank of New York e State Street divennero GSE a pieno titolo, poco diverse da GSE tradizionali come Fannie e Freddie. Lo stesso fecero banche d'investimento come Goldman Sachs e Morgan Stanley. Poco dopo, Barney Frank ricevette 9500 dollari dai PAC di Wells Fargo e Goldman Sachs,[20] presumibilmente solo un acconto. Con controlli più forti sulle vecchie GSE e su molte delle nuove, il flusso di denaro verso Washington inevitabilmente batterà tutti i record.

Non sorprende che i leader del Partito democratico abbiano poi selezionato undici appartenenti al Partito da poco eletti alla Camera, e che avevano vinto le loro corse elettorali con margini ristretti, e li abbiano assegnati al Financial Service Committee. In questo modo, potevano essere sicuri di raccogliere un sacco di soldi.

18. David R. Sands, *Washington Times*, 29 settembre 2008, p. 34, e 9 febbraio 2009.
19. *Washington Post*, riportato in *Grant's Interest Rate Observer*.
20. *Washington Times*, 6 febbraio 2009, p. 10.

Già il solo denaro, dunque, potrebbe essere sufficiente a scoraggiare gli sfidanti repubblicani. È così che il controllo del Congresso aiuta a cementare anche il controllo futuro del Congresso stesso.

Durante l'autunno del 2008, grandi banche d'investimento come Goldman Sachs e Morgan Stanley divennero giuridicamente delle banche vere e proprie. Questo significò che tali società, essenzialmente giganteschi *hedge funds*, poterono godere dell'accesso permanente al denaro appena stampato dal governo e offerto loro ai tassi più bassi possibili, tassi che poco dopo scesero appena al di sopra dello zero. Tutto questo è assolutamente ironico. Nel momento in cui molte società solide sulla "Main Street" stavano lottando per ottenere dei prestiti a tassi elevati, i maggiori speculatori di Wall Street potevano attingere denaro direttamente dal governo e a prezzo stracciato.

In quello stesso momento, Hank Paulson, da poco a capo di Goldman Sachs e poi passato al Tesoro, stava conducendo l'operazione di salvataggio di Wall Street da parte del governo assieme a Ben Bernanke, presidente della Federal Reserve. La società di Paulson ricevette direttamente 10 miliardi di dollari attraverso il TARP,[21] oltre al denaro a buon mercato proveniente dalla finestra di prestito della Fed. Ma non fu tutto qui.

La somma più cospicua di denaro proveniente dal TARP, 173 miliardi di dollari, è andato all'American International Group (AIG), un gigante del settore assicurativo. Quando la società ebbe i primi problemi, per gestire la situazione Paulson scelse Edward Liddy, in precedenza direttore di Goldman Sachs.[22] Poiché l'AIG doveva denaro ad altri soggetti, gran parte del salvataggio andò ad altre società i cui nomi il governo si rifiutò di rivelare, forse perché alcune erano straniere. Tuttavia qualche nome trapelò e si scoprì che quasi 13 miliardi di dollari del salvataggio di AIG erano andati

21. Treasury Department, riportato in *Washington Times*, 26 gennaio 2009, p. 7.
22. *New Yorker*, 18 maggio 2009, p. 50.

proprio alla Goldman Sachs.[23]

L'AIG, tra l'altro, era stata una delle principali finanziatrici delle campagne elettorali. Il secondo maggior beneficiario di questi fondi per gli anni 2003-2008 era stato il senatore Dodd; il primo, l'allora senatore Obama.[24]

Nell'autunno 2008, il segretario Paulson dispose anche che la Bank of America, beneficiaria di fondi TARP, salvasse la Merrill Lynch, gigante dell'investimento. Il capo della Bank of America successivamente testimoniò che Paulson gli aveva ordinato di completare la transazione e gli aveva chiesto di non svelare quanto fossero pesanti le perdite della Merrill, cosa che poteva anche essere illegale. L'allora capo della Merrill Lynch era stato in precedenza capo della Goldman Sachs e quindi era un ex collega di Paulson.

Quando si insediò l'amministrazione Obama, Timothy Geithner, presidente della New York Federal Reserve, braccio operativo della Federal Reserve, assunse l'incarico precedentemente ricoperto da Paulson. William Dudley, ex economista capo della Goldman Sachs, a sua volta sostituì Geithner alla New York Fed. Poco dopo, il presidente della New York Fed, Stephen Friedman, un altro ex Goldman Sachs oltre che consigliere economico del presidente George W. Bush, decise di dimettersi per poter essere più attivo all'interno della Goldman.[25]

L'accogliente club "Wall Street-Washington" di cui sopra ha molte diramazioni. Una di esse è il settore riguardante le società di *rating*: Standard and Poor's, Moody's e Fitch. Queste società hanno svolto un ruolo importante nel far scoppiare la bolla immobiliare, giudicando affidabili *securities* ipotecarie che poi si sono rivelate tutt'altro che sicure.

Come hanno fatto queste società a ottenere così tanto potere nel mercato delle *securities*? Ecco la rispo-

23. Michael Lewis, 20 marzo 2009, *http://www.bloomberg.com.*
24. C. Baum, 26 marzo 2009, *http://www.bloomberg.com.*
25. Bloomberg News, 13 maggio 2009.

sta: norme e regolamenti governativi proibivano l'acquisto (da parte di compagnie di assicurazione, banche, fondi operanti nel mercato monetario, eccetera) di *securities* non valutate da queste aziende selezionate. In altre parole, il governo ha creato un cartello di società di *rating*. Dal momento che il cartello era immune dalla concorrenza, era più facile per Wall Street ottenere l'approvazione per prodotti finanziari di dubbio valore, soprattutto considerando il fatto che la marea di titoli di questo tipo generava proventi per le stesse società.

Tuttavia tutte le bolle alla fine scoppiano. La bolla immobiliare non fece eccezione. Ma perché è scoppiata proprio in quel momento? Un importante fattore è identificabile in un'oscura norma contabile applicata alle banche (ma non alle compagnie di assicurazione) nel 2007 e chiamata *mark-to-market*. Questo cambiamento normativo (FASB 157) costrinse molte banche a svalutare il valore dei loro *asset*, creando in tal modo insolvenza o paura d'insolvenza, il che a sua volta innescò i salvataggi federali.

Tutto ciò assomiglia un po' alle comiche. La norma *mark-to-market* (iscrivere a bilancio secondo il valore corrente di mercato) è stata correttamente definita da alcuni critici come un *mark-to-make believe* (iscrivere a bilancio per finta). Quando i prezzi reali di mercato non sono disponibili, come avviene spesso nel caso degli *asset* bancari, questa norma in pratica li crea dal nulla. I revisori contabili che dovevano dar seguito alla norma operavano in un clima di paura creato dal *Sarbanes Oxley Act* e si guardavano nervosamente alle spalle per la minaccia di azioni legali promosse da avvocati di prima istanza. Erano naturalmente più inclini a giocare sul sicuro svalutando gli *asset*, a volte fino allo zero, anche quando l'afflusso di denaro degli investimenti si manteneva del tutto positivo.

Persino la Fannie Mae, la società finanziaria più in *over-leverage*, in realtà non fu mai priva di denaro, che poi è la più comune situazione di bancarotta. Il governo, agendo attraverso le Securities and Exchange Commissions, avrebbe potuto chiamare un "timeout" per la norma *mark-to-market*, sospendendola temporaneamente o permanentemente e richiedendo che la stessa informazione venisse fornita in nota alle dichiarazioni contabili.

Perché sia l'amministrazione Bush sia quella Obama scelsero di non modificare quella che Steve Forbes ha definito «asinità contabile»? Forse perché il presidente della Fed, Ben Bernanke, si oppose fortemente a una sospensione anche solamente temporanea.[26] Forse perché i governi europei, che avevano contribuito ad architettare questa norma attraverso gli Accordi di Basilea, non volevano ammettere l'errore. Alla fine, la regola è stata rivista, ma non prima dell'aprile 2009.

Questo non è stato l'unico caso di errore di valutazione da parte di Bernanke. È solo uno di una valanga di errori. Prima come consigliere e successivamente come presidente della Federal Reserve, Bernanke è stato complessivamente responsabile della crescita della bolla attraverso il credito a basso costo. Si era aggrappato all'idea che fintanto che si tenevano sotto controllo gli aumenti dei prezzi al consumo, non c'era motivo di preoccuparsi per una bolla degli *asset*. Mentre i segnali di difficoltà si andavano inesorabilmente accumulando, egli disse che

- «le famiglie americane hanno gestito bene le proprie finanze personali» (13 giugno 2006);
- «non ci aspettiamo ricadute importanti dal mercato [ipotecario] *subprime* sul resto dell'economia o sul sistema finanziario» (28 marzo 2007).[27]

Nel settembre 2007, Bernanke fece anche l'ultimo fatale errore di tagliare un'altra volta drasticamente i tassi dei Fed Funds.

Giunti al 2007 nessuno poteva più sostenere che gli aumenti dei prezzi al consumo fossero sotto controllo. Persino l'indice adottato dal governo dimostrava che

26. Bloomberg News, 1° ottobre 2008.
27. F. Sheehan, 28 marzo 2007, in M. Faber, *Gloom, Boom, and Doom Report*, settembre 2008, pp. 19, 22.

erano progrediti di un 5 per cento l'anno. Bernanke tagliò comunque i tassi e la sua azione ebbe la conseguenza del tutto involontaria di dare il via a una corsa a liberarsi del dollaro per acquistare materie prime, come il petrolio. Il prezzo di un barile di petrolio presto raddoppiò, il che contribuì a generare il panico nei consumatori e a rallentare l'attività economica.

In stile sempre più da comiche, il senatore Joe Lieberman biasimò per l'aumento del prezzo del petrolio non le decisioni di Bernanke, ma gli speculatori. Minacciò di adottare una normativa che vietasse ai grandi investitori istituzionali d'investire su tutte le materie prime.[28] All'epoca in cui dichiarò queste cose, i prezzi delle materie prime avevano già raggiunto il loro picco ed erano sul punto di andare a picco in seguito alla Grande Crisi.

Bernanke aveva sperato che il suo taglio dei tassi potesse contribuire ad abbattere i tassi dei mutui. Invece questi ultimi continuavano a salire. Nel frattempo le società di Wall Street risposero prendendosi altro denaro a basso costo – solo per scoprire poco dopo che altro *leverage* su scadenze molto brevi era l'ultima cosa di cui avevano bisogno in un'economia prossima all'implosione. E non ne approfittò solamente Wall Street. Gli armatori ordinarono più navi e le imprese aggiunsero beni a magazzino, ma tutto questo nel momento sbagliato e tutto incentivato dal taglio dei tassi della Fed.

Nell'ottobre del 2008, il presidente Bush diffuse il panico dicendo in televisione che se il suo disegno di legge (il TARP, *Troubled Assets Relief Program*) non fosse stato approvato, l'economia americana sarebbe andata in rovina. Le vendite al dettaglio iniziarono a crollare drammaticamente subito dopo le parole del presidente.[29] Altrettanto fecero le prospettive di un successo elettorale del Partito repubblicano.

Settecento miliardi di dollari vennero stanziati dal TARP per l'acquisto dei mutui "problematici" delle

28. *New York Times*, 13 giugno 2008, p. 1.
29. Lawrence Lindsey, *Weekly Standard*, 1° dicembre 2008, p. 22.

banche. Dopo la sua approvazione, il segretario al Tesoro convenne (in privato, non pubblicamente) con il fatto che il piano messo in campo aveva poco senso. In mancanza di mercato per i mutui, non vi era alcun modo di dar loro un prezzo. E anche se ci fosse stato un mercato, un loro acquisto al valore di mercato reale non avrebbe aiutato le banche. Più tardi Tim Geithner, nuovo segretario al Tesoro di Obama, rilanciò comunque l'idea, sotto forma di concessioni a Wall Street.

Esaminiamo cosa accadde. Dopo interferenze senza fine da parte del governo, il sistema dei prezzi nel settore ipotecario era andato in frantumi. Il compito più importante era stabilire prezzi reali di mercato (e non dei prezzi fasulli *mark-to-market*) per i mutui.

Il motivo principale per il quale il sistema dei prezzi legato alle ipoteche era andato in frantumi era rappresentato dai mutui a buon mercato del governo e dalle garanzie di un intervento pubblico diretto. Dunque, cosa decise di fare il segretario al Tesoro Geithner? Decise di offrire in prestito ancora più somme garantite dal governo, nella fattispecie fondi destinati a convincere le società di Wall Street ad acquistare i mutui inesigibili. Il risultato fu:

- più denaro dei contribuenti nelle tasche degli operatori di Wall Street;
- un totale annullamento del processo di scoperta dei prezzi attraverso il mercato.

E se il piano di Geithner fosse fallito? E se Wall Street si fosse rifiutata di acquistare i mutui inesigibili dalle banche, o queste si fossero rifiutate di venderli, nonostante il prezzo artificialmente sorretto dai sussidi del governo? In questo caso, disse il presidente della Federal Deposit Insurance Corporation (FDIC), Sheila Bair, il governo avrebbe dovuto dire alle banche di vendere i mutui, che lo volessero o meno, al prezzo stabilito dal governo.[30] Ciò avrebbe reso del tutto impossibile sco-

30. Bloomberg News, 15 maggio 2009.

prire i veri prezzi di mercato per le ipoteche, l'unica cosa che avrebbe potuto davvero porre fine alla crisi.

Le banche inizialmente destinatarie dei fondi provenienti dal TARP del presidente Bush erano quelle considerate "troppo grandi per fallire". Nella maggior parte dei casi, queste banche erano cresciute a dismisura grazie all'incoraggiamento del governo. Ogni qualvolta una banca più piccola era in pericolo di fallimento, la normale risposta del governo era quella di cercare di fonderla a uno dei colossi bancari. In pratica, i fondi del TARP divennero il barattolo della marmellata al quale le società di una grande varietà di distretti elettorali cercavano di arrivare attraverso i loro membri al Congresso.

Non tutti i fondi del TARP, però, furono utilizzati per risolvere la crisi finanziaria. Per guadagnarsi l'approvazione, il provvedimento incluse disposizioni speciali per i produttori di rum portoricani, per le gare automobilistiche, per le aziende che operano nelle Samoa americane (una delle quali, la Starkist, aveva sede legale nella circoscrizione elettorale di Nancy Pelosi, presidente della Camera), benefici fiscali per vari soggetti e addirittura la richiesta che le compagnie di assicurazione medica coprissero anche le spese per la salute mentale.[31]

Sepolta fra le clausole del programma, c'era anche una grande espansione del potere della Federal Reserve, tramite il permesso di pagare gli interessi sui depositi delle banche appartenenti. Si trattava di un cambiamento d'importanza cruciale per il sistema monetario, un cambiamento che avrebbe permesso alla Fed di stampare molto più denaro. I membri del Congresso erano almeno a conoscenza di questa disposizione contenuta nel disegno di legge? Ne dubito. Al contrario, dobbiamo ritenere che non avessero la minima idea del suo scopo, né della sua importanza.

La bolla immobiliare dimostra come gli errori dello Stato possano paradossalmente aumentare il controllo

31. David Boaz, 29 gennaio 2009, *http://www.realclearpolitics.com.*

dello Stato su vaste aree dell'economia. Tuttavia, nel lungo periodo, non è affatto chiaro chi controllerà chi. Sarà il governo a mantenere il coltello dalla parte del manico nel "partenariato" Stato-Wall Street? Oppure Wall Street alla fine prenderà il controllo dello Stato, utilizzando i suoi vasti poteri per restringere la concorrenza e creare prezzi di monopolio?

Questa non è affatto una domanda inutile da porsi. Per capire come un settore regolamentato "catturi" il regolatore e usi il potere del governo per i propri fini, dobbiamo solo passare al prossimo *case study*.

Case study numero due: l'industria farmaceutica

L'industria farmaceutica un tempo era chiamata l'industria delle medicine brevettate e questa è tuttora l'espressione più rappresentativa del settore.

Le società farmaceutiche si dedicano all'invenzione di molecole non naturali da utilizzare in medicina. Perché non naturali? Perché le molecole già presenti in natura non possono, per legge, essere brevettate. È fondamentale sviluppare una medicina brevettabile, perché solo un medicinale protetto da un brevetto può far sperare di ammortizzare gli enormi costi (fino a un miliardo di dollari) legati all'approvazione del farmaco da parte del governo.

Ottenere l'approvazione di un nuovo farmaco attraverso la US Food and Drug Administration (FDA) non è solamente costoso, esige anche di avere la gente giusta dalla propria parte. Le società farmaceutiche sanno che devono rivolgersi a ex dipendenti della FDA per l'assistenza durante il procedimento. Assumono anche esperti come consulenti, esperti che probabilmente verranno invitati dalla FDA a prestare servizio nei comitati di *screening*. Inoltre, devono essere effettuati pagamenti diretti a sostegno del bilancio della FDA.

Benché i costi siano astronomici, il profitto finanziario che deriva dall'approvazione della FDA è ancora maggiore. Solo i farmaci approvati dalla FDA possono essere prescritti nell'ambito dei programmi governativi come Medicare. I medici possono prescrivere medicinali non approvati al di fuori di Medicare, Medicaid o del Veterans Administration, ma così facendo rischiano di perdere la licenza per praticare la professione.

La FDA, inoltre, scoraggia e spesso proibisce le sostanze che potrebbero entrare in concorrenza con i farmaci approvati. Quando furono approvati taluni farmaci antidepressivi (basati sull'estensione della vita di un ormone, la serotonina, all'interno del corpo), l'agenzia bandì subito una sostanza naturale, L-triptofano, che aumentava la serotonina, benché fosse molto più economica e disponibile da tanto tempo. Molti anni più tardi, dopo che i farmaci antidepressivi si erano ben affermati, fu finalmente permessa la reintroduzione del triptofano, ma sotto determinate restrizioni che l'hanno reso più costoso.

In realtà, dunque, le società farmaceutiche non sono veramente imprese private che competono in un mercato aperto. Sono delle GSE sponsorizzate dal governo, non diversamente da Fannie Mae o Freddie Mac, e (ora) dalle grandi banche e società di Wall Street. Non dovrebbe sorprendere, quindi, il fatto che le aziende farmaceutiche, come Fannie e Freddie, spendano milioni di dollari in attività di lobby e in contributi elettorali. Molti politici fanno affidamento su questi contributi elettorali e quindi hanno un chiaro interesse a mantenere intatto il cartello farmaceutico, nonostante il fatto che i costi inutilmente elevati dei farmaci contribuiscano al rialzo dei costi dell'intero settore sanitario.

La quota pubblica di questi costi elevati è, in parte, finanziata mediante i prestiti della Cina e di altri paesi. Troppo del denaro preso in prestito viene speso per prolungare le sofferenze della degenza degli anziani vicini al trapasso. In troppi casi, le cure mediche sono la vera causa di morte. Di fatto, gli errori medici e le conseguenze non intenzionali delle cure possono essere considerate le principali cause di morte negli Stati Uniti.[32]

32. Gary Null et al., *Death by Medicine*, Mt. Jackson (VA), Praktikos Books, 2010.

Negli Stati Uniti sono le imprese a pagare per una grande quantità di cure mediche. Di conseguenza, i prezzi dei farmaci brevettati riducono anche gli utili di queste attività, il che a sua volta porta a una minore possibilità di aumenti nella retribuzione dei dipendenti, a meno assunzioni e infine a una maggiore disoccupazione. Costi economici superiori portano anche a meno esportazioni, il che aumenta il deficit nella bilancia commerciale degli Stati Uniti e così via, con conseguenze non desiderate e impreviste che si susseguono una dopo l'altra.

Il punto essenziale, qui, è che le società farmaceutiche, apparentemente regolamentate dal governo, in realtà sono giunte a dominare, e persino a controllare, le autorità di regolamentazione. Il risultato è un cartello farmaceutico semisocializzato, imposto dal governo, il cui potere di prezzo sta scatenando il caos economico. Si tratta di una situazione intrinsecamente instabile. Una possibile soluzione sarebbe che il governo riaffermi la propria autorità attraverso il controllo dei prezzi.

La storia dell'industria farmaceutica chiarisce un po' di più quello che è successo a Wall Street dopo la bolla immobiliare? Forse sì. Nel periodo immediatamente successivo al crollo del 2008, sembrava che il governo stesse assumendo il controllo di Wall Street. Ma il denaro, il potere e il controllo sono andati avanti e indietro tra Wall Street e Washington per anni. C'è sempre molto traffico in entrambe le direzioni. Nel breve termine, Washington si sta riaffermando. Nel lungo termine, come abbiamo precedentemente osservato, Wall Street può trasformare a proprio vantaggio qualsiasi tipo di rapporto più stretto.

Case study numero tre: l'industria automobilistica

I sondaggi dimostrano in modo consistente che i salvataggi della General Motors e della Chrysler da parte delle amministrazioni Bush e Obama sono decisamente impopolari fra gli elettori americani.

Per di più, un'industria in fallimento non può dare grandi quantità di fondi alle campagne elettorali. Evidentemente, qui le cose stanno in modo diverso rispetto alla finanza o al settore farmaceutico, due macchine da soldi per i politici americani.

E allora, perché ci sono stati questi salvataggi? Per prima cosa perché i dipendenti di queste due società vivono in gran parte nei sei stati del Midwest che sono tradizionalmente in bilico nelle elezioni presidenziali. Sono quegli stati che solitamente si rivelano decisivi per l'elezione di un presidente degli Stati Uniti. In secondo luogo perché la United Auto Workers, come gli altri maggiori sindacati, è una fonte importante di fondi e assistenza per le campagne elettorali del Partito democratico.

Ironicamente, sono state proprio le concessioni offerte al sindacato che nell'arco degli anni hanno reso la General Motors e la Chrysler incapaci di competere nel mercato. In particolare, il pagamento delle pensioni ai lavoratori non più in età lavorativa ha aggiunto migliaia di dollari al costo di ogni singola macchina, spese che la Toyota e le altre ditte concorrenti non devono sostenere. Ciò ha posto le società americane davanti a quello che sembrava essere un enigma irrisolvibile. L'unico modo per sfuggire al peso del passato era dichiarare bancarotta. Ma un processo di fallimento trascinato per le lunghe avrebbe distrutto la fiducia del consumatore nel valore della garanzia sulla propria automobile, nella disponibilità dei servizi e, aspetto collegato, nel valore della vettura sul mercato dell'usato.

Ciò che l'amministrazione Obama ha fatto in risposta a tali possibilità è stato fenomenale. Ha fornito miliardi in fondi di salvataggio. Ha licenziato l'amministratore delegato di General Motors e scelto il suo successore. Ha fornito piena fiducia e il credito del governo a garanzia delle imprese automobilistiche, un passo senza precedenti. Ma è stato solo l'inizio.

Lo Stato sapeva che gli azionisti delle due società avevano già perso tutto. I soggetti finanziari interessati rimasti erano i creditori garantiti e "chirografari" (ossia quelli non assistiti da alcun tipo di garanzia reale – pegno e ipoteca – o personale). Fra questi ultimi (senza possibilità di rivalsa diretta sugli *asset* della società) c'era la United Auto Workers. Per legge, i creditori garantiti dovrebbero essere pagati per primi e, dopo di loro, i chirografari in modo equo. Si tratta di diritti di proprietà ben consolidati, sanciti dalla legge fallimentare e, infine, tutelati dalla Costituzione degli Stati Uniti. L'amministrazione Obama ha però elaborato un piano che, ignorando questi diritti, era senza dubbio alcuno illegale.

Le specifiche del piano di Obama stabilivano che i creditori garantiti di Chrysler ricevessero il rimborso di circa il 28 per cento del loro denaro. Il maggiore creditore chirografario, la United Auto Workers, avrebbe ricevuto titoli pari a 4,6 miliardi di dollari, equivalenti al 43 per cento della sua richiesta totale e al 55 per cento dell'azienda. Alcuni dei creditori garantiti erano delle grandi banche mantenute in vita dal governo federale e accettarono le condizioni. D'altronde come avrebbero potuto non fare ciò che il governo chiedeva loro? Quando gli altri creditori garantiti si dimostrarono recalcitranti vennero rimproverati pubblicamente dal presidente Obama ed etichettati come «speculatori».[33] In seguito a ulteriori pressioni, tutti i creditori garantiti accettarono a malincuore il piano del governo.

Il piano per la General Motors era simile. In questo caso, ai creditori chirografari diversi dalla United Auto Workers venne offerto il 10 per cento delle quote della società, per un valore non superiore al 5 per cento del loro investimento, anche se la società si fosse ripresa. Il sindacato, invece, ricevette 10,2 miliardi di dollari, pari a metà della sua richiesta e al 39 per cento della società. Se il sindacato avesse avuto le stesse condizioni degli altri creditori chirografari non avrebbe ricevuto denaro, ma solo l'8 per cento delle azioni dell'azienda.

A un certo punto delle trattative, un gruppo che rappresentava alcuni dei creditori rilevò che tutto questo «equivaleva a utilizzare il denaro del contribuente per dar prova di favoritismi politici nei confronti di un cre-

33. *Economist*, 9 maggio 2009, p. 14.

ditore e non di un altro».[34] Studiosi delle facoltà di diritto obiettarono che il piano equivaleva a una riorganizzazione *sub rosa* (e cioè decisa arbitrariamente), la quale era proibita dalla legge, violava i diritti di proprietà e rappresentava un precedente molto pericoloso.[35]

L'editorialista Lawrence Kudlow disse: «Le decisioni politiche si stanno sostituendo allo Stato di diritto».[36]

Mentre un numero sempre maggiore di aziende viene trasferito, o precipita, nel settore dell'economia sovvenzionato dallo Stato, dobbiamo fermarci e chiedere a noi stessi: tutto ciò cosa sta producendo sulla democrazia americana? La nostra economia è in grado di sopravvivere; le economie sono forti. Ma sopravvivrà la nostra vita politica, la nostra democrazia? Ci piace davvero il nuovo mondo che stiamo creando e che lasceremo ai nostri figli?[37]

Non si tratta solamente di un nuovo mondo fatto da politici, dalle loro esigenze finanziarie e dalle attività economiche sempre più controllate politicamente. Si tratta anche di nuovi uomini e donne, specialisti e operatori che vivono e prosperano nel mondo di Wall Street, Washington e in quello più allargato delle GSE.

Prendiamo in considerazione, come esempio, la carriera di John Podesta. Ha lavorato al Congresso prima di formare nel 1998 una società di lobbying, la Podesta Associates Inc., con il fratello Tony. Successivamente è andato alla Casa Bianca ed è diventato il capo dello staff dell'amministrazione Clinton.

Al termine del mandato, Podesta è tornato a fare lobbying, ma pochi anni dopo, nel 2003, ha fondato il Center for American Progress a Washington, divenuto rapidamente il più importante *think-tank* del Partito democratico. Il centro di ricerca non ha mai reso pubblici i suoi finanziatori, ma si crede sia sostenuto, tra gli altri, dal grande investitore George Soros. Quando

34. *Economist*, 2 maggio 2009, pp. 64-65.
35. Ann Woolner, Bloomberg News, 6 maggio 2009.
36. Lawrence Kudlow, *Washington Times*, 4 maggio 2009, p. 31.
37. Si veda la nota di chiusura PP.

Barack Obama è stato eletto presidente, a Podesta è stato chiesto di co-presiedere il team d'insediamento presidenziale.

Nel frattempo, la sua società di lobbying prospera. Tony Podesta e sua moglie Heather sono considerati tra i più potenti lobbisti del Campidoglio e hanno guadagnato moltissimi nuovi clienti dall'inizio dell'amministrazione Obama. Fra di loro, un *contractor* del settore della difesa, una società farmaceutica, un gigante finanziario e così via.

I Podesta hanno raggruppato tutto: potere, denaro e potenza di fuoco intellettuale. Questo è veramente un mondo keynesiano, sebbene si possa ipotizzare che non rispecchi ciò che lo stesso Keynes si aspettava da un maggiore controllo pubblico sull'economia.

Capitolo 15

Durante una crisi economica, stampare denaro, prestarlo, indebitarsi e spendere significa spargere i semi della prossima crisi

1a. Keynes: a volte si sostiene che le crisi, le recessioni e le depressioni economiche siano utili. È falso

Keynes sa bene che una forte crescita dell'economia porta con sé

> investimenti mal diretti,[1]

e che le fasi depressive possono contribuire a

> liberarsi di molti rami secchi.[2]

Comunque, l'investimento mal indirizzato è sempre meglio della mancanza d'investimenti.[3]

È

> un grave errore

pensare che le recessioni economiche siano in un certo senso necessarie al progresso dell'economia, in virtù del loro ruolo purgativo, oppure perché attenua-

1. John Maynard Keynes, *The General Theory of Employment, Interest, and Money*, Amherst (NY), Prometheus Books, 1997, p. 321.

2. John Maynard Keynes, BBC Broadcast, 26 febbraio 1930, in John Maynard Keynes, *Collected Writings*, vol. 20, *Activities 1929-31: Rethinking Employment and Unemployment Policies*, London, Macmillan; New York, St. Martin's Press, 1981, p. 319.

3. Keynes, *General Theory*, p. 327.

no la speculazione e l'assunzione irresponsabile di rischi introducendo un elemento di paura. Al contrario, come abbiamo visto, dovremmo

abolire le depressioni[4]

e cercare piuttosto di mantenere una perpetua

quasi-espansione.[5]

1b. Commenti

i. *Il tentativo di abolire le contrazioni dell'economia è un errore. Ci sono momenti in cui ne abbiamo bisogno*

Abbiamo accennato brevemente a questo tema nella nostra precedente discussione sui tassi d'interesse (capitolo 10, punto 4b, iv). Ma ora dobbiamo scavare più a fondo. Le recessioni sono inutili? Possiamo abolirle completamente? No. Abbiamo già pagato un prezzo pesante per aver cercato di farlo.

Alan Greenspan, ex presidente della Federal Reserve, conveniva con Keynes sul fatto che le recessioni dovessero essere eliminate e si propose di raggiungere tale obiettivo. Quando, dopo il crollo della bolla dotcom, nel 2000, ci fu comunque una lieve recessione, i verbali della Federal Reserve rivelano che egli cercò deliberatamente di convincere i consumatori a indebitarsi di più. L'argomentazione pare fosse che una qualsiasi recessione più accentuata, o più lunga, in un paese già gravato dal debito avrebbe portato a una bancarotta su larga scala dei debitori. Per affrontare questo problema dell'eccessivo indebitamento, in gran parte inesigibile, si doveva creare ancora più debito.

Se la Fed avesse permesso che una recessione reale potesse essere la giusta conseguenza della follia dotcom, gli errori negli investimenti verificatisi negli anni Novanta avrebbero potuto essere interamente liquidati. Gli *asset* sarebbero passati da mani deboli a mani più

4. Keynes, *General Theory*, p. 322.
5. Keynes, *General Theory*, pp. 320-322.

forti, attraverso prezzi da svendita, e si sarebbero ridistribuiti su basi più razionali. Il debito inesigibile sarebbe stato cancellato, il terreno sarebbe stato sgombrato per la crescita futura, così come era accaduto dopo la Grande Inflazione nei primi anni Ottanta. Invece il debito totale negli Stati Uniti salì a dismisura (da 2,8 volte il prodotto interno lordo nel 2000 a 3,7 volte alla fine 2008).[6] I debiti inesigibili e gli investimenti sbagliati si sommarono gli uni agli altri.

Una vera e propria recessione nel 2000 e nel 2001 sarebbe stata certamente dolorosa. Tuttavia avrebbe risparmiato agli Stati Uniti le conseguenze molto più tragiche della crisi del 2008, dopo la quale sia l'amministrazione Bush che quella Obama cercarono di nuovo di bloccare il corso negativo dell'economia salvando, e riportando in vita, il paradigma fallito dell'indebitarsi per sperperare denaro.

Ognuna delle due amministrazioni ha cercato di evitare la liquidazione del debito, di mantenere alti i prezzi degli *asset* aziendali, di evitare che gli *asset* passassero da mani deboli a mani forti. Come in Giappone dopo la bolla degli anni Ottanta il risultato è stato quello di mantenere l'economia in uno stato infernale, né morta né viva, di creare banche e imprese "zombie", di evitare i necessari fallimenti e i successivi aggiustamenti. L'unica conseguenza che queste politiche keynesiane avrebbero potuto produrre sarebbe stato l'ennesimo rinvio di situazioni dolorose, con un conto da pagare alla fine ancora maggiore e più pesante.

ii. *Le bolle sono sinonimo d'investimenti mal diretti*

Keynes era nel torto anche nel ritenere che i boom economici si limitassero a causare «qualche investimento orientato nelle direzioni sbagliate». Quando una crescita viene creata artificialmente tramite l'emissione di nuovo denaro (di solito attraverso l'indebitamento pubblico), quando il denaro è praticamente gratuito, quasi tutti gli investimenti possono sembrare buoni.

6. US Government Sources, in *Grant's Interest Rate Observer*, 3 aprile 2009, p. 4

Ma arriva il momento in cui la festa finisce e gran parte degli investimenti si dimostrano per quello che sono stati: uno spreco di denaro.

E non è vero nemmeno, come dice invece Keynes, che un investimento mal diretto è da preferire alla mancanza d'investimento. Nel sistema keynesiano molti degli investimenti sbagliati sono finanziati dal debito. Una volta che gli investimenti si dimostrano senza valore, rimangono i buchi del debito e qualcuno – il debitore, il creditore o, in caso di salvataggio pubblico, i contribuenti – sarà più povero.

iii. *Dobbiamo quindi rassegnarci a depressioni frequenti e gravi? No*

La tesi per cui fintanto che le persone faranno delle valutazioni errate ci saranno crisi economiche è piuttosto credibile. Tuttavia è possibile evitare le fasi depressive veramente gravi soprattutto non indulgendo nelle politiche inflazionistiche raccomandate da Keynes, politiche che, in modo perverso, creano recessioni invece che curarle.

Un vero sforzo per evitare depressioni gravi richiederebbe una revisione totale delle politiche pubbliche. Sarebbe necessario che il governo invertisse la sua strategia di lunga data basata sul cercare di stimolare continuamente il ricorso al credito, diminuendo sempre più le riserve obbligatorie delle banche e degli altri istituti creditizi. Allo stesso tempo sarebbe necessario che lo Stato smettesse di stampare denaro, prenderlo a prestito e spenderlo in modo sconsiderato.

L'economista tedesco Wilhelm Röpke disse: «Più stabilizzazione, meno stabilità».[7] Con questo intendeva dire che le politiche keynesiane destabilizzano l'economia, ma anche che la falsa promessa della stabilizzazione porta le persone ad avere comportamenti sconside-

7. Wilhelm Röpke, *Economics of the Free Society*, Chicago, Henry Regnery, 1963, p. 219; anche in Hunter Lewis, *Are the Rich Necessary? Great Economic Arguments and How They Reflect Our Personal Values*, Mt. Jackson (VA), Axios Press, 2007, p. 76.

rati. L'economista austriaco Friedrich von Hayek aggiunse: «Tanto più cerchiamo di fornire piena sicurezza interferendo con il sistema di mercato, quanto maggiore diviene l'insicurezza».[8]

iv. *In ultima analisi, la bancarotta (anche di grandi dimensioni) è, e sarà sempre, un elemento essenziale del sistema di mercato*

Oltre ai prezzi liberi, l'aspetto essenziale del sistema di mercato decantato da Röpke e Hayek è quello della carota del profitto e del bastone della perdita o del fallimento. La bancarotta serve a due scopi fondamentali. Fa in modo che le persone prendano in considerazione i rischi con attenzione. E, cosa altrettanto importante, cancella le valutazioni erronee del passato e ridirige gli *asset* verso mani più competenti. Come disse Röpke: «Il nostro sistema economico (in ultima analisi) è disciplinato dalla bancarotta».[9]

L'economista keynesiano Paul Krugman ha ridicolizzato l'idea che la recessione sia «una punizione necessaria» per sanare gli errori del boom economico.[10] Ma non si tratta affatto di una «punizione»: è un modo per rimuovere gli errori di valutazione economica e ricominciare da capo.

L'illustre economista keynesiano Robert Solow si spinge anche oltre Krugman nel descrivere, travisandolo, ciò che si suppone facciano recessioni e bancarotte. Infatti, afferma: «[Dire] che una recessione estirpa imprese e pratiche inefficienti [...] è un po' come dire che una peste [...] ripulisce il patrimonio genetico».[11] Davvero Solow pensa questo? Siamo tenuti veramente a considerare le banche di Wall Street che ricorrono al *leverage* del debito (debito fino a 30 volte il capitale netto) come le vittime di una peste?

8. Friedrich Hayek, citato in Sanford Ikeda, *Dynamics of the Mixed Economy: Toward a Theory of Interventionism*, London, Routledge, 1997, p. 183.
9. Röpke, *Economics of the Free Society*, p. 248; citato anche in Lewis, *Are the Rich Necessary?*, p. 51.
10. *Economist*, 6 dicembre 2008, p. 94.
11. Robert Solow, *New York Review of Books*, 14 maggio 2009, p. 6.

Eliminare l'eventualità della bancarotta, soprattutto quella di grandi dimensioni correlata a una crisi economica, significa impedire al sistema di mercato di fare il suo lavoro. Keynes disse ripetutamente di voler salvare il sistema di mercato, ma sembra che non avesse la minima cognizione di come funzionasse ciò che diceva di voler salvare.

2a. Keynes: un crollo finanziario incipiente, una depressione economica, o prima l'uno e poi l'altra, richiedono un intervento del governo sollecito e decisivo

I crolli dell'economia e le depressioni profonde ci dicono che abbiamo creato un

> enorme pantano,

che abbiamo

> commesso un errore nel controllo di una macchina delicata[12]

e che c'è urgente bisogno di ripararla. Andrebbe intrapresa un'azione correttiva audace e forte al primo segnale di difficoltà. E dovrebbe essere

> radicale

tanto quanto serve.[13]

All'inizio del 1932, dopo due anni dallo scoppio di quella che divenne nota come la Grande Depressione, Keynes avvertiva che

> un tracollo di questo genere nutre se stesso,

12. John Maynard Keynes, *Essays in Persuasion*, New York, W.W. Norton, 1963, p. 136.

13. Keynes, BBC Broadcast, 26 febbraio 1930, in John Maynard Keynes, *Collected Writings*, vol. 20, *Activities 1929-31: Rethinking Employment and Unemployment Policies*, London, Macmillan; New York, St. Martin's Press, 1981, p. 325.

e si lamentava del fatto che fosse

> molto più difficile risolvere il problema oggi di quanto lo sarebbe stato un anno fa. [...] Le [...] autorità mondiali non hanno avuto il coraggio o la convinzione di applicare i rimedi che avevano a disposizione in dosi sufficientemente drastiche a ogni stadio del declino.[14]

Keynes continuava affermando che si poteva giungere a un punto di non ritorno, un punto in cui il sistema avrebbe perso la sua

> capacità di risalire.[15]

2b. Commenti

i. *In realtà all'inizio della Grande Depressione Keynes non prescrisse quello che poi divenne il programma keynesiano*

La sua prima reazione alla Grande Depressione iniziata nel 1929 fu di ritenerla una benedizione sotto mentite spoglie. Keynes pensava che fosse stata causata da tassi d'interesse troppo alti. Subito dopo la crisi, le autorità monetarie di Stati Uniti e Gran Bretagna avrebbero dovuto abbassare i tassi d'interesse e mantenerli bassi, così che tutto sarebbe andato per il meglio.

Keynes disse che:

> Il denaro in America è già diventato davvero molto economico.

Di conseguenza, c'è

> una luce [...] lì davanti. [...] La prospettiva di lungo periodo [... è] decisamente incoraggiante. [...] Non dubito [...] che il denaro a buon mercato [... sia] un rimedio efficace. Il mondo sottovaluta sempre l'in-

14. John Maynard Keynes, discorso tenuto a Monaco, Germania, 8 gennaio 1932, in John Maynard Keynes, *Collected Writings*, vol. 21, *Activities 1931-39: World Crises and Policies in Britain and America*, London, Macmillan; New York, St. Martin's Press, 1982, pp. 40, 41, 45.

15. Keynes, discorso tenuto a Monaco, Germania, 8 gennaio 1932.

> fluenza negativa dell'elevato costo del denaro, mentre il denaro a basso costo ha un'influenza rinvigorente.[16]

Giunti al 1932, tuttavia, Keynes aveva alcuni dubbi circa l'efficacia del solo denaro a buon mercato. In un articolo pubblicato sull'*Atlantic Monthly* egli scrisse, come poi fece nella *Teoria generale*, che gli imprenditori e i manager avrebbero potuto non approfittare, a causa del panico, di tassi d'interesse più bassi, rendendo così non efficace una politica volta a offrire denaro a basso costo. Dunque, Keynes, ora raccomandava che lo Stato intervenisse e spendesse di suo.[17]

Date le precedenti dichiarazioni, Keynes era in mala fede quando disse, nel 1932, che i governi

> non hanno avuto il coraggio o la convinzione di applicare i rimedi che avevano a disposizione in dosi sufficientemente drastiche a ogni stadio del declino.[18]

Le sue stesse idee in merito ai rimedi necessari e alle dosi da utilizzare erano andate cambiando man mano che gli eventi si succedevano.

ii. *I rimedi keynesiani non sono stati ancora collaudati*

È importante inoltre sottolineare che il programma keynesiano di denaro a basso costo e spesa pubblica su larga scala (assieme ad aggiunte occasionali di politiche commerciali protezioniste) rimane a tutt'oggi solo un'ipotesi. Ogni volta che è stato applicato, sia da parte dell'amministrazione Roosevelt durante la Depressione, sia da parte del governo giapponese dopo la bolla di fine anni Ottanta, o ancora dalla seconda amministrazione Bush (in collaborazione con la Fed di Greenspan) dopo la bolla dot-com, non ha prodotto i risultati sperati. Ci sono anzi buone ragioni per pensare che abbia

16. John Maynard Keynes, *New York Evening Post*, 25 ottobre 1929, in *Collected Writings*, vol. 20, p. 1.

17. John Maynard Keynes, conferenza, Londra, ristampata in *Atlantic Monthly*, maggio 1932, in *Collected Writings*, vol. 21, p. 60.

18. Keynes, *Collected Writings*, vol. 21, pp. 40, 41, 45.

causato quegli stessi problemi che avrebbe dovuto prevenire o curare.

iii. *La Grande Depressione*

Consideriamo i seguenti fatti. La Grande Depressione durò più a lungo di qualsiasi altra crisi americana precedente. Ma se non ci fosse stata la seconda guerra mondiale avrebbe potuto continuare anche di più. La grande inflazione monetaria riuscì a porre fine alla deflazione, ma la disoccupazione rimase elevata nonostante tutto. Anche l'aggiunta di spesa in disavanzo non la portò al di sotto del 14 per cento.

I keynesiani, naturalmente, hanno una loro giustificazione. Essi ci dicono che nell'America degli anni Trenta i tentativi di Roosevelt di porre fine alla deflazione e di controllare i tassi d'interesse erano stati efficaci, ma era venuta a mancare la determinazione per quanto riguardava la spesa in disavanzo. Se attraverso il New Deal si fosse speso di più e prima, la depressione non si sarebbe protratta fino alla guerra. Quando scoppiò, la guerra fornì quello stimolo per una spesa pubblica davvero consistente, cosa che era necessaria da tempo.

Si noti, tuttavia, che nel 1937 lo stesso Keynes non sosteneva più la necessità di uno stimolo attraverso la spesa in disavanzo, almeno non in Gran Bretagna.[19] Non è nemmeno corretto interpretare la seconda guerra mondiale come un enorme programma per stimolare l'economia. Le spese ingenti della guerra avrebbero portato a un'inflazione spaventosa, se non fosse stato per il controllo dei salari e dei prezzi. A sua volta il controllo di salari e prezzi funziona solamente in condizioni di guerra su scala mondiale, quando le attività economiche possono essere incanalate nelle attività relativamente semplici della produzione bellica e quando l'intera forza lavoro è disposta ad accettare limiti di consumo e a cooperare con lo Stato in altri modi. Come scoprì il presidente Nixon nei primi anni Settanta, il controllo di salari e prez-

19. John Maynard Keynes, *Times*, 12-14 gennaio 1937, in *Collected Writings*, vol. 21, p. 385.

zi non funziona né in tempo di pace, né in condizioni di guerra su piccola scala, come nel caso del Vietnam.

I keynesiani parlano spesso della depressione secondaria del 1937 per insistere sulla loro affermazione secondo cui stimoli più forti e in quantità maggiori avrebbero fatto terminare prima la Grande Depressione. L'argomentazione si basa grosso modo sulle seguenti linee. All'inizio Roosevelt aveva avuto paura di portare allo squilibrio il proprio bilancio, ma nel suo primo mandato non ebbe problemi a farlo. Il deficit di spesa toccò i 2,8 miliardi di dollari nel 1935 e i 4,4 miliardi di dollari nel 1936. Ciò generò una ripresa. Successivamente, durante il secondo mandato, un eccesso di cautela portò a una riduzione nel deficit fino a 2,8 miliardi di dollari nel 1937 e a 1,2 miliardi nel 1938. Questa riduzione del disavanzo di spesa fece precipitare la crisi iniziata verso la fine del 1937.

Tale ricostruzione ha senso? Forse temo di no. In primo luogo, sembra azzardato affermare che l'economia avesse recuperato prima della depressione del 1937, dal momento che l'occupazione era rimasta a livelli elevati. In secondo luogo, nonostante il disavanzo di spesa, la politica fiscale di Roosevelt includeva imposte sul reddito molto alte per i più ricchi e imposte sul consumo per tutti. Il presidente Hoover aveva alzato le imposte sul reddito nel 1932 (fino a un massimo del 60 per cento) oltre ad aver alzato ed esteso le accise o le imposte sulle vendite. Roosevelt aggravò questi errori. Non è irragionevole dare la colpa della crisi che seguì alla fine del 1937 alle tasse elevate o all'elevato deficit di bilancio del 1936.

Inoltre ci sono stati altri importanti fattori che potrebbero spiegare la depressione di fine 1937. La nuova imposta sugli utili societari fu un duro colpo per la fiducia delle imprese. Lo stesso si può dire del *Wagner Act*, che rafforzava la posizione degli impiegati e dei lavoratori iscritti al sindacato a discapito degli operai.[20] E lo stesso si può dire anche dell'inflessibile

20. Si veda la nota di chiusura QQ.

attività antitrust (la minaccia di dividere le società) del secondo mandato. Le imposte sugli utili societari già da sole sono sufficienti a spiegare la caduta libera dell'occupazione, dal momento che i profitti sono di gran lunga il miglior indicatore dell'occupazione.

iv. *I "decenni perduti" del Giappone*

Come la Grande Depressione, il periodo successivo alla bolla giapponese degli anni Ottanta è spesso citato come terreno di prova delle politiche keynesiane. In quell'occasione, infatti, venne applicato il programma keynesiano completo, fatto di abbassamento dei tassi d'interesse, salvataggi di banche e indebitamento a fini di spesa. Il debito pubblico crebbe da un 55 per cento del prodotto interno lordo nel 1990 a oltre il 160 per cento del 2007.[21] La cosa più rilevante di questo periodo è che il *pump priming* keynesiano (l'azione del governo per stimolare l'economia) non ebbe successo. L'economia non si è mai ripresa veramente.

Alla volta del crollo del 2008, l'economia giapponese era di nuovo in caduta libera e non era chiaro quanto altro debito potesse accumulare il governo, dal momento che i consumatori giapponesi più anziani non erano più in grado di risparmiare e prestare denaro come avevano fatto in passato. Per chi osservava da tempo la situazione giapponese fu sorprendente rilevare che il tasso di risparmio del Giappone alla fine del 2008 era effettivamente sceso al di sotto di quello americano, in parte perché quest'ultimo era aumentato in risposta alla crisi economica.

Tale situazione, comunque, non impedì ai politici giapponesi di ricorrere all'indebitamento per aumentare la spesa pubblica. Tornate di stimoli si sono susseguite le une dopo le altre. Tra i possibili provvedimenti per innescare la ripresa, il governo propose addirittura un ulteriore indebitamento per l'acquisto di azioni di borsa ordinarie.

Proprio come hanno la loro spiegazione per il falli-

21. Ned Davis Research, *Institutional Hotline*, 22 settembre 2008, p. 2.

mento economico del New Deal, gli apologeti delle teorie di Keynes hanno giustificazioni simili anche per quanto accaduto in Giappone dopo la bolla finanziaria. Sì, dicono, il Giappone ha applicato misure keynesiane, ma non l'ha fatto abbastanza presto e con sufficiente coraggio. In particolare, continua la loro argomentazione, le banche avrebbero dovuto essere salvate e rifinanziate prima, e non solo nel 1998, quando era ormai troppo tardi. La spesa per le opere pubbliche può anche non aver dato risultati, ma fu sempre meglio di niente.

Il keynesiano Paul Krugman convenne con Barack Obama sul fatto che era necessaria, nel 2008, un'azione di governo «coraggiosa» per salvare l'America. E ancora una volta propose la sfilza completa dei rimedi keynesiani. Giunto alla spesa per le opere pubbliche, si fermò un attimo per dare qualche spiegazione:

> Alcuni lettori potrebbero obiettare che fornire uno stimolo fiscale attraverso la spesa per opere pubbliche è quello che ha fatto il Giappone negli anni Novanta – e lo è. Anche in Giappone, comunque, la spesa pubblica probabilmente evitò che un'economia debole sprofondasse in una depressione vera e propria. Vi sono, inoltre, motivi di ritenere che lo stimolo attraverso la spesa pubblica funzionerebbe meglio negli Stati Uniti.[22]

Al contrario di quanto dice Krugman, vi sono anche importanti ragioni per aspettarsi che una spesa volta a stimolare l'economia funzioni ancora peggio negli Stati Uniti. Per lo meno, i giapponesi s'indebitarono con se stessi, e non in maniera pesante con i cinesi. Dobbiamo anche osservare l'uso fatto da Krugman dell'avverbio «probabilmente» nell'affermare che le opere pubbliche hanno risparmiato al Giappone una depressione vera e propria. Il termine «probabilmente» è anche uno dei

22. Paul Krugman, "What to Do", *New York Review of Books*, 18 dicembre 2008, p. 8.

preferiti di Keynes; a noi rivela semplicemente che ci troviamo davanti a un'intuizione non supportata da fatti, una semplice supposizione.

v. *Controfattualità*

Riserveremo al capitolo 16 la gran parte della discussione logica del motivo per cui le supposizioni di Keynes sono sbagliate. Tuttavia ci sono alcuni esempi "controfattuali" che vale la pena di menzionare anche qui. Prendiamo la depressione del 1921. Fu una depressione improvvisa e profonda, ma anche molto breve, della durata di poco più di un anno. In questo caso, i rimedi keynesiani non furono applicati. La Federal Reserve era stata istituita nel 1913, ma non aveva ancora imparato a manipolare l'economia – questo accadde dopo, negli anni Venti. Il presidente e il Congresso non fecero nulla e l'economia si riprese da sé in tempi record.

In precedenza c'erano state altre depressioni in America, anche se nessuna fu lunga quanto la Grande Depressione. La più lunga era stata la depressione del 1873-1879. La crisi aveva fatto seguito a una bolla creatasi con l'emissione di nuova cartamoneta durante e dopo la Guerra Civile. Quando si tornò al denaro valido (sotto forma di sistema aureo), nel 1879, la depressione finì.[23]

Un altro esempio controfattuale potrebbe riguardare la crisi finanziaria dell'Asia del Sud di fine anni Novanta. In questo caso, i rimedi keynesiani non vennero messi in pratica, perché i governi coinvolti non avevano le risorse finanziarie necessarie per farlo. Le banche insolventi vennero chiuse, le società in bancarotta fallirono. Con sorpresa di tutti, funzionò. L'economia si riprese e proseguì con forza maggiore. L'autore di una lettera alla rivista *Economist* mise in contrasto il consiglio dato dagli Stati Uniti all'Asia meridionale alla fine degli anni Novanta e quello che diedero a se stessi un decennio più tardi:

23. Si veda la nota di chiusura RR.

> Essendomi trovato in Asia durante la crisi finanziaria di un decennio fa, sono colpito dalle somiglianze [con quella americana e britannica del 2008]. [...] L'unico ingrediente [...] che manca [...] è la richiesta delle rappresentanze di scambio americane che le banche deboli siano lasciate fallire. Cos'è accaduto al "lasciamo decidere al mercato" che nel 1998 venne venduto come verità economica ai Paesi asiatici? Forse che la medicina [...] distribuita con tanta generosità a Corea del Sud, Tailandia, ecc., è troppo amara per il dottore?[24]

È utile tenere a mente tutto questo. Dovremmo mostrarci scettici verso il programma keynesiano per la gestione di crolli e crisi economiche, rifiutandoci di accettarlo semplicemente per fede, come fanno tanti. Dunque, tenendo questo concetto ben presente, nelle prossime sezioni inizieremo a esaminare più dettagliatamente il programma keynesiano, al fine di analizzare ulteriormente ciascuna delle sue singole componenti.

3a. Keynes: lo Stato deve essere particolarmente vigile nell'individuare una crisi finanziaria incipiente e muoversi prontamente per evitarla

Il copione per evitare una crisi finanziaria è stato scritto tempo fa. Dobbiamo solo seguirlo.

Nel 1873, Walter Bagehot, direttore della rivista *Economist*, pubblicò un libro intitolato *Lombard Street*. In esso si sosteneva che la Bank of England, allora un ente privato, anche se con uno status semiufficiale, avrebbe dovuto tenersi pronta ad agire come "prestatore di ultima istanza". Se la gente si fosse preoccupata e avesse iniziato a ritirare i fondi da una data banca, quella banca sarebbe stata in grado di sostituire tali risorse ottenendo dei prestiti dalla Bank of England.

Naturalmente andavano rispettate talune regole. La banca che chiedeva il prestito doveva essere solvente, doveva dare alla Bank of England titoli "sicuri" a garanzia del prestito e doveva pagare un tasso d'interesse elevato. La richiesta di solide garanzie significava

24. *Economist*, 1° novembre 2008.

che, qualsiasi cosa fosse accaduta, la Bank of England non avrebbe perso il suo denaro.

Ed ecco dove Bagehot risultò controverso: disse che la Bank of England doveva essere pronta a elargire tutti i prestiti necessari a rassicurare la gente e a fermare la corsa agli sportelli. E doveva essere pronta a concederli anche qualora avesse già offerto tutte le riserve che il diritto bancario le consentiva. In altre parole la Bank of England doveva fare qualsiasi cosa fosse necessaria per fermare una corsa agli sportelli, anche a costo di dover abbandonare le sicure procedure bancarie o addirittura anche a costo di violare, tecnicamente, la legge.

Le idee di Bagehot non furono esenti da critiche. Thomas Hankey riteneva che un sistema incentrato su un "prestatore di ultima istanza" avrebbe portato le banche a concedere prestiti più rischiosi o a comportarsi in modo avventato, perché tanto poi potevano essere certe che sarebbero state salvate, anche se con un tasso d'interesse punitivo.[25]

Eppure, le idee di Bagehot trionfarono su quelle dell'amico Hankey. Anche Keynes si schierò con Bagehot, ma si preoccupava del fatto che le sue idee potessero venir applicate troppo tardi o in maniera timida. Il modo per fermare una crisi finanziaria doveva prevedere un intervento deciso dello Stato. Se fondi illimitati fossero stati messi a disposizione delle istituzioni finanziarie minacciate, si sarebbe potuta fermare la spirale che avrebbe condotto verso un panico di massa. Gli individui, fiduciosi nel sostegno pubblico, non si sarebbero più affrettati a tutelarsi in modi che presto avrebbero fatto crollare il sistema e garantito un risultato negativo per tutti.

3b. Commenti

i. *Era Hankey, e non Bagehot, quello che aveva ragione sui salvataggi pubblici*

La promessa di salvare le banche e gli altri istituti di

25. Per una discussione del contrasto fra Bagehot e Hankey, si veda *Grant's Interest Rate Observer*, 30 maggio 2008, e James Grant, *Mr. Market Miscalculates*, Mt. Jackson (VA), Axios Press, 2008, p. 28.

credito alla fine porta a prestiti avventati. La necessità per le banche centrali di fornire, in breve tempo, una quantità illimitata di denaro porta inevitabilmente anche all'emissione di nuovo denaro. Una volta che una banca centrale ha preso l'abitudine di stampare moneta, è certo che si innescherà un processo inflazionistico, sia dei prezzi al consumo che degli *asset*. Tutto questo, a sua volta, condurrà a una crisi finanziaria, che sarà seguita da altra inflazione, in un circolo vizioso che continuerà nel tempo.

ii. *Perché le banche sono sempre l'anello debole*

Il sistema finanziario è senza dubbio l'anello debole del sistema di mercato. Ma non deve necessariamente essere così. Il problema è che le banche, per come sono attualmente strutturate, sono sempre tecnicamente insolventi. E lo sono dal giorno stesso della loro apertura. Perché? Perché accettano depositi, molti dei quali devono essere rimborsati su richiesta, ma poi prestano denaro senza avere un analogo diritto a essere rimborsate su richiesta. Il risultato: in un dato giorno, i risparmiatori possono far fallire la banca pretendendo in una sola volta tutti i loro soldi.

Questo è uno dei motivi per cui la contabilità *mark-to-market* ha poco senso per le banche. Una sua applicazione letterale e rigorosa farebbe fallire ogni banca, anche in tempi normali. Quando i tempi sono duri, garantirebbe il fallimento dell'intero sistema bancario. Durante la Grande Depressione sopravvissero circa due terzi delle banche statunitensi. Se fosse esistito il *mark-to-market* sarebbero state poche a non chiudere.

Oggi diamo per scontata l'esposizione al rischio e la conseguente instabilità del settore bancario. Ma non è sempre stato così. Nei secoli passati le banche operavano da depositi di oro e argento, come fanno oggi alcune società con il grano. A nessuna società di stoccaggio del grano è permesso di prestare il grano dei clienti nella speranza che ce ne sia a sufficienza per rispondere alle domande di ritiro. No, il grano resta nella vasca di deposito fino a quando viene richiesto e, se utilizzato, ciò avviene sempre dietro consenso del cliente.

Quando i banchieri iniziarono a trattare in modo diverso lo stoccaggio di oro e argento, prestandoli per fini di lucro senza il consenso del proprietario, vi furono contenziosi legali. Il risultato dei processi era incerto, ma nel tempo si affermò il diritto a prestare denaro su principi completamente diversi rispetto alle altre materie prime.

Col senno di poi, possiamo dire che queste decisioni prese per via giudiziaria hanno scoperchiato il vaso di Pandora. Non solo hanno posto le banche di fronte al costante pericolo di corse agli sportelli, vale a dire di una richiesta, dettata dal panico, di restituzione contemporanea di fondi da parte di tutti i clienti, ma hanno anche consentito alle banche di mettere in circolazione denaro nuovo attraverso il semplice atto di concessione dei prestiti.[26] Come risultato, la quantità di denaro presente nell'economia è diventata del tutto imprevedibile. Il che è assolutamente folle.

iii. *Cosa fare con le banche*

La riforma più ovvia sarebbe quella di aumentare la riserva obbligatoria. La riserva ideale dovrebbe essere pari al 100 per cento. Le banche, poi, verrebbero remunerate per i servizi di deposito, per occuparsi della gestione di assegni e di altre transazioni e per fungere da agenti dei loro clienti. In caso di prestito, il termine non dovrebbe essere più lungo di quello del deposito.[27]

La maggior parte dei banchieri si opporrebbe al concetto di riserva del 100 per cento. Sanno che possono fare molti più soldi con riserve più basse. Quello che non comprendono fino in fondo è che il sistema bancario, per come è attualmente strutturato, non è veramente redditizio. I guadagni di molti anni alla fine vanno persi durante una crisi, che spazza via gli azionisti esistenti. Eventuali nuovi azionisti potrebbero guadagnare bene per un'altra generazione, solo per essere spazzati via a loro

26. Si veda la nota di chiusura SS.
27. Si veda la nota di chiusura TT.

volta. Un qualsiasi passo verso riserve più alte contribuirebbe a creare un sistema bancario con basi più solide.

Il più grande ostacolo a un sistema bancario solido è lo Stato. La Federal Reserve è stata fondata nel 1913, in parte, per ridurre le riserve bancarie. Nel corso degli anni ha abbassato gli obblighi di riserva più volte, sempre nel tentativo, in questo e in altri modi, di creare più denaro e riversarlo nell'economia attraverso il sistema bancario.[28] Agli occhi dei politici, più denaro c'è e meglio è, perché aiuterà l'economia a sembrare migliore nel breve periodo e permetterà ai titolari di una carica pubblica di essere rieletti. L'idea che lo Stato (nelle vesti della Federal Reserve) ci tuteli dall'inflazione non ha alcun senso. I fatti ci dicono il contrario. La Fed è l'origine, e non la cura, dell'inflazione.

4a. Keynes: Bagehot ha bisogno di un aggiornamento

L'approccio di Bagehot, se applicato con rigore, è generalmente corretto, ma ha bisogno di un ulteriore perfezionamento. In particolare, i tassi d'interesse devono essere più bassi, gli standard di prestito inferiori e la portata dell'assistenza governativa nel complesso più elevata.

Come abbiamo già osservato, Bagehot voleva che il "prestatore di ultima istanza" concedesse i propri prestiti a tassi abbastanza elevati da costituire una mora. Keynes, al contrario, voleva che prevalessero tassi d'interesse bassi in tutto il sistema finanziario e in ogni momento, sia per i prestiti normali e sia, presumibilmente, per i prestiti d'emergenza. Né il "prestatore di ultima istanza" doveva essere troppo pignolo nel decidere chi aiutare.

Keynes riconobbe anche che se i tassi d'interesse sono già bassi quando scoppia la crisi, ci sono dei limiti rispetto a ciò che il credito a basso costo può fare. Inoltre, indipendentemente da quanto sia a basso costo il credito, la gente potrebbe essere troppo spaventata per ricorrere al prestito. In tal caso,

28. Si veda la nota di chiusura UU.

c'è bisogno di un intervento diretto dello Stato.[29]

Questo intervento può assumere la forma di prestiti sovvenzionati a lungo termine e con tassi d'interesse molto bassi, o di altri sussidi al settore.[30] In aggiunta, lo Stato dovrebbe preparare taluni piani per espandere e accelerare il proprio programma d'investimento diretto e renderlo effettivo al primo segnale di bisogno.[31]

4b. Commenti

i. *Il sistema immaginato da Bagehot era già instabile. Keynes lo rende ancora più instabile*

Per lo meno, con Bagehot le banche che si erano messe nei guai con prestiti inesigibili dovevano fornire buone garanzie per qualsiasi prestito di salvataggio della Bank of England. Dovevano anche pagare un tasso d'interesse come penale, sufficientemente alto da scoraggiare un eccessivo affidamento su tali salvataggi. Se una banca in difficoltà non avesse avuto buone garanzie o non avesse potuto pagare un tasso così penalizzante, sarebbe fallita e sarebbe stata prontamente liquidata dai creditori.

Hankey aveva ragione: il sistema di Bagehot incoraggiava un certo grado di temerarietà. Peggio ancora, incoraggiò addirittura una banca centrale a diventare incauta. Ma si era comunque in un quadro di sobrietà e sanità mentale rispetto al sistema di Keynes.

ii. *La versione di Bagehot di Ben Bernanke*

Abbiamo già discusso l'operato di Bernanke come membro del *board* e poi presidente della Federal Reserve nel capitolo 14. Ma è necessaria qualche parola in più. Durante il crollo del 2008, la Federal Reserve ha adottato una vera e propria posizione keynesiana. I rimedi keynesiani erano stati adottati anche in precedenza, ma

29. Keynes, *Collected Writings*, vol. 21, pp. 59-60.
30. Keynes, *Collected Writings*, vol. 20, p. 348; Keynes, *Collected Writings*, vol. 21, p. 395.
31. Keynes, *Times*, 14 gennaio 1937; anche in Henry Hazlitt (a cura di), *The Critics of Keynesian Economics*, New York, D. Van Nostrand, 1960, p. 121.

mai su una scala così vasta. In quattordici mesi (dal gennaio 2007 al febbraio 2009) 1200 miliardi di nuovi dollari sono comparsi dal "nulla" e immessi nell'economia, con la promessa di aggiungerne altri 2000.

Questi nuovi dollari, a loro volta, potevano moltiplicarsi in molti, molti più dollari all'interno del sistema bancario.[32] Nessuno poteva sapere in quanti. Tuttavia, qualsiasi cosa fosse accaduta, di certo l'impatto totale su un'economia da 14.000 miliardi di dollari sarebbe stato forte.

E non era tutto. In aggiunta, c'erano diversi altri impegni della Fed per un totale di 4500 miliardi di dollari. Alla volta del 2009, dunque, il programma Fed aveva raggiunto i 7500 miliardi di dollari.

Quasi altrettanto sbalorditiva della vastità del programma di Bernanke è stata la sua segretezza. Nessuno, nemmeno il Congresso, sapeva dove e a chi sarebbero andati i fondi. Parte di essi potevano servire al salvataggio di banche, sia straniere che statunitensi. Nessuno lo sa e, forse, nessuno lo saprà mai.

iii. *Cosa implicherà tutto questo nuovo e misterioso denaro?*

Alan Meltzer, l'illustre storico della Federal Reserve, ha sostenuto che l'alluvione di nuovo denaro proveniente dalla Fed alla fine avrebbe prodotto un'inflazione dei prezzi al consumo «superiore a quella [...] degli anni Settanta».[33] Molti osservatori erano d'accordo, compreso il grandissimo investitore Warren Buffett.[34] Dobbiamo inoltre tenere presente che le azioni della Fed sono andate a incrementare altre spese di salvataggio e garanzia effettuate dal governo statunitense, per circa 5500 miliardi di dollari. Il totale generale di 13.000 miliardi di dollari dei primi mesi del 2009 significava 131.000 dollari per ogni contribuente americano e 42.000 dollari a persona.[35]

32. Si veda la nota di chiusura SS.
33. Bloomberg News, 14 aprile 2008.
34. Bloomberg News, 20 maggio 2009.
35. *Washington Times*, 20 aprile 2009, p. 38.

iv. *La Fed ha violato le regole di Bagehot anche in altri modi*

Come notato in precedenza, la Fed ha salvato non solamente le banche, ma anche le banche d'investimento, ovvero gli speculatori più potenti degli anni della bolla. Ha concesso prestiti a tassi bassissimi a questi stessi speculatori in un momento in cui numerose aziende molto valide e collocate al di fuori della protezione della Fed dovevano pagare tassi altissimi. Ha accettato garanzie davvero esigue. E ha salvato sia le società finanziarie solventi che quelle insolventi, senza un piano chiaro o coerente.

v. *La Fed può tornare sui propri passi? Forse no*

Se la Fed ha una "strategia di uscita", cioè un modo per estinguere tutti i nuovi dollari che sta creando, non l'ha rivelata. I sostenitori della Fed si limitano a dare per scontato che ciò che è stato fatto si possa annullare. Se ci fosse un tentativo di annullare queste decisioni si assisterebbe, però, a una tempesta di proteste da parte dei politici del Congresso. Inoltre, l'economia americana è diventata così indebitata e vulnerabile che anche una sola interruzione del ciclo dollaro/liquidità/aumento del credito, figurarsi una sua riduzione, potrebbe facilmente rivelarsi uno shock troppo grande per il sistema.

vi. *La Fed è essa stessa insolvente? Forse*

La Federal Reserve è essa stessa un'istituzione fortemente indebitata. Il suo braccio operativo, la Federal Reserve Bank of New York, ha un rapporto *asset*/capitale di 100 a 1.[36] Se i nuovi beni posti a garanzia che ha accettato durante la crisi sono stati *marked-to-market* è lecito chiedersi se anche la Fed stessa non potrebbe essere insolvente.

Naturalmente una banca centrale può sempre stampare altri soldi per coprire le perdite. Questa cosa potrebbe essere legale o illegale secondo le norme giuridiche esistenti, ma chi lo saprebbe? E chi se ne preoc-

36. James Grant, *Wall Street Journal*, 20-21 dicembre 2008, p. W-2.

cuperebbe? La Fed potrebbe aver già superato il suo mandato legale con le iniziative prese nel 2008. L'ex presidente della Federal Reserve, Paul Volcker, ha affermato che questa era una questione riservata.[37]

vii. *Il credito non deve essere confuso con la speculazione*

Le azioni intraprese dalla Fed durante il crollo del 2008, insieme a quelle del Tesoro, non riuscirono inizialmente a creare nuovo credito. Un osservatore, il giornalista Christopher Caldwell, redattore capo del conservatore *Weekly Standard,* ha fornito questa spiegazione molto keynesiana:

> Per essere franchi, il credito si ripristina quando l'*élite* finanziaria [a Wall Street] dice che ciò è avvenuto. Si potrebbe quasi dire che il credito è un sinonimo per l'umore della classe dirigente. Dire che un'economia è basata sul credito significa dire che è basata sui misteri dello spirito "animale". Fascino, prestigio, impeto, comportamento disinvolto, far bella figura [...] di questo è fatta l'economia.[38]

Il «mistero vitale» di Caldwell è ovviamente un'eco diretta degli «spiriti animali» di Keynes. Ma non è di questo che un economia dovrebbe essere fatta. Di questo è costituita piuttosto l'economia keynesiana, un'economia che è precipitata in uno schema regolare fatto di bolle speculative che si alternano a grandi crisi.

5a. Keynes: È possibile per una nazione avviare la ripresa economica per mezzo della spesa pubblica? Sì

Nel 1934, Keynes scrisse un articolo per la popolare rivista americana *Redbook* intitolato

> "L'America può innescare la ripresa economica a suon di spesa pubblica?"

37. Osservazione fatta dinanzi all'Economic Club di New York, 8 aprile 2008.
38. Christopher Caldwell, *Weekly Standard,* 22 dicembre 2008, p. 17.

E apriva l'articolo con un

Certo, è ovvio![39]

L'articolo continuava: lo stesso comportamento che renderebbe

povero un uomo

può rendere

ricca una nazione.[40]

Senza dubbio la spesa extra del governo, necessaria durante una depressione, avrebbe superato le entrate provenienti dalla tassazione, indipendentemente da quanto fossero elevate le tasse, perché in un periodo di contrazione economica anche le tasse crollano. Ci sarebbe stato per forza di cose un deficit di bilancio e il governo avrebbe avuto la necessità di ricorrere al credito. Ma il debito della nazione sarebbe stato in genere dei cittadini.

Inoltre, non si dovevano alzare le aliquote per pagare il nuovo debito. Il denaro preso a prestito, e speso, ravviva l'economia. Un'economia rianimata richiede meno spesa pubblica per sussidi di disoccupazione e genera un flusso di nuove entrate fiscali. Insieme, i risparmi e le nuove tasse superano il debito. Così, in sintesi, la spesa pubblica effettuata con denaro preso a prestito in condizioni di non piena occupazione (come l'hanno chiamata gli economisti successivi a Keynes) è come un "pasto gratis".[41]

5b. Commenti

i. *Se è così ovvio che dobbiamo spendere per ottenere una ripresa economica, perché Keynes non l'ha detto in modo esplicito?*

39. Keynes, *Collected Writings*, vol. 21, p. 334.
40. Keynes, *Collected Writings*, vol. 21, p. 334.
41. John Maynard Keynes, *Nation and Athenaeum*, 10 maggio 1930, in Keynes, *Collected Writings*, vol. 20, p. 349.

In questo articolo e altrove, Keynes fornisce solo argomentazioni indirette e spesso contraddittorie a sostegno della sua teoria, e nessuna prova empirica di alcun tipo. Finora, nessuno ha fornito le argomentazioni o le prove mancanti. Come abbiamo visto, i dati storici della Grande Depressione e dei "decenni perduti" del Giappone non sono particolarmente incoraggianti. Christina Romer, alla testa del Council of Economic Advisors del presidente Obama, ha esaminato anche le recessioni americane postbelliche, ma non ha trovato molte evidenze del fatto che lo stimolo fiscale avesse contribuito a porvi termine.[42]

Ecco come ha concluso John Cochrane, professore della University of Chicago Business School: «Ho cercato fra le linee guida e i manuali dei corsi di specializzazione, e non sono riuscito a trovare da nessuna parte se negli ultimi 50 anni qualcuno in economia abbia detto che una spesa in disavanzo usata quale stimolo fiscale sia una buona idea. Come facciamo a dare questo consiglio [...] quando nulla [di quello] che insegniamo ai nostri studenti laureati ci dice che lo stimolo fiscale funziona?».[43]

ii. *Il carro dello stimolo fiscale*

Non sorprende che i governi del mondo (e i loro economisti) non parlino apertamente di "spesa in disavanzo". Preferiscono utilizzare eufemismi come "politica fiscale" o "stimolo fiscale". All'epoca del crollo del 2008, l'economista Lawrence Kudlow osservò che

> nel corso della riunione del G-20 a Washington [...] la sola cosa di cui si sentiva parlare era lo "stimolo fiscale globale". [...] Non funzionerà. Non l'ha mai fatto. Centinaia di studi accademici effettuati negli ultimi 25 anni mostrano chiaramente che i paesi [i cui governi] spendono di più, crescono meno.[44]

42. Per una disamina del lavoro della Romer sullo stimolo, si veda l'economista di Harvard, Edward L. Glaeser, *Todays Economist*, 2 dicembre 2008, *http://www.nytimes.com*.
43. 3 febbraio 2009, *http://www.chicagomaroon.com*.
44. Lawrence Kudlow, *Washington Times*, 1° dicembre 2008, p. 37.

La rivista *Economist* ha osservato che solo la Germania sembrava riluttante ad aumentare il proprio disavanzo di bilancio per mettere in piedi uno stimolo fiscale. Perché? Perché «i pacchetti di spesa messi in atto per sconfiggere le crisi degli anni Settanta produssero nuovo debito. Da allora, il giudizio prevalente è stato che non funzionano».[45]

Naturalmente, alla fine la Germania decise di seguire il gregge, adottando alcune misure di stimolo, anche se di minor entità rispetto agli altri paesi.

iii. *La Cina sostiene la sua economia*

Una voce importante a favore di uno stimolo globale fu quella della Cina, il che non è una cosa inaspettata. Il capitalismo di tipo cinese è diffusamente mercantilista (e senza protezionismi); le idee keynesiane si adattano perfettamente a una simile cornice. E, al di là degli Stati Uniti, nessun altro paese ha fatto più della Cina per far gonfiare la bolla globale degli anni 2002-2008.

Dopo lo scoppio di questa bolla, appunto nel 2008, il governo cinese si è impegnato per produrre un pacchetto di stimoli di 585 miliardi di dollari, un pacchetto superiore ai 542 miliardi di dollari dell'Europa, e molto più grande rispetto alle dimensioni delle reciproche economie. Il presidente della banca centrale cinese elogiò la capacità del paese di agire «con coraggio e rapidità, senza l'obbligo di dover passare attraverso un lungo, e forse addirittura doloroso, processo di approvazione», e ammonì la «compiacenza» degli altri paesi.[46]

iv. *Parla Obama, ma le parole sono di Keynes*

Il più imponente programma di stimolo fiscale fu quello dell'America. Il presidente Bush ordinò un acconto di 152 miliardi di dollari nel mese di febbraio 2008 e il presidente Obama proseguì con 787 miliardi all'inizio del 2009. Il secondo pacchetto rappresentava il

45. *Economist*, 15 novembre 2008, p. 62.
46. Yanping, Hamlin, Bloomberg News, 26 marzo 2009.

6 per cento del prodotto interno lordo, percentuale superata solo dalla mole dello stimolo fiscale cinese (il 15 per cento del Pil).[47]

Bush era stato un keynesiano riluttante ma anche, in alcuni frangenti, un po' apologetico; Obama non ha mai espresso dubbi del genere. Anzi Obama sembra proprio Keynes:

> L'incapacità di agire, e per agire intendo ora, trasformerà una crisi in una catastrofe. [Senza uno stimolo all'economia] a un certo punto potremmo non essere in grado d'invertire [... la] crisi.[48]

Il che equivale a quanto detto da Keynes, vale a dire che un'economia in contrazione, lasciata a se stessa, potrebbe perdere la

> capacità di riprendersi.[49]

(Naturalmente, Keynes non fornisce né un fondamento logico, né prove a sostegno di questa sua affermazione e, come vedremo nel prossimo capitolo, questa posizione è stata in gran parte abbandonata dagli economisti keynesiani. Tuttavia essa continua a perdurare e a guidare i governi, sia quello americano che quelli di altri paesi.)

Ogni qual volta ha parlato di spesa pubblica, Obama ha fatto costante riferimento a «investimenti» pubblici, proprio come faceva Keynes. Ha detto che i suoi oppositori preferivano «non far nulla», proprio come disse Keynes.[50] Ha parlato della necessità di aumentare la "domanda", proprio come fece Keynes. Certo possiamo chiederci se Obama abbia utilizzato il termine "domanda" proprio nello stesso modo di Keynes.

47. *Economist*, 31 gennaio 2009, p. 79.
48. *Weekly Standard*, 16 febbraio 2009, p. 9; *Washington Times*, 9 marzo 2009, p. 4.
49. Keynes, discorso tenuto a Monaco, Germania, 8 gennaio 1932, pp. 40, 41, 45.
50. *Washington Times*, 16 febbraio 2009, p. 35.

v. *Keynes sulla "domanda"*

L'uso fatto da Keynes dell'espressione "domanda effettiva" è estremamente confuso. Non viene definita come l'acquisto, o il potere d'acquisto, complessivo di un'economia, una definizione che invece probabilmente corrisponde a ciò che ha in mente Obama. Piuttosto essa è definita come la totalità delle entrate che le attività economiche «si aspettano di conseguire» (e si noti il «si aspettano»).[51] Poi Keynes prende queste vaghe aspettative, le etichetta con una D (che sta per domanda), e afferma che

$$N = F(D),$$

che significa che N, l'occupazione, è una funzione, F, di D, la domanda attesa.[52]

Traducendo, questo vuol dire che l'occupazione è determinata dalla domanda attesa. Si noti che qui non si dice che queste variabili siano connesse fra loro, né che s'influenzano l'una con l'altra. Keynes dice che la domanda attesa causa in modo diretto l'occupazione.

In realtà, naturalmente, le aspettative non sono una quantità misurabile e quindi non possono trovare posto in un'equazione. E non è nemmeno possibile che un'aspettativa puramente soggettiva determini o causi qualcosa, o che una qualche relazione funzionale possa essere verificata in qualche modo. Benché Keynes non dimostri tale affermazione, potrebbe per lo meno fornire qualche ragione per farci pensare che possa essere vera, ma non se ne cura affatto. La dà per scontata, semplicemente. Nessuna spiegazione logica, nessuna evidenza statistica, nient'altro. Solo la parola di Keynes. E lo stesso vale per tutte le altre "funzioni".

vi. *Obama sopravvaluta le cose*

Non possiamo certo incolpare il presidente Obama della confusa definizione di "domanda" di Keynes, né

51. Keynes, *General Theory*, pp. 25, 55.
52. Keynes, *General Theory*, p. 280.

del suo cattivo uso della matematica. Ma forse possiamo ritenerlo responsabile dell'eccessiva importanza attribuita allo stimolo fiscale. Ecco alcuni esempi di affermazioni fatte da Obama:

> Non vi è alcun dissenso sul fatto che abbiamo bisogno [...] di far ripartire l'economia.[53]

> Nessuno dubita che sia urgentemente necessaria una qualche forma di grande stimolo fiscale.[54]

> La maggior parte degli economisti, quasi l'unanimità [sostiene l'idea che] il governo [...] debba creare nell'economia una domanda maggiore.

E sostiene queste cose nonostante il fatto che 100 economisti di spicco abbiano scritto una lettera nella quale dichiarano esplicitamente il loro disaccordo.[55] In generale, Obama ha respinto le «vecchie idee logore» dei suoi critici senza spiegare perché le sue teorie keynesiane di tre quarti di secolo fa dovrebbero essere considerate nuove.[56]

vii. *Lo Stimulus Act di Obama*

Come si è osservato nel capitolo 14, il presidente Bush aveva diffuso il panico nel mese di ottobre del 2008 andando a dire in televisione che le conseguenze della mancata approvazione del suo disegno di legge sul salvataggio delle banche sarebbero state disastrose. Il presidente Obama fece esattamente la stessa cosa, con lo scopo di vendere meglio agli elettori il disegno di legge che doveva stimolare l'economia. Allora Obama aveva promesso che l'atto sarebbe stato scevro da stanziamenti clientelari (cioè denaro dato per gli scopi particolari dei membri del Congresso) e poi, una volta approvata la legge, si è vantato di averlo mantenuto pulito, per così

53. *John Hopkins Newsletter*, 30 gennaio 2009.
54. *Economist*, 31 gennaio 2009.
55. Cato Institute, *Cato Blog*, 24 marzo 2009.
56. Nichols - Runninger, Bloomberg News, 25 febbraio 2009.

dire, da favoritismi. Ma le cose non stanno così.

La presidente della Camera Nancy Pelosi ha ottenuto uno stanziamento speciale per le paludi del suo distretto. Il leader della maggioranza al Senato Harry Reid (D-Nevada) ha ottenuto denaro per un collegamento ferroviario ad alta velocità da Los Angeles a Las Vegas. Il disegno di legge alla Camera non prevedeva nulla in tema di alta velocità ferroviaria, mentre quello del Senato assegnava 2 miliardi di dollari. La commissione del Congresso incaricata di mediare fra lo zero e i due miliardi di dollari, giunse a un "compromesso" di 8 miliardi.[57] Deve essere stato un record per il Congresso; di sicuro riflette il potere del senatore Reid.

Oltre a questi stanziamenti taciti, il disegno di legge aveva molte spese non pertinenti, come ad esempio i 246 milioni di dollari in sgravi fiscali per Hollywood e i 198 milioni per gli anziani veterani filippini della seconda guerra mondiale, molti dei quali non vivono nemmeno negli Stati Uniti.[58] Una di queste disposizioni non pertinenti richiedeva che tutte le cartelle cliniche fossero informatizzate e rese disponibili al governo e ad altri soggetti privati senza l'*opt-out* per la *privacy*. I dati sarebbero stati utilizzati dal governo per valutare l'efficacia di quanto fatto rispetto al costo delle procedure mediche, il che avrebbe facilitato il controllo del governo sul settore medico.

Questa disposizione, come altre, non aveva niente a che fare con lo stimolo per l'economia. Era sepolta all'interno dell'enorme disegno di legge proprio per evitare un dibattito trasparente al riguardo.

Il disegno di legge iniziale che uscì dalla Camera dei rappresentanti vedeva un 40 per cento di spesa fissato per il 2011 e gli anni a seguire, quando presumibilmente la crisi sarebbe stata già superata. I critici lo ritennero strano. Certo, dimenticavano che il 2012 sarebbe stato un anno elettorale per il Congresso, una cosa che invece i redattori del disegno di legge alla Camera avevano ben

57. *Weekly Standard*, 23 febbraio 2009, p. 5.
58. *Washington Times*, 2 febbraio 2009, p. 35.

chiara in mente. Tre repubblicani che votarono al Senato per il disegno di legge ridussero la spesa "extra" a circa il 25 per cento.[59] I leader democratici del Congresso promisero che lo *Stimulus Act* avrebbe creato quasi quattro milioni di posti di lavoro. Ovviamente, queste cifre erano più o meno campate in aria. Ma anche se fossero state vere, il costo sarebbe stato di più di 200.000 dollari per posto di lavoro,[60] quattro volte quello che costa creare un'occupazione di livello medio nell'economia privata. Naturalmente, una volta terminanti i soldi pubblici, solo il tempo ci potrà dire qualcosa a proposito della qualità e della durata di tali posti di lavoro.

viii. *Perché dovremmo aspettarci una maggiore occupazione?*

Mettendo da parte la peculiare definizione di Keynes di domanda e la sua matematica ancor più peculiare, possiamo dire che uno stimolo fiscale accresce davvero la domanda (nel senso convenzionale di potere d'acquisto economico)? E riduce in tal modo la disoccupazione? La risposta dipende, in parte, dalla provenienza del denaro. Se deriva dalla tassazione dei più abbienti, dobbiamo prestare attenzione a ciò che lo stesso Keynes (prima della *Teoria generale*) disse:

> [Se...] la tassazione [... fosse] fatta ricadere [... non] sull'intera comunità [...] ma [solamente] sui [ricchi] datori di lavoro allora non dovremmo stupirci se il livello di occupazione e produzione fosse inferiore a quello che dovrebbe essere.[61]

Se la spesa pubblica è finanziata ricorrendo alla tassazione dei ricchi, allora ci si deve chiedere cosa queste persone avrebbero fatto di diverso con il proprio denaro. Se, invece, il denaro viene preso in prestito da Stati stranieri, dobbiamo chiederci se sarà investito in modo tale da generare un flusso di reddito sicuro con cui ripagare il debito. Se così non fosse, al momento di resti-

59. Si veda la nota di chiusura VV.
60. *Weekly Standard*, 15-20 aprile 2009, p. 14.
61. Keynes, *Collected Writings*, vol. 20, p. 13.

tuirlo, si ridurrà la domanda futura. (Con il loro debito, gli Stati Uniti potrebbero anche finanziare senza saperlo «sottomarini nucleari cinesi [...] che spunteranno nella Baia di San Francisco per avere un *takeaway* Szechuan decente», come ha detto l'umorista P.J. O'Rourke.)[62] Se la spesa è finanziata semplicemente con l'emissione di nuovo denaro, un probabile esito sarà l'aumento dell'occupazione sul breve termine, seguito più tardi da inflazione e da una crisi economica.

Dunque, si tratta davvero di un modo per riavviare la crescita economica? No, secondo Jason Furman, un economista che è stato il responsabile di politica economica per Obama durante la campagna elettorale presidenziale e successivamente è divenuto vice direttore del White House National Economic Council, il consiglio nazionale per l'economia. Nel gennaio 2008 Furman scrisse che lo stimolo era «un'opzione meno efficace». Come disse allora, «la chiave per la crescita economica è un maggior livello del risparmio e degli investimenti al fine di aumentare lo stock di capitale nell'economia e quindi la sua capacità produttiva».[63]

ix. *La spesa in disavanzo è un "pasto gratis"?*

Keynes portò la spesa in disavanzo come esempio di ciò che gli economisti oggi definirebbero un "pasto gratis". È "gratuito" perché la crescita economica risultante dovrebbe produrre un maggior gettito fiscale e ulteriore denaro necessario a ripianare i debiti contratti con lo stimolo. Ma è pura fantasia. Basta chiedere al governo giapponese, il cui rapporto fra debito e prodotto interno lordo si è quasi triplicato dallo scoppio della bolla speculativa a fine anni Ottanta e dall'inizio della terapia keynesiana.

x. *Lo stimolo può essere interrotto?*

I romanzieri vittoriani avvertivano che l'indebitamento crea dipendenza. Le cose non cambiano se si

62. *Weekly Standard*, 17 novembre 2008, p. 32.
63. *Brookings Institution Paper*, gennaio 2008.

parla di debito pubblico. È facile iniziare, difficile fermarsi. L'economista Wilhelm Röpke, poco dopo la morte di Keynes, ammonì contro questo pericolo, avvertendo che la spesa in disavanzo poteva iniziare per presunte ragioni di politica economica, ma poi si sarebbe mantenuta quale opportunità da sfruttare da parte dei gruppi di pressione politica. I dati del dopoguerra statunitense, europeo e giapponese lo confermano.

Alcuni economisti di spicco olandesi hanno invocato un impegno vincolante, «irreversibile», da parte dei governi a ripagare i deficit; tuttavia, anche se la cosa sarebbe auspicabile, sappiamo tutti che gli impegni assunti da un governo non sono mai vincolanti.[64]

Il problema fu previsto più di duecento anni fa dall'economista James Mill, padre di John Stuart Mill:

> Se la predisposizione dello Stato a spendere venisse innescata dall'opinione che sia giusto spendere, e se venisse ulteriormente infiammata da [il sostegno popolare], non ci sarebbe più nessun limite. [...] Una simile illusione [... produrrebbe] le più perniciose conseguenze.[65]

Il primo ministro ceco Mirek Topolanek (allora presidente dell'Unione Europea) ebbe il coraggio di dire la verità nel marzo 2009, quando affermò che le spese volte a rappresentare uno stimolo per l'economia sono «la strada per l'inferno».[66]

6a. Keynes: non mancano i progetti utili sui quali il governo può spendere

Keynes affermava che qualsiasi spesa effettuata in circostanze economiche disastrose fosse migliore della totale mancanza di spesa. La cosa principale è

64. *Economist*, 21 marzo 2009, p. 60.
65. James Mill, *Commerce Defended*, Londra, 1808, capitolo 7, ristampato in D. Winch (a cura di), *Selected Economic Writings of James Mill*, Chicago, University of Chicago Press, 1966, p. 140; citato in G. Reisman, *Capitalism*, Ottawa (IL), Jameson Books, 1990, p. 888.
66. *AP News*, 25 marzo 2009, *http://www.yahoo.com.*

fare in modo che il denaro venga speso.[67]

Sarà sempre difficile far sì che

le teste dure[68]

convengano sul fatto che un determinato progetto sia valido e legittimo, ma in verità abbiamo abbondanza di progetti con queste caratteristiche.

Le strade, ad esempio, sono una buona scelta, e più specificamente a Keynes piaceva la proposta di costruire un «largo viale» lungo la zona meridionale del Tamigi. Gli piacevano anche i progetti abitativi e si chiedeva perché non si abbattesse tutta la zona sud di Londra per sostituirla con

case migliori.[69]

In generale, come abbiamo osservato nel capitolo sui suoi valori personali, a Keynes piacevano sempre i progetti che combinavano arte e commercio per produrre qualcosa che fosse al contempo bello e utile.

6b. Commenti

i. *La spesa per stimolare l'economia, per essere efficace, deve essere immediata. Ma i progetti utili non possono essere gestiti in modo affrettato*

L'economista George Reisman ha sottolineato come Keynes avesse situato l'asticella dei progetti di spesa di utilità pubblica un po' troppo in basso. Dal momento che «la costruzione di piramidi» e il dissotterrare «biglietti di banca [infilati] in vecchie bottiglie» sepolte dal Tesoro in miniere di carbone «possono servire ad accrescere la ricchezza»,[70] praticamente ogni altro progetto scelto dal governo sarebbe sembrato valido se posto a confronto.[71]

67. Keynes, *Collected Writings*, vol. 21, p. 337
68. Keynes, *Collected Writings*, vol. 21, p. 60.
69. Keynes, *Essays in Persuasion*, pp. 153-154.
70. Keynes, *General Theory*, p. 129.
71. Reisman, *Capitalism*, p. 888.

Questa era essenzialmente la posizione di Keynes: spendere in qualsiasi direzione. Qualunque spesa, se fatta abbastanza velocemente, era meglio del non spendere. Keynes fu obbligato ad assumere questa posizione perché sapeva bene che la fase di progettazione richiedeva tempo, molto tempo, mentre durante una recessione il senso dello stimolo stava tutto in un intervento tempestivo nell'economia. Sfortunatamente, gli esempi di progetti di opere pubbliche addotti da Keynes, lasciando perdere quello delle piramidi, non hanno lo stesso requisito d'urgenza.

Si prenda l'appoggio da lui dato alla proposta (di cui dice di aver sentito parlare) di creare un nuovo e ampio viale nella zona sud del Tamigi, a Londra. Un progetto di tale scala e complessità richiederebbe anni di progettazione, molto meno per l'esecuzione. A una simile obiezione, Keynes avrebbe potuto rispondere che la progettazione poteva sempre essere fatta anticipatamente, nei periodi di congiuntura favorevole, in modo che il progetto fosse pronto all'uso quando ce ne fosse stato bisogno. Certamente, anche solo l'acquisizione dei terreni privati avrebbe richiesto tempi lunghi e senza dubbio sarebbe andata incontro a contenziosi legali.

Nel 2008 il presidente Obama ha parlato di spesa pubblica per la ricerca e la produzione di energie alternative volte a ridurre la dipendenza americana dal petrolio straniero, in gran parte controllato da regimi ostili. È un'idea che si è dimostrata subito molto popolare, ma che rappresenta anche un tipo di progetto che ha bisogno di molti anni per essere attuato correttamente. Se perseguito con troppa fretta, infatti, c'è addirittura il rischio di bloccarsi su standard e tecnologie di qualità ed evoluzione inferiori, perché non ci sarebbero tempi di sviluppo adeguati. Come regola generale, più l'"investimento" pubblico è affrettato, più è probabile che si dimostri uno spreco di denaro stanziato per soddisfare le esigenze di determinati politici o riversato per favorire gli interessi di gruppi di pressione o collegi elettorali.

ii. *Solo una parte della spesa per lo stimolo fiscale "stimola" effettivamente l'economia*

Nel caso dei progetti pubblici degli Stati Uniti, in generale, solo un quarto del denaro viene speso, in media, nello stesso anno in cui il Congresso lo stanzia.[72] Quando viene speso, in gran parte il denaro va a libro paga. L'ammontare delle retribuzioni è più elevato che nel settore privato a causa delle regole che obbligano il governo a ricorrere a manodopera sindacalizzata o, in sua assenza, al pagamento degli standard sindacali più elevati.

I lavoratori che ricevono il denaro extra del governo non lo spendono tutto. Durante una crisi economica, cercheranno di ripagare i debiti oppure, se possibile, di metterne un po' da parte. Anche se spendono questo denaro, potrebbero farlo per l'acquisto di merci più convenienti e importate. Così, per ogni dollaro speso dal governo, solo una parte di esso può dirigersi sul rilancio dell'economia nazionale. Inoltre, tali spese potrebbero palesarsi in anni in cui la crisi economica potrebbe essere stata già superata e la "domanda" aggiuntiva potrebbe fare più male che bene.

iii. *È meglio stimolare l'economia con tagli alle imposte?*

Se lo stimolo non può essere messo in atto con tempi brevi senza sacrificare la qualità dei progetti selezionati, perché non stimolare l'economia con tagli alle imposte piuttosto che con la spesa pubblica? Questa proposta, sostenuta dai cosiddetti *supply-sider* e dalla maggior parte dei repubblicani, fa sì che i soldi vengano spesi velocemente. Ma, rispondono i keynesiani e la maggioranza dei democratici, cosa succede se i tagli vengono messi tutti in risparmi o utilizzati per ripagare i debiti?

Sebbene *supply-sider* e keynesiani, e repubblicani e democratici, differiscano su questo e altri punti importanti, dobbiamo rilevare che entrambi approvano il ricorso alla spesa in disavanzo. Entrambi, inoltre,

72. Dick Morris - Eileen McGann, 11 dicembre 2008, *http://www.townhall.com*.

approvano l'idea di un governo che stampa ed emette nuovo denaro per manipolare l'offerta di moneta e il livello dei tassi d'interesse. A conti fatti, le somiglianze superano le differenze e i *supply-sider* repubblicani possono essere considerati correttamente degli apostati keynesiani. Almeno in economia, è ragionevole sostenere che non ci siano due partiti politici in America, ma piuttosto un unico partito con due diramazioni.

7a. Keynes: l'impatto della spesa pubblica durante una depressione economica viene amplificato dal «moltiplicatore d'investimento o occupazione»

Il moltiplicatore keynesiano nasce dall'osservazione iniziale per cui una persona impiegata da poco inizia a spendere di più. Questa spesa, a sua volta, contribuirà all'assunzione di altro personale. L'occupazione porta a ulteriore occupazione, proprio come la disoccupazione porta a ulteriore disoccupazione. Se un'economia è vicina alla piena occupazione, la spesa di una singola persona da poco impiegata non ha molta importanza. Se la disoccupazione è diffusa, però, ogni singolo incremento di nuova occupazione e nuova spesa avrà un'importanza molto maggiore.

Keynes fornisce un esempio in cui 5.200.000 persone risultano occupate. Tramite un programma governativo di opere pubbliche vengono creati 100.000 nuovi posti di lavoro, i quali, poi, portano ad ancora altri nuovi posti, fino a quando l'occupazione totale tocca i 6.400.000, per un totale di 1.200.000 posti di lavoro in più. In questo caso, il moltiplicatore d'occupazione è 12.[73]

Anche se l'effettivo moltiplicatore può variare, esso dovrebbe essere

> per lo meno tre o quattro volte[74]

la spesa per le opere pubbliche.

Il concetto di moltiplicatore è dubbio, perché confu-

73. Keynes, *General Theory*, p. 127.
74. Keynes, *Collected Writings*, vol. 21, p. 326.

ta l'obiezione per cui la spesa per le opere pubbliche non sarà mai ampia abbastanza da fare la differenza in un'economia sviluppata. Come dice Keynes:

> Anche le opere pubbliche di dubbia utilità possono rendere parecchie volte il loro costo in tempi di grave disoccupazione, non foss'altro che per il minor costo della spesa in sussidi.[75]

7b. Commenti

i. *Cattivo uso della matematica*

Il moltiplicatore di Keynes è forse il suo concetto più conosciuto, anche se in realtà è stato sviluppato dal suo allievo (e successivamente amministratore fiduciario) Richard Kahn. Si tratta di un esempio da manuale di uso improprio della matematica per fare in modo che una cosa incerta sembri il contrario.

L'idea che una determinata quantità d'investimento avrà un maggiore impatto su un'economia nella fase recesiva del ciclo economico rispetto a quella espansiva ha un senso. Wesley C. Mitchell avanzò questa teoria nel suo libro del 1913, *Business Cycles*. Nulla di tutto ciò è però prevedibile, meccanico o adattabile a una equazione matematica.

Né dovremmo aspettarci una "moltiplicazione" se le relazioni economiche di base sono distorte. Se, per esempio, molte imprese stanno andando incontro alla bancarotta perché i salari sono troppo alti rispetto ai prezzi o se l'economia è bloccata da crediti inesigibili, non dovremmo aspettarci proprio nessuna "moltiplicazione". Se (e solo se) le condizioni sono corrette nel punto più basso del ciclo, la prima ondata di nuovi investimenti dovrebbe portare a ulteriori investimenti e a un'eventuale ripresa. Data la complessità e la totale incertezza che circonda le variabili, l'economista Benjamin Anderson ha affermato che anche il concetto di moltiplicatore originariamente proposto da Mitchell sia «sterile».[76]

75. Keynes, *General Theory*, p. 127.
76. Hazlitt, *The Critics of Keynesian Economics*, p. 194.

Keynes ignorò tutto ciò. Prese l'equazione matematica di Kahn (precedentemente chiamata "moltiplicatore dell'occupazione") e la ribattezzò "moltiplicatore d'investimento". E lo fece nonostante il fatto che il suo moltiplicatore riguardasse la spesa e non l'investimento. Presumibilmente, investimento suonava meglio che spesa, quindi perché preoccuparsi della precisione della terminologia?

ii. *Quantificare il non quantificabile*

Come è arrivato Keynes a quantificare il non quantificabile? In primo luogo, ha formulato una supposizione su quanto spenderebbero le persone e quanto risparmierebbero del loro reddito, e ha espresso questa supposizione in forma di percentuale, chiamandola «propensione marginale al consumo». Le percentuali di Keynes sono in gran parte campate in aria, ma in questo caso egli si rifà ad alcune statistiche statunitensi di Simon Kuznets (di quelle statistiche egli ne accetta però solo alcune, mentre altre le liquida come

> molto incerte,[77]

senza offrire spiegazioni).

Dopo aver determinato arbitrariamente la propensione marginale al consumo, dice che essa è

> di importanza considerevole, perché indica in qual modo il prossimo incremento di produzione dovrà dividersi tra consumo e [risparmio].[78]

Si noti l'uso della parola «dovrà». Come ha osservato Henry Hazlitt, questo verbo suggerisce che una semplice supposizione di Keynes in qualche modo sia stata elevata al rango di legge di ferro, in grado di determinare come si comporteranno effettivamente le persone. Keynes si riferisce a questa legge come a una

77. Keynes, *General Theory*, p. 128.
78. Keynes, *General Theory*, p. 115.

legge psicologica fondamentale.[79]

Per farla breve, alla fine si arriva alla conclusione che se la propensione marginale al consumo è del 90 per cento, allora il moltiplicatore sarà 10. Ciò significa che il denaro fornito dal governo per stimolare l'economia andrà per prima cosa a un gruppo di lavoratori che ne spenderà il 90 per cento. La seconda tornata di spesa andrà a un altro gruppo di lavoratori che ne spenderà il 90 per cento, e così via; fin quando, alla fine, la catena di spesa si esaurirà per motivi che Keynes non spiega chiaramente. Il risultato netto sarà che una somma iniziale Y spesa dal governo porterà a 10(Y) di spesa generale.

iii. *Meglio controllare le clausole*

Tutto questo assume implicitamente che il 10 per cento non speso venga messo sotto qualche tipo di materasso. Non è conveniente pensare che questi soldi possano invece essere investiti e che anche i fondi investiti vengano spesi, perché se viene speso il 100 per cento dei fondi, il moltiplicatore matematico si autodistrugge diventando infinito. Persino Keynes avrebbe dovuto convenire sul fatto che un moltiplicatore infinito è «molto incerto», per usare una delle sue espressioni preferite.[80]

iv. *C'è qualche prova a sostegno della versione di Keynes del moltiplicatore?*

Se il moltiplicatore keynesiano esista davvero è ancora argomento di discussione fra gli economisti. George Reisman lo liquida come «del tutto fallace».[81] Anche gli economisti Paul Samuelson e William Nordhaus, keynesiani e autori di un manuale d'economia popolarissimo, riconobbero che «non è stata ancora presentata nessuna prova del fatto che il moltiplicatore [keynesiano] sia

79. Keynes, *General Theory*, p. 96.
80. Si veda la nota di chiusura WW.
81. Reisman, *Capitalism*, p. 888.

maggiore di 1»,[82] benché loro pensassero che lo fosse.

Gli economisti che cercano di trarre da dati statistici i risultati effettivi del moltiplicatore, di solito arrivano a moltiplicatori di molto inferiori al minimo di «tre o quattro volte» previsto da Keynes. Alcuni keynesiani, guardando indietro, hanno stimato che il moltiplicatore degli anni Trenta non fosse di molto al di sopra di 1.[83]

Esiste anche un ampio dibattito sul fatto che i tagli fiscali possano o meno produrre un moltiplicatore più elevato di quello della spesa pubblica. Questo punto è importante perché la presunta esistenza del moltiplicatore è stata utilizzata per sostenere la decisione di stimolare l'economia tramite la spesa pubblica. Se esiste una moltiplicazione, ma se i tagli alle imposte moltiplicano in modo migliore, beh, allora va in pezzi la motivazione che sostiene la strategia degli investimenti pubblici diretti come stimolo.

Christina Romer, a capo del Council of Economic Advisors sotto la presidenza Obama, ha studiato i tagli fiscali dal 1947 al 2005 e ha rilevato che un taglio pari all'1 per cento del prodotto interno lordo ha stimolato tre volte tanto la crescita del Pil, ma solo se il taglio fiscale è stato permanente e non temporaneo.[84] Il che risponde alla visione delle "aspettative razionali", secondo la quale, per essere efficace, la spesa per stimolare l'economia deve persuadere produttori e consumatori a iniziare a spendere il proprio denaro, cosa che misure temporanee non possono riuscire a fare.

L'economista Mark Zandi ha stimato il moltiplicatore sui buoni alimentari e i sussidi di disoccupazione, entrambi aiuti che possono essere spesi immediatamente e difficilmente vengono risparmiati, a 1,73x e 1,63x rispettivamente.[85] Anche Christina Romer ha pubblicato studi nei quali si ipotizza un moltiplicatore di

82. Paul Samuelson - William Nordhaus, *Economics*, New York, McGraw Hill, 1989, p. 167.

83. Roger Middleton, 1985, in Robert Skidelsky, *John Maynard Keynes*, vol. 2, *The Economist as Savior 1920-1937*, London, Macmillan, 2000, p. 475.

84. *Forbes*, 16 febbraio 2009, p. 34.

85. Bloomberg News, 18 dicembre 2009, p. 34.

1,57x per la spesa di stimolo.[86] Ma il noto economista Gary Becker ha risposto che le prove dietro alla conclusione della Romer erano così esili da essere inesistenti. Lui e il collega economista Kevin Murphy, invece, avevano ipotizzato che il moltiplicatore della spesa di stimolo fosse inferiore a 1.[87]

v. *Il disavanzo di spesa come stimolo non corrisponde a una politica razionale*

In conclusione, l'affermazione di Keynes per la quale il disavanzo di spesa per stimolare l'economia si ripaga da sé grazie al

> minor costo della spesa in sussidi[88]

appare, a posteriori, come un vero e proprio desiderio, e nulla più. Pure la prima parte dell'affermazione, per cui anche

> opere pubbliche di dubbia utilità[89]

ripagano se stesse grazie al moltiplicatore non sembra del resto più credibile.

Questa enfasi tipicamente keynesiana sulla quantità, e non sulla qualità, degli investimenti, sulla semplice spesa, completamente finanziata dal debito, è una formula per ottenere solo spreco. È quel tipo di ragionamento che ha portato gli Stati Uniti a indebitarsi per costruire case troppo grandi o non necessarie durante la bolla immobiliare. Ancor peggio, li ha portati a indebitarsi con la Cina, al fine di acquistare a buon mercato beni di consumo cinesi che finiranno in una discarica molto prima che il debito venga ripagato. Alla fine, lo spreco nello spendere può portare solamente alla povertà, non alla ricchezza.

A tale riguardo, lascerò l'ultima parola a John Coch-

86. Arnold Kling, *Muddled Multipliers*, gennaio 2009, Cato Institute.
87. Mary O'Grady, 21 marzo 2009, *http://www.wallstreetjournal.com*
88. Keynes, *General Theory*, p. 127.
89. Keynes, *General Theory*, p. 127.

rane, professore alla University of Chicago Business School, che abbiamo già menzionato:

> L'idea che la spesa [pubblica] possa stimolare l'economia ha perso credito decenni fa. [...] In periodi di stress è molto confortante tornare alle fiabe che abbiamo ascoltato da bambini, ma questo non le rende più credibili.[90]

90. Bloomberg News, 27 febbraio 2009.

Capitolo 16

I mercati si auto-correggono

1a. Keynes: le contrazioni economiche non si curano da sole

È un errore gravissimo pensare che una macchina economica mal funzionante possa essere lasciata a se stessa. L'economia non possiede, come invece pensano gli economisti "classici", la

> facoltà di riequilibrarsi da sé;[1]

non si ripara da sola.[2] Al contrario, senza l'intervento dello Stato, i mercati presentano una maggiore probabilità di assestarsi verso il basso e di stabilire una nuova

> posizione di equilibrio [...] capace di rimanere per un periodo notevole in una condizione cronica di attività [e occupazione] inferiore al normale.[3]

1b. Commento: persino i keynesiani riconoscono che Keynes si sbagliava

Questa è una delle idee più famose di Keynes, vale a dire che i mercati non si correggono da sé, che con il

1. John Maynard Keynes, *The General Theory of Employment, Interest, and Money*, Amherst (NY), Prometheus Books, 1997, p. 267.
2. Keynes, *General Theory*, p. 267.
3. Keynes, *General Theory*, p. 249.

tasso del 25 per cento di disoccupazione raggiunto negli Stati Uniti durante la Grande Depressione essi avrebbero potuto semplicemente bloccarsi lì, all'infinito, se non ci fosse stato l'intervento del governo. Come abbiamo visto nell'ultimo capitolo, il presidente Obama riecheggiò Keynes nel 2009, quando disse che se un'economia cade troppo in basso può non riprendersi.

Ci sono moltissime cose da dire su questo punto e le analizzeremo nel resto del capitolo. Per ora è sufficiente dire che il concetto di un equilibrio di depressione è una contraddizione in termini. E lo stesso Keynes si contraddice in vari passaggi, per cui anche i suoi più ferventi sostenitori presto l'hanno abbandonato.

La nozione di equilibrio economico in condizioni di depressione è una contraddizione in termini per il modo stesso in cui viene definito l'equilibrio in economia. Abbiamo equilibrio quando tutte le parti di un'economia si intrecciano perfettamente. E questo non può certo essere il caso di una disoccupazione al 25 per cento. Presumibilmente, Keynes intendeva che i mercati, lasciati a se stessi e ai propri meccanismi, non erano in grado d'intraprendere le azioni necessarie a correggere il problema o semplicemente non rientrava nelle loro caratteristiche il farlo. Ma lo stesso Keynes altrove riconosceva che in realtà poteva anche succedere.[4]

Franco Modigliani, Paul Samuelson, James Tobin e Don Patinkin furono alcuni fra i più importanti keynesiani del periodo postbellico. In un testo del 1944, scritto prima della morte di Keynes, Modigliani dimostrò che la principale supposizione di Keynes in merito alla disoccupazione (che fosse causata dalla mancanza d'investimento, la quale a sua volta rispecchiava tassi d'interesse troppo alti) era normalmente sbagliata. Come scrisse:

> È vero che un ridotto livello di occupazione e un ridotto livello d'investimento vanno di pari passo, ma questo non è, in generale, il risultato di una relazione causale. È vero, invece, che il basso livello d'investimento

4. Keynes, *General Theory*, p. 65.

> e la disoccupazione sono entrambi effetti della stessa causa, vale a dire [uno squilibrio all'interno dell'economia fra salari e prezzi].[5]

Dal momento che i salari sono solamente uno dei molti prezzi, questo significa che la disoccupazione è causata da uno squilibrio dei prezzi. Se la funzione primaria dei mercati è quella di portare i prezzi in una situazione di equilibrio, non ha alcun senso affermare che i mercati non sono in grado di correggere la disoccupazione. Come disse nel 1948 un altro keynesiano, Don Patinkin, riferendosi ai lavori di Modigliani e di altri, «si dovrebbe ormai riconoscere definitivamente che [il concetto di un equilibrio di disoccupazione] è una nozione indifendibile».[6]

2a. Keynes: l'argomentazione "classica" per i salari flessibili

Gli economisti "classici" ritenevano che le economie si potessero auto-regolare; di conseguenza consigliavano ai governi che affrontavano una depressione di non fare nulla. Ma (secondo la visione di Keynes) questo non far nulla significava, in realtà, abbassare i salari.

Queste due posizioni, non far nulla e abbassare i salari, non necessariamente erano incoerenti. Gli economisti "classici" pensavano che i mercati che soffrivano per una depressione avrebbero fatto abbassare i salari senza interventi esterni. L'azione del governo volta a ottenere questo non era né necessaria né auspicabile.

Quale era il fondamento logico dietro a questo tipo di politica? Forse i lavoratori non soffrivano già abbastanza durante una depressione a causa della perdita del lavoro? Perché bisognerebbe ritenere auspicabile un calo dei salari? La risposta "classica" (quella risposta che

5. Franco Modigliani, "Liquidity, Preference, and the Theory of Interests, and Money", *Econometrica*, gennaio 1944, pp. 45-88.
6. Don Patinkin, "Price Flexibility and Full Employment", *American Economic Review*, 1948, riveduto in *Reading in Monetary Theory*, p. 279 e citato anche in Henry Hazlitt (a cura di), *The Critics of Keynesian Economics*, New York, D. Van Nostrand, 1960, p. 398.

venne insegnata a Keynes in gioventù) è la seguente.

Durante una recessione, la gente compra meno. Ciò riduce le entrate economiche. Dal momento che le entrate crollano per prime, prima delle spese, crollano i profitti. I titolari allora lasciano a casa i dipendenti, per ridurre i costi e ristabilire la redditività. Se, invece, calano i salari, la redditività può essere ristabilita senza licenziamenti.

Ciò è particolarmente necessario quando i prezzi iniziano a crollare in maniera generalizzata in tutta l'economia. Se le persone riducono in maniera così significativa le spese da far sì che quasi tutti i prezzi crollino, molto difficilmente si potranno avere entrate sufficienti. Non solo verranno vendute meno cose, ma ognuna di esse sarà venduta a un prezzo inferiore. In simili circostanze, se i salari non scendono assieme ai prezzi, le attività economiche di sicuro andranno incontro alla bancarotta. D'altra parte, se calano sia i prezzi che i salari, i lavoratori non dovrebbero risentirne troppo. Infatti anche se i loro salari sono più bassi possono acquistare i prodotti di consumo a prezzi inferiori.

Keynes conveniva sul fatto che l'abbassamento dei salari assieme al calo dei prezzi potesse salvare i posti di lavoro durante una depressione. Eppure, nonostante questo, era fortemente contrario a una riduzione dei salari, per una varietà di ragioni differenti.

2b. Commenti

i. *La descrizione fatta da Keynes dei salari flessibili non è completa*

Come abbiamo osservato in precedenza, non esiste un gruppo omogeneo di economisti "classici". Se guardassimo a John Stuart Mill come all'economista più importante del diciannovesimo secolo nel mondo anglosassone, dovremmo dire che la riduzione dei salari non era la cura per la disoccupazione. Per ottenere la massima occupazione, avrebbe detto Mill, bisogna che tutti i prezzi siano nel giusto equilibrio, determinato dalla domanda e dall'offerta di mercato. L'essere in equilibrio è un aspetto particolarmente importante per i salari.

ii. *Keynes non critica direttamente il concetto di salari flessibili*

Come rileva Henry Hazlitt, Keynes non contesta la logica dei salari flessibili

> in modo diretto con una qualche argomentazione coerente e netta. [È difficile...] negare quello che è divenuto negli ultimi due secoli il principio più fermamente consolidato dell'economia – vale a dire, che se il prezzo di una merce o servizio viene mantenuto troppo alto (al di sopra del punto di equilibrio) qualcuna di quelle merci o qualcuno di quei servizi rimarrà invenduto. E questo è vero sia che si tratti di uova, formaggio, cotone, Cadillac o manodopera. Quando i saggi salariali sono troppo elevati c'è disoccupazione. Ridurre la miriade di saggi salariali ai loro rispettivi punti di equilibrio di per sé potrebbe non essere un passo *sufficiente* verso il ripristino della piena occupazione (perché ci sono altri possibili disequilibri che devono essere tenuti in considerazione), ma è un passo assolutamente *necessario*.

E questa è una verità elementare e ineluttabile che Keynes, con una incredibile dimostrazione di cavillosità, irrilevanze e complicati offuscamenti, cerca di confutare.[7]

3a. Keynes: una politica di salari flessibili necessita di troppo tempo e causa troppi danni sociali

Anche se in ultima analisi si tratta di una misura di successo, la politica della riduzione dei salari impiega troppo tempo per guarire la disoccupazione nel corso di una recessione.

Nel 1930 Keynes scrisse:

> La risposta corretta [alla grave disoccupazione] secondo linee guida austere è la seguente: una riduzione dei salari del 10 per cento allevierà la disoccupazione in un arco di tempo di cinque anni. Nel frattempo bisogna stringere i denti e resistere. Se non si riesce a far

7. Henry Hazlitt, *The Failure of The "New Economics"*, New Rochelle (NY), Arlington House, 1978, p. 263.

> ciò, però, e se si è pronti a qualche correzione del *laissez-faire* [vale a dire, se si è pronti a lasciare che il governo si occupi dell'economia in diversi modi], allora si può sperare di farcela prima. Si potrebbe anche essere più ricchi [...] nell'arco di quei cinque anni. Inoltre, si potrebbe scoprire di aver evitato in questo modo una catastrofe sociale.[8]

3b. Commenti

i. *La caricatura di Keynes ribalta le cose*

I dati storici contraddicono nettamente Keynes. Infatti, suggeriscono che, se si desidera uscire in fretta da una depressione, il modo migliore è lasciare che il sistema dei prezzi ne esca da sé. Gli economisti come John Stuart Mill avevano ragione. Se i prezzi scendono, i salari devono calare. In tal caso, i posti di lavoro saranno protetti e i lavoratori non perderanno potere d'acquisto.

ii. *I salari flessibili hanno contribuito a curare la depressione del 1921*

La depressione del 1921 degli Stati Uniti ha registrato il più radicale abbattimento di prezzi mai avvenuto, superiore persino a quello della Grande Depressione. Tra il 1920 e il 1922 i prezzi del commercio all'ingrosso scesero del 38 per cento in media. Crollarono anche gli importi orari degli stipendi, in media di un 11 per cento.[9]

I lavoratori che persero il lavoro soffrirono terribilmente. Quelli che lo conservarono poterono in media guadagnarci, perché i prezzi erano scesi più dei salari, il che significava che i salari dei lavoratori potevano permettere di acquistare di più rispetto a prima.[10] In termini reali (corretti in rapporto ai prezzi) i salari medi orari aumentarono. Tuttavia dal momento che era stato concesso ai salari nominali di scendere liberamente si ristabilì un rapporto proficuo tra prezzi e salari in un

8. John Maynard Keynes, *Collected Writings*, vol. 13, *The General Theory and After: Preparation*, London, Macmillan; New York, St. Martin's Press, 1973, p. 199.
9. Hazlitt, *The Failure of The "New Economics"*, pp. 258-259.
10. Si veda la nota di chiusura XX.

tempo molto breve, poco più di un anno. Come si è detto nel capitolo 15, non vi fu nessun danno permanente e sia i prezzi sia i salari cominciarono presto a ritornare ai livelli precedenti.

iii. *Perché la ripresa fu meno vigorosa in Gran Bretagna*

La ripresa si produsse maggiormente negli Stati Uniti rispetto alla Gran Bretagna, dove la disoccupazione rimase un problema per gran parte degli anni Venti. La spiegazione usuale è che l'industria britannica nel suo insieme era antiquata. Le sue strutture erano vecchie e la tecnologia non era al passo coi tempi. Ma il vero problema stava nel livello dei salari.

Saggi salariali inferiori in Gran Bretagna avrebbero creato maggiori profitti, in modo sufficiente a consentire di investire per nuovi impianti e tecnologie. Questo, a sua volta, avrebbe portato ad avere prodotti con prezzi inferiori, più esportazioni e a riprendere le assunzioni. Invece, generose indennità di disoccupazione e sindacati forti permisero di mantenere alti i salari, ma produssero anche milioni di disoccupati.

iv. *Salari non flessibili e in aumento allungarono e aggravarono la Grande Depressione*

Il crollo economico del 1929 portò negli Stati Uniti una nuova ondata di calo dei prezzi. Alla volta del 1933, i prezzi erano scesi del 23 per cento.[11] Prima Hoover e poi Roosevelt fecero di tutto per impedire ai salari di crollare insieme ai prezzi. Pensavano, erroneamente, che la riduzione dei salari sarebbe stata un danno per l'economia.

Il *National Recovery Act* rese illegali le riduzioni salariali e introdusse anche altri controlli sui prezzi. In un caso del 1934, divenuto famoso, un lavoratore immigrato del New Jersey, Jacob Maged, venne incarcerato per tre mesi con l'accusa di aver stirato un vestito per 35 centesimi invece che per i 40 prescritti dalla legge. Il *Wagner Act* rafforzò notevolmente i sindacati dei lavo-

11. *Forbes*, 16 marzo 2009, p. 106.

ratori (l'iscrizione ai sindacati triplicò in poco tempo) e introdusse anche i salari minimi e gli straordinari.

Non sorprende che durante la Depressione (1931-1939) i salari siano aumentati del 24 per cento in termini nominali e del 32 per cento in termini reali. Gli economisti Harold L. Cole e Lee E. Ohanian, rispettivamente della University of Pennsylvania e della UCLA, stimano che alla fine degli anni Trenta i salari del settore manifatturiero fossero di un 20 per cento al di sopra delle attese per il secolo nel suo complesso.[12] Il risultato fu un sistema d'occupazione a tre livelli. C'erano milioni di disoccupati che erano stati gettati effettivamente in pasto ai lupi, lavoratori dipendenti che potevano avere di più, e non meno, in tempi così duri e lavoratori sindacalizzati che avevano sia la sicurezza del lavoro sia grandi aumenti salariali.

v. *Il sistema dei prezzi venne ostacolato in altri modi*

Durante tutta l'amministrazione Roosevelt i tassi d'interesse furono estremamente bassi. C'era abbondanza di liquidità. A questo si aggiungeva la spesa per le opere pubbliche. Ma il sistema dei prezzi veniva continuamente ostacolato in modi grandi e piccoli. Herbert Hoover addirittura stabilì un'imposta sugli assegni, in modo da scoraggiare le persone dal firmare assegni in un'epoca in cui le banche erano a rischio. Roosevelt estese tali imposte sui consumi a tutta l'economia, ma esse ricadevano pesantemente soprattutto sui poveri. Come abbiamo già osservato, la più grande follia di Roosevelt fu l'imposta sugli utili societari emanata nel 1936 e rimossa, nonostante le forti proteste del presidente, solamente nel 1938, a seguito dell'impennata della disoccupazione iniziata nel 1937.

vi. *La chiave è il profitto*

Per capire perché la Grande Depressione durò così a lungo basta leggere *Business Cycles*, di Wesley Mitchell

12. Harold Cole - Lee E. Ohanian, *Journal of Political Economy*, n. 4, vol. 112, 2004; si veda anche *Wall Street Journal*, 16 marzo 2009.

(1913), di cui abbiamo parlato in precedenza nel capitolo 15. Mitchell spiega che sono i profitti aziendali (e la prospettiva di tali profitti) a guidare l'economia. Se i profitti sono elevati e le prospettive buone, l'economia e l'occupazione crescono. In caso contrario, l'occupazione crolla.

I salari sono solo una parte dell'equazione di profitto, ma una parte molto importante. In particolare, se i prezzi scendono i salari devono essere flessibili abbastanza da diminuire con essi, in modo che profitti e posti di lavoro possano essere conservati. Se il sistema di prezzi e profitti è ostacolato, con salari e spesa pubblica mobili solamente verso l'alto e tassi d'interesse mobili solamente verso il basso, il risultato prevedibile sarà la disoccupazione di massa, causata dagli errori della politica del governo, ma in modo tale che pochi lavoratori o nessuno di loro sarebbero mai in grado di comprendere.

4a. Keynes: durante una depressione, i salari flessibili minacciano anche i profitti delle attività economiche

Anche se avessimo la pazienza di aspettare soluzioni dal mercato, ci sono buoni motivi per dubitare che una riduzione dei salari possa risolvere davvero la questione della disoccupazione.

Dobbiamo tenere bene in mente che

> la spesa di un uomo è il reddito di un altro uomo.[13]

Un titolare d'azienda vedrà subito

> gli ovvi grandi vantaggi di [...] una riduzione dei salari che deve pagare.[14]

13. John Maynard Keynes, BBC Broadcast, 11 gennaio 1933, in John Maynard Keynes, *Collected Writings*, vol. 21, *Activities 1931-39: World Crises and Policies in Britain and America*, London, Macmillan; New York, St. Martin's Press, 1982, p. 145.

14. Keynes, BBC Broadcast, 11 gennaio 1933, p. 145.

Ma non vedrà

> altrettanto chiaramente gli svantaggi di cui soffrirà se le entrate monetarie dei suoi clienti vengono ridotte.[15]

Se la spesa dei consumatori cala con i salari, ci potremmo ritrovare in una situazione in cui crollano sia la spesa che i salari, in una spirale viziosa verso il basso. Secondo Keynes non c'è nessuna ragione teorica per la quale i salari non possano continuare a precipitare

> illimitatamente.[16]

E questo perché il sistema del libero mercato (*laissez-faire*) non possiede la

> Facoltà di riequilibrarsi da sé.[17]

4b. Commenti

i. *L'idea di salari che crollano è una sciocchezza*

Keynes, come al solito, si limita a dire le cose. Non si preoccupa di spiegarle, né tanto meno di dimostrarle. Non solo dichiara che i salari, una volta che iniziano a scendere, possono farlo «illimitatamente», ma enfatizza questo «illimitatamente» dicendo che gli stipendi possono arrivare addirittura allo

> zero.[18]

L'idea che la gente lavori gratis è palesemente ridicola, al punto che non serve nemmeno soffermarsi a discuterla. Un po' più avanti, in questo capitolo, affronteremo l'affermazione contraddittoria di Keynes per

15. John Maynard Keynes, aggiunta al *Macmillan Committee Report*, in John Maynard Keynes, *Collected Writings*, vol. 20, *Activities 1929-31: Rethinking Employment and Unemployment Policies*, London, Macmillan; New York, St. Martin's Press, 1981, p. 289.
16. Keynes, *General Theory*, p. 253.
17. Keynes, *General Theory*, p. 267.
18. Keynes, *General Theory*, p. 304.

cui, nel mondo reale, i salari non possono diminuire perché i lavoratori non accetteranno mai di veder tagliati i loro stipendi. Se è così allora possiamo anche smettere di preoccuparci che i salari precipitino inesorabilmente verso lo zero.

ii. *L'idea che le entrate economiche calino (per la caduta dei salari) è un'altra sciocchezza*

Cosa dire dell'affermazione che accompagna la precedente, per la quale i tagli salariali hanno come effetto contrario la riduzione del potere d'acquisto dei lavoratori, che a sua volta provoca la riduzione delle entrate economiche delle attività commerciali? Come ha osservato Henry Hazlitt,[19] Keynes confonde i saggi salariali con i salari guadagnati. Se i prezzi scendono senza tagli salariali, le imprese inizieranno a licenziare i lavoratori in modo frenetico, nel tentativo di evitare il fallimento. In tali circostanze, i redditi aggregati dei lavoratori precipiteranno.

Se invece si lascia che i salari scendano con i prezzi, i profitti saranno protetti, i lavoratori non saranno licenziati e il reddito complessivo dei lavoratori potrà essere molto superiore a quanto sarebbe stato con i licenziamenti. Come abbiamo appena visto, fino a quando i prezzi scendono più velocemente dei salari, i redditi reali dei lavoratori (corretti per i prezzi) in realtà possono aumentare.

5a. Keynes: Anche se la riduzione dei salari non è una buona medicina per una crisi, non significa che un loro aumento sarebbe di aiuto

Prima della Grande Depressione degli anni Trenta, una teoria molto popolare sosteneva che il capitalismo attraversa cronicamente talune crisi perché i lavoratori non sono retribuiti a sufficienza. Dal momento che non sono pagati abbastanza, non possono permettersi di comprare una quantità adeguata delle merci che producono.

19. Hazlitt, *The Critics of Keynesian Economics*, p. 5; Hazlitt, *The Failure of The "New Economics"*, p. 267.

Il risultato è che la produzione tende a superare il consumo. In gergo economico, vi è un gap di sottoconsumo.

I ricchi proprietari d'imprese colmano parzialmente tale sottoconsumo spendendo in modo prodigo. Ma sono troppo pochi per colmare questo gap. Il risultato è che il sistema economico arranca. Di tanto in tanto si ferma del tutto. Pare che il famoso giornalista Walter Lippmann ritenesse che qualcosa del genere fosse stato responsabile della Grande Depressione:

> Il nocciolo del problema [... è stata] un'insufficienza nel potere d'acquisto dei consumatori.[20]

I presidenti Hoover e Roosevelt probabilmente non accettavano la teoria del sottoconsumo, per lo meno non del tutto, ma credevano che un calo dei salari sarebbe stato disastroso per l'economia. Keynes conveniva sul fatto che i tagli salariali fossero da sconsigliare, ma non approvava gli aumenti. A suo avviso, l'aumento dei salari era un elemento positivo nella misura in cui andava a incrementare il potere d'acquisto dei consumatori e negativo perché andava ad aumentare i costi del lavoro. Con le sue parole, l'incremento dei costi del lavoro porta a una

> reazione [meno] ottimistica[21]

tra gli uomini d'affari. Keynes concludeva che

> il risultato netto delle due influenze opposte [a partire dall'aumento dei salari] è una neutralizzazione.[22]

La migliore strategia durante una crisi, quindi, non consisteva nel tagliare gli stipendi, né nell'aumentarli, ma piuttosto nel lasciarli così come erano.

20. Walter Lippmann, *Interpretations: 1931-1932*, New York, Macmillan, 1932, pp. 103-105.
21. Keynes, *General Theory*, p. 264.
22. John Maynard Keynes, lettera aperta al presidente Roosevelt, *New York Times* e *Times*, in *Collected Writings*, vol. 21, p. 323.

5b. Commenti

i. *Cosa sfugge alla teoria del potere d'acquisto dei consumatori*

Ci sono diverse ragioni per dire che quella sul potere d'acquisto dei consumatori è una teoria sbagliata. È vero che lo stipendio del dipendente del fruttivendolo diviene il reddito del panettiere quando il primo va a comprare il pane dal secondo. È una cosa vera, ma anche incompleta.

Tutti i costi di un'attività economica rappresentano il reddito di un'altra, non solo i salari. Se un costruttore d'auto compra delle gomme, quelle gomme costituiscono il reddito di chi lavora in quel settore, ma anche per chi lavora nella piantagione dove si produce la gomma. Dal momento che i costi di un'attività rappresentano i salari di qualcuno, la logica della teoria del potere d'acquisto dei consumatori richiederebbe di aumentare tutti i costi, non solo i salari. Ma ciò, ovviamente, è una follia. Manderebbe in bancarotta tutte le attività economiche.

La teoria del potere d'acquisto dei consumatori presuppone, inoltre, che i profitti eccessivi che vanno ai capitalisti non vengano spesi completamente. L'ipotesi è che, per quanto ci possano provare, gli avidi capitalisti non possono spendere tutti i loro elevatissimi redditi. Anche questo è fuorviante. Gli utili delle attività economiche che non sono spesi in beni di consumo vengono investiti, il che significa che andranno a fluire all'interno di spese economiche aggiuntive, comprese quelle per l'assunzione di nuovi dipendenti.

La teoria del potere d'acquisto del consumatore viene ancora insegnata in alcune scuole come la causa principale della Grande Depressione. Come abbiamo visto, Keynes ha solo giocato con essa, insistendo sul pericolo che le riduzioni dei salari producano un calo nei consumi e quindi minori entrate per le attività economiche.

ii. *L'idea di Keynes per cui la riduzione dei salari riduca sia il consumo che i costi aziendali, peggiorando le cose, è un'assurdità totale*

Come abbiamo visto, la riduzione dei salari accompagnata alla riduzione dei prezzi non necessariamente riduce i consumi. In questo caso i salari calano proprio al fine di tutelare e proteggere i posti di lavoro e i consumi dei lavoratori. Di conseguenza, l'idea che questo peggiori le cose non ha alcun senso. E non sorprende che Keynes non presenti alcuna prova a sostegno di questo. Il punto è che i tagli salariali (in particolari contesti di diminuzione dei prezzi) sono utili, anche se possono non essere l'unico rimedio necessario.

Per esemplificare questo ragionamento in termini personali, immaginate di lavorare per una piccola azienda. Il titolare riunisce il personale e annuncia che i ricavi sono in calo a causa di una crisi economica. "Possiamo licenziare un terzo di voi o ridurre i salari a tutti", spiega.

Alcuni di voi risponderanno senza mezzi termini, "Prima abbassiamo i profitti", al che il vostro titolare risponderà: "Siamo già vicini allo zero. Se ci avviciniamo ulteriormente e sbagliamo a fare i nostri calcoli, saremo a corto di liquidi e costretti a chiudere, perché nessuna banca ci concederà prestiti".

Cosa preferireste in queste circostanze? Scegliereste l'alternativa dei licenziamenti sperando che tocchi a qualcun altro? O accettereste una riduzione generalizzata dei salari? Queste sono proprio le domande alle quali molte aziende hanno dovuto dar risposta dopo il crollo del 2008, così come in occasione di precedenti contrazioni economiche.

iii. *Dovrebbe essere evidente che non si può risolvere un problema di prezzi fuori equilibrio congelandoli*

Keynes disse che l'aumento dei salari avrebbe potuto condurre a una reazione meno ottimistica da parte degli uomini d'affari, il che non sarebbe stata una cosa utile. Ma in altre occasioni[23] egli afferma che anche una riduzione dei salari può essere una minaccia per l'ottimismo generale. La conclusione logica è che Keynes vuole che i salari siano congelati, né in aumento, né in calo. Dal momento che la depressione economica

23. Keynes, *General Theory*, p. 232.

implica che il sistema dei prezzi non funziona correttamente, congelare questo sistema è davvero la cosa peggiore da fare.

6a. Keynes: tagli salariali uniformi avrebbero più senso

Le riduzioni salariali potrebbero essere sostenute con più efficacia, se potessero essere uguali per tutti i lavoratori.

Keynes osservava che:

> Salvo che in una collettività socialista, nella quale la politica dei salari è stabilita per decreto, non vi è alcun mezzo di assicurare riduzioni salariali uniformi per ogni categoria di lavoratori. [...] Soltanto in una società molto autoritaria, dove potessero venir decretate variazioni improvvise, notevoli e generali, una politica salariale flessibile potrebbe funzionare con successo. La si può immaginare in funzione in Italia [all'epoca fascista], in Germania o in Russia, ma non in Francia, negli Stati Uniti o in Gran Bretagna. [...] Al risultato [riduzioni salariali che non siano uguali per tutti] si può arrivare soltanto mediante una serie di variazioni graduali e irregolari, non giustificabili secondo alcun criterio di giustizia sociale o di convenienza economica.[24]

6b. Commento: riduzioni salariali uniformi non hanno proprio alcun senso in un sistema di prezzi liberi

In questo caso, l'amore di Keynes per le dichiarazioni paradossali tocca i suoi livelli più alti. Qui, infatti, ci dice che un regime autoritario è flessibile, mentre un regime di mercato non lo è, cosa che, anche per lui, è un ossimoro.

Il passaggio citato dimostra anche che Keynes, lo studioso dei mercati, non ha la minima idea di come funzioni un mercato. L'economista Friedrich von Hayek sottolineò il fatto che i mercati sono sistemi di

24. Keynes, *General Theory*, pp. 264-267.

scoperta. Scoprono cos'è scarso e cos'è disponibile, e lo comunicano attraverso i prezzi. Fattori specifici, poi, vengono organizzati attraverso il sistema dei profitti che interagisce continuamente con i prezzi.

Se un'economia arranca e la disoccupazione è elevata, questo significa che alcuni prezzi sono molto sbilanciati rispetto ad altri. Ad esempio, i salari potrebbero essere troppo alti in relazione ai prezzi, perché i prezzi sono caduti sotto i primi colpi di una depressione economica. Ma in tal caso il problema non sta in tutti i salari, né in tutti i prezzi.

Alcune società e alcuni settori potrebbero andar bene, mentre altri potrebbero trovarsi in condizioni disperate. Ciò di cui c'è bisogno è un aggiustamento di specifici salari e specifici prezzi all'interno delle singole società e, fra di esse, all'interno dei singoli settori, oltre che fra i diversi settori. Questi aggiustamenti non sono un evento unico. Devono essere un qualcosa di continuo, poiché ogni cambiamento ne porta un altro in un ampio susseguirsi di *feedback*.

In alcuni casi i salari e i prezzi dovrebbero aumentare. In altri sarebbe meglio che calassero. Un unico aggiustamento uguale per tutti non funzionerà mai e anzi peggiorerà solamente le cose. È come se Keynes considerasse l'economia alla stregua di un serbatoio d'acqua da riempire o svuotare fino al raggiungimento del livello ottimale. Ma un'idraulica rozza di questo tipo non sistemerà, né coordinerà, proprio un bel nulla. Farà solo un gran pasticcio.

7a. Keynes: da una prospettiva pratica, i salari non possono comunque essere tagliati

Qualsiasi siano le argomentazioni teoriche a favore o contrarie alla riduzione dei salari in momenti di depressione economica, si tratta comunque di una strada impraticabile.

Nel diciannovesimo secolo i lavoratori accettavano la riduzione dei salari per conservare il proprio posto di lavoro durante una crisi. Oggi non è più così. Oggi i licenziamenti sono l'unico modo pratico per ridurre i costi del lavoro, in parte a causa del potere dei sindacati, in parte per i sussidi di disoccupazione, in parte per il cambiamento delle aspettative.

7b. Commento: l'idea che i salari non possano essere tagliati in generale non è vera, benché lo possa essere in alcuni settori o in alcune imprese sindacalizzate

Nella misura in cui partecipano alla divisione degli utili o a sistemi di bonus integrativi, i lavoratori accettano una paga variabile senza alcuna obiezione. Bisogna ammettere che la partecipazione agli utili non è una strategia comune, ma i bonus sì. (Ironia della sorte, a seguito degli attacchi del 2009 contro i ricchi premi corrisposti dalle banche aiutate dal governo, quelle stesse banche hanno ridotto i bonus e aumentato lo stipendio base. Risultato: il sistema di compensazione nei settori sostenuti dal governo è diventato meno flessibile, rendendo le società più vulnerabili alle recessioni e aumentando la loro probabilità di fallire.)

Ma cosa preferiscono davvero i lavoratori? Davanti alla scelta tra un licenziamento o un possibile taglio dei salari, sceglieranno davvero quest'ultimo? È difficile da dire. Le indennità di disoccupazione sono un fattore importante. In alcuni paesi europei, esse si estendono fino a un massimo di cinque anni, anche se la tendenza è stata quella di ridurle.

La sindacalizzazione è un altro fattore piuttosto complicato. I lavoratori sindacalizzati negli Stati Uniti, presi come gruppo unico, secondo le stime statistiche del Bureau of Labor, guadagnano il 30 per cento in più rispetto ai loro colleghi non sindacalizzati. Di norma le loro retribuzioni sono anche più difficili da ridurre. Ad esempio quando la General Motors si avviava al fallimento, non fu mai seriamente discussa l'ipotesi di tagli salariali, né tanto meno fu attuata. A quanto pare la United Auto Workers preferiva ancora un'estesa perdita di posti alle riduzioni salariali.

Parte della ragione per cui i lavoratori sindacalizzati negli Stati Uniti guadagnano mediamente il 30 per cento in più degli altri è che la sindacalizzazione presenta numeri elevati tra i dipendenti pubblici. Gli enti pubblici, essendo liberi da pressioni legate alla ricerca del profitto, spesso pagano più dei privati. Inoltre i governi spesso assegnano retribuzioni maggiori per avere il sostegno elettorale del sindacato.

È ampiamente riconosciuto dagli economisti che, anche se in una specifica impresa o in un dato settore i salari frutto di una forte sindacalizzazione possono andare a scapito dei profitti, non si può dire lo stesso per quanto riguarda l'economia nel suo complesso. Infatti nell'economia complessiva i redditi dovuti all'attività sindacale non vanno a danno dei profitti, ma a spese degli altri lavoratori.[25]

Non è chiaro se Keynes intendesse dire che, a causa dei sindacati, i salari non potevano essere tagliati nemmeno durante una crisi. Né è chiaro il suo atteggiamento generale verso i sindacati e, del resto, neppure verso quella che chiama la classe operaia. Nella *Teoria generale* disse che la disoccupazione degli anni Trenta non poteva essere imputata

> al rifiuto ostinato [di ridurre i salari] da parte dei lavoratori [...] esigenti,[26]

ma questo significa sorvolare sui fatti, dal momento che il problema non riguarda certo caratteristiche morali come l'ostinazione o l'essere esigenti. Qualche anno prima, Keynes aveva detto dei sindacati:

> Una volta oppressi, oggi tiranni.[27]

8a. Keynes: le riduzioni dei salari, anche se praticabili, non sarebbero giuste

Non ci si può affidare alle forze di mercato per allocare le ricchezze della società in modo giusto. Il

25. Si veda la nota di chiusura QQ.
26. Keynes, *General Theory*, p. 9.
27. John Maynard Keynes, *Essays in Persuasion*, New York, W.W. Norton, 1963, p. 341.

> Moloch economico afferma che i salari dovrebbero essere determinati dalla pressione economica.

Il modo giusto per affrontare la cosa è quello di fissare i salari basandosi su

> quanto è "giusto" e "ragionevole" in un rapporto di classi.[28]

Si può presumere che Keynes volesse che i suoi esperti pianificatori economici decidessero quali salari fossero "ragionevoli", ma non lo dice in modo specifico.

8b. Commento: e chi stabilisce cos'è giusto?

Chi deve decidere i livelli salariali se non il mercato? Gli esperti economici di Keynes? Gli esperti di pianificazione sovietici non hanno forse dimostrato l'impossibilità di stabilire prezzi e salari al di fuori di un sistema di mercato? Sembra che il keynesismo sia più marxista di quanto Keynes stesso ammetta e, alla lunga, altrettanto irrealistico e distopico.

9a. Keynes: una politica monetaria flessibile può sostituire in ogni caso dei salari flessibili

Fortunatamente, durante una depressione non è necessario ridurre i salari (al fine di controbilanciare la caduta dei prezzi) per evitare la bancarotta delle imprese. Esiste, infatti, un metodo migliore.

Ricordiamoci che il problema all'origine non sono i salari alti, ma piuttosto il fatto che i prezzi calano. La lezione basilare da trarre è, in primo luogo, che non bisognerebbe mai permettere ai prezzi di crollare. La deflazione è il veleno di un'economia. Non minaccia solo i debitori, ma tutti i cittadini.

Qualora le misure preventive falliscano e i prezzi crollino bisogna arrestare subito la caduta. Bisogna ristabilire il precedente livello dei prezzi. Una volta fatto questo, non si dovranno più tagliare i salari, e i

28. Keynes, *Essays in Persuasion*, pp. 261, 333.

profitti e l'occupazione non saranno minacciati dall'instabilità dei prezzi.

Fin qui tutto bene. Ma come si può evitare che i prezzi calino o come si possono riportare al livello precedente, una volta che essi sono crollati? La risposta è semplice: il governo dovrebbe progettare un'inflazione sufficiente a contrastare le forze che producono deflazione e quindi mantenere o ristabilire il livello dei prezzi. Ci sono diversi modi per ottenere ciò, ma quello più semplice è che il governo stampi nuovo denaro e lo immetta nell'economia.

Per capire come potrebbe funzionare questa strategia, si prenda il caso semplice di due persone che vivono in una remota isola tropicale dopo un naufragio. La loro "economia" consiste in due coltelli e due dollari, tratti in salvo dalla nave affondata. In queste circostanze possiamo prevedere che ognuno dei coltelli valga un dollaro.

Supponiamo, poi, che sulla spiaggia dentro una bottiglia ci siano altri due dollari. Come conseguenza di questa immissione di denaro ogni coltello varrà due dollari. Allo stesso modo, il governo può alzare i prezzi stampando grandi quantità di nuovo denaro e immettendolo nell'economia attraverso un certo numero di canali (prestandolo attraverso le banche, mettendolo a disposizione sotto forma di sovvenzioni o spendendolo mediante investimenti pubblici). Keynes riassume questa strategia affermando che:

> Considerata la natura umana e le nostre istituzioni, soltanto uno sciocco preferirebbe una politica salariale flessibile a una politica monetaria flessibile.[29]

Keynes riteneva che lo scopo primario di una «politica monetaria flessibile» fosse quello di combattere la deflazione, ma pensava che potesse avere anche altri utilizzi. In particolare poteva essere usata per gestire le richieste dei lavoratori. Se, in momenti normali, la pro-

29. Keynes, *General Theory*, p. 268.

duttività lavorativa cresceva a un tasso del 2 per cento, ma i sindacati insistevano per un aumento del salario del 4 per cento, un 2 per cento d'inflazione poteva garantire che l'aumento reale dei salari (corretto secondo l'inflazione) non fosse di un 4 per cento, ma di un 2 per cento. Secondo Keynes i lavoratori erano interessati soprattutto al livello nominale dei salari, non a quello reale (e corretto secondo l'inflazione).[30]

Per tutte queste ragioni, dunque, ma soprattutto per controllare un'iper-deflazione, Keynes chiedeva una politica di

> innalzamento dei prezzi – che per sintesi possiamo chiamare inflazione – in tutto il mondo.[31]

9b. Commenti

i. *Una politica monetaria flessibile porta a una inflazione perpetua*

L'impatto che la politica monetaria flessibile di Keynes ha avuto sul mondo è stato davvero profondo. La sua teoria ispira il modo con cui praticamente tutti i governi moderni (o le banche centrali) gestiscono i propri affari: sono determinati a tutti i costi a evitare la discesa dei prezzi (deflazione) e quindi stamperanno qualsiasi quantità di nuovo denaro sia necessaria a evitarla. Dal momento che un'economia efficiente crea per sua natura merci a costi e prezzi sempre inferiori, ciò significa che le banche centrali dovranno creare di continuo inflazione e non solamente durante le depressioni.[32]

E le banche centrali non si fermano qui. Cominciano a pensare: se creiamo un'inflazione appena sufficiente per arrestare quella che altrimenti per i prezzi sarebbe una tendenza a scendere in maniera moderata ogni anno, continueremo a mantenere inalterati i prezzi al consumo in generale. Ma questo significherebbe una riduzione dei prezzi per molte imprese e, in generale, ci

30. Keynes, *General Theory*, p. 9.
31. John Maynard Keynes, discorso tenuto a Monaco, Germania, 8 gennaio 1932, in *Collected Writings*, vol. 21, p. 45.
32. Si veda la nota di chiusura U.

manterrebbe troppo vicini alla deflazione: troppo per stare tranquilli. Dunque, per lo meno alla fine del ventesimo secolo e agli inizi del ventunesimo, la politica della banca centrale è stata quella di stampare abbastanza moneta da assicurarsi che l'inflazione non potesse mai scendere al di sotto di un 1-2 per cento annuo. Se la naturale tendenza dei prezzi è di scendere al 3 per cento, allora questa politica produce un'inflazione cronica, anno dopo anno, del 4-5 per cento.

ii. *L'inflazione è la medicina sbagliata. Farà ammalare sempre di più il paziente*

Abbiamo già visto che quando l'economia è malata, non ha bisogno di un unico provvedimento per aggiustare tutti i salari o tutti i prezzi. Questo farà solo peggiorare le cose. Ha bisogno di un costante adattamento di salari e prezzi specifici, con successivi aggiustamenti e appropriata coordinazione tramite il circuito di *feedback* assicurato dal mercato.

È vero che l'inflazione non influisce allo stesso modo su tutti i salari o tutti i prezzi. Nel caso più comune, il governo stampa denaro, le banche lo danno in prestito e il denaro entra nell'economia ovunque vi siano mutuatari. Da lì, il denaro comincia a passare di mano e a spostarsi qua e là, in modo completamente casuale e imprevedibile. I settori in cui i costi superano già i prezzi possono anche non vedere mai un centesimo di questo denaro. I settori che già beneficiano di abbondanti profitti possono trattenere quasi tutta la nuova domanda e godere di profitti ancora più elevati.

L'inflazione non aiuta ad adeguare tutti i salari e gli altri innumerevoli prezzi che devono essere adeguati, in risposta alla domanda del mercato, per giungere a una redditività. Piuttosto essa travolge e confonde il sistema. Sono i prezzi che devono dire a imprenditori e investitori qual è la situazione dell'economia, in modo che possano prendere delle decisioni ragionevoli. Dal momento che l'inflazione distorce i prezzi, diventa impossibile prendere decisioni sensate.

iii. *Più l'inflazione è nascosta, più è infida*

Quando l'inflazione è nascosta, come accade nel corso di una bolla, la situazione è particolarmente confusa. Quando scoppiò la bolla del dot-com, fu naturale schernire la gente che aveva sprecato miliardi nella follia di internet. Quando è scoppiata la bolla immobiliare, è stato altrettanto naturale dare la colpa alla gente che aveva costruito e si era indebitata troppo. Guardando indietro, ci chiediamo perché gli amministratori delegati delle società, che si presume siano gli operatori del mercato più sofisticati, si siano fatti carico di così tanti debiti. E ci dimentichiamo completamente del fatto che chi si opponeva alla mania del debito veniva messo alla gogna, chiamato incompetente e minacciato di perdere il proprio posto a favore di nuovi amministratori che avrebbero "fatto fruttare gli *asset*".

In queste circostanze particolarmente inquietanti d'inflazione nascosta, i principali cattivi non sono i proprietari delle attività o gli investitori. I veri cattivi sono quelli che gonfiano la bolla, le banche centrali e i governi che hanno messo in moto l'intero e fatale processo.

iv. *L'inflazione porta non solo più disoccupazione, ma anche un'occupazione sub-ottimale*

L'inflazione non è una cura per la disoccupazione. È una delle sue cause principali. E non produce solo disoccupazione, ma anche ciò che l'economista W.H. Hutt ha denominato occupazione "sub-ottimale".

Quando milioni di persone vengono incanalate in posti di lavoro nel settore immobiliare che scompariranno a breve, la situazione è chiaramente "sub-ottimale". Quando arriva il crollo, i licenziamenti correlati al settore immobiliare diventano inevitabili, perché fondamentalmente quei lavori non sono mai esistiti davvero. Quello che accade in seguito, negli altri settori, dipende dalla flessibilità salariale.

Se i salari sono flessibili, nei settori diversi da quello immobiliare si verificherà un minor numero di licenziamenti. Più sono i licenziamenti, maggiore è la probabilità che le persone trovino solamente lavori sub-ottimali, vale a dire posti di lavoro che non sfruttano le loro reali competenze, sempre che riescano a trovare un lavoro. Sia un grave tasso di disoccupazione sia l'occupazione sub-ottimale sono tragedie per le persone. Entrambe possono essere evitate se si lascia che il sistema dei prezzi faccia il suo lavoro di aggiustamento senza interferenze: un lavoro che riporterà l'economia a una situazione di conformità rispetto alla realtà.

Da giovane, Keynes era un deciso critico delle politiche inflazionistiche. Infatti ebbe occasione di dire che l'inflazione trasforma l'economia in una

> scommessa e in una lotteria. [...] Arruola tutte le forze nascoste delle leggi economiche dalla parte della distruzione e lo fa in modo tale che nemmeno un uomo su un milione può prevederne l'esito.[33]

33. John Maynard Keynes, *The Economic Consequences of the Peace*, New York, Harcourt, Brace & Howe, 1920, p. 236.

Capitolo 17

Sì alla globalizzazione economica

1a. Keynes: l'oro è una «barbara reliquia»[1]

Nel suo primo libro Keynes descrisse le meraviglie e i lati positivi della prima economia davvero globale, quella che fiorì negli anni della sua gioventù, prima dell'inizio della prima guerra mondiale. Era un'età dell'oro, sia metaforicamente che materialmente, dal momento che il suo sistema monetario si basava saldamente su fondamenta auree:

> Quale straordinario episodio del cammino economico dell'uomo è l'età che termina nell'agosto 1914! L'abitante di Londra poteva ordinare per telefono, sorseggiando a letto il tè mattutino, i vari prodotti di tutto il globo terracqueo, nella quantità che riteneva opportuna, e contare ragionevolmente sul loro sollecito recapito a casa sua: poteva nello stesso momento e con lo stesso mezzo avventurare la sua ricchezza sulle risorse naturali e nelle nuove imprese in qualsiasi parte del mondo, e partecipare senza sforzo né fastidio ai loro sperati frutti e vantaggi; o poteva decidere di agganciare la sicurezza delle sue fortune alla buona fede dei cittadini di qualsiasi ragguardevole comunità municipale di qualsiasi continente suggerita dal capriccio o dall'informazione. Poteva procurarsi immediatamente, se lo desiderava, mezzi di trasporto comodi e poco

1. John Maynard Keynes, *Collected Writings*, vol. 4, *Tract on Monetary Reform*, London, Macmillan; New York, St. Martin's Press, 1971, p. 138.

> costosi per qualsiasi Paese o clima, senza passaporto o altre formalità; poteva mandare il suo domestico al più vicino ufficio bancario a fare la provvista dei metalli preziosi che gli parevano più convenienti e recarsi quindi in Paesi stranieri senza conoscerne religione, lingua e costumi, portando su di sé denaro liquido, e avrebbe considerato il minimo impedimento una grave e stupefacente lesione dei suoi diritti. Ma soprattutto egli riteneva questo stato di cose normale, certo e immutabile, se non nel senso di un ulteriore miglioramento, e aberrante, scandalosa ed evitabile qualsiasi deviazione dal medesimo. I progetti e la politica del militarismo e dell'imperialismo, delle rivalità razziali e culturali, dei monopoli, delle restrizioni e delle esclusioni, destinati a giocare la parte del serpente all'interno di questo paradiso, erano poco più che i passatempi del suo giornale quotidiano, e sembravano essere quasi del tutto ininfluenti sul corso ordinario della vita sociale ed economica, la cui internazionalizzazione era in pratica pressoché completa.[2]

Il sistema aureo classico di questa prima economia globale implicava che tutto il mondo condividesse un'unica moneta. Il dollaro poteva rappresentare una frazione di un'oncia d'oro, la sterlina inglese un'altra frazione, il franco francese un'altra ancora e così via, ma si trattava sempre e soltanto della stessa moneta, l'oro. Alcuni paesi si basavano sull'argento, ma gli Stati Uniti rifiutavano il bi-metallismo (l'uso di entrambi i metalli preziosi), così l'oro divenne la moneta del mondo.

Nonostante i vantaggi dati dall'avere un'unica moneta mondiale, Keynes riteneva che il sistema aureo fosse indebitamente restrittivo. Lasciava ai governi nazionali poco o nessun controllo sulle proprie offerte monetarie. Quando i tassi d'interesse erano troppo alti, secondo Keynes questa era una tendenza cronica, non si poteva stampare denaro aggiuntivo per farli abbassare.

2. John Maynard Keynes, *The Economic Consequences of the Peace*, New York, Harcourt, Brace & Howe, 1920, pp. 10-12.

Keynes riteneva, poi, che la fede nell'oro fosse irrazionale. Disse che il suo

> prestigio [dipende dal...] colore [... e addirittura dall'] odore. [...] Freud scrive che esistono particolari motivi, nel nostro inconscio, per cui l'oro in particolare soddisferebbe istinti forti e precisi, e servirebbe da simbolo.[3]

Il nostro primitivo rapporto con l'oro era stato negli anni rivestito di argomentazioni razionali e si era evoluto in un elaborato seppur

> logoro dogma.

La sfida che si presentava alla società contemporanea era quella di squarciare il velo dell'antica superstizione per forgiare

> uno standard di carattere più scientifico.[4]

1b. Commenti

i. *Lungi dall'essere «una barbara reliquia», l'oro è una garanzia contro le politiche economiche keynesiane*

Ufficialmente l'oro non è più considerato denaro dal 1972. Ma la gente in tutto il mondo continua ad acquistarlo come sostituto del denaro, come una riserva fisica di valore. Perché? Perché i governi stampano sempre più cartamoneta e quindi ne svalutano il valore.

Come abbiamo già osservato, il dollaro ha perso quasi tutto il suo potere d'acquisto dalla creazione della Federal Reserve nel 1913. Con soli pochi centesimi di allora si potrebbe acquistare quello che oggi costa un dollaro. Ed è lo stesso per le altre valute mondiali, alcune delle quali sono diventate in certi momenti total-

3. John Maynard Keynes, *Essays in Persuasion*, New York, W.W. Norton, 1963, p. 200; John Maynard Keynes, *Collected Writings*, vol. 6, *A Treatise on Money: The Applied Theory of Money*, London, Macmillan; New York, St. Martin's Press, 1971, p. 258.

4. Keynes, *Essays in Persuasion*, p. 200.

mente inutili. L'oro, invece, ha mantenuto il suo valore.

Per certi versi, è molto svantaggioso possedere oro. Se abbiamo dollari, sterline, euro o yen possiamo investire il nostro denaro e guadagnare interessi. Se possediamo oro non ne ricaviamo un reddito corrente e dobbiamo pagare perché sia tenuto da qualche parte e protetto dal furto. Eppure le persone vogliono ancora possedere oro proprio perché temono, e hanno buone ragioni per farlo, ciò che accadrà al potere d'acquisto di dollari, sterline, euro e yen nel corso del tempo.

Nel periodo in cui Ben Bernanke era nel Federal Reserve Board, prima come consigliere e poi come presidente, il prezzo dell'oro crebbe.[5] E non per caso. Come abbiamo visto, Bernanke è un keynesiano convinto e la Fed sotto di lui non solo incoraggiò le altre banche centrali a stampare il proprio denaro, ma, in particolare dopo il 2007, ne stampò essa stessa molto di più.

Nello stesso passaggio in cui Keynes ci deride perché abbocchiamo al «colore» e persino all'«odore» dell'oro, riconosce la tesi per cui l'oro

> fornisce uno standard di valore ragionevolmente stabile.

E dice anche che, dal momento che alle

> autorità governative manca saggezza, [...] prima o poi, una moneta regolata andrà in crisi.[6]

Qualunque fosse il merito di queste posizioni subito dopo la prima guerra mondiale, oggi è ancora più grande, proprio perché i governi del mondo stanno seguendo il consiglio di Keynes e svalutano le proprie monete.

ii. *Il sistema aureo classico del diciannovesimo secolo aveva molti vantaggi*

Finora abbiamo discusso del motivo per cui la «bar-

5. Si veda la nota di chiusura YY.
6. Keynes, *Collected Writings*, vol. 4, p. 132.

bara reliquia» mantiene ancora la sua attrattiva come bene d'investimento. Tuttavia dovremmo prenderci un momento per ricordare alcune delle virtù del sistema aureo internazionale classico, il sistema che prevaleva all'epoca in cui oro e denaro erano sinonimi. La maggioranza dei libri di storia dice che il sistema aureo venne abbandonato una prima volta negli anni Trenta e poi di nuovo negli anni Settanta, ma in realtà si trattava di due pseudo-sistemi aurei. Il vero sistema aureo non sopravvisse allo scoppio della prima guerra mondiale.

A posteriori, la più grande virtù del sistema aureo classico era la sua disciplina, la stessa caratteristica che Keynes denigrava come «non scientifica». I governi di tutti i paesi, grandi o piccoli, dovevano rispettare le regole del gioco o subire le conseguenze di un comportamento diverso. Se un paese avesse importato molto più di quanto esportava, l'oro sarebbe servito come pagamento delle importazioni. Dal momento che l'oro era denaro, sarebbe calata l'offerta di moneta e questo di norma avrebbe reso più costoso il denaro da prendere a prestito (cioè avrebbe alzato i tassi d'interesse), il che avrebbe rallentato l'economia. Un'economia più lenta, a sua volta, avrebbe ridotto la domanda d'importazioni, cosa che avrebbe riportato in equilibrio la bilancia fra importazioni ed esportazioni.

Avere una moneta unica mondiale, l'oro, rendeva più conveniente anche il commercio internazionale. Chi vendeva merci non doveva preoccuparsi, come accade oggi, dei rialzi e ribassi imprevedibili legati ai valori delle differenti valute. Né i titolari d'imprese situate in paesi piccoli, o poveri, erano svantaggiati dall'oscurità, imprevedibilità e mancanza di interesse per le loro valute.

L'oro era particolarmente utile nella gestione del commercio globale. Ma contribuiva anche a mantenere l'ordine all'interno delle economie nazionali. Se le banche di una nazione facevano troppi prestiti, l'offerta di moneta era ampliata e ciò riduceva i tassi d'interesse. Allora l'oro sarebbe uscito dal paese alla ricerca di tassi d'interesse più elevati. Ciò riduceva l'offerta di moneta, rialzava i tassi d'interesse e ristabiliva un equilibrio. Il sistema aureo non risolveva l'instabilità di fondo di un sistema bancario di riserve frazionarie in grado di creare denaro dal nulla, ma lo frenava e lo rendeva meno pericoloso.

iii. *Alcuni degli svantaggi più citati di un sistema aureo in realtà sono vantaggi*

Nella *Teoria generale* e altrove Keynes travisa sistematicamente il sistema aureo classico. Per esempio, lo presenta come una spietata corsa internazionale all'oro, dove la vittoria va al paese con più lingotti nei suoi sotterranei.[7] Si tratta di una pessima caricatura, che riecheggia i teorici del mercantilismo del sedicesimo secolo, le cui idee da molto tempo avevano ormai perso credito.

In un'economia basata sull'oro, la gente vuole possederne, perché è denaro. Ma vorrà anche possedere case, aziende, beni personali e altre materie prime. Quando l'oro viene scambiato con le merci, non c'è vincitore o perdente. Nella misura in cui le parti ricevono quello che vogliono, vincono entrambe.

Keynes si lamentava anche del fatto che la scarsità dell'oro rendesse insufficiente pure il denaro.[8] Ma come ha rilevato Henry Hazlitt:

> Se i metalli preziosi fossero stati abbondanti, non sarebbero stati preziosi. Se quello di cui abbiamo bisogno fosse l'abbondanza del metallo monetario, allora il rimedio logico sarebbe uno standard basato sul rame o, meglio ancora, sul ferro.[9]

Se il denaro non è per natura limitato, gli individui (o più probabilmente i governi) ne creeranno sempre di più e nel farlo destabilizzeranno l'economia con l'infla-

7. John Maynard Keynes, *The General Theory of Employment, Interest, and Money*, Amherst (NY), Prometheus Books, 1997, pp. 348-349.

8. Keynes, *General Theory*, p. 349.

9. Henry Hazlitt, *The Failure of The "New Economics"*, New Rochelle (NY), Arlington House, 1978, p. 346.

zione e le bolle speculative.

Non è nemmeno vero, come molti pensano, che l'offerta di moneta debba aumentare man mano che cresce l'economia. Come abbiamo visto nei capitoli 15 e 16, se il denaro è stabile e si producono più beni, l'unico risultato sarà un modesto abbassamento annuo dei prezzi. E prezzi leggermente inferiori aiutano tutti, ma soprattutto i più poveri, i cui redditi limitati consentiranno loro un maggiore potere d'acquisto.

2a. Keynes: un "sistema di scambio aureo" è meglio di un "sistema aureo classico", ma non di molto

Il sistema aureo classico fu abbandonato allo scoppio della prima guerra mondiale, nel 1914. A metà degli anni Venti venne seguito da una versione molto attenuata, chiamata "sistema di cambio aureo". Questo sistema conferiva ai governi un maggior controllo sulla moneta, ma Keynes continuava a ritenere che fosse una

> catena[10]

e salutò la sua abolizione nell'epoca della Grande Depressione come

> la rottura del nostro legame con il *gold standard* […] è un evento felice.[11]

I tentativi di stabilire un nuovo sistema monetario e di scambio globale avvenuti durante la Depressione fallirono principalmente perché il presidente Roosevelt inviò alla Conferenza di Londra del 1933 una lettera in cui bocciava l'idea. Molte persone pensarono che a causa di ciò la Depressione si stesse aggravando e prolungando, ma Keynes rispose che

10. Paul Johnson, *Modern Times: The World from the Twenties to the Eighties*, New York, Harper & Row, 1983, p. 164.

11. Keynes, *Essays in Persuasion*, p. 215; John Maynard Keynes, *Collected Writings*, vol. 21, *Activities 1931-39: World Crises and Policies in Britain and America*, London, Macmillan; New York, St. Martin's Press, 1982, p. 41.

> il presidente Roosevelt ha magnificamente ragione.[12]

In quel frangente Keynes agiva più o meno come un nazionalista economico e voleva la maggior libertà d'azione possibile per la Gran Bretagna.

Alla fine della seconda guerra mondiale, Keynes concordava sul fatto che fosse necessario un nuovo sistema monetario e di scambio globale. Il sistema che emerse, chiamato di "Bretton Woods" dalla località del New Hampshire in cui fu adottato formalmente, era però un altro sistema di cambio aureo. Keynes accettò riluttante, perché gli americani volevano un legame con l'oro. Un quarto di secolo dopo, anche gli Stati Uniti ritennero che l'oro fosse una «catena» e lo abbandonarono a favore di un sistema monetario cartaceo senza limitazioni.

2b. Commento: un sistema di cambio aureo è peggiore, non migliore di un vero sistema aureo. Cambi fluttuanti che non oscillano non sono affatto un bene

Dal momento che spesso il sistema aureo viene incolpato della Grande Depressione, è importante sottolineare che il sistema di cambio aureo degli anni Venti non era un vero sistema aureo. Se ci fosse stato, un vero sistema aureo avrebbe contribuito a frenare l'eccessiva emissione di denaro e l'eccessivo indebitamento degli anni Venti (tutte cose che ricevettero il plauso di Keynes), che portarono direttamente alla bolla speculativa, al crollo e alla depressione.

Keynes conveniva abbastanza sulla visione per la quale il sistema di cambio aureo degli anni Venti e dei primi anni Trenta non era un vero sistema aureo. Nel 1923 disse:

> [Il sistema aureo classico] è morto stecchito. [...] Gli Stati Uniti hanno finto di mantenere un sistema aureo. In realtà, hanno istituito un sistema del dollaro [mondiale].[13]

12. John Maynard Keynes, articolo, *Daily Mail*, in *Collected Writings*, vol. 21, p. 273.
13. Keynes, *Collected Writings*, vol. 4, p. 155.

Gli accordi di Bretton Woods che Keynes contribuì a stilare furono un altro sistema collegato all'oro e dominato dal dollaro. Ma rappresentò un passo significativo rispetto all'anarchia e all'autarchia degli anni della Depressione e portò a un grande incremento del commercio e degli investimenti globali.

Il difetto maggiore del sistema di Bretton Woods era lo status di valuta di "riserva" del dollaro statunitense. Un paese che offre la funzione di "riserva" fornisce la propria moneta per le transazioni internazionali. In cambio esso ha il privilegio di poter ricorrere a prestiti all'estero nella sua stessa moneta. Sfortunatamente ciò implica un intrinseco conflitto d'interessi. Da un paese al quale viene consentito di ricorrere al prestito estero senza limite e nella sua stessa valuta, difficilmente ci si può aspettare che fissi un'offerta di moneta o tassi d'interesse responsabili. Ci vollero solo pochi decenni perché gli Stati Uniti iniziassero a stampare abbastanza dollari da far sprofondare tutto il mondo nell'inflazione. E fu proprio questo a portare, nel 1971, alla fine del sistema di Bretton Woods.

Da quel momento in poi il commercio mondiale dipese da cambi fluttuanti che non oscillavano affatto, ma che erano controllati ancor più rigidamente dai governi. Il dollaro mantenne il suo ruolo di valuta di riserva, ma senza alcuna limitazione. Allora, negli Stati Uniti, le macchine che stampavano denaro iniziarono a lavorare più velocemente, il che rispecchiava la concezione di Keynes di un governo libero da catene e portò direttamente all'inflazione e, poi, alla crisi, quindi dalla bolla speculativa alla crisi economica.

3a. Keynes: ciò di cui c'è davvero bisogno è un'unica autorità monetaria mondiale gestita secondo linee guida scientifiche

Quando il sistema di Bretton Woods crollò, nel 1971, venne sostituito da un sistema "supurio" di tassi fluttuanti, vale a dire un sistema di tassi di cambio monetario nazionali mobili che i governi manipolarono sempre più.

Anche se Keynes morì nel 1946, in diverse occasioni aveva avuto modo di dire cose sia positive che negative sui tassi fluttuanti.[14] In realtà, ciò che si augurava maggiormente, e che aveva cercato senza successo d'istituire all'interno del sistema di Bretton Woods, era un'agenzia sovranazionale autorizzata a creare una sua moneta cartacea:

> Abbiamo raggiunto uno stadio nell'evoluzione della moneta in cui una valuta "guidata" è inevitabile, ma [... è meglio affidare il compito] a un'unica autorità [...] con il discernimento plenario e la gestione scientifica [... di] un'autorità sovranazionale.[15]

Robert Mundell, l'economista della Columbia University che fondò quella che venne chiamata *supply-side economics*, in seguito convenne con Keynes sul fatto che fosse auspicabile un unico sistema monetario mondiale (diverso da quello aureo): «L'ideale sarebbe che l'economia [globale] avesse un'unica moneta, forse con una banca centrale. [Nel frattempo], un sistema di tassi di cambio fissi simulerebbe l'effetto di una unica moneta mondiale».[16]

3b. Commenti

i. *Le banche centrali sono istituzioni politiche*

La maggiore sfida per un sistema monetario è isolarsi il più possibile dalla politica. La buona economia ha a che vedere con il lungo termine e con finalità scevre da interessi particolari. La politica, che ci piaccia o no, ha a che fare con la ricerca del consenso e con i collegi elettorali, oppure con particolari gruppi d'interesse che servono da sostegno per la vittoria elettorale.

14. Per un commento in generale positivo, si veda *Collected Writings*, vol. 6, p. 298; per un commento negativo, si veda Robert Skidelsky, *John Maynard Keynes*, vol. 3, *Fighting for Britain 1937-1946*, London, Macmillan, 2000, p. 208

15. Keynes, *Collected Writings*, vol. 4, p. 159; Keynes, *Collected Writings*, vol. 6, pp. 268, 303.

16. Citato in Robert Bartley, *The Seven Fat Years*, New York, Free Press, 1992, p. 206. Si veda la nota di chiusura W.

Di nuovo, che ci piaccia o no, i banchieri centrali sono politici. Non sono, e non saranno mai, gli scienziati economici virtuosi e onniscienti dei sogni utopistici di Keynes. E anche quando non sono veri e propri politici si affidano a strumenti e modelli i cui *input* sono talmente soggettivi da sembrare quasi impietosamente non scientifici.

In generale, il concetto moderno di banca centrale è stato un fallimento, come evidenziano inflazioni, bolle e crisi economiche. Concentrare tutta l'autorità in un'unica banca centrale mondiale non farebbe altro che peggiorare le cose. I funzionari non eletti che la gestirebbero avrebbero un potere enorme. Ma sarebbero soggetti alla politica, ovvero ai capricci e alle pressioni di tutti i governi del mondo. Il risultato inevitabile sarebbe un'inflazione di portata mondiale e senza precedenti.

ii. *Una governance di esperti non eletti minaccerebbe la democrazia in tutto il mondo*

Nel riflettere sull'idea di Keynes di una banca centrale globale guidata da esperti ci sono altre questioni da tenere in considerazione. Come abbiamo discusso in precedenza, è già difficile per una singola democrazia mantenere il controllo sui presunti esperti. Negli Stati Uniti la Federal Reserve opera senza la necessità di rivolgersi al Congresso per i fondi e senza dover riferire a esso in merito alle proprie azioni. In pratica, non risponde a nessuno. Una banca centrale mondiale sarebbe gestita caoticamente da tutti i governi del mondo, con tutti i tipi di accordi poco chiari possibili, oppure non risponderebbe a nessuno e assumerebbe un potere eccezionale, discrezionale e dispotico.

Negli anni Cinquanta e Sessanta l'economista tedesco Wilhelm Röpke ammoniva che «[l'idea di una] organizzazione internazionale passa sotto diversi nomi attraenti, come "Europa", "sovranità sovranazionale", oppure "armonizzazione internazionale"».[17] Ma in real-

17. Wilhelm Röpke, *A Humane Economy: The Social Framework of the Free Market*, South Bend (IN), Gateway, 1960, pp. 242-243.

tà è un modo per togliere il potere a funzionari eletti democraticamente e piazzarlo nelle mani di anonimi esperti e burocrati.

Questo processo è ormai ben avanzato in Europa. L'economia, e in parte la vita privata, è controllata dai burocrati di Bruxelles, i quali grazie a un organismo come la Commissione Europea si perpetuano da sé e non rispondono a nessuno. L'unico vero controllo sulla loro autorità è un altro corpo di esperti, quelli che gestiscono il sistema giudiziario.

Le decisioni della Commissione Europea, però, non si limitano alla sola Europa. Attraverso la ricerca di un'"armonizzazione internazionale", le loro idee e soprattutto le restrizioni si diffondono a tutte le burocrazie del mondo.

Keynes era una persona democratica, nel senso più ampio del termine. Non era fascista. Ma questa deriva che ha portato da una *governance* democratica a una gestione di esperti non eletti e spesso auto-perpetuantesi è una parte importante della sua eredità.

4a. Keynes sul libero scambio

La prima economia globale, che ebbe fine con la prima guerra mondiale, dipendeva dal sistema aureo classico, ma era anche fortemente votata agli scambi internazionali. Nel caso della Gran Bretagna, ciò significava essere votati al libero scambio.

Keynes si occupò molto del libero scambio, che apprezzava. Conveniva sul fatto che il libero scambio incoraggiasse le nazioni a specializzarsi, e che un elevato livello di specializzazione ci avrebbe resi tutti più ricchi. Da giovane economista, considerava ogni forma di allontanamento dalla dottrina del libero scambio come un'

> idiozia e [...] un oltraggio.[18]

18. John Maynard Keynes, *New Statesman and Nation*, 8 e 15 luglio 1933, in *Collected Writings*, vol. 21, p. 233.

Nel 1923 scrisse:

> Dobbiamo considerare il libero scambio, nella sua interpretazione più estesa, come un dogma inflessibile.[19]

E anche:

> Se vi è una cosa che il protezionismo *non* può fare, è guarire la disoccupazione. [...] La pretesa di guarire la disoccupazione implica la fallacia protezionista nella sua forma più grossolana e patente.[20]

Lo stesso Keynes citò questo suo ultimo passaggio nella *Teoria generale*, per dimostrare quanto fossero cambiate le sue idee nel 1936.

Ciò che aveva fatto cambiare opinione a Keynes era stata la Grande Depressione e l'ondata protezionista che ne era seguita. Nel 1930 gli Stati Uniti approvarono lo scellerato *Smoot-Hawley Tariff Act* (che innalzava le barriere allo scambio). Un migliaio di economisti americani biasimarono subito questo provvedimento. Oggi la gran parte degli economisti lo incolpa di aver per lo meno aggravato, e forse fatto anche precipitare, la Depressione. (Potrebbe aver contribuito a farla precipitare dal momento che prima del crollo del 1929 erano ancora in corso le audizioni sul progetto di legge.)

L'America aveva la più grande economia del mondo e le sue azioni avevano un'importanza enorme. Ma aveva anche una forte tradizione di protezionismo, per lo meno a partire dalla Guerra Civile. La Gran Bretagna, al contrario, era già da molto tempo una nazione leader nella pratica e nella difesa del libero scambio. Come avrebbe risposto ai dazi dello *Smoot-Hawley Act*?

La risposta giunse nel giro di poco tempo. Alcuni

19. Citato in William Beveridge, *Tariffs: The Case Examined, London*, Longmans, Green and Co., 1931, p. 242; anche in Henry Hazlitt (a cura di), *The Critics of Keynesian Economics*, New York, D. Van Nostrand, 1960, p. 338.
20. John Maynard Keynes, *Nation and Athenaeum*, 24 novembre 1923, in Keynes, *General Theory*, p. 334.

commentatori ritengono che furono il dietrofront di Keynes sul libero scambio e la sua adesione al protezionismo dei primi anni Trenta[21] a far cambiare il corso degli eventi.[22] Che sia vero o meno, la Gran Bretagna abbandonò il libero scambio nel 1932, a favore della Preferenza Imperiale (un libero scambio all'interno dell'impero). Questo implicò un altro durissimo colpo per il commercio mondiale e la Depressione si aggravò.

Nel 1936, nella sua *Teoria generale,* Keynes lodava di nuovo la dottrina mercantilistica del sedicesimo e diciassettesimo secolo, che era stata protezionista, e vi ritrovava un

> elemento di verità scientifica,[23]

ma insisteva anche sul fatto che

> i vantaggi della divisione internazionale del lavoro sono reali e notevoli, per quanto la scuola classica ne abbia grandemente esagerato l'importanza.[24]

Sulla questione della globalizzazione, pare che Keynes in genere approvasse l'idea di un'economia globale, anche se, di tanto in tanto, abbracciò il nazionalismo economico, il protezionismo, i controlli sul capitale[25] e via dicendo. Di sicuro voleva un'autorità monetaria mondiale unica, presumibilmente in un regime di libero scambio, fintanto, però, che qualcuno come lui vi fosse posto alla guida.

21. John Maynard Keynes, *Collected Writings*, vol. 20, *Activities 1929-31: Rethinking Employment and Unemployment Policies*, London, Macmillan; New York, St. Martin's Press, 1981, p. 488.
22. Hazlitt, *The Critics of Keynesian Economics*, p. 124.
23. Keynes, *General Theory*, p. 335.
24. Keynes, *General Theory*, p. 338.
25. John Maynard Keynes, *Collected Writings*, vol. 13, *The General Theory and After: Preparation*, London, Macmillan; New York, St. Martin's Press, 1973, p. 199; Robert Skidelsky, *John Maynard Keynes*, vol. 3, *Fighting for Britain 1937-1946*, London, Macmillan, 2000, p. 191.

4b. Commenti

i. *L'uccellaccio si scusa a metà*

Keynes si definì

> Un uccellaccio cattivo [che dice] una cosa un giorno [sul libero scambio] e un'altra il giorno dopo.[26]

E si scusò a metà, dicendo che il protezionismo era

> rudimentale

e che poteva essere eliminato qualora

> uno schema esauriente di pianificazione nazionale[27]

potesse essere istituito al suo posto.

Benché disposto a criticare se stesso, Keynes non tollerava affatto le critiche altrui. Infatti, liquidò i critici come

> fondamentalisti del libero scambio,[28]

e, in una lettera al *Times*, disse che le loro preoccupazioni rappresentavano

> puri errori intellettuali.[29]

Dal momento che riadottò il libero scambio verso la fine della sua vita, sembra in realtà che l'errore intellettuale fosse il suo.[30]

26. Keynes, *New Statesman and Nation*, 28 marzo 1931, in *Collected Writings*, vol. 20, *Activities 1929-31: Rethinking Employment and Unemployment Policies*, London, Macmillan; New York, St. Martin's Press, 1981, p. 502.
27. Keynes, *New Statesman and Nation*, 16 marzo 1931, in *Collected Writings*, vol. 20, p. 495.
28. Keynes, *New Statesman and Nation*, aprile 1931, in *Collected Writings*, vol. 20, p. 505.
29. Keynes, *New Statesman and Nation*, 26 marzo 1931, in *Collected Writings*, vol. 20, p. 508.
30. R.F. Harrod, *The Life of John Maynard Keynes*, New York, Harcourt, Brace, 1951, p. 469.

ii. *Travisamenti e non sequitur*

Durante la metà degli anni Trenta, quando fu più strenuamente protezionista, Keynes non rinunciò solamente al libero scambio, ma lo travisò sempre di più. L'idea di base del libero scambio è che un paese dovrebbe concentrarsi su quello che riesce a fare al meglio e poi commerciare con gli altri paesi per ottenere le cose che non produce. Proprio come la specializzazione ci rende più produttivi all'interno di un singolo paese, così una divisione del lavoro a livello globale ci renderà più efficienti e prosperi. Si tratta di un sistema di concorrenza fra le aziende e di cooperazione fra i paesi.

Keynes distorse completamente tutto questo e addirittura disse che il commercio internazionale era la fonte principale dei conflitti e delle guerre.[31] E per minimizzare il conflitto mondiale dichiarò:

> Lasciamo che la merce sia di fabbricazione domestica [...] e, soprattutto, lasciamo che la finanza sia principalmente nazionale.[32]

Allo stesso tempo, Keynes ci dice che il nazionalismo economico in qualche modo porterà in effetti a un maggior

> commercio internazionale.[33]

Ma non ci viene detto come una politica che ci limiti a merci di fabbricazione domestica possa al contempo ampliare il commercio internazionale.

iii. *Qualcosa di nuovo, qualcosa di utile o semplicemente qualcosa di vecchio e da molto tempo privo di credibilità?*

L'elogio di Keynes per i protezionisti del sedicesimo e del diciassettesimo secolo, noti come mercantilisti, giunge verso la fine della *Teoria generale*. Ma secondo

31. Keynes, *General Theory*, pp. 348-349.
32. John Maynard Keynes, *Yale Review* (estate 1933); citato anche in Hazlitt, *The Failure of The "New Economics"*, p. 338.
33. Keynes, *General Theory*, p. 349.

Keynes i mercantilisti non avevano ragione solamente riguardo al protezionismo. Questi pensatori, infatti, volevano che il governo intervenisse per abbassare i tassi d'interesse e investire denaro in opere pubbliche.

Qui c'è un'ironia non voluta. Nella prefazione alla *Teoria generale* Keynes dice che i critici lo accuseranno, sostenendo che

> io non dica nulla di nuovo.[34]

Ma nel ridare lustro ai mercantilisti a lungo denigrati, sembra proprio puntare dritto alla stessa conclusione, vale a dire che, almeno nelle raccomandazioni di politica economica,

> non dica nulla di nuovo.[35]

34. Keynes, *General Theory*, p. IX.
35. Si veda la nota di chiusura ZZ.

Parte quarta

Ancora su Keynes

Capitolo 18

Quanto era keynesiano Keynes?

Ci sono buoni motivi per porsi questa strana domanda. Non si tratta solamente del fatto che Keynes ha detto tante cose differenti a persone diverse o ha cambiato idea così di frequente. Né è solamente la convinzione diffusa tra i suoi colleghi economisti per cui le sue argomentazioni economiche sono state piegate alla diverse esigenze e manipolate di volta in volta, per rendere plausibili le sue raccomandazioni di politica economica.[1] In aggiunta ci sono ragioni specifiche per chiedersi se Keynes abbia cambiato idea rispetto alle raccomandazioni contenute nella *Teoria generale*.

Già nel 1937, infatti, in una lettera alla sua allieva Joan Robinson, Keynes disse:

> A poco a poco mi sto ponendo in una posizione un po' esterna al libro e procedo verso nuove linee d'interpretazione.[2]

Come era tipico di Keynes, la *Teoria generale* non doveva dunque essere la sua ultima fatica. Ma poi arrivò la guerra e la sua attenzione si spostò dalla disoccupazione e dalle questioni a essa correlate e trattate nella *Teo-*

1. Per un esempio di questo modo di vedere Keynes, si veda Wilhelm Röpke, *Economics of the Free Society*, Chicago, Henry Regnery, 1963, p. 225.
2. John Maynard Keynes, *The Collected Writings*, vol. 14, *The General Theory and After: Defence and Development*, London, Macmillan; New York, St. Martin's Press, 1973, p. 150.

ria a questioni di finanza bellica e di costruzione di un sistema monetario e commerciale postbellico. Se anche avesse avuto ripensamenti in merito alla *Teoria generale* ebbe poco tempo, o poche opportunità, per scriverne.

Durante la seconda guerra mondiale la maggior parte dei keynesiani dava per scontato, sulla base delle idee del loro maestro, che a guerra finita sarebbe ripresa la disoccupazione su larga scala. E si concentrarono sul modo per evitarla. Ma un economista americano, David McCord Wright, scrisse a Keynes per esprimere la sua preoccupazione in merito alla possibilità di un'inflazione postbellica, piuttosto che di una forte disoccupazione; Keynes gli rispose di essere d'accordo con lui.[3]

Un altro economista americano, John H. Williams, scrisse un articolo per l'*American Economic Review* nel quale raccontò di una conversazione avuta con Keynes «pochi mesi prima della sua morte» nel 1946:

> Si lamentò del fatto che la politica del denaro facile fosse stata spinta troppo lontano, sia in Inghilterra che negli Stati Uniti, ed enfatizzò l'interesse come elemento di reddito e la sua importanza fondamentale nella struttura e nel funzionamento del capitalismo privato. Fu divertito dalla mia osservazione, che fosse ora di scrivere un altro libro, perché la politica del credito facile era stata predicata nel suo nome e mi rispose che pensava di doversi mantenere un passo avanti.[4]

Questa conversazione sembra ripudiare la dottrina dell'abbassamento dei tassi d'interesse o, per lo meno, del loro abbassamento a zero e, quindi, dell'eliminazione di un elemento sgradevole della sua impostazione economica.

Poco dopo, l'economista austriaco Friedrich von Hayek ebbe una conversazione simile con Keynes:

3. David McCord Wright, in Henry Hazlitt (a cura di), *The Critics of Keynesian Economics*, New York, D. Van Nostrand, 1960, p. 415.

4. John H. Williams, *American Economic Review*, maggio 1948, pp. 287-288n; citato anche in Henry Hazlitt, *The Failure of The "New Economics"*, New Rochelle (NY), Arlington House, 1978, p. 397.

> [Disse di] essere seriamente allarmato dall'agitazione per l'espansione del credito [e del denaro] da parte di alcuni dei suoi più stretti associati. Si spinse fino ad assicurarmi che se le sue teorie, che [disse] erano state terribilmente necessarie nella deflazione degli anni Trenta, avessero mai prodotto degli effetti dannosi, egli avrebbe rapidamente modificato l'opinione pubblica nella giusta direzione. Poche settimane dopo morì e non poté più farlo.[5]

Questi sono solo aneddoti, ovviamente, e non provengono nemmeno da amici o colleghi di Keynes. Aveva davvero dei ripensamenti sulla *Teoria generale*? L'unica prova in nostro possesso la fornisce lo stesso Keynes nel suo ultimo articolo, pubblicato postumo nell'*Economic Journal*, che aveva a lungo diretto. Intitolato "The Balance of Payments of the United States" (n. 185, 1946), tratta per lo più proprio dell'argomento citato nel titolo. Ma poi, a un certo punto, troviamo una digressione di poche pagine che costituisce una competente difesa dell'economia "classica":

> Mi sento spinto, e non per la prima volta, a ricordare agli economisti contemporanei che l'insegnamento classico includeva alcune verità permanenti di grande importanza. [...] Certo, se vogliamo che la medicina classica funzioni, è essenziale che le tariffe d'importazione e i sussidi all'esportazione non si contrappongano progressivamente alla sua influenza.

Keynes sembra poi invertire la direzione:

> Non devo essere frainteso. Non credo che la medicina classica funzionerà da sola, né che possiamo dipendere da essa. Abbiamo bisogno di aiuti più rapidi e meno dolorosi, fra i quali i più importanti sono la variazione di cambio [controlli governativi sugli scambi e sulla gestione della valuta] e il totale controllo delle importazioni.

5. Friedrich A. Hayek, "Economist Centenary Edition" su Keynes, 11 giugno 1983, p. 45 (edizione americana, p. 39); citato anche in Robert Bartley, *The Seven Fat Years*, New York, Free Press, 1992, p. 47.

I controlli sui tassi di cambio e sulle importazioni sono poi descritti come «espedienti», il che suggerisce che non siano destinati a essere permanenti. Anche così questo passaggio rappresenta un tentativo quasi incoerente, come dice Henry Hazlitt, di conciliare l'inconciliabile. Abbiamo bisogno della medicina classica, ma non ancora o non del tutto. Per non sbagliare ci si doveva rivolgere a Keynes, passo dopo passo, ma lui era già morto.

Questo è anche l'articolo in cui Keynes condanna l'opposizione all'emergente sistema monetario e commerciale postbellico come

> roba modernista, andata a male e diventata acida e sciocca [...] che circola nel nostro sistema, anche incongruamente mescolata, sembra, ad antichi veleni.

È difficile dire a cosa si riferisse con «roba modernista» se non ai suoi stessi insegnamenti. Forse riteneva di essere stato frainteso oppure di essersi spinto troppo oltre nella *Teoria generale* e di dover correggere i suoi discepoli, come farebbero pensare le conversazioni con Williams e Hayek. O forse no. Possiamo solo fare delle ipotesi. La *Teoria generale* rimane l'ultimo libro di Keynes e il suo personale testamento.

Capitolo 19

Keynes oratore

Keynes era un virtuoso della parola. Poteva superare chiunque nella conversazione e nella discussione, e lo sapeva.

Bertrand Russell, suo collega e professore di Cambridge, filosofo e matematico di fama mondiale, e per consenso generale una delle menti più acute del ventesimo secolo, conosceva molto bene Keynes. Disse del loro rapporto: «Quando non ero d'accordo con lui, mi sentivo come se fossi in pericolo di vita e raramente ne uscivo senza sentirmi un idiota».[1]

I suoi contemporanei hanno descritto Keynes come un uomo brillante, arguto, geniale, intelligente, abbagliante, espansivo, drammatico, vivace, vigoroso, ironico e spiritoso. Era un maestro sia dell'esposizione che di battute. Poteva cambiare umore e modalità di espressione con velocità fulminea. Inoltre sembrava essere sempre "acceso", in grado di attingere a profonde riserve di energia nervosa. Come osservò lo storico dell'arte Kenneth Clark, «non abbassava mai i fari».[2]

Keynes poteva sedurre, incantare, aiutare, istruire, guidare, dissimulare, indurre in errore, attaccare, insultare, a seconda del tema, della circostanza, del gioco

1. Bertrand Russell, citato in Milo Keynes (a cura di), *Essays on John Maynard Keynes*, New York, Cambridge, 1975.
2. Robert Skidelsky, *John Maynard Keynes*, vol. 2, *The Economist as Savior 1920-1937*, London, Macmillan, 2000, p. 427.

delle personalità o, semplicemente, del capriccio. Quando era seducente poteva essere irresistibile. Si potrebbero applicare anche a lui le parole che usò per descrivere il primo ministro britannico Lloyd George nella prima guerra mondiale:

> [Aveva una] sensibilità infallibile, quasi da medium, nei confronti di tutti coloro che aveva vicino. [... Poteva essere visto] osservare i soldati utilizzando sei, sette sensi che gli uomini comuni non hanno, giudicare carattere, motivazioni e impulsi subconsci, percepire ciò che ognuno pensava e anche ciò che avrebbe detto di lì a poco.[3]

Keynes descrisse la mente e la lingua di Lloyd George come una

> lama veloce e scintillante,[4]

e, proprio come Lloyd George, anch'egli poteva essere tagliente, ferire e trafiggere. Kingsley Martin, direttore di *The New Statesman and Nation*, del quale Keynes era comproprietario con altri, in un necrologio descrisse il suo editore come

> il più formidabile degli antagonisti, spietato e talvolta senza scrupoli nelle discussioni. [...] La sua arguzia era sconvolgente e la sua capacità di essere maleducato senza pari.[5]

Michael Holroyd (biografo dell'amico di Keynes, Lytton Stratchey) ha raccontato che Keynes liquidava gli avversari chiamandoli idioti.[6] Altri fra gli epiteti che

3. John Maynard Keynes, *The Economic Consequences of the Peace*, New York, Harcourt, Brace & Howe, 1920, p. 41.
4. Keynes, *The Economic Consequences of the Peace*, p. 41.
5. "Ten Things You Didn't Know about Keynes", *Evening Standard*, 21 ottobre 2008.
6. Michael Holroyd, *Lytton Strachey: The New Biography*, New York, W.W. Norton, 2005, p. 104.

più usava erano "balordo", "folle" e "pazzo".[7] Nel corso di una conversazione pubblica con il collega economista Friedrich von Hayek, Keynes tuonò che Hayek gli stava

> mettendo [...] in bocca [...] le frasi[8]

e aggiunse che il libro di Hayek, *Prezzi e produzione*,

> mi sembra uno dei peggiori pasticci che abbia mai letto, praticamente senza nessun suggerimento valido. [...] È un esempio straordinario di come, partendo da un errore, uno studioso senza rimorsi possa far finire tutto in baraonda.[9]

Keynes poteva anche essere freddo e sprezzante, poteva sminuire gli altri o essere semplicemente petulante nei confronti del lavoro altrui. A proposito del libro di Philip Wicksteed, *The Common Sense of Political Economy*, di cui alla nota di chiusura A, disse che

> se ne potrebbe fare un libro splendido usando forbici e colla, e riducendolo da 700 a 200 pagine.[10]

In una occasione, al Ministero del Tesoro britannico durante la seconda guerra mondiale, ridusse alle lacrime James Meade, giovane economista pro-Keynes che più tardi avrebbe vinto il premio Nobel.[11]

Durante gli anni Trenta e Quaranta erano sempre meno gli economisti disposti a litigare con Keynes. Sapevano che rappresentava la Cambridge University,

7. Robert Skidelsky, *John Maynard Keynes*, vol. 3, *Fighting for Britain 1937-1946*, London, Macmillan, 2000, p. 473.

8. John Maynard Keynes, *Economica*, vol. 11, 31 novembre 1931, in John Maynard Keynes, *Collected Writings*, vol. 13, *The General Theory and After: Preparation*, London, Macmillan; New York, St. Martin's Press, 1973, p. 245.

9. Keynes, "Economica", p. 252.

10. John Maynard Keynes, *Hibbert Journal*, ottobre 1910, in John Maynard Keynes, *Collected Writings*, vol. 11, *Economic Articles and Correspondence – Academic*, London, Macmillan; New York, St. Martin's Press, 1983, p. 509.

11. Skidelsky, *Fighting for Britain 1937-1946*, p. 469.

un centro d'importanza mondiale per l'economia, che lui stesso aveva fama mondiale, che aveva diretto e controllato l'*Economic Journal*, l'organo scientifico più importante in tema di economia in Gran Bretagna, e sapevano che aveva fama d'invincibilità nel confronto verbale. In tali circostanze qualsiasi economista attento alla carriera in Gran Bretagna o anche negli Stati Uniti ci pensava due volte prima di scontrarsi con una figura così formidabile e intimidatoria.

Fuori dalle fila degli economisti Keynes aveva ardenti ammiratori e aspri detrattori. Raramente le persone erano neutrali nei suoi confronti. Fra gli ammiratori c'erano molte persone potenti, perché Keynes era un inveterato tessitore di reti sociali. Lord Macmillan, presidente del Committee on Finance and Industry del governo britannico nel 1930, disse a Keynes dopo averlo ascoltato per sei ore e mezza di fila: «Non ci siamo nemmeno accorti del tempo mentre lei parlava».[12]

Dean Acheson, segretario di Stato americano, nel suo libro di memorie ha detto che la «mente poliedrica ed estremamente lucida [di Keynes] brillava e ballava con la luce».[13] Sir Richard "Otto" Clarke, un collega di Keynes al dipartimento del Tesoro britannico, convenne che «la cosa straordinaria di lui era il fascino e la vivacità d'intelletto – sempre brillante e interessante, e originale e provocatorio».[14]

L'economista Lionel Robbins amava Keynes, pur avendo subito alcuni attacchi personali nel corso degli anni. Così lo descrive all'apertura dei negoziati monetari a Washington, verso la fine della seconda guerra mondiale:

12. John Maynard Keynes, verbali del Committee on Finance and Industry, John Maynard Keynes, *Collected Writings*, vol. 20, *Activities 1929-31: Rethinking Employment and Unemployment Policies*, London, Macmillan; New York, St. Martin's Press, 1981, p. 148.

13. Citato in Skidelsky, *Fighting for Britain 1937-1946*, p. 60.

14. Susan Howson - Donald Moggridge (a cura di), *The Wartime Diaries of Lionel Robbins and James Meade, 1943-1945*, London, Palgrave Macmillan, 1990, citato in A. Cairncross (a cura di), *Anglo-American Economic Collaboration in War and Peace, 1942-49*, London, Clarendon, 1982, p. 71.

> Keynes era nel suo stato più lucido e convincente; e l'effetto era irresistibile. In simili momenti, mi ritrovo spesso a pensare che Keynes debba essere uno degli uomini più importanti che sia mai vissuto – la velocità di mente, i guizzi dell'intuizione, la fantasia vivida, la visione ampia e soprattutto quell'incomparabile senso per le parole più adatte, si combinano per creare un qualcosa che va di molto oltre il limite delle ordinarie possibilità umane.[15]

Come accennato non tutti erano, però, suoi ammiratori. Henry Morgenthau, segretario del Tesoro americano, scrisse nel suo diario che «[Keynes] è uno di quelli che sanno tutto loro».[16]

Nemmeno Fred Vinson, successore di Morgenthau e in seguito presidente della Corte Suprema, apprezzava lo stile di Keynes. Mentre i due si trovavano insieme a Bretton Woods, nel New Hampshire, per completare il lavoro sul nuovo sistema monetario globale, Keynes fece un riferimento giocoso al balletto della bella addormentata nel bosco dicendo, dopo il brindisi prima di cena, che sperava che nessuna strega cattiva, nessuna Carabosse, rovinasse il loro lavoro. Vinson scherzando in privato disse: «Non m'interessa se mi chiama "essere maligno", ma "strega" sì».[17]

Keynes aveva un rapporto particolarmente teso con Harry Dexter White, il delegato del Tesoro americano che, più di ogni altro individuo, plasmò il sistema monetario del dopoguerra (e che in seguito si rivelò essere un simpatizzante dell'Unione Sovietica oltre che un occasionale informatore). James Meade descrisse così l'interazione fra queste due «prime donne»:[18]

15. Howson - Moggridge, *The Wartime Diaries*, 24 giugno 1944; citato in Skidelsky, *John Maynard Keynes*, vol. 3, p. 123.

16. Howson - Moggridge, *The Wartime Diaries*, 19 giugno 1941; citato in Skidelsky, *John Maynard Keynes*, vol. 3, p. 123.

17. Richard A. Gardner, *Sterling-Dollar Diplomacy*, Oxford, Oxford University Press, 1986, p. 266, nota 4.

18. Howson - Moggridge, *The Wartime Diaries*, p. 135; anche in Skidelsky, *Fighting for Britain 1937-1946*, p. 319.

> Keynes e White siedono uno accanto all'altro [...] senza alcun ordine del giorno [...] si attaccano l'un l'altro, in uno stridente duetto della discordia che, dopo un crescendo d'insulti da entrambi i lati, finisce in un caotico rinvio.[19]

In quell'occasione a vincere fu White, perché rappresentava la potenza dominante. Dunque, in ultima analisi, il trattato di Bretton Woods rifletteva più il suo pensiero che quello di Keynes. Ma Keynes dominava le discussioni, come faceva sempre. White inizialmente provava frustrazione per le discussioni con Keynes, ma poi questo stato d'animo si era trasformato in ansia e sofferenza fisica, il che alla fine l'aveva spinto a mandare il proprio vice alle riunioni.[20]

Il magistrale biografo di Keynes, Robert Skidelsky, ipotizza che «la vera grandezza» dell'economista stesse nella retorica, «nell'"arte della persuasione" in senso classico».[21] Sembra un'osservazione corretta, soprattutto in riferimento al Keynes oratore e soprattutto al Keynes oratore estemporaneo.

Keynes non era solo un oratore, ovviamente, ma anche uno scrittore; però, a questo proposito non ritroviamo la stessa unanimità di vedute, come vedremo nel prossimo capitolo.

19. Howson - Moggridge, *The Wartime Diaries*, p. 135; anche in Skidelsky, *Fighting for Britain 1937-1946*, p. 127.
20. Armand Van Dormael, *Bretton Woods: Birth of a Monetary System*, London, Macmillan, 1978, p. 101; citato anche in Skidelsky, *Fighting for Britain 1937-1946*, p. 310, dove si accenna a questo vice.
21. Skidelsky, *Fighting for Britain 1937-1946*, p. 448.

Capitolo 20

Keynes scrittore

Fu il suo secondo libro, *Le conseguenze economiche della pace* (1920), a rendere Keynes famoso in tutto il mondo e a dare una spinta alla sua carriera come intellettuale noto al pubblico. La sua tesi, vale a dire che i vincitori della prima guerra mondiale avessero piantato i semi del futuro conflitto trattando troppo duramente la Germania, rimane discutibile. Lo storico Paul Johnson definisce quello di Keynes «uno dei libri più distruttivi del [ventesimo] secolo»,[1] perché incoraggiava un tacito consenso alla rinascita militare tedesca.

Qualsiasi sia la nostra opinione in merito a questa tesi, dobbiamo riconoscere che lo stile della scrittura è chiaro, spumeggiante, intelligente e arguto, anche se un po' di maniera per i gusti moderni. Keynes non scrisse mai più così bene, forse perché ebbe moltissimi impegni e semplicemente gli mancò il tempo per concentrarsi. Un altro libro di quasi altrettanto valore è *Esortazioni e profezie*, costituito da materiale tratto da *Conseguenze economiche della pace* e confezionato assieme a testi più brevi scritti originariamente per riviste e giornali.

Abbiamo già accennato, nel capitolo 4, all'eccellente, ma assai tecnico, *Trattato sulla probabilità* (1921). Il *Trattato della moneta* (1930) in due volumi doveva essere un *opus magnum*, ma non riuscì nell'impresa, nemmeno stando al giudizio dello stesso Keynes. Infatti, egli scrisse alla madre che

1. Paul Johnson, *Modern Times: The World from the Twenties to the Eighties*, New York, Harper & Row, 1983, p. 30.

> dal punto di vista artistico è un fiasco: troppe volte ho cambiato opinione nel corso della stesura.[2]

Il suo biografo Robert Skidelsky rileva «frasi terribilmente involute» e «algebra oscura» in parte del primo volume, benché ritenga che nel secondo «la situazione migliori notevolmente».[3]

Nella sua prefazione alla *Teoria generale* Keynes ci dice che questo libro è destinato a economisti di professione. Ciò nonostante egli deve aver nutrito la speranza di un pubblico più ampio, perché mantenne basso il prezzo, alla cifra, strana per l'epoca, di 5 scellini (1,50 dollari negli Stati Uniti).[4] Con l'eccezione di alcuni passaggi spumeggianti (e ampiamente citati), la scrittura è peggiore di quella del *Trattato* e l'algebra altrettanto oscura e irrilevante.

Paul Samuelson, professore di economia al MIT dopo la seconda guerra mondiale e autore di un manuale di economia molto popolare, fu uno dei più ardenti discepoli di Keynes in America. Ecco cosa ha da dire sulla sua amata *Teoria generale*:

> È un libro scritto male e strutturato male. [...] È arrogante, irascibile, polemico e non molto generoso nei suoi riconoscimenti. Abbonda di passaggi involuti e confusi. [... È] un libro oscuro al punto che i sedicenti anti-keynesiani devono presumere la propria posizione in gran parte a credito, a meno che non siano disposti a faticare parecchio e a correre il rischio della seduzione di quest'opera di genio.[5]

2. John Maynard Keynes, *Collected Writings*, vol. 13, *The General Theory and After: Preparation*, London, Macmillan; New York, St. Martin's Press, 1973, p. 176.

3. Robert Skidelsky, *John Maynard Keynes*, vol. 2, *The Economist as Savior 1920-1937*, London, Macmillan, 2000, p. 317.

4. Étienne Mantoux, in Henry Hazlitt (a cura di), *The Critics of Keynesian Economics*, New York, D. Van Nostrand, 1960, p. 97.

5. H.W. Spiegel (a cura di), *The Development of Economic Thought*, Wiley, 1952, p. 767; citato anche in Henry Hazlitt, *The Failure of The "New Economics"*, New Rochelle (NY), Arlington House, 1978, pp. 2, 89.

A leggere una cosa di questo genere ci torna in mente l'amore di Keynes per i paradossi. Samuelson, l'ardente discepolo, ci sta dicendo che quello del suo maestro è un buon libro proprio perché non lo è.

Noi, comunque, non dobbiamo affidarci solo a Samuelson per un commento sulla cattiva scrittura e struttura del volume, e sulla complessiva confusione, della *Teoria generale*. A seguito della sua pubblicazione, nel 1936, molti importanti economisti sottolinearono gli stessi problemi, benché alcuni di loro esitassero a criticare o litigare con Keynes, e dunque scegliessero con attenzione le proprie parole. Frank H. Knight, importante economista americano, si lamentò del fatto che fosse «straordinariamente difficile dire cosa intende l'autore. [...] Un'opinione franca sull'opera mi sembra piuttosto infondata».[6]

Joseph Schumpeter, il più famoso economista della metà del ventesimo secolo dopo Keynes, rilevò la «tecnica di eludere i problemi attraverso definizioni artificiali, le quali, messe in relazione con assunzioni altamente specializzate, producono tautologie che appaiono paradossali».[7] L'economista britannico Hubert Henderson in privato disse: «Per anni mi sono imposto di tenere per me certi fatti non desiderando litigare in pubblico con Maynard [...] ma [...] considero il testo di Maynard una concatenazione di sofismi confusi».[8] E l'economista francese Étienne Mantoux aggiunse che il tutto appariva semplicemente come la «razionalizzazione di una politica [...] da tempo nota per essergli cara».[9]

Nella *Teoria generale* Keynes spende buone parole

6. Frank Knight, "Unemployment: And Mr. Keynes's Revolution in Economic Theory", *Canadian Journal of Economics and Political Science-Toronto*, febbraio 1937, pp. 100-123; anche in Hazlitt, *The Critics of Keynesian Economics*, pp. 67, 92.

7. Joseph Schumpeter, *Essays: On Entrepreneurs, Innovations, Business Cycles, and the Evolution of Capitalism*, New Brunswick, Transaction, 2002, p. 161.

8. Skidelsky, *The Economist as Savior 1920-1937*, p. 589.

9. Étienne Mantoux, in Hazlitt, *The Critics of Keynesian Economics*, pp. 101-102.

sulla chiarezza, sulla coerenza e sulla logica.[10] È pronto a scagliarsi contro quelli che considera gli errori degli altri, ma poi ci trascina dentro un cunicolo di sinuosità, gergo inutile e fuorviante, travisamenti, confusione, contraddizioni, irrealtà e una generale illogicità.

Non è che Keynes sia del tutto oscuro. Si riesce a seguirlo nei cunicoli per scoprire quello che dice. Una volta fatto questo, non è difficile estrarre e ordinare le sue idee in forma intelligibile.

E questo è stato il nostro compito fino a ora. Abbiamo cercato di presentare Keynes non nel modo oscuro in cui lui presenta se stesso, ma il più chiaramente possibile. È importante fare questo, per prima cosa per svelare ciò che Keynes ha detto davvero e poi per raccogliere le argomentazioni contrarie. Nel resto di questo capitolo, comunque, esploreremo molto brevemente proprio questi cunicoli, e in particolare alcune delle strategie retoriche che Keynes utilizza per difendere l'indifendibile e in generale sostenere le sue paradossali raccomandazioni di *policy*.

Strategia numero uno: la poca chiarezza

Ecco una tipica frase della *Teoria generale*:

> Abbiamo piena occupazione quando la produzione è salita a un livello al quale il rendimento marginale da un'unità rappresentativa dei fattori di produzione è disceso alla minima cifra alla quale è disponibile una qualità di fattori sufficiente a dare quel volume di produzione.[11]

Ciò significa, in sostanza, che non abbiamo ancora raggiunto la piena occupazione se non tutti i fattori produttivi sono pienamente occupati. Ricorderemo che, secondo Keynes, solo a questo punto dobbiamo preoccuparci dell'inflazione.

10. John Maynard Keynes, *The General Theory of Employment, Interest, and Money*, Amherst (NY), Prometheus Books, 1997, p. 371.
11. Keynes, *General Theory*, p. 303.

Keynes trovava da ridire quando gli altri economisti scrivevano in modi così tortuosi. Ad esempio, in una lettera del 1931 al direttore di *The New Statesman and Nation*, accusò Lionel Robbins proprio di questo, benché Robbins fosse, nel complesso, un autore molto chiaro:

> Il professor Robbins vuole «una maggiore elasticità dei costi salariali locali» [...] che in parole povere significa, suppongo, una riduzione dei salari medi.[12]

Dopo questa frecciata a Robbins, bisognerebbe pensare che per lo meno Keynes avesse evitato da parte sua di usare il termine "elasticità" nella *Teoria generale*. E invece no. Lo usa (e ne abusa) ripetutamente.

Strategia numero due: abuso e cattivo uso di termini tecnici

Nell'esempio precedente, Lionel Robbins stava per lo meno utilizzando un gergo standard per gli economisti. Keynes amava creare un proprio gergo o, peggio ancora, amava usare il gergo standard in modo non standard. Ciò comportò un rimprovero da parte dell'economista Frank H. Knight nella revisione della *Teoria generale* che abbiamo già citato: «Sembra che parole e modalità d'espressione familiari siano state evitate per principio».[13]

L'unico motivo legittimo per utilizzare un linguaggio tecnico è quello di rendere una frase più chiara, se non per il lettore medio, almeno per il professionista. Keynes, invece, di solito usa un linguaggio tecnico per confondere e, come vedremo tra breve, questa poteva anche essere una strategia deliberata.

Strategia numero tre: definizioni mutevoli

Keynes ci dice nella *Teoria generale* che gli economisti non hanno definito in modo chiaro l'espressione gerga-

12. John Maynard Keynes, *Collected Writings*, vol. 20, *Activities 1929-31: Rethinking Employment and Unemployment Policies*, London, Macmillan; New York, St. Martin's Press, 1981, p. 496.

13. Keynes, *Collected Writings*, vol. 20, p. 496; *Canadian Journal of Economics and Political Sciences-Toronto*, febbraio 1937, p. 108; anche in Hazlitt, *The Failure of The "New Economics"*, p. 16.

le "efficienza marginale del capitale" (che significa approssimativamente il ritorno di capitale).[14] E poi continua per tutto il libro a usare questa espressione in molti modi diversi, almeno sette secondo il conto di Henry Hazlitt.[15] Un'altra parola scivolosa della *Teoria generale* è salario, che può significare una tariffa oraria o la paga totale di un dipendente o altro ancora. Keynes non sembra notare la differenza, il che lo induce a gravi errori logici.

Ancora una volta, Keynes critica negli altri le sue stesse lacune. In una recensione all'inizio della sua carriera, rimproverò l'autore di un libro per aver

> usato la [stessa] espressione una trentina di volte in otto sensi palesemente differenti.[16]

Strategia numero quattro: uso improprio di termini comuni

In alcuni casi, Keynes estende il significato di parole di uso comune al di là di ogni possibile riconoscimento, ma senza ridefinirle esplicitamente. Per esempio, ci dice che per ogni prodotto vi è un tasso d'interesse implicito, un tasso d'interesse del grano, un tasso d'interesse del rame, un tasso d'interesse per un'acciaieria e così via. Facendo questo confonde opzioni su merci e prezzi *futures* con tassi d'interesse, il che è come mescolare e confondere le mele con le pere. E abbiamo già visto nel capitolo 16 che Keynes usa la parola "equilibrio" per descrivere quello che in realtà è un disequilibrio.

Strategia numero cinque: rovesciamento di causa ed effetto

Tratteremo questo tema soprattutto nella quinta parte, quando torneremo alla sostanza dell'economia

14. Keynes, *General Theory*, pp. 137-138.
15. Hazlitt, *The Failure of The "New Economics"*, pp. 169-170.
16. John Maynard Keynes, *Cambridge Review*, 5 novembre 1903, in John Maynard Keynes, *Collected Writings*, vol. 11, *Economic Articles and Correspondence – Academic*, London, Macmillan; New York, St. Martin's Press, 1983, p. 507.

keynesiana, ma esso rientra anche nell'analisi stilistica. Keynes afferma che gli imprenditori calcolano quante entrate guadagneranno a partire da un numero x di dipendenti, però non è così: in realtà, calcolano quanti dipendenti si possono permettere a partire da un'entrata x.[17] Keynes dice che i prezzi sono bassi se la produzione è bassa. In realtà, è l'inverso: la produzione è bassa se i prezzi sono bassi.[18] Sembra che gli piacessero queste inversioni, forse perché rivestono l'ordinario di lucente novità, forse addirittura di profondità. Ma in realtà non è altro che un trucco da salotto e Keynes non fa altro che accumulare errori su errori.

Strategia numero sei: falso determinismo

Alvin H. Hansen, economista keynesiano il cui libro (*Guida allo studio di Keynes*) tentò di demistificare il maestro, ci dice che «il contributo più rilevante di Keynes fu la sua funzione dei consumi».[19] Come si ricorderà dal capitolo 15, la cosiddetta propensione marginale al consumo (funzione di consumo) ci dice che le persone tendono a risparmiare di più quando il loro reddito aumenta. Detto così, è un luogo comune, certamente nulla di nuovo. Ma Keynes la definisce «legge psicologica fondamentale»,[20] cosa che certamente non è. Infatti non possiamo né prevedere con certezza che la gente risparmierà sempre di più con l'aumentare del reddito, né possiamo elaborare una tabella di previsione dell'aumento di risparmio, come invece suppone Keynes.

Nel modello keynesiano, la propensione marginale al consumo viene anche trattata come una variabile indipendente. (Viene presunta per determinare altre variabili e non è determinata da esse.) Ma questo è palesemente falso. Come ha sottolineato Benjamin Anderson, economista fra i primi critici di Keynes, «le cosiddette variabili indipendenti keynesiane (1. propensione

17. Keynes, *General Theory*, pp. 24-25.
18. Keynes, *General Theory*, p. 328.
19. Alvin H. Hansen, *A Guide to Keynes*, New York, McGraw-Hill, 1953, p. 27.
20. Keynes, *General Theory*, p. 96.

marginale al consumo; 2. efficienza marginale del capitale; e, 3. tasso d'interesse) sono tutte influenzate l'una dall'altra. Sono interdipendenti, non indipendenti. Keynes stesso se ne dimentica e ammette a un certo punto che la seconda è influenzata dalla prima».[21]

Strategia numero sette: scivolare avanti e indietro fra categorie tra loro discontinue

Abbiamo già esaminato questo punto nell'uso di alcune parole, come per esempio il termine "salario" per significare sia un saggio salariale che uno stipendio nel suo complesso. Keynes tende anche a scivolare avanti e indietro tra beni fisici e servizi e prezzi di materie prime e servizi, il che non è altro che un ulteriore esempio di come mescoli e confonda le mele con le pere.[22]

Strategia numero otto: asserzioni non sorrette da fatti

In tutta la *Teoria generale* ci sono solo due riferimenti a studi statistici,[23] uno dei quali viene parzialmente contestato da Keynes che lo ritiene improbabile:

> Il metodo del Kuznets deve condurre certamente a una stima troppo bassa.[24]

Anche quando si discute di un tema che per sua natura si presta particolarmente ad analisi statistiche, come ad esempio una possibile relazione tra i raccolti agricoli e il ciclo economico,[25] Keynes si limita a prendere posizione, senza preoccuparsi di cercare dati rilevanti.

Strategia numero nove: dichiarazioni inesatte

Ne abbiamo visto un esempio nel capitolo 11, dove si discuteva della cattiva interpretazione dei fondi di ammortamento delle imprese. Come può aver fatto un

21. Keynes, *General Theory*, p. 106; Benjamin Anderson in Hazlitt, *The Critics of Keynesian Economics*, p. 203.
22. Si veda la nota di chiusura AAA.
23. Keynes, *General Theory*, pp. 102-104.
24. Keynes, *General Theory*, p. 104.
25. Keynes, *General Theory*, pp. 329-330.

errore tanto elementare? Probabilmente perché aveva detto molte volte la stessa cosa nei suoi vari interventi e, essendo molto impegnato, non aveva avuto tempo sufficiente per controllare il testo scritto.

A volte Keynes sembra troppo impegnato persino per pensare. Egli dice che se un finanziatore presta denaro a un imprenditore, si raddoppia il rischio rispetto all'eventualità che un imprenditore utilizzi i propri soldi e questo doppio rischio si riflette nel tasso d'interesse.[26] Ma questa affermazione non ha senso, come rileva Henry Hazlitt.[27] Il rischio non raddoppia quando entra in scena un finanziatore. Prestatore e proprietario d'impresa condividono quello che è ancora lo stesso rischio di fallimento.

Strategia numero dieci: macroeconomia o economia aggregata

Di solito si dà a Keynes il merito di aver "inventato" la macroeconomia, che guarda ai flussi di una intera economia piuttosto che alla microeconomia di specifiche aziende o settori. Tuttavia non è del tutto vero. Altri economisti adottarono un punto di vista economico ampio, anche se spesso facevano le loro deduzioni a partire da un'impresa o da un settore per portarle nell'economia nel suo insieme, procedimento che Keynes, a torto, criticava. Ironia della sorte, Keynes attaccò la legge di Say (vedi il capitolo 11), la quale però è proprio un esempio di macroeconomia. Di sicuro è corretto dire che Keynes sviluppò la sua macroeconomia e che i suoi successori l'hanno poi sviluppata nella macroeconomia di oggi. È anche vero che un punto di vista macroeconomico rende più facile – per un esperto sofista – agire in maniera fuorviante e confondere le acque, e che Keynes sfruttò pienamente questa opportunità.

26. Keynes, *General Theory*, pp. 144-145.
27. Hazlitt, *The Failure of The "New Economics"*, p. 166.

Strategia numero undici: cattivo uso della matematica

Nel capitolo 15 abbiamo visto come Keynes scrisse N=F(D), che significa che l'occupazione, indicata con N, è una funzione della domanda. La domanda, però, è definita come vendite previste, non vendite effettive. E abbiamo rilevato come le aspettative non siano una quantità misurabile e che quindi non possano rientrare in un'equazione.

Gran parte della matematica di Keynes è così. Come Henry Hazlitt ha sottolineato,

> una dichiarazione matematica, come una dichiarazione verbale, per essere scientificamente utile deve, per lo meno, essere *verificabile*, anche qualora non sia verificata. Se dico, per esempio (e non sto semplicemente scherzando), che l'amore di John per Alice varia in un rapporto preciso e determinabile all'amore di Mary per John, dovrei essere in grado di dimostrare che è così. Ma non dimostro la mia affermazione, anzi, non la rendo minimamente più plausibile o "scientifica", se scrivo, solennemente,
> sia X l'amore di Mary per John,
> e Y l'amore di John per Alice,
> allora Y = F (X)
> e poi proseguo trionfalmente. Eppure questo è il tipo di affermazione che viene fatta costantemente dagli economisti matematici e soprattutto da Keynes.[28]

Data l'atmosfera da "Alice nel paese delle meraviglie" di tutta la *Teoria generale*,[29] non dovrebbe sorprenderci il fatto che Keynes interrompa il suo stesso cattivo uso della matematica per dirci proprio che (in apparenza) concorda con Hazlitt:

> Dire che la regina Vittoria fu, come regina, migliore della regina Elisabetta, ma non più felice come donna [è una] proposizione non priva di significato né d'interesse, ma inadatta a fornire materia per il calcolo dif-

28. Hazlitt, *The Failure of The "New Economics"*, p. 166.
29. Si veda la nota di chiusura BBB.

ferenziale. La nostra precisione sarebbe cosa ridicola se cercassimo di adoperare tali concetti in parte indeterminati e non quantitativi come base di un'analisi quantitativa.[30]

E ci mette anche in guardia dai

metodi simbolici pseudo-matematici [...] di analisi economica.[31]

Dopo un po' della sua algebra egli aggiunge che:

Non annetto gran valore a manipolazioni del genere.[32]

È abbastanza tipico di Keynes attaccare, poi disarmarsi, gridare e poi sussurrare, legittimare le sue affermazioni matematiche e poi ignorare, anche palesemente, le stesse legittimazioni. A volte, Keynes fu anche capace di bluffare. Scrivendo una lettera personale a Montagu Norman, governatore della Bank of England, disse che le sue teorie (le stesse che in seguito sarebbero apparse nella *Teoria generale*) erano di una

certezza matematica [...] inoppugnabile.[33]

Keynes certamente ci sapeva fare. Alcuni dei suoi discepoli no. L'economista Wilhelm Röpke nel 1952 disse che:

I rivoluzionari [keynesiani assumono un atteggiamento di] veemente affermazione di sé e disprezzo appena velato, così come si confà solitamente agli "illuminati" quando trattano con quelli che rimangono nel-

30. Keynes, *General Theory*, p. 40.
31. Keynes, *General Theory*, p. 297.
32. Keynes, *General Theory*, p. 305.
33. John Maynard Keynes, lettera a Norman, 22 maggio 1930, in John Maynard Keynes, *Collected Writings*, vol. 20, *Activities 1929-31: Rethinking Employment and Unemployment Policies*, London, Macmillan; New York, St. Martin's Press, 1981, pp. 350-356; citato anche in Robert Skidelsky, *John Maynard Keynes*, vol. 2, *The Economist as Savior 1920-1937*, London, Macmillan, 2000, p. 351.

l'oscurità. Sembrano ritenersi superiori a tutti poiché possono evidenziare con chiaro orgoglio la difficoltà della loro letteratura e l'uso della matematica, che eleva la "nuova economia" quasi alle nobili e alte vette della fisica.[34]

***

Potremmo proseguire quasi all'infinito a citare le oscurità, le tortuosità, le incoerenze, gli errori logici o fattuali e così via, ma è giunto il momento di porsi l'ovvio interrogativo: perché Keynes scrisse la sua *Teoria generale* in questo modo? Sapeva essere ordinato, organizzato, coerente, pertinente, chiaro, completo ed empirico, oltre che divertente e spiritoso, quando voleva. E questo risulta evidente dai libri precedenti e da molti testi più brevi. Certo, ci sono alcuni passaggi dalla *Teoria generale* che rispecchiano queste caratteristiche. Ma allora perché la maggior parte del libro è così diversa?

Ci sono molte possibili risposte. Lo storico Paul Johnson ha detto, non riferendosi a Keynes, che «nelle questioni finanziarie, lo scopo della complessità è troppo spesso il nascondere la verità, ingannare».[35] L'economista francese Étienne Mantoux, recensendo la *Teoria generale* poco dopo la pubblicazione, citò la frase del 1825 di un economista inglese, Samuel Bailey: «La reputazione di complessità delle idee di un autore spesso trae profitto da una piccola commistione d'incomprensibilità».[36]

Questa potrebbe essere una parte della spiegazione, vale a dire che Keynes intendesse ingannare o impressionare. Ma dobbiamo tenere a mente che Keynes era un venditore. Cercava di vendere un particolare tipo di politica economica ed era pronto a utilizzare qualsiasi

34. Wilhelm Röpke, *Against the Tide*, Chicago, William Regnery, 1969, p. 169.
35. Paul Johnson, *Forbes*, 16 marzo 2009, p. 17.
36. Samuel Bailey, citato da citato da Étienne Mantoux in Henry Hazlitt (a cura di), *The Critics of Keynesian Economics*, New York, D. Van Nostrand, 1960, p. 97.

stratagemma retorico, da una chiarezza cristallina e arguta all'assoluta incomprensibilità, per riuscire a concludere la vendita.

Perché l'inintelligibilità poteva aiutare a vendere le sue idee? Non solo perché poteva impressionare. Cosa altrettanto importante, poteva essere usata per intimidire. Come abbiamo visto nel precedente capitolo, Keynes (l'oratore) spesso faceva sentire le persone, come disse il suo intelligentissimo amico Bob Brand, come «le ultime della classe».[37]

A parere di questo autore, Keynes sviluppò l'oscurità come uno dei suoi stili oratori. Oscurò, confuse e rese incomprensibile la "scacchiera" mentale perché si sentiva sicuro di poter tenere sempre a mente la posizione degli "scacchi" e di poter combinarli a suo piacimento per un attacco in qualsiasi direzione, mentre i suoi avversari non potevano. Si tratta di un'abilità davvero impressionante, soprattutto se si parla "a braccio". Non c'è da stupirsi che sir Josiah Stamp, rispettato economista che molto spesso faceva coppia con Keynes nelle trasmissioni della BBC, abbia detto in onda che «non sono mai in grado di risponderti quando teorizzi [verbalmente]».[38]

Se questo fosse uno stile intenzionale di Keynes o solo un'abitudine non possiamo saperlo. Ma per lui fu naturale ricadere in quello stile intimidatorio e in grado di confondere l'interlocutore quando scrisse la *Teoria generale*. Il problema è che per iscritto non funzionava bene come nelle conversazioni o nelle discussioni. Una volta confinato nella parola stampata, ciò che si sostiene può essere esaminato, ed esaminato minuziosamente, e tutta la miriade di difetti, gli errori di fatto o di ragionamento, i trucchi retorici e le false originalità vengono svelati.

Alcuni economisti di primo piano – in particolare

37. Robert Skidelsky, *John Maynard Keynes*, vol. 3, *Fighting for Britain 1937-1946*, London, Macmillan, 2000, p. 147. Le parole citate sono di Skidelsky, che descrive lo stato d'animo di Brand.

38. John Maynard Keynes, BBC Broadcast, pubblicato in *Listener*, 26 febbraio 1930, in Keynes, *Collected Writings*, vol. 20, p, 323.

Ludwig von Mises, Friedrich von Hayek, Wilhelm Röpke, Jacques Rueff e Henry Hazlitt, tra gli altri – lo capirono chiaramente. Altri percepirono che c'era qualcosa che non andava, ma esitarono a dirlo per timore della posizione di Keynes e del suo potere di ritorsione. Purtroppo nessun grande economista pubblicò un testo importante d'immediata confutazione, così l'influenza della *Teoria generale* si diffuse sempre più, nonostante tutti i suoi evidenti difetti.

Oggi molte persone – economisti, finanzieri, investitori, titolari d'impresa e dirigenti – dicono che Keynes è il loro eroe intellettuale. Ma hanno letto la *Teoria generale*? Hanno letto qualcosa di più di quei pochi passaggi chiari e brillanti che vengono citati così spesso? L'hanno letta dal principio alla fine? E l'hanno letta in età matura, e non solo a scuola?

Parte quinta
Conclusione

Capitolo 21

L'economia alla rinfusa: cosa avrebbe voluto farvi credere Keynes

Nel capitolo 1 abbiamo ipotizzato che l'economia keynesiana non risponda al buon senso.

Come al suo solito, Keynes ha un atteggiamento ambiguo. Nella *Teoria generale* ha esaltato il buon senso e messo alla gogna gli economisti "ortodossi" perché ne erano privi. Forse aveva dimenticato che in precedenza aveva sostenuto che l'economia dovesse trascendere la semplice osservazione, la logica e il buon senso, e aveva rimproverato gli economisti "ortodossi" di essere troppo semplici.

Qualsiasi cosa possa aver pensato sull'argomento, Keynes non era un economista di buon senso. Come abbiamo visto, la sua strategia era prendere un'affermazione di buon senso, per esempio, "chi risparmia ha maggiori probabilità di diventare ricco rispetto a chi spende", rivoltarla sottosopra e presentarla come una nuova e profonda intuizione, godersi lo stupore altrui e attendere il fiume di ammirati applausi. Però questo non è un esempio di geometria non-euclidea, né delle superiorità della fisica. È un esempio di eccellenti sofismi.

Migliaia di anni fa, l'antico filosofo romano Seneca metteva in guardia gli uomini dai persuasori eloquenti che volevano portarli a credere praticamente qualsiasi cosa. E osservava che «Una volta che si lascia che [questo] tipo di persona [entri...] in casa, [...] avrete qualcuno che regolamenta [...] il modo di usare le mascelle quando mangiate e di fatto si spingerà fino a dove la vostra pazienza e credulità [glielo permettono]».[1] Abbiamo fatto entrare Keynes nella casa della politica economica globale e da allora è continuata la nostra credulità. Si considerino, ad esempio, alcuni casi tratti dall'inventario completo di paradossi keynesiani o d'ispirazione keynesiana, parziali paradossi e provocazioni mossi al buon senso economico.

I. Paradossi keynesiani sul debito

A. Se il problema sono troppi crediti inesigibili, e un esempio è rappresentato dal crollo del 2008, la soluzione è quella di aggiungere ulteriore debito.

B. L'economia dipende dalla fiducia dei giocatori. Se la fiducia è stata scossa da troppi crediti inesigibili, la si ripristini aumentandoli.

C. Se la gente ha sprecato soldi ottendendo prestiti e spendendo in maniera imprudente, la si aiuti a indebitarsi e a spendere di più.

D. Se il controllo pubblico dei tassi d'interesse a breve termine ha fatto scendere i tassi e ha incoraggiato troppi crediti inesigibili, si nazionalizzino tutti i tassi d'interesse e li si abbassi. (Questo, in sostanza, è quello che la Federal Reserve ha promesso di fare il 18 marzo 2009.)

E. Dopo aver stampato nuovo denaro per abbassare tutti i tassi d'interesse al fine d'incoraggiare il ricorso a nuovi prestiti, si aggiungano alcuni nuovi controlli legali, in modo che nessuno s'indebiti troppo.

F. Se le persone sembrano opporsi all'idea d'indebitarsi e spendere di più, i loro rappresentanti eletti nelle istituzioni pubbliche lo facciano al posto loro.

G. Meglio ancora, che il governo elabori e annunci un obiettivo di spesa per l'importo complessivo dei prestiti che vogliamo ogni anno. (Questa è la proposta di due economisti keynesiani, George Akerlof e Robert

1. Seneca, *Lettera XV*, citato in Hunter Lewis, *The Beguiling Serpent: A Re-evaluation of Emotions and Values*, Mt. Jackson (VA), Axios Press, 2000, p. 74.

Shiller).[2] In generale, dovremmo sempre partire dall'importo che vogliamo prendere in prestito e non dallo scopo per il quale sarà utilizzato tale denaro.

H. Più un'economia è indebitata, più diventa importante accrescere il volume dei prestiti. Alan Greenspan, ex presidente della Federal Reserve, ha sostenuto questa tesi in un'intervista del 2006.[3] Il presidente Obama convenne su tale punto nel 2008: «[Se il governo non interviene stampando nuovo denaro, indebitandosi e concedendo prestiti], rischiamo di precipitare in una spirale deflazionistica che potrebbe aumentare ancor di più il nostro enorme debito».[4]

I. Se i tassi d'interesse sono prossimi allo zero, si possono abbassare ancora di più. Come? La Federal Reserve (o qualsiasi altra banca centrale) dovrebbe tenere il tasso nominale vicino allo zero, ma anche creare un'inflazione dei prezzi al consumo «significativa». In questo modo i tassi d'interesse reali (corretti per l'inflazione) saranno al di sotto dello zero. Ci si immagini: tassi al -4 per cento? O al -6 per cento? Nessuno potrà resistere dal ricorrere al prestito con questi tassi! (Questa è una proposta di un illustre economista d'ispirazione keynesiana, Gregory Mankiw. Egli non specifica quale dovrebbe essere un obiettivo d'inflazione «significativo». Altri hanno suggerito fino a un -6 per cento.)[5]

J. Non ci si confonda pensando al governo in termini tradizionali, come a un compratore e a un mutuatario. In realtà, il governo è il principale prestatore.

II. Paradossi keynesiani su spesa e risparmio

A. La spesa è la strada per la ricchezza. Più si spende, più si ha. Questa è la legge di Keynes: se la società

2. George Akerlof - Robert Shiller, *Animal Spirits*, Princeton University Press, Princeton, 2009; si veda anche Benjamin Friedman per una recensione a questo libro, *New York Review*, 28 maggio 2009, p. 44. Qui Friedman osserva di aver fatto una proposta simile in "Monetary Policy with a Credit Aggregate Target", *Journal of Monetary Economics*, primavera 1983.
3. Marc Faber, *Gloom, Boom, and Doom Report*, ottobre 2007, p. 20.
4. *Economist*, 14 febbraio 2009, p. 78.
5. Rich Miller, Bloomberg News, 19 maggio 2009.

spende, i beni saranno prodotti. Il che smentisce la legge di Say: se la società lavora e produce avrà i mezzi per acquistare ciò che viene prodotto.

B. Ogni dollaro di spesa pubblica moltiplica magicamente se stesso man mano che si muove attraverso l'economia. Come parziale risultato, il deficit di spesa del governo si ripaga attraverso indennità di disoccupazione più basse e maggiori entrate. Gli oneri del debito pubblico non aumentano nel tempo. (NB: Andate a raccontarlo a Stati Uniti o Giappone, ma soprattutto a quest'ultimo.)

C. Non abbiamo bisogno di risparmiare per investire. (NB: Questo presuppone che il governo stamperà il denaro da investire.)

D. Il nuovo denaro stampato dal governo è una forma di risparmio «genuino» tanto quanto i risparmi tradizionali. Tuttavia, a differenza dei risparmi tradizionali, non causa recessioni. Anzi, le previene e le cura. Quando troppo denaro sguazza nell'economia sotto forma di risparmio tradizionale, il governo corregge il problema stampando nuovo denaro (risparmio) e immettendolo nell'economia.[6]

E. A livello personale risparmiare può essere una scelta prudente e addirittura virtuosa. Ma a livello nazionale è un atto antisociale. Nella misura in cui il governo stampa nuovo denaro, non vogliamo più risparmiare a titolo personale. Oppure, se anche lo vogliamo, non lo faremo in quel momento.

F. Un'altra soluzione al problema del troppo risparmio è semplicemente quella di lavorare di meno. In questo caso, lavorare meno è la cosa più responsabile da fare. (NB: Si prega di fare come Keynes dice, e non come fa, visto che lui personalmente lavorò e risparmiò molto.)

G. Se la nostra educazione puritana non ci consente di lavorare di meno, andrà bene anche «trovare qualco-

6. Per alcuni esempi di questa paradossale argomentazione, si vedano: Paul Krugman, "Revenge of The Glut", *New York Times*, 1 marzo 2009; e Alan Greenspan, "The Fed Didn't Cause the Housing Bubble", *Wall Street Journal*, 11 marzo 2009.

sa da far fare». Oppure possiamo sperare in un disastro naturale o addirittura in una guerra per assorbire i risparmi.

III. Alcuni paradossi in stile keynesiano del presidente Obama

A. Indebitarsi e spendere in realtà significa risparmiare e investire! Il presidente ha affermato che il suo primo bilancio, che faceva tornare a salire l'indebitamento e la spesa, «porta a una crescita economica diffusa, passando da un'era di indebitamento e spesa a un'era in cui risparmiamo e investiamo». (Questo bilancio si chiama «Una nuova era di responsabilità». Rappresenta un allontanamento dalla cultura della «gratificazione istantanea», del «debito eccessivo» e «del tramandare [...] un debito in crescita [...]». Intensificare la spesa e il prestito significherà «aumentare la domanda aggregata». Ciò «ricostruirà [l']economia, [non] sullo stesso mucchio di sabbia, [ma] su una roccia».)[7]

B. «Il deficit [...] ha contribuito a causare [...] questa crisi, [ma un deficit più grande contribuirà a risolverla]».[8]

C. I programmi di spesa pubblica che prima di una crisi non vengono ritenuti sostenibili da un punto di vista economico, lo diventano nel corso di una recessione.

D. Al fine di ridurre la spesa pubblica per l'assistenza sanitaria, è necessario aumentare tale spesa.

E. Aumentare la spesa pubblica è un modo affidabile per incrementare la domanda (e quindi alzare i prezzi) nel settore dell'assistenza sanitaria.

IV. Ancora altri paradossi sull'emissione di nuovo denaro (oltre a quelli già riportati in tema di debito)

A. I governi non devono far scendere i tassi d'interesse solo durante le crisi. Come Keynes ha sottolineato, devono mantenerli bassi sempre.

(NB: Inondare l'economia con nuovi capitali alla fine porta a un'inflazione dei prezzi al consumo. L'inflazio-

7. *Weekly Standard*, 13-20 aprile 2009, p. 8.
8. *Wall Street Journal*, 9 aprile 2009, p. A-2.

ne dei prezzi si traduce generalmente in tassi d'interesse più alti, non il contrario. In alternativa, il nuovo denaro può fluire in *asset* d'investimento, nel qual caso produce inflazione di *asset*. Sia l'inflazione dei prezzi al consumo, sia quella degli *asset*, normalmente portano a un crollo. E le crisi economiche riducono i tassi d'interesse, ma non nel modo voluto.)

B. L'obiettivo finale per i tassi d'interesse dovrebbe essere zero. Anche i dividendi azionari dovrebbero essere pari a zero.

(NB: Questo non significa che non esiste scarsità e che nessuno deve aspettare per avere qualcosa.)

C. Non bisogna preoccuparsi di scoraggiare i risparmiatori con bassi tassi d'interesse (o alte tasse sul risparmio). Come si è osservato in precedenza, non vogliamo affatto il risparmio. Oppure, se lo vogliamo, bassi tassi d'interesse ne creeranno di più (e non il contrario). (Questo è un esempio di paradosso keynesiano all'interno di un altro paradosso.)

D. I crolli sono causati da problemi di credito legati all'inflazione o alle bolle di debito. Il credito è controllato dalla Federal Reserve e dalle altre banche centrali. Nonostante ciò, i crolli non sono causati dalle banche centrali.

E. Dal momento che per le banche centrali nazionali è difficile tenersi separate dalla politica, sarebbe meglio avere un'unica banca centrale mondiale, che sarà libera dalle influenze politiche.

V. Paradossi keynesiani sui salvataggi

A. Keynes aveva ragione: il settore privato è guidato principalmente dagli «spiriti animali». Le crisi hanno un'origine psicologica. Arrivano quando arrivano, senza nessuna particolare tempistica o ragione.

B. Gli economisti keynesiani George Akerlof e Robert Shiller ci aiutano a definire meglio questi «spiriti animali» non razionali. Fra le altre cose, includono la fiducia, le opinioni contrastanti sulla correttezza e la corruzione.[9]

9. Akerlof - Shiller, *Animal Spirits.*

Visti in questa ottica, i salvataggi sono uno strumento multiuso. Non solo ripristinano la fiducia dei consumatori, ma li rassicurano sul fatto che l'economia viene gestita in modo equo e che il denaro non corrompe le decisioni pubbliche.

C. È rassicurante sapere anche che i funzionari di governo responsabili di salvataggi e stimoli fiscali siano esenti dalle fluttuazioni riguardanti la fiducia, da opinioni contrastanti sulla equità, dalla corruzione o da spiriti animali in generale.

D. Se si lascia che le più grandi banche commerciali e d'investimento falliscano non ci sarà più nessun creditore.

E. I profitti, anche quelli provenienti da investimenti altamente speculativi di *leverage*, devono spettare agli investitori privati, ma le perdite devono essere coperte dal governo e, in ultima analisi, dai contribuenti. Ci sono momenti in cui è dovere patriottico dei piccoli contribuenti pagare i debiti degli investitori ricchi.

F. Dal momento che i salvataggi trasferiscono semplicemente denaro da un gruppo sociale a un altro (ad esempio, dai contribuenti ai ricchi investitori), non sono economicamente dannosi. (Questo argomento ci viene presentato da Robert Solow, illustre keynesiano, ex professore di economia presso il MIT e vincitore del premio Nobel. Con le sue parole, «non sono trasferimenti eticamente soddisfacenti, ma non si capisce come possano danneggiare a lungo termine l'economia».)[10]

G. Premiare gli eccessi speculativi del passato ridurrà tali eccessi in futuro.

H. Premiare il fallimento aumenterà la probabilità di successo futuro.

I. Per far funzionare i salvataggi è meglio fare affidamento su mani allenate, in primo luogo sulle persone che hanno avuto aziende in difficoltà.

J. Se il problema è che alcune società sono considerate "troppo grandi per fallire", si fondano le aziende in società più grandi e si rendano sempre più grandi i superstiti.

10. *New York Review of Books*, 14 maggio 2009, p. 6.

VI. Altri paradossi keynesiani sulla leadership economica dello Stato

A. Wall Street è sempre uno speculatore a breve termine. Per fortuna, come abbiamo visto, il governo non si preoccupa delle prossime elezioni, ma ha una visione a lungo termine. Ciò lo rende un investitore più efficace del settore privato. (Non ci si deve preoccupare se Keynes definisce i politici «sciocchi assoluti».[11] La sua era solo una battuta.)

B. Parlando del vantaggio della visione a lungo termine dobbiamo comunque tenere presente che qualsiasi sforzo di risparmiare implica una visione troppo a lungo termine. In questo caso, dobbiamo ricordare a noi stessi che «nel lungo termine saremo tutti morti».

C. Quando una società fallisce, si suppone che muoia. Quando un'agenzia governativa (come la Federal Reserve) fallisce, dovremo darle ancora più potere e indipendenza dalla supervisione del Congresso.

D. Sebbene Wall Street sia un luogo corrotto, farla gestire dal governo non comporterà una corruzione di quest'ultimo.

E. Sebbene Wall Street sia un caos, è il posto migliore da cui attingere conoscenze e persone d'esperienza che gestiscano la politica economica e finanziaria del governo.

F. Non dobbiamo preoccuparci delle persone che fanno la spola avanti e indietro tra posti di lavoro a Washington e settori gestiti da Washington come la finanza, la medicina e l'industria farmaceutica. Le oligarchie politico-finanziarie rappresentano una minaccia solo nelle repubbliche delle banane, non nelle economie sviluppate.

G. La cosa migliore della regolamentazione è che non dobbiamo mai preoccuparci di chi regolamenterà i regolatori.

H. Quello bancario è già uno dei settori più pesantemente regolamentati e dunque ulteriori norme

11. Robert Skidelsky, *John Maynard Keynes*, vol. 3, *Fighting for Britain 1937-1946*, London, Macmillan, 2000, p. 21.

andranno bene.

I. Se il sistema bancario tornasse a essere «noioso», come raccomanda l'economista keynesiano Paul Krugman,[12] tutto andrebbe bene. Certo, i tempi cambiano. Il sistema bancario vecchio stile e «noioso» a livello di megabanche potrebbe essere ridondante, non più necessario. Ma non preoccupatevi. Il governo troverà il modo per aiutarlo a sopravvivere comunque.

Come abbiamo già detto in precedenza, questo è un elenco molto parziale dei paradossi e dei mezzi paradossi keynesiani.[13] Beh, cosa significano? Hanno un tema comune? Cosa c'è di profondamente sbagliato in tutto ciò? Queste ultime domande ci portano al paradosso centrale di tutto il keynesismo.

12. Paul Krugman, *New York Times*, 10 aprile 2009, p. A-19.
13. Nella nota di chiusura CCC ne vengono elencati altri, fra cui alcuni più tecnici.

Capitolo 22

Cosa c'è di profondamente sbagliato in tutto questo: il paradosso centrale di tutto il keynesismo

Il paradosso centrale del keynesismo è quello di voler "aggiustare" il sistema dei prezzi e dei profitti sovvertendolo. Da questa volontà nessun settore economico ne è esente.

Vi sembra esagerato? Consideriamo i seguenti controlli diretti o indiretti da parte del governo inclusi nelle prescrizioni di politica keynesiane.

A. Controlli sui prezzi

1. Controlli sul tasso d'interesse

Come abbiamo osservato in precedenza, i tassi d'interesse sono fra i prezzi più critici. Tutti i prezzi sono correlati fra loro in una certa misura, ma i tassi d'interesse influenzano in modo particolare gli altri prezzi. Nel sistema keynesiano, fatto proprio da tutti i governi del mondo, si prevede che i tassi d'interesse vadano in un'unica direzione, verso il basso. Se salgono, si prevede che sia solo per brevi periodi.

2. Sovvenzioni

Alcuni tassi d'interesse specifici, come quelli dei mutui abitativi negli Stati Uniti, vengono manipolati attraverso sovvenzioni, oltre che con il controllo dei prezzi. Il problema delle sovvenzioni è che aumentano la domanda senza aumentare anche l'offerta, il che porta a una crescita dei prezzi. Questo è il motivo per cui le sovvenzioni per l'acquisto di case pensate per aiutare i compratori a reddito basso ebbero un effetto contrario nei primi anni del ventunesimo secolo: resero le abitazioni sempre meno accessibili per chi comprava per la prima volta. Le sovvenzioni al settore dell'assistenza sanitaria hanno avuto lo stesso effetto, aumentando la domanda (senza aumentare l'offerta) e quindi facendo salire i prezzi.

3. Controlli indiretti (o diretti) sulla valuta

Non esiste nessun libero mercato globale in materia di valute. Alcuni governi controllano completamente il prezzo mondiale delle loro valute, altri lo controllano in misura inferiore. Come nel caso dei tassi d'interesse, si suppone che anche questi importantissimi prezzi non debbano salire.

4. Livello minimo del prezzo degli asset

A differenza dei tassi d'interesse e delle valute, non si prevede che i prezzi degli *asset* debbano scendere. Se dovessero farlo o dovessero correre il pericolo di farlo, si può stampare nuovo denaro e abbassare i tassi d'interesse per sostenerli. Se questo non bastasse, si possono utilizzare anche sovvenzioni dirette.

I cosiddetti mutui tossici che le banche statunitensi e quelle globali detenevano durante la crisi economica del 2008 illustrano il modo in cui specifiche classi di *asset* possono essere selezionate per ricevere sovvenzioni. Come abbiamo visto nel capitolo 14, l'amministrazione Bush propose di «fare in modo che le banche tornassero al prestito» comprando nell'autunno del 2008 i loro mutui inesigibili. Il programma venne rifilato a un riluttante Congresso. Ma come fare per comprare questi mutui? Non esistevano prezzi! Il problema era tutto qui. Non si trattava principalmente di solvenza delle banche o di una crisi di liquidità. Era una crisi dei prezzi. I mutui appartenevano a una sorta di terra di nessuno creata dal governo, che li aveva slegati da qualsiasi altro prezzo reale. Ancora peggio, il governo insisteva sul fatto che dovessero essere *marked-to-market*, anche se non c'era nessun prezzo di mercato.

L'amministrazione Bush si arrese. In seguito l'amministrazione Obama sviluppò la sua soluzione "creativa". Decise di concedere in prestito grandi quantità di denaro pubblico a prezzi stracciati alle società di Wall Street, nella speranza che comprassero i mutui. Con questa operazione si supponeva di riuscire a stabilire un prezzo. Ma sarebbe stato un prezzo reale? Ovviamente no. Sarebbe stato un altro prezzo sovvenzionato.

La triste verità è che i decisori politici statunitensi, tutti keynesiani, potrebbero non essere in grado di riconoscere un prezzo reale nemmeno trovandoselo davanti. Sono abituati a trattare con prezzi manipolati e la loro immaginazione non conosce limiti nell'inventare nuovi metodi per alterarli ulteriormente. Il bisogno di crearne di nuovi è sempre urgente, perché ogni precedente manipolazione continua a presentare i suoi inaspettati (e indesiderati) risultati.

5. Livello minimo salariale

I salari sono un altro prezzo chiave che i decisori politici keynesiani non riescono a lasciare in pace. Keynes disse che erano pericolosi sia gli aumenti che le diminuzioni salariali. Queste ultime avrebbero diminuito la capacità d'acquisto dei lavoratori. L'aumento dei salari avrebbe colpito, invece, la fiducia delle aziende. In pratica, però, erano le riduzioni quelle che dovevano essere assolutamente evitate. Se i salari dovevano essere corretti, l'operazione doveva riguardare tutta l'economia, e non questa o quella impresa.

Tutto ciò è un'assoluta sciocchezza. Perché un'economia funzioni, i salari (come tutti gli altri prezzi) devono correggersi da soli, impresa per impresa e settore per settore, e non nell'economia nel suo complesso. E l'aggiustamento deve essere continuo. I salari dovrebbero essere liberi di aumentare e diminuire. In questo modo sarebbero protetti i profitti, i posti di lavoro e i redditi dei lavoratori.

I keynesiani di oggi si sono resi conto di ciò? No. Basta guardare a come tanto il presidente Bush quanto il presidente Obama hanno gestito il tracollo di General Motors e Chrysler. Taluni immediati tagli di stipendio erano solo uno dei numerosi rimedi sensati da prendere in considerazione. Ma non furono nemmeno discussi. Erano assolutamente fuori questione. Sia il governo che il sindacato preferivano una perdita di massa di posti di lavoro piuttosto che minime riduzioni salariali.

Si prenda in considerazione la legislazione *cardcheck* del presidente Obama: non solo eliminerebbe lo scrutinio segreto quando i lavoratori devono votare se aderire o meno al sindacato. Sepolto nel documento, e poco discusso, c'è un altro provvedimento che richiederebbe l'arbitrato obbligatorio nelle dispute sui salari fra società e sindacati. Questo significa che se un'azienda non raggiunge un accordo con un sindacato, la decisione sui salari verrà presa da qualcuno di esterno all'azienda. Il che a sua volta significa che le aziende non avrebbero più il controllo sui loro costi.

6. I controlli sui compensi dei dirigenti

Non solo dovrebbero scendere i salari, ma anche i compensi dei dirigenti. Questo riflette la visione di Keynes per cui le soluzioni di mercato per salari e compensi dei dirigenti sono «ingiuste». L'illustre economista keynesiano Robert Shiller sostiene a tal proposito che «le pratiche di retribuzione dirigenziale negli Stati Uniti devono essere rese più giuste».[1] Purtroppo né Keynes né Shiller ci dicono in che modo dovrebbero essere stabiliti i compensi, o a chi spetti farlo. Non può essere deciso per tutta la nazione in un colpo solo. L'intero senso del sistema dei prezzi è quello di stabilire rapporti specifici fra prezzo e costo, i quali poi determinano il livello dei profitti. È un'assurdità pensare di poter avere qualcuno dei vantaggi del sistema profitto-prezzo se i compensi sono uniformi o vengono decisi a Washington.

In teoria, tutto questo è abbastanza chiaro. Nonostante ciò Washington non riesce a smettere di entrare a piè

1. Bloomberg News, 16 aprile 2009.

pari nella questione dei compensi dei dirigenti. In seguito al crollo del 2008, ci fu grande clamore al Congresso e alla Casa Bianca sui bonus pagati ai dirigenti delle società salvate, su una frenetica legislazione che potesse stabilirne un tetto massimo e su altre norme destinate a controllare i compensi dei dirigenti in generale.

Nei primi anni Novanta il Congresso decise (senza alcun motivo evidente) di fissare un tetto massimo per la deducibilità delle imposte di tutti i compensi dei direttori generali delle società pubbliche. Questa norma, poco discussa, portò a un abbandono su vasta scala dei compensi in denaro in favore dell'assegnazione di *stock option*. L'enfasi su queste ultime portò a sua volta a un vasto indebitamento societario per incrementarne quantità e prezzo e, in definitiva, attraverso una serie di passaggi circolari, contribuì alla bolla speculativa del mercato azionario che ne seguì.[2]

Se i governi vogliono ridurre davvero le ricompense eccessive, perché creano lotterie in cui il vincitore si prende tutto? Perché dare un premio immenso a un unico vincitore e non una serie di vincite più piccole a un numero molto maggiore di persone? Perché non dare un esempio di "giustizia" ed "equità" per lo meno nelle lotterie? La risposta, ovviamente, è che premi più equi non fanno vendere biglietti della lotteria (e quindi non generano le entrate richieste).

7. Controlli diretti sui prezzi

I governi continuano a ricorrere anche a questi. Nel 2008 la Banca Mondiale stilò un elenco di 21 paesi che esercitavano un controllo sul prezzo del cibo. Negli Stati Uniti i prezzi dei servizi sanitari sono controllati attraverso i sistemi Medicare, Medicaid e Veterans Administration. A volte questi controlli sui prezzi hanno lo scopo d'impedirne un aumento. Altre volte devono impedire un calo. In quest'ultimo caso, il controllo dei prezzi è solitamente definito come un "controllo di qua-

2. Hunter Lewis, *Are the Rich Necessary? Great Economic Arguments and How They Reflect Our Personal Values*, Mt. Jackson (VA), Axios Press, 2007.

lità", come quando si decide che solamente i medici possano svolgere servizi che potrebbero essere forniti da un'infermiera o da altri professionisti del settore.

8. Barriere al commercio

Al giorno d'oggi i governi preferiscono, laddove sia possibile, controllare le proprie bilance commerciali manipolando le valute. È quello che l'*Economist* chiama «protezionismo sottile», anche se non è poi così sottile.[3] Tuttavia c'è ancora moltissimo protezionismo vecchio stile, sotto forma di dazi e barriere tariffarie, aumentati dopo il crollo del 2008, soprattutto in Russia.

In generale i prezzi sono indicatori del funzionamento del mercato. Ci dicono la verità su ciò che è scarso, ciò che è in eccesso e ciò che accade. Quando i governi, incoraggiati da Keynes, smantellano senza sosta e aggirano il sistema dei prezzi di mercato è perché non gradiscono la verità che esso racconta. Ma nessuna economia può prosperare molto a lungo sulle menzogne, le mezze verità, i sotterfugi o anche le falsità bene intenzionate.

Per di più i keynesiani non sovvertono solamente il sistema dei prezzi. Fanno lo stesso anche con il sistema del profitto. Esaminiamo ancora qualche elemento in merito alle prescrizioni politiche di Keynes e al modo in cui condizionano le disciplina tradizionale del profitto.

B. Interferenza nel sistema dei profitti

1. Il bastone della recessione e della bancarotta viene abbandonato

Abbiamo parlato a sufficienza di questo argomento nel capitolo 10 e nel capitolo 15. Ecco una breve sintesi. Il sistema del profitto è in realtà un sistema di profitto e perdita. Il bastone della perdita e della bancarotta è ragionevolmente più importante della carota del profitto nel motivare gli operatori e nel regolare il sistema. Tuttavia i keynesiani rifiutano la perdita e la bancarotta, ritenendoli anacronismi non necessari. Le recessioni,

3. *Economist*, 21 marzo 2009, p. 78.

se possibile, vanno evitate e se non è possibile vanno insabbiate con salvataggi e stimoli artificiali. Di conseguenza gli errori del passato non vengono mai pagati e i nuovi si sommano ai vecchi.

Alcuni keynesiani continuano a dirci che le economie non si correggono da sé e che, una volta crollate, crolleranno per sempre se non vengono salvate. La gran parte dei keynesiani oggi ammette che questo punto di vista è sbagliato. Un'argomentazione più comune è che una contrazione economica è eccessivamente dolorosa, implica troppe perdite di produzione, impiega troppo tempo. Ma una recessione è proprio un periodo di ripresa e se tutto questo viene bloccato non sarà mai possibile per il paziente ristabilirsi completamente.

2. *Una politica d'inflazione persistente crea profitti illusori, confonde gli operatori e premia gli speculatori*

I titolari di aziende e i manager sanno che il governo continua imperterrito a creare inflazione, riempiendo l'economia di denaro di nuovo conio. Tuttavia dal momento che il nuovo denaro entra soprattutto come debito, nessuno sa dove si trovi in un dato momento, dove stia andando o quanto ce ne sia. I profitti di oggi sono reali oppure rappresentano un'illusione inflazionistica? È difficile capirlo perfino per i più esperti. Nel frattempo gli speculatori possono usare questo nuovo denaro a buon mercato per fare le loro scommesse e se hanno fortuna possono vincere enormi cifre, mentre i comuni mortali che lavorano duramente sembrano scivolare sempre più indietro.

3. *Il termine "profitto" è stato estirpato dai manuali di macroeconomia*

Keynes riteneva che la disoccupazione fosse il problema macroeconomico più importante. Ci ha detto che l'occupazione cresce con la domanda. Ma questa è una mezza verità. L'occupazione, in realtà, cresce con i profitti (quelli reali, non i "profitti" da bolla inflazionistica), come lo studioso dei cicli economici, Wesley Mitchell, dimostrò quasi un secolo fa.

4. Profitti "di contabilità" sostituiscono profitti reali

All'inizio del 2009 al mondo venne detto che i profitti bancari americani erano in ripresa e che si trattava di un segnale positivo di superamento del crollo finanziario. Ma le banche moderne sono costrutti artificiali del governo, come i loro profitti. Fino a quando rimarranno costrutti artificiali, collegate solo debolmente ai prezzi reali di mercato, ai flussi di denaro e ai profitti, le banche saranno una minaccia mortale per la stabilità economica.[4]

5. I monopoli (che il governo dovrebbe sradicare) vengono incoraggiati e protetti

Abbiamo già discusso di questo argomento nel capitolo 14. Esistono numerosi monopoli sostenuti dal governo negli Stati Uniti, che spaziano dal piccolo (*rating* finanziario) al grande (macellazione), fino al più vasto e pervasivo (i mutui e l'industria farmaceutica). Dal momento che i settori regolamentati diventano sempre più dei settori "a sostegno governativo", aumenta il potenziale del governo per creare e rafforzare i monopoli.

6. Le imposte incoraggiano l'indebitamento e la speculazione, penalizzando la normale ricerca di profitto

È ampiamente riconosciuto che le imposte sugli utili societari non vengono in realtà pagate dalle società. Infatti vengono pagate indirettamente dai lavoratori, dai consumatori e dagli azionisti. E allora perché tassare direttamente gli utili societari, quando questi utili sono il miglior indicatore dell'occupazione?

Gli utili pagati agli azionisti vengono tassati due volte: una prima volta all'interno della società e poi di nuovo quando vengono pagati come dividendi. Dal momento che il pagamento degli interessi è deducibile e i dividenti no, questo fatto incoraggia le società a ricorrere al prestito piuttosto che a finanziare se stesse vendendo azioni. Negli anni Novanta, le società risposero

4. Questo punto è stato discusso ulteriormente nel capitolo 16, sezione 1b.

indebitandosi pesantemente per ritirare le loro azioni. Ciò contribuì alla bolla speculativa del mercato azionario e alla bolla del debito più generale della fine degli anni Novanta e dell'inizio del ventunesimo secolo.

Dobbiamo anche tenere presente che molte delle piccole imprese statunitensi non sono strutturate come società per azioni e quindi non pagano imposte sugli utili attraverso una dichiarazione dei redditi aziendale. Se dobbiamo aumentare le tasse sui redditi più elevati, non sarà difficile rendere deducibili gli utili delle piccole imprese fintanto che si mantengono all'interno dell'attività. Facendo questo creeremmo molti nuovi posti di lavoro, poiché sono le piccole imprese quelle che assumono di più.

***

Questo è, dunque, il paradosso keynesiano principale. Il sistema prezzi/profitti deve essere salvato colpendolo, strattonandolo, smontando uno dopo l'altro ogni rapporto prezzo-profitto di qualsiasi mercato, così che alla fine si lascerà il tutto nel caos più totale. Ovviamente alcuni di questi interventi sono più dannosi di altri. L'assalto ai tassi d'interesse di mercato e ai livelli valutari è particolarmente distruttivo, poiché questi prezzi sono fondamentali per l'economia nel suo complesso. Ma tutto è comunque distruttivo in qualche modo e grado.

E c'è molta ironia in ciò. Per dire solo una delle tante cose, sono passati solo pochi decenni dal crollo del comunismo. A quell'epoca, si pensava che Marx avesse chiuso; il capitalismo (si pensava) aveva trionfato. La stragrande maggioranza delle persone in tutto il mondo ne concluse che i mercati avevano per lo meno qualche virtù.

Questo a sua volta divenne parte del problema. Come disse Lawrence Summers, ex segretario del Tesoro, presidente di Harvard e principale consigliere economico del presidente Obama, «[la vecchia idea era quella di] contrastare e sopprimere i mercati. [La nuova idea è di] usare i mercati [per ottenere obiettivi progressisti]».[5] Sembrava una dichiarazione costruttiva. I mercati erano una buona cosa, ma potevano diventare qualcosa di ancora migliore. Era proprio ciò che diceva Keynes – non c'è nulla di sbagliato nei mercati che qualche aggiustamento qua e là non possa sistemare.

Così "gli aggiustatori" tornarono al lavoro, pieni di rinnovato entusiasmo. I presidenti della Federal Reserve Alan Greenspan e Ben Bernanke e gli altri banchieri centrali presero l'iniziativa. Vennero stampate montagne di nuovo denaro. Si formarono bolle che poi scoppiarono. Giunti al 2007-2008 "gli aggiustatori" ritennero che i mercati non avevano bisogno solamente di un po' di lavoro. Avevano bisogno di una revisione completa.

Il presidente Obama ha dichiarato: «Credo fermamente in un sistema di libero mercato».[6] Non c'è alcun motivo per dubitare della sua parola. Probabilmente concorda anche con il primo ministro australiano, Kevin Rudd, sul fatto che i mercati devono essere depurati dal «fondamentalismo del libero mercato» e dalla «avidità eccessiva».[7] Presumibilmente né Obama né Rudd hanno il minimo sentore del fatto che stanno incastrando lunghi e grossi bastoni nei raggi della ruota del mercato, per poi esclamare ad alta voce che la ruota non gira e che ha bisogno di una urgente riparazione governativa.

È quello che Keynes avrebbe chiamato un «pasticcio». Ma non abbiamo bisogno di Keynes o della sua potente mente intuitiva per uscirne. Dobbiamo solo smettere di cercare di "salvare" il sistema dei profitti e dei prezzi manipolandolo in ogni modo immaginabile.

5. *The Commanding Heights*, documentario televisivo, PBS.
6. *Weekly Standard*, 13-20 aprile 2009, p. 8.
7. *Economist*, 14 febbraio 2009.

Parte sesta
Saluti finali

Capitolo 23

Salutando Keynes

Il giornalista conservatore David Brooks colse lo stato d'animo degli Stati Uniti all'inizio della presidenza Obama con queste parole:

> Per dire [...] qualcosa di trito e ritrito, il governo è il problema, non potete aver fede nel governo federale [...] non è quella la nazione, non è lì il futuro della nazione.[1]

Il senso di questa affermazione è che il problema è il governo, anche se non proprio il governo in sé, ma piuttosto la dottrina keynesiana che guida ogni governo del mondo. In effetti il governo potrebbe diventare davvero la soluzione. Per quanto possa sembrare improbabile, potrebbe tornare al suo ruolo essenziale e proteggere la gente dalla frode e dalle usurpazioni, diramare buone leggi che governino le operazioni di mercato e abbracciare una visione di vera sostenibilità piuttosto che giocarsi tutto in funzione della prossima elezione. Potrebbe anche, attraverso assennati cambiamenti nella legislazione fiscale, costruire un settore filantropico *non profit* più grande e forte, in grado di aiutare chi non riesce a farcela da solo e ha davvero bisogno di assistenza da parte degli altri.[2]

E invece i governi scommettono il futuro dei loro

1. Yahoo News, 25 febbraio 2009.
2. Si veda la nota di chiusura DDD.

paesi su esperimenti keynesiani non testati e mal definiti. Di che tipo di stimolo abbiamo bisogno? La risposta sembra essere: di qualsiasi stimolo il Congresso metta insieme alla bell'e meglio. Di quanto stimolo abbiamo bisogno? L'economista keynesiano Robert Shiller risponde: «Deve essere fatto su scala sufficientemente grande». Per quanto tempo ne avremo bisogno? «Per molto tempo in futuro». Al che la keynesiana Christina Romer, alla testa dei consiglieri economici del presidente Obama, aggiunge: «Attenzione a non tagliare lo stimolo troppo presto». Come faremo a sapere se funziona? Chiedetelo più avanti.[3] Date le dimensioni delle somme scommesse su questi esperimenti, le risposte dovrebbero essere migliori di queste.

E allora teniamo a mente che la richiesta di una risposta migliore non è un mero esercizio di parte. Come abbiamo visto, la gran parte dei repubblicani è keynesiana, come la gran parte dei democratici e come la gran parte degli altri partiti nel resto del mondo. Il keynesismo è quello che è stato insegnato "a tutti". E siamo tutti intrappolati in un'argomentazione circolare (vale a dire che il keynesismo è valido perché la gran parte delle persone lo presume tale). Se vogliamo salvare i nostri figli da esperimenti falliti, dobbiamo abbracciare il cambiamento, il vero cambiamento e non quello promesso dal presidente Obama e dagli altri leader politici, che non fanno altro che riportarci indietro agli anni Trenta.

Nel suo secondo libro Keynes raccontò come il primo ministro britannico Lloyd George avesse "turlupinato" il presidente statunitense Woodrow Wilson durante la conferenza di pace seguita alla fine della prima guerra mondiale. Volendo invertire alcune decisioni egli aveva scoperto che «era più difficile fare aprire gli occhi a questo vecchio presbiteriano [Wilson] di quanto non fosse stato ingannarlo».[4] E ciò descrive la

3. Robert Shiller, Bloomberg News, 16 aprile 2009; Heidi Przybyla, Bloomberg News, 2 aprile 2009, citazione di Christina Romer.

4. John Maynard Keynes, *The Economic Consequences of the Peace*, New York, Harcourt, Brace & Howe, 1920, p. 55.

nostra situazione di oggi: Keynes ci ha turlupinati e ora è difficile farci comprendere la realtà.

Nello stesso libro in cui descrive Lloyd George e Wilson, Keynes dichiara che le idee sono un fattore secondario nella storia dell'uomo,[5] ma alla fine della *Teoria generale* si contraddice e afferma che le idee governano il mondo. Purtroppo per tutti noi, sono le idee di Keynes a governare il mondo di oggi. Ma le bolle intellettuali, come le bolle finanziarie, non durano per sempre.

In una piccola libreria di Pechino, nascosta al nono piano di un edificio adibito sia a uffici che ad abitazioni, si può trovare l'opera completa di Mao, tutta dispiegata in nuove eccellenti edizioni con copertine colorate. Un piccolo gruppetto di veri credenti trova rifugio in questo luogo. Le vendite sono addirittura leggermente aumentate dallo scoppio della crisi nel 2008.[6] Forse questo negozio, dall'appropriato nome "Utopia", custodisce gelosamente e diffonde anche le opere di Karl Marx.

Un giorno, in futuro, ci potrebbe essere un negozio simile dedicato a Keynes. Le sue parole non avranno più così tanto peso nel mondo, ma in questo luogo la sua opera completa verrà presentata magnificamente e del suo nome si parlerà sottovoce e con tono reverenziale.

Speriamo di non dover aspettare troppo perché Keynes raggiunga Mao, Marx e gli altri sostenitori di utopie sbiadite e false. Allontanarsi dalle false utopie non significa abbandonare scopi e ideali raggiungibili. Possiamo davvero avere un'economia stabile, un'economia costruita su prezzi e profitti veritieri. Questa economia può davvero essere sostenibile sia dal punto di vista finanziario che da quello ambientale e può, con lavoro e tenacia, farci lasciare la povertà alle spalle, finalmente.

5. Keynes, *The Economic Consequences of the Peace*, p. 296.
6. *Economist*, 7 febbraio 2009, p. 37.

Note di chiusura

A. Philip Wicksteed

La fattibilità di un'economia basata sul buon senso non è, ovviamente, un argomento nuovo. Nella sua opera in due volumi del 1910, *The Common Sense of the Political Economy*, Philip Wicksteed lamentava che l'economia fosse degenerata in una «mera araldica di paradossi consacrati che non possono essere compresi perché non sono veri, ma che tutti usano come armi».[1] E questo accadeva ben prima che Keynes aggiungesse il proprio arsenale personale di paradossi. Wicksteed fu un importante economista della sua epoca. Era stimato da Henry Hazlitt e anche da Lionel Robbins, prima critico e poi alleato di Keynes, il quale promosse una ristampa del libro di Wicksteed negli anni Quaranta. Keynes fece una recensione di *The Common Sense of Political Economy* e lo trovò troppo lungo.

B. Il problema generalizzato di capire ciò che hanno detto davvero gli studiosi di economia

È facile distorcere le idee dei pensatori più importanti. Per esempio, un documentario alla televisione pubblica, *The Commanding Heights*, ha cercato di fare un confronto fra le posizioni di Keynes e del suo grande critico, Friedrich von Hayek, sulle depressioni econo-

1. Philip Wicksteed, *The Common Sense of Political Economy*, 2 voll., London, 1910.

miche. Keynes, si diceva, pensava che le depressioni, se non curate in qualche modo, avrebbero portato alla perdita della libertà. A Hayek si attribuiva il pensiero che le depressioni fossero il prezzo necessario della libertà, dal momento che ogni intervento del governo per sistemare la situazione avrebbe compromesso tale libertà. Ma le cose non stanno così. Si ometteva l'argomentazione di Hayek per cui è proprio l'intervento del governo a creare in primo luogo le depressioni.

C. Buon senso, realtà e modello di Keynes

In altri passaggi della *Teoria generale*, Keynes ci dice di aver elaborato le proprie teorie all'interno di un contesto che oggi chiameremmo modello economico, una versione semplificata e astratta dell'economia. Nel suo modello si presume che dimensione e capacità di forza lavoro, scienza e tecnologia, livello di concorrenza, preferenze dei consumatori e molti altri fattori essenziali siano congelati e non possano cambiare. In altre parole non solo non si tratta di un mondo governato dal buon senso, ma non è nemmeno un mondo reale.

D. Roosevelt seguì le teorie di Keynes?

Non possiamo determinare il grado d'influenza avuto da Keynes sul presidente Roosevelt. I due ebbero un incontro di un'ora alla Casa Bianca, nel 1934, ma in quel momento le politiche del New Deal che vengono definite keynesiane erano già in atto. Roosevelt aveva forse letto Keynes? Raymond Moley, membro del "Brain Trust" del presidente, disse: «Non so se abbia mai letto un libro serio».[2]

I racconti sull'incontro fra Roosevelt e Keynes differiscono fra loro. Felix Frankfurter riferì a Keynes che il presidente aveva detto che quest'ultimo «parlava magnificamente e gli era piaciuto immensamente». Ma Frankfurter era un amico di Keynes e Roosevelt lo sapeva. Secondo altri racconti Roosevelt non ebbe molta

2. Paul Johnson, *Modern Times: The World from the Twenties to the Eighties*, New York, Harper & Row, 1983, p. 255.

simpatia per l'economista.[3] La lettera aperta scritta da Keynes al presidente, pubblicata il dicembre precedente nel *Times* di Londra e nel *New York Times*, era stata scritta con un tono in un certo senso accondiscendente, il che poteva aver avuto un suo peso, benché Walter Lippmann, il più importante giornalista americano e amico di Keynes, abbia detto che era stata proprio quella lettera aperta a convincere il governo statunitense a mettere un tetto ai tassi d'interesse a lungo termine tramite l'acquisto dei bond.

E. Keynes sulla storia del tasso d'interesse

Keynes ritiene che i tassi d'interesse abbiano mostrato quasi sempre una tendenza a essere troppo alti, con la rilevante eccezione dell'epoca in cui i conquistatori spagnoli inondarono il "vecchio mondo" con l'oro e l'argento razziati da aztechi e incas. Questa inondazione di quello che all'epoca era denaro aveva ridotto i tassi d'interesse. I tassi bassi, secondo Keynes, avevano poi reso possibile l'inizio di quella che era diventata la rivoluzione industriale.

F. Governi che "stampano" denaro

Nella nostra epoca elettronica, i governi non stampano il nuovo denaro in senso letterale, ma è comune abitudine riferirsi in questo modo a tale attività. In questo libro, si troveranno spesso virgolettati i termini che si riferiscono alla "stampa" di denaro, in modo che sia evidente che non debbano essere intesi alla lettera. Tuttavia in questo contesto l'uso delle virgolette a volte potrebbe creare confusione. Dei meccanismi di "stampa" del denaro discuteremo nella nota di chiusura SS.

G. Cosa intendeva Keynes quando si riferiva ai tassi d'interesse

Keynes voleva un abbassamento dei tassi d'interesse sia sul breve che sul lungo termine. Riteneva che quelli sul lungo termine sarebbero scesi da soli se fosse

3. Johnson, *Modern Times*, p. 255.

stato reso sufficientemente chiaro a tutti che i tassi sul breve termine non sarebbero aumentati.[4] Tuttavia non dubitava che, in un modo o in un altro, e se necessario anche tramite un «attacco diretto»,[5] i governi potessero «stabilire il saggio d'interesse sul lungo termine come preferivano».[6]

H. Cosa intendeva Keynes per tassi d'interesse "bassi"

L'obiettivo di arrivare allo zero toccava alla generazione successiva. Di volta in volta, però, Keynes diceva cosa intendeva al momento per tasso d'interesse "basso". Nel 1945 raccomandava un massimo del 3 per cento per i tassi sul lungo termine e dell'1 per cento per quelli pagati dalle banche sui depositi; gli altri tassi stavano fra questi due estremi.[7] Nel 1934 aveva detto che un tasso sul lungo termine del 3,5 per cento era «ben al di sopra» di quello che sarebbe stato compatibile con la «piena occupazione».[8] In generale il suo obiettivo era sempre quello di spingerli verso il basso, mai il contrario.

I. Un'altra opzione politica per controllare un'economia surriscaldata e oppressa dall'inflazione

Keynes menzionò anche la possibilità di alzare i tassi di cambio della valuta nazionale, perché ciò avrebbe reso più costosi i prodotti esportabili e quindi avrebbe diminuito le esportazioni, il che sarebbe stato un altro modo per soffocare l'economia. Se allo stesso

4. John Maynard Keynes, discorso tenuto all'incontro annuale della National Mutual Insurance Co., in John Maynard Keynes, *Collected Writings*, vol. 21, *Activities 1931-39: World Crises and Policies in Britain and America*, London, MacMillan; New York, St. Martin's Press, 1982, p. 375.

5. John Maynard Keynes, *Economic Journal*, settembre 1932, in John Maynard Keynes, *Collected Writings*, vol. 23, *Activities 1940-43: External War Finance*, London, MacMillan; New York, St. Martin's Press, 1979, p. 114.

6. John Maynard Keynes, *Times*, 12-14 gennaio 1937, in *Collected Writings*, vol. 21, p. 375.

7. Robert Skidelsky, conferenza al National Debt Enquiry Committeee, in Robert Skidelsky, *John Maynard Keynes*, vol. 3, *Fighting for Britain 1937-1946*, London, Macmillan, 2000, p. 376.

8. Keynes, *Collected Writings*, vol. 21, p. 315.

tempo si fossero abbassati i dazi, le importazioni sarebbero state più economiche, il che avrebbe ulteriormente scoraggiato la produzione interna.[9] D'altra parte i tassi di cambio monetario non potevano essere alzati incrementando i tassi d'interesse, perché questi ultimi dovevano essere mantenuti costantemente bassi.

J. Sulle imposte sul reddito e le ritenute fiscali

Come bisognava stabilire le imposte sui ricchi? Su questo punto pare che Keynes abbia avuto idee diverse in momenti diversi. In una conversazione pare avesse parlato di un 25 per cento, ma non sembra fosse questa la sua opinione abituale.[10] A volte pare anche che avesse parlato d'imposte da confisca.

Per quanto riguarda le imposte sui salari, che colpiscono molto duramente i poveri, Keynes fu ambiguo. Gli piaceva l'idea che i pagamenti delle indennità che erano finanziati da queste imposte potessero essere portati fuori bilancio, cosa che avrebbe mantenuto basso il deficit dello Stato, con conseguenti vantaggi politici. D'altra parte conveniva sul fatto che «una imposta fissa sul dipendente e un'imposta occupazionale sul datore di lavoro [erano] entrambe bruttissimi tipi d'imposta [perché rendevano più costosa l'occupazione e quindi contribuivano alla disoccupazione]».[11]

K. La visione "paradossale" di Keynes del rapporto fra risparmio e investimento

Benché Keynes avesse dichiarato che è «assurdo» pensare che l'investimento corrisponda sempre al risparmio, ha anche detto, il che ci confonde, che risparmi e investimenti sono «aspetti diversi della stessa cosa»[12] e che di conseguenza sono «eguali».[13] Con

9. John Maynard Keynes, *The General Theory of Employment, Interest, and Money*, Amherst (NY), Prometheus Books, 1997, p. 220.
10. Skidelsky, *Fighting for Britain 1937-1946*, p. 504.
11. Keynes a sir R. Hopkins, 20 luglio 1942, in Skidelsky, *Fighting for Britain 1937-1946*, p. 268.
12. Keynes, *General Theory*, pp. 64, 74.
13. Keynes, *General Theory*, p. 328.

questo presumibilmente non intendeva «eguali» nello stesso momento; egli pensava che l'insieme di consumo e investimento (la domanda complessiva) determinasse l'occupazione, la quale generava a sua volta il reddito nazionale, che poi determinava la capacità e il desiderio di risparmiare (l'opposto della cosiddetta propensione al consumo descritta alla pagina 64 della *Teoria generale*).

Di conseguenza se l'investimento resta indietro rispetto al risparmio, il risultato è un reddito minore e, nel tempo, un minore risparmio. In questo modo investimenti e risparmio, lasciati a se stessi e senza intervento pubblico, tenderanno a convergere, ma con la sfortunata tendenza, nella maggioranza dei casi, ad abbassare il reddito piuttosto che ad alzarlo. Ovviamente sostenere che il risparmio sia una funzione dell'investimento (e non viceversa) è un affronto diretto al buon senso, perché tutti noi possiamo notare come nella vita reale i risparmi debbano precedere sempre gli investimenti.

L. Virtù individuale o vizio pubblico?

Come abbiamo osservato nel capitolo 11, l'espressione formale con la quale ci si riferisce a ciò che Keynes descrive nel capitolo 3 è "fallacia della composizione". Essendo logico che ognuno di noi cerchi di risparmiare maggiormente durante i periodi di avversità economiche, tutti noi presumiamo sia razionale fare lo stesso anche come gruppo di persone o come società nel suo complesso. Ma per Keynes se tutti cercassimo di risparmiare nello stesso momento, soprattutto in occasione di un rallentamento dell'economia, il risultato sarebbe un divario sempre più crescente fra risparmio e investimento, un'economia ancora più debole, un'occupazione minore e un livello di reddito nazionale sempre più basso. Tutto ciò a sua volta porterebbe, alla fine, ad avere meno risparmi, il che paradossalmente aiuterebbe le cose.

M. Jeremy Bentham

Com'è noto Bentham enfatizzò i beni e i vantaggi materiali su quelli culturali.[14] Keynes rifiutò completamente questa visione fin da ragazzo e continuò a farlo per il resto della sua vita. Ciò che Keynes voleva al di sopra di qualsiasi altra cosa era che il denaro venisse speso per l'arte e la cultura, che riteneva l'essenza della bella vita, e mise in pratica ciò che predicava fondando un teatro a Cambridge e finanziando molti altri progetti artistici, così come sostenendo singoli artisti. In questo modo forse cercava anche di redimere il suo arricchimento agli occhi dei suoi giovani amici, la gran parte dei quali scriveva o dipingeva.

N. Il vero epicureismo

Gli oppositori di Epicuro fra gli antichi filosofi lo accusavano ingiustamente e in modo improprio di edonismo incurante, il che era esattamente l'opposto di quello in cui Epicuro credeva, come attesta il passaggio citato.

O. Keynes sullo Stato come forza equilibratrice

Persino l'attento biografo di Keynes, Robert Skidelsky, a un certo punto dice che l'economista voleva «evitare [sia] le espansioni [sia] le depressioni».[15] Ma nella *Teoria generale* disse precisamente che le espansioni non vanno evitate.[16] Pensarla diversamente è un «serio errore».[17] Nei primi anni Venti Keynes accolse parzialmente l'idea dello Stato quale forza equilibratrice in entrambe le fasi più estreme del ciclo economico. Scrisse che lo Stato avrebbe dovuto «contrastare» ogni azione privata volta ad alzare o abbassare i prezzi al consumo.[18] Eppure con il passare del tempo

14. John Maynard Keynes, *My Early Beliefs*, in John Maynard Keynes, *Collected Writings*, vol. 10, *Essays in Biography*, London, Macmillan; New York, St. Martin's Press, 1972, p. 446.
15. Skidelsky, *Fighting for Britain 1937-1946*, p. 68.
16. Skidelsky, *Fighting for Britain 1937-1946*, p. 322.
17. Skidelsky, *Fighting for Britain 1937-1946*, p. 320.
18. John Maynard Keynes, *Collected Writings*, vol. 4, *Tract on Monetary Reform*, London, Macmillan; New York, St. Martin's Press, 1971, p. 350.

giunse a considerare minacciosi i prezzi al consumo più elevati e pose tutta l'enfasi sul mantenimento del trend espansivo.

P. Keynes su Marx

Michael Straight, studente di economia di Cambridge, riferì che in un'occasione Keynes dichiarò che «il marxismo [...] come concetto economico era inferiore persino alla sua reputazione sociale. Era un complicato pasticcio».[19]

Quasi certamente Marx avrebbe detto le stesse cose su Keynes. E in un certo senso, lo fece. Nel *Capitale* si scagliò contro quello che successivamente sarebbe diventato l'approccio keynesiano. Ecco cosa scrisse (e leggendo si tenga bene in mente che se Marx poté criticare anticipatamente Keynes significa che la "nuova economia" di quest'ultimo non fu poi tanto nuova):

> L'unica parte della cosiddetta ricchezza nazionale che passi effettivamente in possesso collettivo dei popoli moderni è il loro debito pubblico. Di qui, con piena coerenza, viene la dottrina moderna che un popolo diventa tanto più ricco quanto più a fondo s'indebita. Il credito pubblico diventa il credo del capitale. E col sorgere dell'indebitamento dello Stato, al peccato contro lo Spirito Santo, che è quello che non trova perdono, subentra il mancar di fede al debito pubblico.
> Il debito pubblico diventa una delle leve più energiche dell'accumulazione originaria: come con un colpo di bacchetta magica, esso conferisce al denaro, che è improduttivo, la facoltà di procreare e così lo trasforma in capitale, senza che il denaro abbia bisogno di assoggettarsi alla fatica e al rischio inseparabili dall'investimento industriale e anche da quello usurario. In realtà i creditori dello Stato non danno niente, poiché la somma prestata viene trasformata in obbligazioni facilmente trasferibili, che in loro mano continuano a funzionare proprio come se fossero tanto denaro in contanti.

19. Robert Skidelsky, *John Maynard Keynes*, vol. 2, *The Economist as Savior 1920-1937*, London, Macmillan, 2000, p. 523.

> [...] Poiché il debito pubblico ha il suo sostegno nelle entrate dello Stato che debbono coprire i pagamenti annui d'interessi, ecc., il sistema tributario moderno è diventato l'integrazione necessaria al sistema dei prestiti nazionali. I prestiti mettono i governi in grado di affrontare spese straordinarie senza che il contribuente ne risenta immediatamente, ma in seguito richiedono tuttavia un aumento delle imposte. D'altra parte l'aumento delle imposte causato dall'accumularsi di debiti contratti l'uno dopo l'altro costringe il governo a contrarre sempre nuovi prestiti quando si presentano nuove spese straordinarie. Il fiscalismo moderno [...] porta perciò in se stesso il germe della progressione automatica. Dunque il sovraccarico d'imposte non è un incidente, ma anzi è il principio.[20]

Q. La fabbrica del formaggio verde

Questo è un riferimento a un antichissimo modo di dire (dai proverbi di John Heywood, 1546), che era ancora molto usato negli anni Trenta. La frase era più o meno la medesima: la luna è fatta di formaggio verde; se ci credi, crederai a qualsiasi cosa.

R. Le caratteristiche di un crollo finanziario e della conseguente depressione

Un crollo finanziario inizia solitamente con una o più banche o altri istituti finanziari sull'orlo della bancarotta. Se non si intraprende nessuna azione, tutti cercheranno di ritirare i propri fondi dall'istituto in pericolo. Se si tratta di una banca, si parla di una "corsa agli sportelli". Per rispondere alla domanda di denaro liquido, la banca a sua volta inizierà a reclamare il pagamento dei prestiti che ha concesso. Dal momento che gli utili tratti da questi prestiti potrebbero essere stati depositati in altre banche, anche quest'ultime potrebbero iniziare ad esigere la restituzione dei prestiti che hanno concesso. Nel frattempo si diffonde la voce di quello che sta accadendo e le persone iniziano a chiedersi quali siano le banche ancora

20. Karl Marx, *Capital*, London, 1887-1894; edizione originale tedesca 1867-1894, pp. 827-829.

solide, ma come precauzione iniziano a ritirare il proprio denaro da tutte le banche.

Se da parte di molte banche (o altri tipi di finanziatori) vi è una stretta nella concessione di prestiti ne risentono in modo diverso numerose attività economiche. Forse queste attività hanno prestiti che si aspettano di rinnovare per prassi, cosa che ora non possono più fare. Se non si riescono a trovare altri finanziamenti, anche talune aziende altrimenti solide possono diventare insolventi. Altri tipi di attività possono aver bisogno di prestiti per gestirsi nei mesi o addirittura negli anni le operazioni legate alla creazione di un prodotto, alla sua vendita e infine alla riscossione del pagamento. Se i prestiti non sono più disponibili, la produzione può arrivare a bloccarsi.

A questo punto i clienti sia delle banche sia delle aziende sono assolutamente spaventati e smettono di comprare. Quando gli acquisti sprofondano, il prezzo delle merci inizia a crollare. La mancanza di clienti e il crollo dei prezzi stanno a indicare che anche le entrate delle attività sprofondano. Le aziende che non riescono ad abbattere velocemente i loro costi vanno incontro al fallimento.

Anche le aziende che non rischiano la bancarotta si ritrovano con un aumento dei debiti. Si ipotizzi che prima del crollo avessero preso a prestito 40 mila dollari e che li abbiano usati per comprare quattro macchinari. Ora, il prezzo di questi macchinari è sceso di un 50 per cento, quindi con 40 mila dollari se ne comprano otto. Questo significa che il valore del prestito, espresso in macchinari, è raddoppiato.

Supponendo che l'azienda in questione crei un particolare tipo di bene e che anche questo si venda a metà prezzo, per generare il denaro con cui ripagare il vecchio prestito l'azienda deve venderne il doppio in termini numerici. Dal momento che il vecchio prestito continua a crescere, sarà sempre più difficile per l'azienda riuscire a ripagarlo, proprio nel momento in cui anche il resto del sistema economico va peggiorando.

Un crollo finanziario, soprattutto se sprofonda in

una grave depressione economica, può essere al meglio descritto come un circolo vizioso, che poi diventa una spirale tendente al basso, la quale, come disse Keynes, nutre se stessa.

S. Chi detiene il debito nazionale?

Come disse un keynesiano americano, Stuart Chase:

> Se il debito nazionale è completamente interno, come il nostro, difficilmente la nazione andrà incontro alla bancarotta. Gli americani stanno da entrambe le parti del bilancio d'esercizio.[21]

Oggi questo non è più vero.

T. Perché il governo prende a prestito il denaro quando potrebbe semplicemente "stamparlo"?

Lo stesso Keynes non affronta la questione importante del perché voleva che il governo ricorresse al prestito per finanziare la sua spesa in disavanzo. Perché non stampare denaro e basta? Lo Stato spesso emette obbligazioni come metodo d'indebitamento, solo per farle acquistare dalla banca centrale con un assegno fittizio. E allora perché non gestire in questo modo tutto il debito dello Stato o stampare il nuovo denaro, che sarebbe il modo più diretto e semplice per farlo?

Ci si ricorderà che Keynes non era contrario al fatto che i suoi pianificatori economici ricorressero a un po' di sotterfugi. La gente potrebbe essere irritata dal vedere stampare effettivamente del denaro, mentre le obbligazioni vengono ritirate in maniera più furtiva, come parte di un procedimento impenetrabile e segreto che si svolge fra governo e banche centrali. D'altra parte, non c'è nessuna prova del fatto che Keynes volesse che le banche centrali rilevassero tutto il debito pubblico e lo ritirassero di nascosto, eliminando quindi ogni necessità di ripagarlo.

21. Citato in Henry Hazlitt, a cura di, *The Critics of Keynesian Economics*, p. 342.

William Beveridge, contemporaneo di Keynes e alla fine suo discepolo, scrisse il tanto celebrato "Beveridge Report" del 1942. Questo asciutto documento di governo gettò le basi per il *welfare state* britannico del periodo postbellico e vendette 500 mila copie. Riguardo ai meriti di un finanziamento del deficit dello Stato attraverso l'emissione di obbligazioni o la stampa di nuovo denaro, Beveridge afferma che non esiste nessuna «differenza sostanziale» fra le due cose. Era solo una «differenza di grado» e di sicuro non una «questione di principio».[22]

U. Una deflazione "normale"

Un rapido crollo dei prezzi è il sintomo di una depressione dell'economia. La deflazione in generale, tuttavia, è un fenomeno perfettamente naturale e normale, non solo un sintomo di una contrazione economica. Come osservò lo stesso Keynes, le aziende generatrici di profitti lottano sempre per diventare più produttive, il che significa essere in grado di produrre beni in modo migliore e a un minor costoso. Possono sperare di creare prodotti in modo più economico senza ridurre i prezzi e quindi accrescere i profitti.

Con il passare del tempo, tuttavia, il bisogno di mantenere al meglio la forza lavoro implica che alcuni dei risparmi dovuti al creare i prodotti in modo più economico vadano ai lavoratori. E se esiste una situazione di normale concorrenza, costi inferiori portano anche a prezzi al consumo più bassi. In effetti, col passare del tempo tutti i risparmi solitamente vanno ai lavoratori e ai clienti. Di conseguenza un'economia di mercato di successo è un'economia nella quale i prezzi scendono di un 2-3 per cento annuo, anno dopo anno, anche quando non c'è alcun segnale di problemi economici.

Dal punto di vista keynesiano, anche questa discesa naturale e tranquilla dei prezzi è pericolosa. È dura con i debitori. E poi un tranquillo calo può sempre trasfor-

22. William Beveridge, citato in Hazlitt, *The Critics of Keynesian Economics*, p. 226.

marsi facilmente in un crollo drastico. Quindi il governo deve creare abbastanza inflazione da spazzare via anche un minimo calo dei prezzi.

V. Ulteriori motivazioni a sostegno della contrarietà di Keynes all'oro negli anni Venti

Dopo la prima guerra mondiale la Gran Bretagna non possedeva molto oro. Nel suo *Trattato della moneta* Keynes riportava che, per quanto riguardava il 1919, i francesi ne avevano molto più degli inglesi e gli americani più di quattro volte tanto. Persino nazioni come l'Argentina e il Giappone non si distanziavano di molto. Nel 1929, la posizione aurea della Gran Bretagna era ancora più debole.[23]

Inoltre alla fine della prima guerra mondiale la Gran Bretagna doveva somme molto ingenti agli Stati Uniti, un debito pagabile in oro, ma a sua volta era in credito di grandi cifre con la Germania e altri Stati europei. Si trattava di crediti che sarebbero stati pagati, se mai fosse accaduto, in cartamoneta.[24] La politica favorita da Keynes era quella di convertire tutti i debiti in cartamoneta e poi di contribuire a pagare i vecchi debiti inflazionandoli, vale a dire stampando più denaro o incrementando altrimenti la disponibilità monetaria. Quando fosse apparso il nuovo denaro, l'ammontare dovuto in pagamento dei vecchi debiti si sarebbe contratto drasticamente in rapporto all'ammontare di denaro in circolazione nell'economia. Si tratta di una vecchia tecnica dello Stato, praticata nelle varie epoche: ripagare il debito, certo, ma farlo con denaro che vale meno. Era proprio una pratica che il sistema aureo classico voleva far cessare.

23. John Maynard Keynes, *Collected Writings*, vol. 6, *A Treatise on Money: The Applied Theory of Money*, London, Macmillan; New York, St. Martin's Press, 1971, p. 266.

24. John Maynard Keynes, *Collected Writings*, vol. 20, *Activities 1929-31: Rethinking Employment and Unemployment Policies*, London, Macmillan; New York, St. Martin's Press, 1981, pp. 418-419; anche in Johnson, *Modern Times*, p. 28.

W. I DSP

Keynes rimase deluso dal fatto che, alla sua istituzione, il Fondo Monetario Internazionale non potesse creare nuovo denaro. Nel 1969 venne comunque stabilita la possibilità di fidi, il che consentiva alle nazioni di utilizzare dei Diritti Speciali di Prelievo (DSP) a complemento delle riserve di valuta straniera. Questi DSP non sono correlati ai prestiti FMI e sono disponibili in proporzione al conto capitale di ogni nazione, anche se le nazioni più ricche possono riallocarli a quelle più povere.

Il Fondo Monetario Internazionale dice che i DSP non sono valuta, soprattutto non sono una valuta di nuova creazione, ma è difficile considerarli diversamente. Cosa importante, nella riunione del G-20 (le venti nazioni con le maggiori economie) dell'aprile 2009 si decise di aumentarli di 250 miliardi di dollari. Al contempo durante la riunione si riaffermò il concetto stesso dei DSP e si decise di aumentare le probabilità future di creazione di maggiore "liquidità" globale a opera del FMI, vale a dire di nuovo denaro.

X. Qualsiasi cosa pensasse sull'economia globale, a Keynes piaceva l'idea di salvaguardare le culture locali

Durante la seconda guerra mondiale, Keynes scrisse che:

> Nel mondo postbellico [...] dovremmo incoraggiare le piccole unità politiche e culturali. Sarebbe bello avere trenta o quaranta capitali in Europa, ognuna centro di una nazione autonoma, assolutamente libera da minoranze nazionali (che verrebbero gestite tramite la migrazione laddove fosse necessario). [...] Ma sarebbe una rovina avere trenta o quaranta unioni economiche e valutarie del tutto indipendenti.[25]

Keynes era davvero favorevole a una migrazione forzata della popolazione? Era questa la sorta di piani-

25. Skidelsky, *Fighting for Britain 1937-1946*, p. 218.

ficazione nazionale e internazionale che aveva in mente? Forse era solamente l'equivalente scritto di qualche *lapsus linguae*, come gli sbalorditivi occasionali commenti antisemiti.[26] Il problema, qui come altrove, è che sia la mente sia l'immaginazione di Keynes erano così fertili da concepire sempre nuove idee, molte in contraddizione fra loro, ed era difficile dire effettivamente da che parte stesse.

Y. La teoria dell'interesse di Keynes

Più ci si addentra nella "teoria" sui tassi d'interesse di Keynes più essa ci appare strana. Egli dice che i tassi d'interesse vengono determinati in gran parte dalla «preferenza di liquidità» dei prestatori. (La preferenza di liquidità potrebbe essere definita nel contesto keynesiano come una «preferenza per l'accumulazione di denaro».)[27] Ciò significa che i tassi dipenderanno dalla volontà dei finanziatori di prestare, una visione nient'affatto straordinaria, ma neanche completa, dal momento che chi ricorre al prestito ha molta voce in capitolo. E Keynes aggiunge che ha importanza anche l'ammontare di denaro presente in un'economia.[28]

La verità è che il prezzo di qualsiasi cosa dipende da offerta, domanda e quantità di denaro presente nell'economia. Nell'economia più semplice che si possa immaginare, ad esempio quella di due naufraghi finiti su un'isola disabitata dei Mari del Sud, con tre coltelli di recupero e 3 dollari, possiamo essere certi che ogni coltello ha il prezzo di un dollaro. Se viene perso un coltello, il prezzo dei due rimanenti sale a un dollaro e 50 centesimi. Se in una bottiglia arrivata sulla riva si trovano altri tre dollari, la somma di denaro raddoppia, per cui i due coltelli varranno 3 dollari l'uno.

La definizione del costo dei prestiti (tassi d'interes-

26. John Maynard Keynes, *Essays in Persuasion*, New York, W.W. Norton, 1963, p. 302; John Maynard Keynes, saggio su Einstein, in John Maynard Keynes, *Collected Writings*, vol. 10, *Essays in Biography*, London, Macmillan; New York, St. Martin's Press, 1972, pp. 382-384.
27. Keynes, *General Theory*, pp. 166-167.
28. Keynes, *General Theory*, pp. 167-168.

se) non è molto diversa da quella del costo dei coltelli. L'offerta di denaro a disposizione per il prestito è un fattore, la domanda di denaro in prestito un altro e l'importo totale del denaro nell'economia un altro ancora. Dato che i prestiti sono tutti in denaro, il primo e il terzo fattore s'influenzeranno l'un l'altro, ma possiamo ancora pensarli come fattori distinti. Come vedremo in seguito, un aumento dell'ammontare totale del denaro nell'economia può inizialmente aumentare la quantità di denaro a disposizione, ma se il denaro extra porta all'inflazione può accadere il contrario.

Quando si parla di domanda e offerta di qualcosa in realtà si abbrevia un'ampia serie di fattori sottostanti e fondamentali. Quali sono i principali elementi che costruiscono in modo più diretto l'offerta e la domanda di prestiti, e quindi il prezzo di questi prestiti espresso nella forma del tasso d'interesse? Uno è il profitto potenziale. Se un investimento aziendale ha la probabilità di fruttare il 7 per cento annuo, il titolare dell'azienda sicuramente non pagherà un 7 per cento o più in interessi per finanziarlo. Maggiore è il profitto potenziale per le imprese, più alto può essere il tasso d'interesse.

Ma cosa dire sul prestatore? Quali fattori intervengono? Uno degli elementi critici è la preferenza temporale. Keynes affronta questo tema in modo confuso e incidentale.[29] La miglior trattazione sull'argomento è quella dell'economista Ludwig von Mises.

L'essenza del concetto di preferenza temporale non è difficile da cogliere. Un prestatore sa di avere la possibilità di scegliere se spendere del denaro oggi oppure se cederlo in prestito e, con un po' di fortuna, domani averne di più da spendere. Un bambino, in genere, non desidera ritardare la gratificazione, anche in vista di una grossa ricompensa finale. Un adulto può essere disposto a farlo e questa volontà può diventare più o meno forte per diverse ragioni. Anche colui che ricorre al prestito avrà personali preferenze temporali.

In questo senso, i tassi d'interesse possono essere

29. Keynes, *General Theory*, p. 166.

considerati come il prezzo del tempo ed è facile capire quanto ciò li renda importanti, perché il tempo è un elemento fondamentale in tante transazioni economiche.

L'economista svedese Knut Wicksell (1851-1926) ha esplorato l'idea per cui potrebbe esistere un tasso d'interesse "naturale" che tenderebbe a mantenere un'economia libera sia da inflazione sia da deflazione estrema, vale a dire che potrebbe mantenere agili le altre modifiche di prezzo all'interno di un'economia. L'economista austriaco Ludwig von Mises ha poi corretto e sviluppato l'idea di Wicksell. Keynes aveva familiarità con questo lavoro, ma nella sua *Teoria generale* respinse e travisò l'idea di un tasso d'interesse naturale. Questo suo rifiuto è comprensibile dal momento che personalmente era a favore di una politica inflazionistica, che è proprio ciò che un tasso d'interesse naturale vorrebbe evitare.

Keynes si dilettava particolarmente a ribaltare il sapere convenzionale. Ne è un esempio la sua affermazione per cui tassi d'interesse elevati ridurrebbero il risparmio, l'opposto di quello che ci si aspetta. Perché? I potenziali risparmiatori non vengono forse incoraggiati dalla possibilità di guadagnare di più? Sì, dice Keynes, ma tassi d'interesse elevati scoraggiano l'indebitamento delle aziende. Ciò riduce gli investimenti aziendali, il che a sua volta riduce il reddito nazionale e, alla fine, il risparmio. Così, è l'investimento a condurre al risparmio e non il contrario.[30]

Questo è un paradosso, bello, ma sbagliato. Se l'aumento dei tassi d'interesse è accompagnato da un aumento delle opportunità d'investimento, e forse anche cagionato da esse, le imprese non effettueranno tagli sugli investimenti. Di solito, infatti, i tassi d'interesse aumentano quando la crescita economica accelera. Conclusione: è il risparmio che porta agli investimenti, così come tutti danno per scontato.

Henry Hazlitt ha rilevato come la tendenza a crescere dei tassi d'interesse nel corso di un boom economico e a scendere nel corso di una crisi è di per sé una confuta-

30. Keynes, *General Theory*, pp. 110-111.

zione della teoria dell'interesse basata sulla preferenza di liquidità di Keynes.[31] Se avesse ragione Keynes sul fatto che i tassi d'interesse sono in gran parte determinati dalla preferenza di liquidità dei prestatori, accadrebbe il contrario: i tassi scenderebbero durante un boom economico e aumenterebbero nel corso di una recessione. E questo perché gli individui vogliono partecipare al boom e non trattenere i contanti, mentre nel caso di una crisi preferiscono tenersi stretti i propri soldi, rendendo così più difficile per le imprese l'ottenimento dei prestiti.

Si deve riconoscere che all'inizio di una crisi i tassi d'interesse possono aumentare. A quel punto, le imprese e gli individui con un risparmio insufficiente possono cercare disperatamente di accedere al prestito per pagare i propri conti. Se i tassi salgono è però solo per poco. Quando si aggrava la crisi, i tassi crollano poiché l'attività economica rallenta e si ferma l'espansione delle attività, entrambi eventi che riducono la domanda di prestito.

Keynes sapeva benissimo che durante una crisi i tassi d'interesse scendono e avrebbe dovuto sapere che questo contraddiceva la sua teoria. Avrebbe anche dovuto capire che la sua proposta di un tasso d'interesse prossimo allo zero era fattibile solo sul brevissimo termine, non per periodi più lunghi, perché implicava che il consumo differito di un bene fosse altrettanto desiderabile di un consumo immediato, che quindi l'attesa non avesse alcun valore e che non dovesse essere premiata. La teoria dell'interesse di Keynes appare confusa e immatura, e non un solido fondamento su cui basare la sua aggressiva prescrizione di un abbassamento forzato dei tassi d'interesse a opera del governo.

Z. Il giovane Keynes sull'inflazione

Nel suo secondo libro, *Le conseguenze economiche della pace*, scritto subito dopo la fine della prima guerra mondiale, un giovane Keynes metteva in guardia i propri lettori dai mali dell'inflazione:

31. Henry Hazlitt, *The Failure of The "New Economics"*, New Rochelle (NY), Arlington House, 1978, p. 448.

> Si dice che Lenin abbia dichiarato che il modo migliore per distruggere il sistema capitalistico è viziandone la moneta. Tramite un processo continuo d'inflazione, i governi possono confiscare, in modo segreto e inosservati, una parte importante della ricchezza dei cittadini. Con questo metodo non solo confiscano, ma lo fanno arbitrariamente; e mentre il processo impoverisce i molti, ne arricchisce alcuni. [...] Man mano che l'inflazione avanza [...] il processo di ottenimento della ricchezza degenera in una scommessa e in una lotteria. Lenin aveva certamente ragione. Non esiste metodo più subdolo e certo di rovesciare le basi esistenti di una società del viziarne la moneta. E il processo arruola tutte le forze nascoste delle leggi economiche dalla parte della distruzione e lo fa in modo tale che nemmeno un uomo su un milione può prevederne l'esito.[32]

Il riferimento a Lenin è ironico per diverse ragioni. È ironico rivolgersi a un comunista per una diagnosi accurata di ciò che danneggia il capitalismo. Ma è ancora più ironico perché Lenin non comprese minimamente che l'inflazione era una minaccia per qualsiasi sistema economico, non solo per quello capitalistico, e quindi venne assolutamente colto di sorpresa quando il suo regime comunista venne afflitto da un'iper-inflazione nel 1920. Questa inflazione si infiammò in modo talmente incontrollato che come disse lo stesso Keynes all'epoca:

> A Mosca [...] se si compra del formaggio in una drogheria, il droghiere scappa con i rubli più veloce che può fino al mercato centrale, per rifornire le proprie scorte cambiando il denaro in formaggio, sempre che i rubli non abbiano perso il loro valore nel tragitto.[33]

Alla fine degli anni Ottanta il morente governo sovietico guidato da Gorbachev stava di nuovo facendo

32. John Maynard Keynes, *The Economic Consequences of the Peace*, New York, Harcourt, Brace & Howe, 1920, pp. 235-236.
33. Keynes, *Collected Writings*, vol. 4, p. 161.

lavorare le zecche a ritmo serrato, inondando di denaro il paese. All'inizio la gente non capì cosa stesse accadendo. I prezzi al consumo erano controllati rigidamente e comunque c'erano poche cose da comprare previa una lunghissima coda.

Nel 1992, però, vennero eliminati i controlli sui prezzi. Fu subito chiaro che il nuovo denaro sovietico aveva reso quasi privo di valore il vecchio denaro. Molti russi avevano economizzato e risparmiato per tutta la vita. All'improvviso non avevano più nulla. La gran parte delle persone pensò che fosse colpa della "liberalizzazione". Non capiva che il valore del denaro era scomparso durante il regime comunista e che l'inflazione nascosta degli anni Ottanta aveva contribuito al crollo dell'Unione Sovietica.

Nel 1922 il governo tedesco chiese consiglio a Keynes sul modo in cui controllare la sua iper-inflazione. In meno di due anni i prezzi erano cresciuti di più di venti volte. L'Europa non aveva mai visto nulla di simile da più di un secolo e molti inglesi comprarono marchi pensando che l'inflazione non potesse continuare. Sfortunatamente per loro si sbagliarono di grosso.[34]

Keynes raccomandò che il governo smettesse di spendere tanto, mettesse in equilibrio il proprio bilancio e soprattutto cessasse di stampare denaro. Il consiglio venne ignorato e i prezzi s'impennarono fino a tremila volte tanto l'anno successivo. A un certo punto raddoppiavano ogni 3,7 giorni. Alla fine, il nuovo capo della Reichbank, Hjalmar Schacht, adottò la politica severa di Keynes e l'inflazione si fermò di colpo. Ma ormai milioni di tedeschi della classe media erano rovinati e amareggiati, il che gettò le basi per l'era nazista che seguì a breve.[35]

L'episodio tedesco dei primi anni Venti di solito viene citato come esempio classico d'iper-inflazione,

34. John Maynard Keynes, *Collected Writings*, vol. 11, *Economic Articles and Correspondence – Academic*, London, Macmillan; New York, St. Martin's Press, 1983, p. 363.

35. Keynes, *Collected Writings*, vol. 4, p. 45. Hajo Holborn, *A History of Modern Germany*, New York, Knopf, 1969, pp. 596-598. Johnson, *Modern Times*, pp. 134, 136.

anche se ce ne sono stati di peggiori: la Jugoslavia comunista, nel gennaio 1994, con i prezzi che raddoppiavano ogni giorno e mezzo, e soprattutto lo Zimbabwe, nell'ottobre del 2008, dove i prezzi raddoppiavano quotidianamente.[36]

Ci sono state iper-inflazioni anche in America. Tralasciando la Grande Inflazione degli anni Settanta, l'inflazione raggiunse un elevatissimo tasso mensile del 40 per cento durante la Guerra Civile e del 47 per cento durante la Guerra d'Indipendenza. La cosa in comune alle tre inflazioni americane è l'emissione di moltissima cartamoneta.[37]

Scrivendo negli anni della sua gioventù, Keynes osservava che l'inflazione operava in modo molto simile a una tassa, ma una tassa nascosta che poteva essere raccolta senza sforzo. E illustrò questo punto con dei calcoli matematici. Presentiamo qui una versione semplificata: si presuma che un'economia consista in un dollaro e alcuni beni e servizi. Se il governo decide di tassarla al 25 per cento, avrà 25 centesimi, il che metterà a sua disposizione un quarto dei frutti dell'economia. Ma così è troppo difficile. Perché non stampare 33 centesimi e un terzo e spenderli? Dal momento che ora nell'economia abbiamo 1,333 dollari, questi 33 e un terzo continueranno a corrispondere allo stesso quarto di beni e servizi. Se anche il governo possiede denaro, l'inflazione sarà doppiamente ben accolta, perché il debito del governo può essere ripagato con denaro che, in termini reali (corretti per l'inflazione), vale meno.

Il giovane (e contrario a politiche inflazionistiche) Keynes concludeva che

> Nel corso della storia il progressivo deterioramento nel valore del denaro non è un caso e ha avuto dietro di sé due grandi forze di spinta – la mancanza di denaro dei governi e la superiore influenza politica della classe debitrice.

36. Steve Hanke, *Forbes*, 22 dicembre 2008, p. 106.
37. Hanke, *Forbes*, 22 dicembre 2008, p. 106.

> Un governo può vivere a lungo [...] stampando denaro di carta. [...] È la forma di tassazione che la gente trova difficile da evadere e che anche il governo più debole riesce a far applicare.[38]

Come fanno capire questi passaggi, non c'è peggior nemico delle politiche keynesiane dello stesso giovane Keynes.

AA. Non tutti ritengono che l'Indice dei prezzi al consumo sottostimi l'inflazione

Per una trattazione sull'idea che l'Indice dei prezzi al consumo sovrastimi l'inflazione si veda C. Broda e D. Weinstein, *Prices, Poverty, and Inequality*.[39] Gli autori non spiegano perché i metodi con cui si calcolava l'inflazione in precedenza, se applicati oggi, darebbero un Indice più elevato. Il loro libro si occupa principalmente della questione dell'eventuale miglioramento della condizione degli americani con redditi inferiori. In merito a questo, è importante osservare che le persone nel decile dei redditi minori cambiano di continuo, in parte a causa dell'immigrazione.

BB. Le bolle del passato confutano Mises?

Gli economisti contrari alla teoria del ciclo economico di Mises a volte obiettano che le bolle economiche sono antecedenti al sistema bancario moderno. Stando così le cose, gli sforzi del governo di ridurre i tassi d'interesse artificialmente stampando nuovo denaro e immettendolo nell'economia tramite le banche non possono essere la causa prima del ciclo economico.

L'esempio principale di bolla antecedente al sistema bancario moderno è il Mississippi Scheme dei primi anni del diciottesimo secolo, a opera di John Law e sostenuto dal governo francese. Benché avesse preso avvio come una legittima attività economica, presto si trasformò in un tentativo di riversare nuovo denaro

38. Keynes, *Collected Writings*, vol. 4, pp. 8, 37.
39. Washington (DC), AEI Press, 2009.

nell'economia e svalutare la moneta.

In realtà anche questa, come le altre prime bolle, conferma invece che contraddire la visione di Mises per cui il ciclo economico deriva dai tentativi artificiosi di gonfiare l'offerta monetaria. E ci ricorda, però, che storicamente questi metodi per gonfiare l'ammontare di denaro disponibile hanno preso forme diverse. Come abbiamo visto nel capitolo 1, i primi tentativi dei governi di controllare i tassi d'interesse e gli altri prezzi possono essere fatti risalire ai babilonesi.

CC. Il nuovo denaro e il livello dei tassi d'interesse

L'impatto sui tassi d'interesse del nuovo denaro immesso in un'economia è sempre un fenomeno complesso. Abbiamo visto che può portare inflazione o aspettative d'inflazione, e quindi tassi d'interesse più elevati o, in alternativa, inflazione mascherata e una bolla, ma anche questa è una semplificazione eccessiva. Si consideri ad esempio la decisione presa nel 2009 dalla Federal Reserve di acquistare obbligazioni a lungo termine del Tesoro degli Stati Uniti con denaro creato "dal nulla". Si trattò di una virata drastica, dal momento che la Fed non aveva acquistato obbligazioni a lungo termine in questo modo dall'epoca immediatamente successiva alla fine della seconda guerra mondiale.

L'impatto iniziale dell'annuncio della Fed fu drammatico. Crollarono tutti i prodotti di lungo termine del Tesoro. Il mercato obbligazionario, evidentemente, era giunto alla conclusione che la Fed non avrebbe consentito una crescita dei tassi sul lungo periodo, tale da rendere vantaggioso acquistare tali obbligazioni. Ma poi i rendimenti a lungo termine cominciarono a salire. Perché? Forse perché i governi stranieri, detenendo più prodotti del tesoro americano di quanti ne volessero, ritennero che quello era il momento giusto per iniziare a venderli. I governi stranieri presumibilmente non avevano intenzione di vendere così tanti titoli statunitensi da farne aumentare i rendimenti. Ciò avrebbe avuto un impatto negativo sui prezzi e minacciato pertanto il valore delle partecipazioni che rimanevano in loro possesso. Ma visto che la Fed avrebbe acquistato tali titoli, perché non approfittare di questa finestra di opportunità per vendere? Dal punto di vista di un governo straniero, la Fed poteva sembrare una sorta di "credulone" disposto a prendere merce in sovrapprezzo e non voluta.

Considerata in questo modo, l'azione della Fed poteva non ottenere il risultato desiderato. Invece di mantenere bassi i prodotti del Tesoro a lungo termine, l'acquisto di tali obbligazioni poteva innescare una vendita estera tale da aumentare i tassi. In tal caso chi avrebbe "battuto ciglio" per primo? La Fed, che voleva manipolare il mercato con meno acquisti possibili? O i governi stranieri, che vendevano i loro vasti possedimenti di obbligazioni statunitensi indesiderate? Era impossibile da stabilire, ma sembrava che il vantaggio stesse dalla parte di questi ultimi. Perché avrebbero dovuto smettere di "scaricare" le proprie obbligazioni sulla Fed, fintanto che questa fosse stata disposta a comprarle a prezzo pieno con denaro "fasullo"?

DD. La semplice aggiunta di denaro non ci rende più ricchi

È facile capire questo concetto quando si pensa all'economia nel suo complesso, ma più difficile capirlo in casi specifici, come quello della politica sanitaria degli Stati Uniti. Il governo sovvenziona piuttosto deliberatamente l'assistenza sanitaria, o pagando per essa o fornendo ulteriore denaro per pagarla. Ciò aumenta la domanda, ma non viene fatto nulla per aumentare l'offerta, anzi essa si restringe con una miriade di regolamentazioni in merito a chi può fare cosa. Con una domanda maggiore e un'offerta minore, il denaro aggiuntivo porta solamente a prezzi più elevati, i quali poi di solito portano al razionamento. Questo problema viene discusso anche nel capitolo 22.

EE. Le origini del crollo del 1929 e della Grande Depressione

La bolla degli anni Venti fu in gran parte opera di un unico uomo, Benjamin Strong, presidente della Fed di

New York. Strong dominava la politica economica degli Stati Uniti e guidava il sistema finanziario mondiale assieme al suo stretto alleato, Montagu Norman, capo della Bank of England. I due temevano che il rifiuto statunitense al Trattato della Lega delle Nazioni a seguito della prima guerra mondiale avesse lasciato la politica mondiale priva di una guida. Entrambi convenivano sul fatto che gli Stati Uniti, agendo assieme alla Gran Bretagna, dovessero per lo meno assumersi la responsabilità della stabilizzazione dell'economia globale.

A quell'epoca il mondo intero (ma soprattutto la Gran Bretagna) doveva ingenti somme agli Stati Uniti. Come sarebbero stati pagati questi debiti? In teoria gli altri paesi avrebbero potuto esportare negli Stati Uniti e quindi guadagnare così il denaro con cui ripagare il debito. Ma i forti dazi statunitensi rendevano difficile questa opzione. Strong e Norman elaborarono insieme talune politiche volte ad affrontare il problema.

In particolare, Strong stava sperimentando nuovi metodi che la da poco creata Fed avrebbe potuto usare per abbassare i tassi d'interesse. Keynes osservava (in un ammirato necrologio) che

> La politica del mercato aperto [nome tecnico per la politica basata sulla "stampa" e immissione di denaro nell'economia attraverso le banche e in forma di fondi per il prestito] fu in gran parte una sua creazione.[40]

Strong sviluppò ulteriormente l'idea per cui se gli Stati Uniti avessero abbassato i tassi d'interesse tramite una «politica di mercato aperto» avrebbero avuto un boom. Se avessero avuto un boom economico, sarebbero stati in grado di comprare più merci dall'estero. Allo stesso tempo, parte del nuovo denaro creato dal governo sarebbe potuta andare all'estero sotto forma di nuovi prestiti. I nuovi prestiti non solo avrebbero contribuito a rifinanziare i vecchi, ma avrebbero anche incoraggiato i governi stranieri a comprare le merci

40. Keynes, *Collected Writings*, vol. 10, p. 323.

americane. (In alcuni casi, nel prestito era stato incluso l'obbligo di spendere parte dei fondi negli Stati Uniti.)

Questo sistema era in un certo senso analogo all'accordo sviluppato tra Cina e Stati Uniti negli anni Novanta. Gli Stati Uniti avrebbero comprato vastissime quantità di merci dalla Cina, ma la Cina avrebbe concesso un prestito pari all'acquisto agli Stati Uniti; in pratica la Cina avrebbe finanziato la vendita. In modo simile, negli anni Venti gli Stati Uniti finanziavano la vendita di beni in Europa e al contempo rifinanziavano i prestiti della prima guerra mondiale per sostenere la finzione che alla fine sarebbero stati ripagati.

Herbert Hoover, prima come segretario al commercio con il presidente Coolidge, e poi come presidente, sostenne la politica dei prestiti esteri a basso costo perché riteneva che anche i prestiti inesigibili avrebbero stimolato le esportazioni e quindi l'occupazione.[41] In seguito quando scoppiò la bolla del denaro e dei prestiti a basso costo (sia domestici che esteri) Hoover aggravò moltissimo la conseguente depressione cercando di mantenere alti i salari, mentre i prezzi sprofondavano. (Discuteremo ulteriormente di questo quando parleremo delle prescrizioni di Keynes per le depressioni.) Il perspicace Calvin Coolidge, che si dice si aspettasse un crollo e per questo si rifiutò di candidarsi alla presidenza nel 1928, disse di Hoover: «Quell'uomo mi ha dato consigli non richiesti per sei anni, e tutti pessimi».[42]

Keynes non previde il crollo e perse moltissimo denaro. Nonostante questo, dopo il fatto, descrisse l'operato della Federal Reserve negli anni dal 1923 al 1928 come un

trionfo.

Quello che né Strong né Keynes ammettevano era che una politica di denaro a basso costo creava inesorabilmente inflazione, sebbene mascherata (come negli

41. H.G. Warren, *Herbert Hoover and the Great Depression*, Oxford, Oxford University Press, 1959, p. 27; citato in Johnson, *Modern Times*, p. 234.
42. Johnson, *Modern Times*, p. 229.

anni Novanta e nei primi anni del ventunesimo secolo). Il nuovo denaro evitava che i prezzi calassero, come invece avrebbero fatto altrimenti, e in qualunque caso la gran parte di esso finiva in speculazioni azionarie.

Nel 1927 Strong e Norman decisero di abbassare ulteriormente i tassi. Il primo scrisse al vice governatore della Banca di Francia:

> Darò un bicchierino di whiskey al mercato azionario.[43]

Quest'ultimo stimolo alla speculazione si dimostrò un tragico errore. Ma Strong non visse abbastanza per vederne i risultati. Morì a 51 anni nel 1928.

FF. L'economista Ludwig von Mises sulle aliquote elevate

Mises aveva una brutta opinione dell'imposizione di una tassazione pesante sugli scaglioni di reddito più elevati. Sosteneva che «l'essenza delle tanto celebrate politiche economiche "progressive" degli ultimi decenni era l'espropriazione in continua crescita di parti dei redditi più elevati e l'impiego dei fondi raccolti in questo modo per il finanziamento dello spreco pubblico e per il sovvenzionamento dei membri dei gruppi di pressione più potenti».[44]

GG. Perché un tasso d'interesse più alto potrebbe essere uno stimolo

Finora, nella nostra discussione, abbiamo supposto che tassi d'interesse bassi possano stimolare l'investimento e la crescita economica, mentre quelli alti otterrebbero l'effetto contrario. Tuttavia, dobbiamo tenere presente che il rapporto fra i diversi tassi d'interesse ha una grande importanza. Un 1 per cento sui fondi Fed sarà in genere più incentivante di un 4 per cento, ma potrebbe non dipendere dal livello degli altri tassi.

Una banca guadagna nello *spread*, la differenza fra il

43. Johnson, *Modern Times*, p. 236.
44. Hazlitt, *The Critics of Keynesian Economics*, p. 313.

tasso al quale prende a prestito e quello al quale presta. Benché preferisca un 1 per cento di tasso di prestito a un 4 per cento, se può ottenere prestiti all'1 per cento e darne al 3 per cento non va bene tanto quanto prendere a prestito al 4 per cento e dare in prestito al 7 per cento. In questo caso, il 4 per cento sui fondi Fed può essere più "stimolante" dell'1 per cento, perché incoraggerà una maggiore disponibilità al credito bancario.

Le banche non sono le uniche a investire nello *spread*. Gli *hedge funds* e altri soggetti finanziari fanno lo stesso. Quando gli *hedge funds* prendono in prestito denaro con tassi bassi e contemporaneamente lo prestano con rendimento maggiore si parla di *carry trade*.

HH. Conseguenze indesiderate delle sovvenzioni pubbliche agli studenti

Come nel settore medico, anche nell'istruzione di livello superiore i sussidi hanno aumentato la domanda. Se la domanda cresce ma l'offerta no, l'effetto è semplicemente quello di alzare i prezzi. Il modo più efficace per aiutare le persone a studiare, così come a far altro, è aumentare l'offerta, non la domanda. Aumentare la domanda senza preoccuparsi dell'offerta è assolutamente controproducente. Certamente l'offerta delle famose università statunitensi non può essere aumentata, perché esse godono di una posizione e di una reputazione uniche. Ma si possono incrementare altre opportunità educative, aumentando l'offerta e ponendo un limite generale ai prezzi.

II. La legge di Say

L'idea che una società che produce non possa mancare di entrate da spendere, con le quali comprare i beni prodotti, all'inizio può sembrare sconcertante. È naturale chiedersi: e se i compratori non hanno il denaro per comprare i beni prodotti? Cosa succede? Fortunatamente l'atto stesso del produrre rilascia il denaro necessario a comprare i beni. Per capirne il motivo, si guardi alla seguente dichiarazione di profitti e perdite di un'azienda:

Acme Products Company
Vendite (reddito) 10.000.000 di dollari
Spese:
acquisti 2.000.000 di dollari
dipendenti 6.000.000 di dollari
altri costi 1.000.000 di dollari
Totale 9.000.000 di dollari
Profitti 1.000.000 di dollari

Ogni voce di spesa rappresenta del denaro che esce nell'economia prima della comparsa del prodotto Acme. Ogni dollaro di questo denaro può essere speso. Probabilmente non verrà speso su prodotti Acme. Resta il fatto che i soldi verranno spesi per qualcosa.

Forse questo significa che l'Acme troverà sempre un compratore per i suoi prodotti? Certamente no. L'Acme troverà acquirenti se i suoi prodotti hanno una buona qualità, se non sono più costosi di altri prodotti simili e se costituiscono qualcosa che la gente desidera. Ma al di là del fatto che la gente acquisti proprio prodotti Acme, ci sarà sempre denaro per farlo, perché la produzione economica totale in un'economia genera sempre il denaro necessario a comprare tutti i beni prodotti. Il problema non è come generare acquirenti e potere d'acquisto, ma come far funzionare la produzione.

Un attimo, dirà il lettore attento. Le spese pagate dall'Acme e immesse nell'economia rappresentano solamente il 90 per cento delle vendite. E il 10 per cento che è divenuto profitto?

La risposta è che anche il profitto del 10 per cento viene immesso nell'economia, benché ciò accada in un momento successivo rispetto alle spese e solamente se i prodotti Acme vengono comprati. Si presuma che ci sia profitto: i titolari dell'Acme possono spenderlo per beni di consumo personali. Diversamente, lo possono mettere da parte. Se ciò avviene all'interno dell'azienda, questa lo spenderà nell'espandere la propria attività e il denaro tornerà a fluire nell'economia, dove può essere utilizzato per comprare qualcos'altro. Se i titolari investono il loro profitto al di fuori dell'azienda, verrà speso per avviare o espandere un'altra attività.

L'idea che (nell'economia in generale) la produzione fornisca il reddito con il quale comprare i suoi prodotti oppure, come viene detto spesso, che l'offerta crei la sua stessa domanda, è assolutamente sensata. Né Keynes né nessun altro possono confutarla, per la semplice ragione che è corretta. (Per una spiegazione più completa del motivo per cui Say aveva ragione e Keynes si sbagliava, i testi dell'economista W.E. Hutt sono un utile strumento.)

JJ. Risparmio e investimento (cosa viene per primo?)

Keynes avanza anche la tesi paradossale per cui il livello d'investimento determina quello di risparmio, l'opposto di quello che l'osservazione e il buon senso ci dicono. Questa tesi rientra nell'affermazione paradossale più generale per cui la spesa determina il livello di risparmio e tale spesa, e non il risparmio, ci rende ricchi.

È vero che la spesa dei consumatori e delle aziende determina i redditi, ma da questo non segue che si diventa ricchi spendendo. I cosiddetti economisti classici disprezzati da Keynes avevano ragione nel dire che il flusso circolare dell'economia inizia dal duro lavoro, dalla produzione e dal risparmio. Ciò, a sua volta, porta alla spesa che ritorna ai produttori come reddito. Iniziare la propria analisi in modo arbitrario e fuorviante a metà di tale flusso e poi presentare tutto questo come una nuova e importante prospettiva, o scoperta, significa semplicemente fare giochi semantici.

Nel riflettere su questo dobbiamo anche tenere a mente che Keynes considerava il risparmio privato solamente come "una" delle forme di risparmio della società nel suo complesso. Egli riteneva infatti che anche il nuovo denaro immesso nell'economia attraverso il sistema bancario fosse un risparmio.

KK. Ampi risparmi inutilizzati e deflazioni profonde

È fuorviante pensare, come fa Keynes, che un grande ammontare di risparmio inutilizzato causi gravi deflazioni. È un esempio di ragionamento tautologico.

Le due variabili, lungi dal rappresentare una causa e un effetto, sono in realtà solamente due modi diversi di descrivere la stessa cosa. Se il denaro viene accumulato invece che investito, la disponibilità monetaria all'interno dell'economia crolla. Dal momento che c'è meno denaro in circolazione, crollano anche i prezzi. Quando questo accade devono scendere anche i salari, altrimenti scompariranno i profitti aziendali. Se scompaiono i profitti, avremo bancarotte e disoccupazione. Discuteremo di questo punto nei capitoli successivi.

LL. La confusione di Keynes sull'accumulo di risparmio

Keynes è così ansioso di trovare esempi di risparmio non investito che rimane inutilizzato (e che quindi interrompe i flussi finanziari dell'economia) da cadere in un numero sorprendente di errori di fatto o di logica. Per esempio egli dice che gli individui o le società accumulano denaro in modo da poter riparare gli edifici o sostituire gli impianti.[45] Ma come Henry Hazlitt ha sottolineato non si tratta quasi mai di vere e proprie scorte di denaro: o sono convenzioni di contabilità (ammortamenti) senza alcun effetto sulla liquidità delle aziende, oppure sono riserve e in questo caso solitamente vengono investite.

Ancora più sconcertante è l'affermazione di Keynes per cui le quote di acquisto di una società esistente sul mercato azionario non coinvolgono i risparmi.[46] Sembra sostenere che così facendo si acquista solamente un investimento vecchio, non uno nuovo. Ma non ha senso. Come dice lo stesso Keynes, acquistare azioni è una transazione bilaterale. Ci deve essere un venditore. Se compro le azioni del venditore, il denaro passa a lui. Il venditore, a sua volta, può spendere il denaro o comprare altre azioni. Alla fine il nuovo denaro contante troverà la sua strada nella spesa dei consumatori o delle attività economiche.

Allo stesso modo si sostiene talvolta che gli acqui-

45. Keynes, *General Theory*, pp. 99-100.
46. Keynes, *General Theory*, p. 212.

renti di lingotti d'oro stiano semplicemente facendo incetta, perché non ottengono un ritorno d'investimento sui lingotti. Ma se c'è un compratore di oro ci deve essere un venditore, per cui il denaro del compratore rimane attivo nell'economia, anche se nelle mani del venditore. In ogni caso, perché il compratore vuole proprio oro? Di solito è motivato o dal timore di un'inflazione creata dal governo o dalla paura di una svalutazione della cartamoneta emessa dal governo, oppure teme una svalutazione mascherata della cartamoneta attraverso l'inflazione.

MM. Come lo Stato incoraggia il rischio sul mercato azionario

Immettere denaro e credito a basso costo nell'economia è la modalità principale con la quale lo Stato crea bolle e infiamma la speculazione del mercato azionario. Ma ci sono molti altri modi con cui le autorità pubbliche incoraggiano la speculazione. Ad esempio, se possiamo dedurre dalle imposte il costo di un mutuo ipotecario perché non stipularne più di quanti siano necessari e mettere il prestito extra in azioni, soprattutto in piani di pensionamento fiscalmente privilegiati? Certo nessuno pensa che lo si faccia direttamente, ma chi può impedire di farlo indirettamente con un piccolo acconto sulla casa? Se investite in credito tassato ovviamente preferirete evitare alcune società da cui ci si possa attendere dividendi, poiché il governo tassa i dividendi con un'aliquota più elevata di quella sui rendimenti di capitale (e soprattutto dopo averli già tassati a livello societario).

La doppia tassazione dei dividendi è anche una delle ragioni per cui negli anni Novanta le società prendevano a prestito denaro per comprare le proprie azioni, il che alimentò la bolla del mercato azionario di quell'epoca. Un'altra ragione per cui le società statunitensi si comportarono in quel modo è il fatto che il Congresso aveva da poco reso non deducibili i compensi dei manager al di sopra del milione di dollari da parte delle società a capitale diffuso. Ciò portò a un rilascio di massa di *stock option* a tali dirigenti, il che a sua volta rese estremamente attraente il prestito per l'acquisto di azioni, fece impennare i prezzi e quindi gonfiò la bolla delle *stock option*. Di questo si parla anche nel capitolo 22.

NN. Definizione di speculazione

Benché avesse detto che scriveva la sua *Teoria generale* per gli specialisti, Keynes utilizzò comunque una definizione approssimativa della speculazione. Nel linguaggio tecnico dell'economia, uno speculatore è un cittadino che svolge una funzione assai utile poiché aiuta i produttori ad assicurarsi contro l'inevitabile incertezza. Ad esempio, chi specula sul grano può comprare il raccolto di un coltivatore prima che sia piantato e quindi proteggere quello stesso coltivatore dai risultati peggiori e forse anche consentirgli di piantare di più. Diversamente, i giocatori d'azzardo si assumono rischi assolutamente evitabili, come in una bisca, e quindi non servono nessuno scopo economico. Keynes lo sa, ma la sua teoria non opera nessuna distinzione fra le due categorie.

OO. Obbligazioni del governo statunitense nel 2007
(espresse in miliardi di dollari)

	2000	2007	Tasso di crescita annuale
Pil nominale	9.817	13.841	5,0%
Arretrati debito pubblico	5.662	9.229	7,2%
Benefit dipendenti federali e veterani	2.758	4.769	8,1%
Spese previste Sicurezza Sociale	3.845	6.763	8,4%
Spese previste Medicare	9.193	34.085	20,6%
Ginnie Mae	603	428	-4,8%
Passività FHLB	622	1.218	10,1%
MBS e passività Fannie e Freddie	3.345	6.537	10,0%
Depositi FDIC	3.055	4.293	5,0%
Totali	$ 29.083	$ 67.321	12,7%

Fonte: Grant's Interest Rate Observer, 25 luglio 2008, p. 2.

NB: Molte di queste voci ebbero un grande incremento dopo il 2007.

PP. Una nuova alleanza "populista"?

La fusione tra Wall Street e Washington, espressione di una più ampia fusione fra grandi imprese e potere politico, ha oppositori appartenenti a settori completamente diversi dello spettro politico.

I populisti di sinistra sono critici perché credono che Washington favorisca in tal modo i ricchi e venga corrotta dal denaro del mondo degli affari. L'importante economista Joseph Stiglitz è uno dei leader che milita in questo campo. Egli disse che «[i progettisti dei salvataggi] hanno le mani nelle tasche delle banche oppure sono incompetenti. Si tratta di una vera ridistribuzione e di una tassa che ricade su tutti i risparmiatori americani. È una strategia volta a cercare di ricreare la bolla».[47]

Ci sono critiche provenienti anche da quella che di solito viene considerata la destra politica, soprattutto i libertari, che dicono più o meno la stessa cosa. Di solito non sono d'accordo con Stiglitz, ma in questo caso condividono la convinzione che il governo si stia corrompendo, oltre che stia danneggiando enormemente l'economia.

Forse a un certo punto ci sarà un'alleanza di "populisti" sia di sinistra che di destra, uniti nel tentativo di fermare questo flusso di denaro "corrotto" che unisce Washington e interessi particolaristici.

QQ. I vantaggi sindacali colpiscono gli altri lavoratori?

Esaminando la questione dalla prospettiva dell'economia nel suo complesso, la gran parte dei guadagni dei lavoratori sindacalizzati non è a scapito dei datori di lavoro, ma piuttosto dei lavoratori non iscritti al sindacato. In primo luogo l'esistenza di salari maggiori in un settore sindacalizzato significa che lì ci sono pochi posti di lavoro, così che molti lavoratori competono per posti non sindacalizzati in altri settori e quindi riducono i salari pagati per essi. In secondo luogo i prodotti di un settore sindacalizzato in generale costano di più; nella misura in cui gli altri settori devono comprarli,

47. Citato da John P. Hussman, in "Hussman Letter", 18 maggio 2009.

avranno meno denaro per pagare i propri lavoratori. Inoltre se i lavoratori comprano un prodotto di un settore in cui è forte il potere sindacale (ad esempio, il settore automobilistico), pagheranno anche loro di più e quindi avranno meno denaro da spendere per altre cose. Se il settore sindacalizzato è il governo, tutti devono pagare questo prezzo più alto attraverso tasse addizionali o attraverso quella tassa mascherata costituita dall'inflazione associata alla spesa in disavanzo e all'emissione di denaro.

RR. Economia: l'arte dell'inventare ipotesi funzionanti a partire da ciò che è sempre una prova indiziaria

Il ritorno a una valuta solida avvenuto nel 1879 corrispose alla fine della depressione solamente per coincidenza oppure spiega il recupero dell'economia? In economia, siamo costretti ad avere a che fare con prove indiziarie, anche se, in questo caso, che la solidità della valuta sia stata la cura sembra un'ipotesi assai convincente.

SS. La creazione di nuovo denaro a opera delle banche

Un esempio ci aiuterà a capire come funziona la cosa. Supponiamo che io depositi nella mia banca 1000 dollari. La banca ne dà in prestito 900 a qualcun altro e ne tiene 100 nel caso in cui qualche titolare di depositi chieda liquidità. Dopo che il mio denaro è stato prestato, i 1000 dollari sono diventati 1900. Perché? Perché io ho ancora i miei 1000 dollari e il mutuatario ne ha altri 900, per un totale di 1900. Se il mutuatario depositasse i 900 dollari in un'altra banca, forse 810 dollari verrebbero dati in prestito e 90 trattenuti come riserva. Supponendo una riserva del 10 per cento, i miei 1000 dollari originari potrebbero, nel corso del tempo, aumentare fino a 10.000 dollari di denaro totale che si muove nell'economia.

Bisogna sottolineare che nessuno di questi prestiti aumenta la ricchezza. I 9000 dollari di denaro creato dal nulla sono stati presi a prestito e vanno ripagati. Così, anche se ora ci sono 10.000 dollari, la ricchezza è solamente di 1000.

Ma la storia non finisce qui. Il governo può incoraggiare le banche a creare più denaro, o meno, variando i requisiti di riserva. Può anche aumentare le riserve bancarie direttamente attraverso quelle che sono note come "operazioni di mercato aperto".

In questo tipo di procedura la Fed può comprare un'obbligazione governativa da una banca, non pagandola davvero, ma garantendo il credito della banca alla Fed. Ciò crea ancora nuovo denaro "dal nulla". Inoltre, dal momento che la banca ha nuove riserve, può darle in prestito fino a dieci volte tanto. Ogni nuovo dollaro di riserve bancarie ha la potenzialità di diventare 10 dollari, attraverso il prestito, per l'economia nel suo complesso. In questo modo il denaro di nuovo conio si moltiplica all'interno del sistema bancario. (Per approfondimenti sulla Fed, si veda Hunter Lewis, *Are the Rich Necessary?*, edizione rivista, Mt. Jackson VA, Axios Press, 2009.)

TT. Il concetto delle riserve bancarie del 100 per cento

Con il 100 per cento di riserve, l'ammontare di denaro presente nell'economia non fluttuerebbe più in modo imprevedibile. Non ci sarebbero più corse agli sportelli e quindi non ci sarebbe bisogno dei prestatori di ultima istanza di Bagehot. La finanza non sarebbe più l'anello debole dell'economia.

Essendo fissa la disponibilità monetaria, i prezzi tenderebbero a scendere gradualmente man mano che migliora la produttività, vale a dire man mano che impariamo a creare beni in modo più economico. Ciò aiuterebbe in particolar modo i poveri, perché potrebbero comprare di più con lo stesso reddito. I tassi d'interesse tenderebbero a essere inferiori, dal momento che i prestiti sarebbero rimborsati in denaro con un potere d'acquisto generalmente maggiore. Se il calo dei prezzi fosse la norma, anche i contratti potrebbero richiedere un rimborso inferiore al 100 per cento del valore nominale.

Coloro che si oppongono all'idea di un'offerta monetaria fissa sostengono che limiterebbe l'espansione della produzione. Ma se la produzione aumentasse senza l'espansione della disponibilità monetaria, questo si tradurrebbe solamente in una riduzione dei prezzi. La riduzione dei prezzi non è una minaccia per l'economia, a condizione che sia attesa e che non si verifichi troppo rapidamente. I sostenitori di un'offerta monetaria "elastica" o in crescita non spiegano perché dovrebbe aver senso il sistema attuale di espansione casuale e irregolare attraverso i prestiti bancari.

Per una trattazione più completa del concetto di riserva bancaria del 100 per cento si vedano i vari libri e articoli dell'economista Murray N. Rothbard. Anche un altro economista, George Reisman, ne parla nel suo libro *Capitalism*.

UU. Requisiti di riserva della Federal Reserve Bank

L'ultima riduzione nei requisiti di riserva bancaria ci fu nel dicembre 1992: da una scala mobile con un massimo del 12 per cento a una scala mobile con un massimo del 10 per cento sui depositi relativi a transazioni. I requisiti per i conti non destinati a transazioni furono azzerati nel 1990.

VV. Proiezioni del deficit di Obama

Il presidente Obama strutturò il suo primo bilancio in modo che le proiezioni del deficit cadessero nettamente prima del 2012, anno di elezioni, e poi salissero nuovamente.[48] Il bilancio dell'amministrazione Obama mostrava anche una proiezione di 600 miliardi di dollari di deficit per il 2018, anno in cui gli Stati Uniti dovrebbero terminare le sovvenzioni per la previdenza sociale. Il Nonpartisan Congressional Budget Office ha detto che Obama ha sottovalutato il deficit del 2018 di 400 miliardi di dollari. Se fosse così, si tratterebbe di 1000 miliardi di dollari già prima dell'impatto dell'ulteriore spesa per la previdenza sociale.[49]

48. *Washington Post*, 21 marzo 2009; *Weekly Standard*, 13-20 aprile 209, p. 8.
49. *Washington Post*, 21 marzo 2009; anche in *Weekly Standard*, 13-20 aprile 2009, p. 8.

WW. Ulteriori osservazioni sul moltiplicatore keynesiano

Anche se il moltiplicatore non si autodistruggesse diventando infinito, produrrebbe comunque risultati particolari. Henry Hazlitt dimostra come, secondo la matematica di Keynes, la sua spesa personale dovrebbe moltiplicarsi di 100.000 volte.[50] E dimostra anche come Keynes continui a confondere i valori nominali (che non tengono conto dell'inflazione) e quelli reali (corretti per l'inflazione).[51]

È anche sbagliato, come ha rilevato George Reisman, pensare che il denaro si sposti da un lavoratore a un altro mano a mano che viene moltiplicato. Ci si aspetta, infatti, che la spesa della prima serie di lavoratori in realtà vada ad aumentare gli utili delle attività economiche.[52] Nel suo libro *Capitalism* Reisman osserva anche che la dottrina del "moltiplicatore" di Keynes contraddice l'altra sua dottrina dell'"efficienza marginale del capitale" (si legga "utili").[53] Ciò è imbarazzante per due ragioni diverse. In primo luogo Keynes non vuole riconoscere il ruolo degli utili nella creazione di occupazione. In secondo luogo i profitti sono risparmio e la formula del moltiplicatore presume che il risparmio non venga speso. Se infatti i risparmi vengono spesi, il moltiplicatore diventa infinito, come abbiamo visto. Se il risparmio in forma di utili non viene speso, non ci sarà nessuna moltiplicazione. Il modo migliore per affrontare tutto questo è porre un moltiplicare quantificato e prevedibile là dove deve stare: nella pattumiera.

XX. Cosa ci guadagnano i lavoratori occupati da una grave deflazione?

Per fare un calcolo esatto di ogni periodo di grave deflazione avremmo bisogno di avere i prezzi al consumo e alla produzione, i salari medi orari e soprattutto il

50. Hazlitt, *The Failure of The "New Economics"*, pp. 150-151.
51. Hazlitt, *The Failure of The "New Economics"*, p. 145.
52. George Reisman, *Capitalism*, Ottawa (IL), Jameson Books, 1990, pp. 690-691.
53. Reisman, *Capitalism*, p. 883.

numero di ore lavorate. Ma anche così, il risultato sarebbe solo una media, e le dispersioni intorno alla media sarebbero grandi.

YY. Bernanke e l'oro

Il prezzo dell'oro era 480 dollari l'oncia quando Bernanke fu nominato a capo della Fed.[54] Successivamente il prezzo raddoppiò, poi scese nuovamente durante il crollo del 2008 poiché gli acquirenti che utilizzavano il credito dovevano vendere, quindi risalì bruscamente nel 2009. La stessa cosa era accaduta durante e dopo il crollo del 1929. L'oro crollò, ma poi recuperò dopo la fase iniziale di liquidazione degli *asset*.

ZZ. Keynes ha detto qualcosa di nuovo?

Carl Horowitz del National Legal and Policy Center, critico nei confronti di Keynes, lo definisce un «pensatore assai imperfetto benché molto originale».[55] Eppure abbiamo dei buoni motivi per dubitare di questa presunta originalità.

È molto difficile dire qualcosa di completamente nuovo in economia o in qualsiasi altra disciplina afferente alle "scienze sociali". Quella che sembra una novità, di solito è solo un nuovo modo di trattare un vecchio tema o anche una sua riscoperta. Sembra corretto dire che la *Teoria generale* di Keynes nel suo complesso è una riproposizione delle precedenti dottrine mercantilistiche. Il keynesismo è, in generale, il mercantilismo.

Inoltre alcuni keynesiani ritengono che Michal Kalecki avesse anticipato almeno in parte ciò che poi disse Keynes. Joan Robinson, allieva di Keynes, conveniva su questo punto. Henry Hazlitt sottolinea anche le affermazioni di Albert L. Hahn, un tedesco che nel 1924 scrisse un volume intitolato *Geld und Kredit* (Moneta e credito). Hahn sembra anticipare Keynes in molti modi, anche se alla fine ripudiò le proprie prime opere, così

54. *Forbes*, 17 novembre 2008, p. 20.
55. *http://www.townhall.com*, 21 marzo 2009.

come quelle di Keynes, nel suo libro del 1949 intitolato *The Economics of Illusion*.

AAA. Mescolando serie reali e nominali

Esempi di questo mescolamento si trovano in diverse pagine della *Teoria generale*. Per una trattazione completa si veda Henry Hazlitt, *The Failure of The "New Economics"* (New Rochelle, NY, Arlington House, 1978), alle pagine 64, 85, 107 e 145.

BBB. Nella tana del coniglio

Lewis Carroll (Charles Dodgson, 1832-1898) era un matematico e un logico. Il suo libro, *Alice nel paese delle meraviglie*, ha introdotto l'immagine della "tana del coniglio" e tratta tanto di logica quanto di fantasia.

CCC. Altri paradossi e parziali paradossi keynesiani (supplemento al capitolo 21)

Paradossi keynesiani su spesa e risparmio

1. La disoccupazione non ha nulla a che vedere con i profitti dei datori di lavoro, con i livelli salariali e con gli altri prezzi. Per risolverla, abbiamo solo bisogno di spendere di più.

2. Proprio come la nuova moneta stampata dal governo rappresenta una forma di risparmio «genuino» tanto quanto il risparmio tradizionale, così anche i profitti ottenuti in una bolla sono genuini come i profitti tradizionali.

3. Prosciugare tramite la tassazione il risparmio e gli investimenti di una intera vita creerà ancora più investimento.

Altri paradossi sull'emissione di nuovo denaro

4. Se l'abbassamento dei tassi d'interesse crea una bolla, il governo non deve intervenire. Se la bolla si trasforma in un fallimento, allora il governo deve intervenire. (NB: in questo modo possiamo incoraggiare tutti a continuare a creare altre bolle.)

5. Le bolle non sono intrinsecamente cattive. Il problema è come perpetuarle. Il giornalista del *New York*

Times, Thomas Friedman, rispecchia questo punto di vista quando scrive che «l'America ha bisogno di una bolla delle tecnologie dell'energia proprio come sta accadendo per la tecnologia dell'informazione».[56] (NB: le bolle sprecano risorse, producono crediti inesigibili e finiscono per causare una crisi economica.)

6. Se l'emissione di nuovo denaro e l'abbassamento dei tassi d'interesse causano inflazione, ci sono cose peggiori dell'inflazione. La deflazione (calo dei prezzi al consumo) è sempre un veleno per l'economia.

(NB: più produttivi siamo, più costi e prezzi dovrebbero scendere. Più i prezzi scendono, più possiamo comprare. Questo si chiama progresso economico.

Alcuni dei periodi più prosperi della storia degli Stati Uniti sono stati caratterizzati da una lieve deflazione. I migliori esempi li abbiamo avuti nella seconda metà del diciannovesimo secolo, ma anche durante la deflazione del periodo di Eisenhower, dall'agosto 1954 all'agosto 1955.

Dobbiamo anche tenere presente che l'inflazione crea dissesti, che possono portare facilmente a una deflazione estrema, esattamente ciò che i fautori dell'inflazione vogliono evitare maggiormente.)

7. L'inflazione aiuta i poveri. (NB: i poveri traggono benefici soprattutto dal lieve abbassamento dei prezzi. La maggior parte degli studi dimostra che l'inflazione rende i ricchi ancora più ricchi degli altri – e i poveri più poveri. Il che non sorprende: i ricchi capiscono le conseguenze dell'inflazione e sanno come sfruttarla.)

8. Il timore dell'inflazione è esagerato. La vera inflazione può avvenire solo quando tutti hanno un'occupazione. (NB: dopo gli anni Settanta, i keynesiani abbandonarono questa visione nella sua forma più estrema, ma essa prospera ancora tra gli economisti della Fed.)

9. Se l'inflazione diventa seria, il governo, che ha creato l'inflazione, non solo smetterà di gonfiarla ma smetterà anche di spendere!

10. L'emissione di nuovo denaro ci aiuta a risolvere

56. *New York Review of Books*, 6 novembre 2008, p. 53.

i problemi economici. Il presidente della Fed Ben Bernanke ha espresso questo punto di vista quando ha detto che le sue decisioni nel corso del crollo del 2008 e immediatamente dopo erano volte a «risolvere questo problema».[57]

(NB: riversare nuovo denaro nell'economia non ci rende più produttivi o più ricchi. Annacquare il latte non dà più latte. L'emissione di denaro non risolve proprio nessun problema.)

11. Il nuovo denaro riversato nell'economia può essere ritirato nuovamente se fosse necessario a evitare l'inflazione. Ciò è vero anche se l'emissione è stata su vasta scala, come è accaduto in seguito al crollo del 2008. (NB: non è mai stato fatto. La politica rende molto più facile immettere fondi disponibili al prestito che ritirarli. E anche se la politica lo permettesse, il ritiro del denaro così introdotto può provocare un collasso del sistema.)

12. L'oro è una «barbara reliquia». (NB: il vantaggio dei metalli preziosi è che, a differenza della cartamoneta, non possono essere moltiplicati all'infinito dai governi.)

13. Abbiamo bisogno di produrre sempre più denaro man mano che l'economia cresce. L'oro è una camicia di forza che non permette di farlo. (NB: se produciamo sempre più beni senza produrre più denaro, il risultato è che tali beni costeranno meno.)

14. Le banche centrali sono in gran parte riuscite a moderare l'inflazione, a moderare il ciclo economico e a stabilizzare l'economia. Questo successo può avere inavvertitamente (e paradossalmente) incoraggiato gli operatori di Wall Street ad assumere rischi sempre maggiori, che a loro volta hanno portato ai crolli del 1929 e del 2008. Questo paradosso ci viene offerto da Donald Kohn, vice presidente della Federal Reserve.[58] Benché l'idea di Kohn rifletta ampiamente il pensiero keynesiano, si rifà in modo più diretto alle idee di Hyman

57. *Economist*, 21 marzo 2009, p. 83.
58. *Economist*, 6 dicembre 2008, p. 38.

Minsky, un altro economista keynesiano che ha descritto questo tipo di scenario in *Potrebbe ripetersi? Instabilità e finanza dopo la crisi del '29*,[59] e nel suo libro del 1986, *Governare la crisi: l'equilibrio in un'economia instabile*.[60]

(NB: anche se gli anni Venti, Novanta e i primi anni del ventunesimo secolo non furono contraddistinti da inflazione dei prezzi al consumo, furono caratterizzati dall'inflazione degli *asset* [bolle]. L'assenza di livelli elevati d'inflazione dei prezzi al consumo non significava che tutto andasse bene. Semmai il contrario.

Né bisognerebbe gloriarsi del record d'inflazione della Fed sui prezzi al consumo. Come osservato in precedenza, dalla nascita della Federal Reserve il dollaro ha perso oltre il 95 per cento del suo potere d'acquisto. L'economia statunitense è stata meno stabile e ha visto flessioni più profonde sotto la guida della Federal Reserve. È la Fed la responsabile del crollo del 2008, ma non a causa di un qualche "successo" antecedente. Ne è responsabile perché, assieme ad altre banche centrali, ha stampato troppo denaro. Questo eccesso di nuovo denaro a sua volta ha portato prima alle bolle e poi al crollo. In effetti, come abbiamo visto nel capitolo 14, la Fed ha offerto da bere e Wall Street si è ubriacata.)

Paradossi keynesiani sui salvataggi

15. I governi dovrebbero prendere in prestito denaro dall'estero per salvare i detentori di obbligazioni emesse dalle banche. (In alcuni casi gli obbligazionisti della banca possono anche essere questi prestatori stranieri.)

16. Una volta che i crediti inesigibili vengono trasferiti da mani private a mani pubbliche, non minacciano più l'economia con la deflazione. (NB: ci sono solo due modi per sbarazzarsi dei crediti inesigibili: la liquidazione [deflazione] e l'inflazione. Non c'è altra possibilità.)

59. Hyman Minsky, *Can "It" Happen Again?: Essays on Instability and Finance*, Armonk (NY), M.E. Sharpe, 1982.

60. Hyman Minsky, *Stabilizing an Unstable Economy: A Twentieth Century Fund Report*, New Haven (CT), Yale University Press, 1986.

17. Se alcune aziende stanno fallendo bisogna immettere fondi in tutto il settore, perché altrimenti le aziende in difficoltà verranno individuate e i consumatori sapranno la verità su di loro.

18. Dobbiamo affidarci alla "lungimiranza" del governo nello scegliere i giusti candidati al salvataggio. Il governo non si farà influenzare dai loro potenziali contributi alle campagne elettorali né dalle ingerenze di quanti detengono posizioni cruciali.

19. Se i candidati al salvataggio hanno troppa capacità produttiva, questa non va ridotta. Bisogna piuttosto stimolare l'economia inducendo il bisogno di quella capacità. (NB: non è solamente una questione di troppa o troppo poca capacità. Vi è anche la questione dell'avere il giusto tipo di capacità, quello di cui l'economia ha bisogno realmente. Ma questo lo saprà il governo.)

20. Le garanzie governative possono far sparire qualsiasi problema, dalle potenziali corse allo sportello alle preoccupazioni sul fatto che una compagnia automobilistica rilasci la messa a punto del motore promessa.

21. Accumulare nuovo debito in aggiunta ai vecchi crediti inesigibili in operazioni di salvataggio dà all'economia il tempo necessario ad adattarsi. (NB: rende anche più difficile questo adattamento.)

Altri paradossi keynesiani

22. Il governo dovrebbe affidarsi a esperti economici. È opportuno che tali esperti ricorrano di volta in volta a un po' d'inganno, poiché non si può pretendere che la gente colga le questioni più sottili. (Il segretario del Tesoro Henry Paulson fornì una dimostrazione un po' grossolana di questo principio quando ordinò al capo della Bank of America di procedere con l'assorbimento del grande broker Merrill Lynch nel dicembre 2008 e di non rivelare la perdita del quarto trimestre, nonostante l'obbligo giuridico di farlo.[61] Altri casi di questo principio d'inganno keynesiano: A. le proiezioni di un'incredibile crescita economica inserite nel primo

61. Bloomberg News, 28 aprile 2009.

bilancio del presidente Obama, e B. la decisione della Federal Reserve d'inserire nell'ottobre 2008 un'oscura clausola nel disegno di legge sul salvataggio delle banche del presidente Bush [TARP] che aumenta di gran lunga i poteri dell'agenzia.)

23. Parlando d'inganno, gli esperti al timone dell'economia (e i politici) non dovrebbero avere nessun obbligo di parlare chiaro. È assolutamente sensato chiamare un'enorme emissione di denaro "facilitazione quantitativa"; usare questo tipo di soldi per acquistare la "monetizzazione" del debito pubblico; chiamare "investimento" la spesa pubblica, i pagamenti di trasferimento ai contribuenti privi di reddito "tagli fiscali", o le nuove tasse "risparmi di bilancio", gli aumenti di spesa (a un tasso più lento) "tagli" oppure i prezzi non di mercato *mark-to-market*, e così via.

24. La cosa migliore degli esperti è che non hanno un logo politico sulle loro giacche. Sono sempre impassibilmente apolitici e si preoccupano solamente di fare la cosa giusta. Non dobbiamo preoccuparci nemmeno del fatto che il ruolo di tali esperti possa gradualmente soppiantare le funzioni di un governo democratico. (NB: è quello che sta accadendo in Europa.)

25. Gruppi di interessi privati forti e privi della minima preoccupazione per il benessere pubblico hanno controllato l'economia troppo a lungo. Non dobbiamo permettere che il *laissez-faire* ci impedisca di far intervenire il governo, non solo come fonte di diritto, ma anche come quotidiano regolatore o addirittura gestore. Non dobbiamo temere che i forti interessi privati possano usare questa opportunità per soppiantare il potere di un governo democraticamente eletto.

26. In alternativa, possiamo dire che i forti interessi privati hanno già preso il controllo del governo. Questa è la probabile spiegazione del sorgere delle crisi. In questo caso, gli interessi privati possono essere rimossi dal governo e si può impedire loro di tornare alla carica.

27. Se il governo prende il controllo di un settore come quello dei prestiti agli studenti o dell'assicurazione medica, il settore risulterà più conveniente. Le azien-

de gestite dal governo in genere sono più efficienti ed economiche di quelle a fini di lucro.

28. Se entra in un settore in cui operano ancora aziende private, il governo opererà bene sia in veste di giocatore sia di arbitro.

DDD. L'espansione del settore *non profit*

Si veda l'ultimo capitolo di Hunter Lewis, *Are the Rich Necessary?*, per una discussione sul modo in cui ripensare il settore della beneficenza.

Bibliografia

Akerlof, George, Robert Shiller, *Animal Spirits*, Princeton, Princeton University Press, 2009 (ed. it. *Spiriti animali*, Milano, Rizzoli, 2009).

Bartley, Robert, *The Seven Fat Years*, New York, Free Press, 1992.

Baxter, R. E., Ray Rees, Graham Bannock, *The Penguin Dictionary of Economics*, London, Penguin Books, 1972.

Beveridge, William, *Tariffs: The Case Examined*, London, Longmans, Green and Co., 1931.

Cairncross, Alec (a cura di), *Anglo-American Economic Collaboration in War and Peace, 1942-49*, London, Clarendon, 1982.

Gardner, Richard A., *Sterling-Dollar Diplomacy*, Oxford, Oxford University Press, 1986 (ed. it. *Politica economica e ordine internazionale*, Milano, Etas, 1978).

Grant, James, *The Trouble with Prosperity: The Loss of Fear, the Rise of Speculation, and the Risk to American Savings*, New York, Random House, 1996.

Grant, James, *Mr. Market Miscalculates*, Mt. Jackson (VA), Axios Press, 2008.

Hansen, Alvin H., *A Guide to Keynes*, New York, McGraw-Hill, 1953 (ed. it. *Guida allo studio di Keynes*, Napoli, Giannini, 1964).

Harrod, Roy F., *The Life of John Maynard Keynes*, New York, Harcourt, Brace, 1951 (ed. it. *La vita di J. M. Keynes*, Torino, Einaudi, 1965).

Hazlitt, Henry, *Economics in One Lesson*, New York; London, Harper & Brothers, 1946 (ed. it. *Che cos'è l'economia*, Milano, Ed. di Via aperta, 1961).

Hazlitt, Henry (a cura di), *The Critics of Keynesian Economics*, New York, D. Van Nostrand, 1960.

Hazlitt, Henry, *The Failure of The "New Economics"*, New Rochelle (NY), Arlington House, 1978.

Holborn, Hajo, *A History of Modern Germany*, New York, Knopf, 1969.

Holroyd, Michael, *Lytton Strachey: The New Biography*, New York, W. W. Norton, 2005.

Howson, Susan, Donald Moggridge (a cura di), *The Wartime Diaries of Lionel Robbins and James Meade, 1943-1945*, London, Palgrave Macmillan, 1990.

Ikeda, Sanford, *Dynamics of the Mixed Economy: Toward a Theory of Interventionism*, London, Routledge, 1997.

Johnson, Paul, *Modern Times: The World from the Twenties to the Eighties*, New York, Harper & Row, 1983.

Kass, Amy, *Giving Well, Doing Good: Readings for Thoughtful Philanthropists*, South Bend (IN), Indiana University Press, 2008.

Keynes, John Maynard, *Collected Writings*, vol. 4, *Tract on Monetary Reform*, London, Macmillan; New York, St. Martin's Press, 1971 (ed. it. *La riforma monetaria*, Milano, Feltrinelli, 1975).

Keynes, John Maynard, *Collected Writings*, vol. 5, *A Treatise on Money: The Pure Theory of Money*, London, Macmillan; New York, St. Martin's Press, 1971 (ed. it. *Trattato della moneta*, vol. 1, *Teoria pura della moneta*, Milano, Feltrinelli, 1979).

Keynes, John Maynard, *Collected Writings*, vol. 6, *A Treatise on Money: The Applied Theory of Money*, London, Macmillan; New York, St. Martin's Press, 1971 (ed. it. *Trattato della moneta*, vol. 2, *Teoria applicata della moneta*, Milano, Feltrinelli, 1979).

Keynes, John Maynard, *Collected Writings*, vol. 10, *Essays in Biography*, London, Macmillan; New York, St. Martin's Press, 1972 (ed. it. *Politici ed economisti*, Torino, Einaudi, 1951).

Keynes, John Maynard, *Collected Writings*, vol. 11, *Economic Articles and Correspondence – Academic*, London, Macmillan; New York, St. Martin's Press, 1983.

Keynes, John Maynard, *Collected Writings*, vol. 12, *Economic Articles and Correspondence – Investment and Editorial*, London, Macmillan; New York, St. Martin's Press, 1983.

Keynes, John Maynard, *Collected Writings*, vol. 13, *The General Theory and After: Preparation*, London, Macmillan; New York, St. Martin's Press, 1973.

Keynes, John Maynard, *Collected Writings*, vol. 14, *The General Theory and After: Defence and Development*, London, Macmillan; New York, St. Martin's Press, 1973.

Keynes, John Maynard, *Collected Writings*, vol. 20, *Activities 1929-31: Rethinking Employment and Unemployment Policies*, London, Macmillan; New York, St. Martin's Press, 1981.

Keynes, John Maynard, *Collected Writings*, vol. 21, *Activities 1931-39: World Crises and Policies in Britain and America*, London, Macmillan; New York, St. Martin's Press, 1982.

Keynes, John Maynard, *Collected Writings*, vol. 22, *Activities 1939-1945: Internal War Finance*, London, Macmillan; New York, St. Martin's Press, 1978.

Keynes, John Maynard, *Collected Writings*, vol. 23, *Activities 1940-43: External War Finance*, London, MacMillan; New York, St. Martin's Press, 1979.

Keynes, John Maynard, *Collected Writings*, vol. 28, *Social, Political, and Literary Writings*, London, Macmillan; New York, St. Martin's Press, 1982.

Keynes, John Maynard, *Essays in Persuasion*, New York, W.W. Norton, 1963 (ed. it. *Esortazioni e profezie*, Milano, Garzanti, 1975).

Keynes, John Maynard, *The Economic Consequences of the Peace*, New York, Harcourt, Brace & Howe, 1920 (ed. it. *Le conseguenze economiche della pace*, Milano, Adelphi, 2007).

Keynes, John Maynard, *The General Theory of Employment, Interest, and Money*, Amherst (NY), Prometheus Books, 1997 (ed. it. *Teoria generale dell'occupazione, dell'interesse e della moneta*, Torino, UTET, 1978).

Keynes, Milo (a cura di), *Essays on John Maynard Keynes*, New York, Cambridge, 1975.

Krugman, Paul, *Peddling Prosperity*, New York, W. W. Norton, 1994 (ed. it. *L'incanto del benessere: politica ed economia negli ultimi vent'anni*, Milano, Garzanti, 1995).

Lewis, Hunter, *The Beguiling Serpent: A Re-evaluation of Emotions and Values*, Mt. Jackson (VA), Axios Press, 2000.

Lewis, Hunter, *How Much Money Does An Economy Need?*, Mt. Jackson (VA), Axios Press, 2007.

Lewis, Hunter, *Are the Rich Necessary? Great Economic Arguments and How They Reflect Our Personal Values*, Mt. Jackson (VA), Axios Press, 2007.

Lippmann, Walter, *Interpretations: 1931-1932*, New York, Macmillan, 1932.

Lippmann, Walter, *The Method of Freedom*, New York, Macmillan, 1934.

Marx, Karl, *Capital*, London, 1887-1894 (ed. it. *Il capitale*, 2 voll., Torino, UTET, 1974-1980).

Mill, John Stuart, *Essays on Some Unsettled Questions of Political Economy*, London, 1844.

Minsky, Hyman, *Can "It" Happen Again?: Essays on Instability and Finance*, Armonk (NY), M.E. Sharpe, 1982 (ed. it. *Potrebbe ripetersi? Instabilità e finanza dopo la crisi del '29*, Torino, Einaudi, 1984).

Minsky, Hyman, *Stabilizing an Unstable Economy: A Twentieth Century Fund Report*, New Haven (CT), Yale University Press, 1986 (ed. it. *Governare la crisi: l'equilibrio in un'economia instabile*, Milano, edizioni di Comunità, 1989).

Mises, Ludwig, *Human Action: A Treatise on Economics*, San Francisco, Fox & Wilkes, 1966 (ed. it. *L'azione umana: trattato di economia*, Torino, UTET, 1959).

Null, Gary, Carolyn Dean, Martin Feldman, Debora Rasio, Dorothy Smith, *Death by Medicine*, Mt. Jackson (VA), Praktikos Books, 2010.

Reisman, George, *Capitalism*, Ottawa (IL), Jameson Books, 1990.

Robinson, Joan, *An Introduction to The Theory of Employment*, London, Macmillan, 1937 (ed. it. *Teoria dell'occupazione e altri saggi*, Milano, Etas Kompass, 1966).

Röpke, Wilhelm, *A Humane Economy: The Social Framework of the Free Market*, South Bend (IN), Gateway, 1960 (ed. it. *Al di là dell'offerta e della domanda: verso un'economia umana*, Milano, Ed. di Via Aperta, 1965).

Röpke, Wilhelm, *Economics of the Free Society*, Chicago, Henry Regnery, 1963.

Röpke, Wilhelm, *Against the Tide*, Chicago, William Regnery, 1969.

Samuelson, Paul, William Nordhaus, *Economics*, New York, McGraw Hill, 1989 (ed. it. *Economia*, Bologna, Zanichelli, 1987).

Schumpeter, Joseph, *Essays: On Entrepreneurs, Innovations, Business Cycles, and the Evolution of Capitalism*, New Brunswick, Transaction, 2002.

Skidelsky, Robert, *John Maynard Keynes*, vol. 1, *Hopes Betrayed 1883-1920*, London Macmillan, 2000 (ed. it. *John Maynard Keynes, Speranze tradite, 1883-1920,* Torino, Bollati Boringhieri, 1989).

Skidelsky, Robert, *John Maynard Keynes*, vol. 2, *The Economist as Savior 1920-1937*, London, Macmillan, 2000 (ed. it. *John Maynard Keynes, L'economista come salvatore, 1920-1937*, Torino, Bollati Boringhieri, 1996).

Skidelsky, Robert, *John Maynard Keynes*, vol. 3, *Fighting for Britain 1937-1946*, London, Macmillan, 2000.

Smith, Adam, *The Wealth of Nations*, 2 voll., London, 1776 (ed. it. *La ricchezza delle nazioni*, Torino, UTET, 1975).

Spiegel, Henry W. (a cura di), *The Development of Economic Thought*, Wiley, 1952.

Thornton, Mark (a cura di), *The Quotable Mises*, Auburn (AL), Ludwig von Mises Institute, 2005.

Van Dormael, Armand, *Bretton Woods: Birth of a Monetary System*, London, Macmillan, 1978.

Warren, Harris G., *Herbert Hoover and the Great Depression*, Oxford, Oxford University Press, 1959.

Wicksteed, Philip, *The Common Sense of Political Economy*, 2 voll., London, 1910.

Winch, Donald (a cura di), *Selected Economic Writings of James Mill*, Chicago, University of Chicago Press, 1966.

Mercato, Diritto e Libertà

Richard Epstein,
Mercati sotto assedio. Cartelli, politiche e benessere sociale

Benjamin Constant,
Conquista e usurpazione

Paul H. Rubin,
La politica secondo Darwin. L'origine evolutiva della libertà

Peter T. Bauer,
Dalla sussistenza allo scambio. Uno sguardo critico sugli aiuti allo sviluppo

Fred Foldvary,
Beni pubblici e comunità private. Come il mercato può gestire i servizi pubblici

Sergio Ricossa,
Straborghese

Jonathan R. Macey,
Corporate governance. Quando le regole falliscono

Vernon L. Smith,
La razionalità nell'economia. Tra teoria e analisi sperimentale

Milton Friedman,
Capitalismo e libertà

Hunter Lewis,
Tutti gli errori di Keynes. Perché gli Stati continuano a creare inflazione, bolle speculative e crisi finanziarie

Policy

Václav Klaus,
Pianeta blu, non verde. Cosa è in pericolo: il clima o la libertà?

Arnold Kling,
La sanità in bancarotta. Perché ripensare i sistemi sanitari

Andrea Giuricin,
Alitalia. La privatizzazione infinita

Alberto Mingardi (a cura di),
La crisi ha ucciso il libero mercato?

Nicholas Eberstadt e Hans Groth,
L'Europa che invecchia. La qualità della vita può sconfiggere il declino

John B. Taylor,
Fuori strada. Come lo Stato ha causato, prolungato e aggravato la crisi finanziaria

Kevin Dowd,
Abolire le banche centrali

Stephen Goldsmith e William D. Eggers,
Governare con la rete. Per un nuovo modello di pubblica amministrazione

Gabriele Pelissero e Alberto Mingardi (a cura di),
Eppur si muove. Come cambia la sanità in Europa, tra pubblico e privato

Report

Andrea Giuricin e Massimiliano Trovato (a cura di),
La telefonia mobile e il laboratorio Italia. Primo rapporto sulla telefonia mobile in Italia

Carlo Stagnaro (a cura di),
Indice delle liberalizzazioni 2009

Piercamillo Falasca (a cura di),
Dopo! Come ripartire dopo la crisi

Carlo Stagnaro (a cura di),
Indice delle liberalizzazioni 2010

Istituto Bruno Leoni,
Rapporto sulle infrastrutture in Italia Le infrastrutture autostradali

Istituto Bruno Leoni
idee per il libero mercato

L'Istituto Bruno Leoni (IBL), intitolato al grande filosofo del diritto Bruno Leoni (1913-1967), nasce con l'ambizione di stimolare il dibattito pubblico, in Italia, esprimendo in modo puntuale e rigoroso un punto di vista autenticamente liberale.

L'IBL intende studiare, promuovere e divulgare gli ideali del libero mercato, della proprietà privata e della libertà di scambio.

Attraverso la pubblicazione di libri, l'organizzazione di convegni, la diffusione di articoli sulla stampa nazionale e internazionale, l'elaborazione di brevi studi e briefing papers, l'IBL mira a orientare il processo decisionale, a informare al meglio la pubblica opinione, a crescere una nuova generazione di intellettuali e studiosi sensibili alle ragioni della libertà.

L'IBL vuole essere per l'Italia ciò che altri think tank sono stati per le nazioni anglosassoni: un pungolo per la classe politica e un punto di riferimento per il pubblico in generale. Il corso della storia segue dalle idee: il liberalismo è un'idea forte, ma la sua voce è ancora debole nel nostro Paese.

IBL Libri è la casa editrice dell'Istituto Bruno Leoni.

Volti ad approfondire la dimensione teorica dei dibattiti sulla libertà individuale e sulla giustizia, i volumi della collana *Mercato, Diritto e Libertà* si caratterizzano per il rigore con cui difendono la tradizione liberale più coerente. L'obiettivo è di offrire i migliori strumenti intellettuali alle giovani generazioni, favorendo quel mutamento del dibattito culturale che è premessa indispensabile a un'efficace difesa delle libertà minacciate e a una riconquista di quelle perdute.

Istituto Bruno Leoni
Via Bossi 1–10144 Torino, Italy
Tel. 011-070.2087
Fax: 011-437.1384
E-mail: info@brunoleoni.it
www.brunoleoni.it

Finito di stampare nel mese di ottobre 2010 da
FVA - Fotoincisione Varesina